लेनिन और गाँधी

लेनिन और गाँधी

यशपाल

वाणी
प्रकाशन

प्रकाशन के उत्कृष्टतम 61 वर्ष

सजिल्द पहला संस्करण : 2010
सजिल्द दूसरा संस्करण : 2016
सजिल्द तीसरा संस्करण : 2024

vaniprakashan.com

वाणी प्रकाशन
4695, 21-ए, दरियागंज, नयी दिल्ली-110 002
फ़ोन : +91 11 23273167, 23275710

शाखाएँ
अशोक राजपथ, पटना-800 004, बिहार
कॉफ़ी हाउस कैम्पस, महात्मा गांधी मार्ग, प्रयागराज-211 001, उत्तर प्रदेश
महात्मा गांधी अन्तरराष्ट्रीय हिन्दी विश्वविद्यालय, वर्धा-442 001, महाराष्ट्र
36/ए, शेक्सपियर सरणी, रानी बिरला गर्ल्स कॉलेज के पास, कोलकाता-700 017, प. बंगाल
sales@vaniprakashan.in
vaniprakashan@gmail.com

LENIN AUR GANDHI
Translated by Yashpal

ISBN : 978-81-8143-754-9
Autobiography

मूल्य : ₹ 695

आर. टेक ऑफ़सेट प्रिंटर्स, दिल्ली-110 032 में मुद्रित

वाणी प्रकाशन का लोगो मक़बूल फ़िदा हुसेन की कूची से

1

सन् 1898 में समारा में भयंकर दुर्भिक्ष पड़ा था। इस दुर्भिक्ष में पीड़ितों की सहायता करने के लिए विद्यार्थियों की एक समिति नियुक्त की गई थी। समारा पहुँचकर परिस्थिति की जाँच करने तथा दुर्भिक्ष के कष्ट को दूर करने के उपायों पर विचार करने के लिए इस समिति की एक बैठक बैठी। सभी लोग पूरे यत्न और उत्साह से समिति के सम्मुख नए-नए उपाय और आयोजनाएँ उपस्थित कर रहे थे। इसी समय एक अपरिचित विद्यार्थी ने खड़े होकर इन सब उपायों और आयोजनाओं को जनता के हित के विरुद्ध बताकर इनका विरोध किया। इस अपरिचित विद्यार्थी ने कहा–"इस समय दुर्भिक्ष के कष्ट से जनता को बचाना मूर्खता है। दुर्भिक्ष के कष्ट को दूर कर, हम ज़ार के शासन की नींव को दृढ़ कर रहे हैं। जनता का कष्ट जितना अधिक बढ़ेगा, उतना ही ज़ार की शासन-व्यवस्था के लिए परिस्थिति को सँभालना कठिन हो जाएगा। जनता के सब कष्टों और व्याधियों का एकमात्र कारण है ज़ार का अन्यायी शासन! इसलिए जनता के हित की दृष्टि से, इस शासन का समूलोच्छेद करना ही हमारा कर्तव्य होना चाहिए।"

इस अपरिचित नवयुवक विद्यार्थी का नाम था 'लेनिन'। उन्नीस वर्ष की अवस्था में, जो विचित्र सिद्धान्त इसने इस 'अकाल-निवारक-समिति' के सम्मुख रखा, वही इसके जीवन और कार्यक्रम की विशेषता थी। इसी सिद्धान्त को लेकर इसने वर्तमान समाज-व्यवस्था के विरुद्ध क्रान्ति का आन्दोलन खड़ा कर दिया।

रूस के असंख्य अन्य राजनैतिक षड्यन्त्रकारियों की भाँति यह युवक सेंटपीटर्सबर्ग में, साइबेरिया के निर्वासनकाल में, जर्मनी, फ्रांस, स्विटज़रलैण्ड के पुस्तकालयों, धुएँ से भरी कॉफी की दुकानों और छोटी-सी बन्द कोठरी में बैठकर निरन्तर अध्यवसाय से अपने इसी सिद्धान्त और विचारधारा से दुर्दान्त रूस-साम्राज्य का अहित सोचता रहा। इसके बाद अनेक वर्ष बीत गए, गुप्त

सभाओं और समितियों में नए-नए कार्यक्रम बनाने और राजनैतिक चालों पर बहस करने के अतिरिक्त और कुछ सफलता इसे न हुई। इन तीस वर्षों में अनेक बार अपने सहयोगियों से इसने अपने विचारों के कारण झगड़ा मोल लिया। अन्त में केवल तीन या चार व्यक्तियों के अतिरिक्त सभी इसे छोड़कर चलते बने।

सहसा एक परिवर्तन का झोंका आया। एक ही रात में, एक अद्भुत अलौकिक उपाय से, तीस वर्ष तक निरन्तर भटकने और स्थान-स्थान पर ठोकरें खाने के पश्चात् यह युवक रूस के विस्तृत साम्राज्य का, पन्द्रह करोड़ व्यक्तियों का, एकमात्र सर्वाधिकारी और निरंकुश शासक बन बैठा। यूरोप के साम्राज्य-लोलुपों के विरुद्ध वह डटकर खड़ा हो गया, और सम्पूर्ण यूरोप के राजनीतिज्ञों के हृदय कँपा दिए; घुटने टेककर उसके नवीन राजनैतिक संगठन को उन्हें स्वीकार कर लेना पड़ा।

क्रान्ति का अवतार यह युवक दार्शनिक, जो एक दिन अपने सहयोगियों के उपहास का पात्र था, जिसने जीवन के तीस वर्ष वृथा विवाद और प्रयास में, लण्डन, पेरिस और जिनेवा की धुएँ से भरी कॉफी की दुकानों में व्यतीत कर दिए थे, किसे आशा थी कि वह एक दिन सफल राजनीतिज्ञ के रूप में संसार के सम्मुख आएगा और उसके राजनैतिक प्रतियोगियों और विरोधियों को उसके विचारों तथा व्यक्तित्व के सम्मुख सिर झुकाना पड़ेगा? सुप्रसिद्ध अँग्रेज दार्शनिक लेखक बर्टरेण्ड रसल ने लेनिन के विषय में लिखा है कि "वर्तमान शताब्दी, इतिहास में 'लेनिन की शताब्दी' के नाम से अंकित होगी।" बर्टरेण्ड रसल जैसे व्यक्ति से पक्षपात अथवा प्रलोभन में फँसने की आशा नहीं की जा सकती। यह ठीक है कि लेनिन के आगमन से पूर्व रूस के वायुमण्डल में एक प्रकार की अशान्ति, बेचैनी और असन्तोष समा रहा था। लेनिन के शब्दों और उसकी कृति के रूप में वह संसार के सामने प्रकट हुआ। यही लेनिन के रूप में इतिहास का रहस्य है, यही लेनिन के जीवन का अलौकिक चमत्कार है!

इतिहास में हमें लेनिन की टक्कर का रहस्यमय, चमत्कारिक, अलौकिक, दुर्निवार्य और दुर्धर्ष व्यक्तित्व दूसरा नज़र आता नहीं। व्यक्ति को मिटाकर, जनता का साम्राज्य स्थापित करने वाले इस महापुरुष की सफलता की तुलना इतिहास में अप्राप्य है। इस महापुरुष के शब्द और कार्य इसके सिद्धान्त और कार्यक्रम में, उसके अपने जीवन और अनुयायियों में, इतना अधिक साम्य है कि हम उन्हें पृथक्-पृथक् कर ही नहीं सकते। लेनिन का व्यक्तित्व और उसकी विचारधारा, इस प्रकार सुसंगठित और व्यवस्थित है कि उसमें जोड़ने-तोड़ने के लिए अवसर है ही नहीं।

बोल्शेविज़्म पूर्णतः लेनिन की कृति है। उसके बिना न तो बोल्शेविज़्म पूर्ण ही है और न उसे ठीक समझा ही जा सकता है। लेनिन और मार्क्स की तुलना करते हुए ट्रॉट्सकी लिखते हैं—"मार्क्स को पूर्णतः समझने के लिए उनके ग्रन्थ

'कैपिटल' (पूँजी) की भूमिका-रूप जो उन्होंने साम्यवादियों की ओर से घोषणा 'Communist Manifesto' लिखी है, वही पर्याप्त है। यदि मार्क्स पहले अन्तर्राष्ट्रीय परिषद् की स्थापना करने में असफल रहते, तो भी उनके महत्त्व में कुछ न्यूनता न आ सकती थी। परन्तु दूसरी ओर लेनिन का परिचय हमें उसकी राजनैतिक क्रान्ति में ही मिलता है। लेनिन की विचारधारा उनके क्रान्तिमय जीवन की भूमिका-मात्र है। यदि लेनिन अपने जीवन में एक भी पुस्तक न लिखे होते तो भी उनका महत्त्व कुछ कम न हो सकता था। लेनिन तो निर्धनों और मज़दूरों का प्रतिनिधि और तीसरी अन्तर्राष्ट्रीय परिषद् का प्रवर्तक होकर ही संसार में आया था।"

न केवल लेनिन के विचार, उसके लेख और व्याख्यान तथा उसके क्रियात्मक जीवन में ही हमें कहीं भेद नहीं दिखाई देता, बल्कि सम्पूर्ण बोल्शेविज़्म ही लेनिन की प्रतिच्छाया और प्रतिध्वनि-सा जान पड़ता है।

लेनिन के शब्दों में, उसके विचारों में, कोई नवीनता और मौलिकता नहीं थी। प्रायः अनेक अवसरों पर दुहराए गए और रगड़े हुए वाक्य ही उनके व्याख्यानों में रहते थे। लेनिन के अतिरिक्त कोई दूसरा व्यक्ति यदि इस बात को कहता तो जनता उधर कान भी न देती। परन्तु लेनिन के व्यक्तित्व के कारण वे शब्द महत्त्वपूर्ण हो जाते थे। लेनिन के मुख से निकले हुए प्रत्येक शब्द में अद्भुत शक्ति रहती थी। उसका एक भृकुटि-भंग भी इतिहास में परिवर्तन करने की शक्ति रखता था। श्रोता के मस्तिष्क पर उसकी एक अमिट और गहरी छाप पड़ जाती थी।

लेनिन का यह जादू उनके लेखों से भी प्रकट है। यदि इन लेखों को लेनिन के लेख न जानकर पढ़ा जाए तो वे नितान्त साधारण जान पड़ेंगे। उनमें कुछ भी अलौकिकता अथवा चमत्कार शेष न रह जाएगा। यही नहीं, बल्कि वे किसी सीमा तक पक्षपात-पूर्ण और नीरस भी जान पड़ेंगे। परन्तु शब्दों और वाक्यों के पीछे लेखक की मूर्ति पाठक के मन और मस्तिष्क को साधारण अवस्था से हटाकर परे ले जाती है। स्वयं शब्दों में विशेष भाव न होते हुए भी लेखक के व्यक्तित्व की स्मृति पाठक पर बहुत गहरा प्रभाव छोड़ जाती है।

रूस के साम्यवादी—मि. एम. ए. लान्दू अल्दनोव लेनिन के कट्टर विरोधी थे। लेनिन के व्यक्तिगत प्रभाव के सम्बन्ध में एक घटना का उल्लेख करते हुए आप लिखते हैं—"एक समय लेनिन शासन के काम में व्यस्त थे। उसी समय एक मजदूर एक साधारण सन्देश लेकर आया। जिस समय वह मज़दूर लेनिन से मिलकर बाहर निकला उसी समय मैं उससे मिलने के लिए गया। लेनिन से मिलने के पश्चात् वह मज़दूर दूसरा मनुष्य बन गया था। शान्त, गम्भीर भाव से वह बोला, 'यह है आदमी, असल ठीक आदमी, इसके लिए मैं अपने प्राण तक दे सकता हूँ। इसने मुझ में एक नवीन जीवन फूँक दिया है। काश! हमारे ज़ार इस ढंग के आदमी होते!' जब वह कुछ शान्त हुआ तो, मैंने उससे पूछा—'आखिर तुम्हें उसने कहा क्या?'

उसका उत्तर स्पष्ट था। उसने कहा—'लेनिन कहते हैं, सब-कुछ तुम्हारा है, संसार तुम्हारा है, इसे सँभालो, परन्तु हम बोल्शेविकों के अतिरिक्त किसी का विश्वास न करना; हमारे अतिरिक्त तुम्हारा कोई अपना नहीं।' यह शब्द नए नहीं हैं। अनेक बार यह शब्द—पार्थिव स्वर्ग की यह प्रतिज्ञाएँ—इन लोगों के सम्मुख की जा चुकी हैं। कह नहीं सकते उसकी यह भावुकता इन प्रतिज्ञाओं में अन्धविश्वास के कारण थी, अथवा लेनिन के व्यक्तित्व के कारण।''

असंख्य लोग लेनिन को नास्तिक और मसीह का विरोधी समझकर उनसे घृणा करते हैं। दूसरी ओर असंख्य जनता उन्हें रूस का मुक्तिदाता मानकर उनकी पूजा करती है। यह दोनों प्रकार के ही लोग, उनके अनुयायी और विरोधी, उनकी अद्वितीय महानता को स्वीकार करते हैं। अशिक्षित रूसी किसानों के प्रेम और घृणा में लेनिन एकदम अनिर्वचनीय परिस्थिति तथा रहस्य-लोक में पहुँच गए हैं। रूस की प्रसिद्ध कवयित्री सीइफुलीना लिखती हैं—''लेनिन के जीवन-काल में ही किसानों की झोंपड़ियों में, लेनिन की अलौकिक शक्ति और सामर्थ्य की कहानियाँ कही जानी आरम्भ हो गई थीं।'' सीइफुलीना इन कहावतों को विचित्र रूप में हमारे सम्मुख रखती हैं। वे लिखती हैं, ''मैंने अनेक धर्मान्ध लोगों को बाइबिल के पृष्ठ के पृष्ठ लेनिन के विरोध में कहते सुना है। परन्तु दूसरी ओर ऐसे भी लोग मैंने देखे हैं, जैसे—एक कॉपी बनानेवाला, जो बाइबिल के उदाहरणों से ही लेनिन की प्रशंसा करते हैं। वे उसे बाइबिल की दृष्टि में मनुष्य-समाज का उद्धारकर्ता समझते हैं।'' उनका कहना है, लेनिन बाइबिल की आज्ञानुसार ही अमीरों से धन छीनकर गरीबों को देता है, बाइबिल में लिखा है, ''मकान पर मकान और खेत पर खेत बनाते जाने का तुम्हें क्या अधिकार है, जब दूसरों के पास कुछ भी नहीं। तुम्हीं तो पृथ्वी पर अकेले नहीं आए हो। इन लोगों के विचार में लेनिन भगवान का भेजा हुआ, निर्धन जनता का रक्षक है, जिसने मसीह की भविष्यवाणी के अनुसार जन्म लिया है। इसके अतिरिक्त एक और दुबला-पतला नौजवान मैंने देखा है। वह कन्धे पर बन्दूक लटकाए फिरता है। लेनिन के कार्यों का समर्थन वह बाइबिल की आयतों से किया करता है। लेनिन के लिए श्रद्धा और घृणा दोनों ही उत्कट सीमा तक पहुँची हुई हैं। लेनिन के प्रति उदासीन कोई भी व्यक्ति आपको न मिलेगा। भूमि के भूखे किसान और मज़दूरों ने लेनिन को अपनी काल्पनिक कथाओं द्वारा एक अलौकिक रूप दे दिया है।''

लेनिन की सफलता का कारण, और पन्द्रह करोड़ रूस की जनता पर कुछ लाख अनुयायियों को लेकर प्रभुत्व प्राप्त कर लेने का रहस्य भी लेनिन के व्यक्तित्व का ही प्रभाव है। जो भी मनुष्य लेनिन के सम्पर्क में आया, उसी पर लेनिन का गहरा प्रभाव पड़ा, और यह प्रभाव व्यक्तियों से चलकर सुदूर कृषकों की झोंपड़ियों तक में पहुँच गया। यह तो ठीक है कि बोल्शेविक-शासन-व्यवस्था

तलवार के ज़ोर, पुलिस के भय, दमन और गुप्तचरों के बल पर चल रही है, परन्तु इस सब संगठन को चलाने के लिए भी तो एक शक्ति की आवश्यकता है! यह शक्ति कहाँ है? वह शक्ति है, लेनिन के नाम में। लेनिन के नाम में प्रभुता और शक्ति का जादू भरा हुआ है।

रूस में बोल्शेविज़्म को प्रायः लेनिनिज़्म भी कहा जाता है। इस प्रकार बोल्शेविज़्म को लेनिनिज़्म का नाम देने में कुछ अनौचित्य भी नहीं जान पड़ता। शब्द लेनिनिज़्म में वर्तमान रूस के भाव और बोल्शेविज़्म की सम्पूर्ण संस्कृति का समावेश हो जाता है। बोल्शेविज़्म है ही क्या? लेनिन के सिद्धान्त और उनकी सफलता ही बोल्शेबिज़्म है। लेनिन की सफलता का रहस्य है, उसका व्यक्तित्व। लेनिन का यह व्यक्तित्व ही बढ़कर रूस की क्रान्ति के रूप में परिणत हो गया, और वहाँ से बढ़कर यही बोल्शेविज़्म बन गया।

लेनिन स्वयं व्यक्तित्व को स्वीकार नहीं करते। वे समाज में व्यक्ति को कुछ महत्त्व देते ही नहीं। लेनिन के इस विचार के कारण साम्यवादी लेखकों को लेनिन के व्यक्तिगत महत्त्व के लिए अनेक व्याख्याएँ और टिप्पणियाँ करनी पड़ी हैं। कुछ लेखक उन्हें समाज की आर्थिक और ऐतिहासिक परिस्थिति की उपज बताते हैं। सोवियत यूनिवर्सिटी के प्रोफेसर पोक्रोवस्की ने लेनिन की उपमा समाज की मशीनरी में एक विशेष यन्त्र से दी है। एक दूसरे बोल्शेविक कवि ने मशीन के एक बड़े पुर्जे से उनका सादृश्य दिखाया है। कुछ भी हो, लेनिन के व्यक्तित्व के महत्त्व को अस्वीकार किसी ने नहीं किया। जिनोवत्रेव ने कम्यूनिस्ट दल का जो इतिहास लिखा है, उसमें भी उसने अपने नेता के व्यक्तिगत प्रभाव को बहुत महत्त्व दिया है। अक्टूबर की क्रान्ति और उसमें कम्यूनिस्ट दल के भाग का वर्णन करते हुए वह लिखता है—दल के सब काम में दस में से नौ भाग लेनिन का ही था। वह कहता है—क्रान्ति के समय यदि व्यक्ति का कुछ स्थान रह जाता है तो रूस की क्रान्ति में वह लेनिन का ही है। संशयात्मकों के सन्देह को दूर कर, उनके विचारों को दृढ़ करना, उन्हें संग्राम के लिए तैयार करना, यह लेनिन का ही काम था।

जिस समय डोरा काफ्लाँ ने लेनिन पर वार किया, उस समय ट्रॉट्स्की ने अपने ऐलान में कहा—"जब हम सोचते हैं, लेनिन हम लोगों के बीच से उठ जाएँगे, तो हमारा हृदय दहल जाता है, जीवन निस्सार मालूम होने लगता है, जीवन के प्रति अनिच्छा-सी होने लगती है।"

वैयक्तिक प्रभाव और श्रद्धा का इससे बड़ा उदाहरण इतिहास में दूसरा नहीं मिलेगा। क्या ट्रॉट्स्की के इस ऐलान से यह विश्वास नहीं हो जाता कि बोल्शेविज़्म के ऐतिहासिक विकास का नवमांश एक ही व्यक्ति की करनी थी। ट्रॉट्स्की को छोड़िए, रूस की राज्य-क्रान्ति पर एक सरसरी नज़र डालने से ही आप

लेनिन के व्यक्तित्व की छाप हर स्थान पर देखेंगे।

कम्यूनिस्ट इतिहास-लेखक लेनिन को भौतिकवाद का प्रवर्तक कहकर उनके व्यक्तित्व का एक चित्र खींचने का यत्न करते हैं, परन्तु उनमें और कम्यूनिस्ट दल के शेष दो लाख मेम्बरों में भेद की एक लकीर खींचना सम्भव नहीं। लेनिन के व्यक्तिगत महत्त्व और प्रभाव की व्याख्या कर सकना अथवा उसका कारण बता सकना सम्भव नहीं है। लेनिन स्वयं व्यक्तित्व को स्वीकार नहीं करते थे और न बोल्शेविज़्म ही व्यक्तित्व को स्वीकार करता है। परन्तु लेनिन के व्यक्तित्व को बोल्शेविक भी अस्वीकार नहीं कर सके। लेनिन के महत्त्व को कहीं मनुष्य-समाज-रूपी मशीन का महत्त्वपूर्ण यन्त्र और कहीं एक बड़ा पुर्जा कहकर बोल्शेविकों को भी उनका व्यक्तिगत महत्त्व स्वीकार करना ही पड़ा है। जनता के साम्राज्य में, व्यक्तित्व का विरोधी यह पुरुष, अपने व्यक्तित्व को कितना स्पष्ट, उज्ज्वल, प्रतिभामय बनाकर छोड़ गया है। बड़े-से-बड़े सम्राट् को भी वह पद और महत्त्व प्राप्त न हो सका होगा जो इस व्यक्ति को प्राप्त हुआ है। मृत्यु के पश्चात् 'इस बड़े पुर्जे लेनिन' की अर्थी का जो जुलूस निकला, वह रूस के इतिहास में स्मरणीय रहेगा। विस्तृत रूस-साम्राज्य के कोने-कोने से किसानों के दल, केवल एक बार लेनिन के शव के दर्शन कर उसके सम्मुख सिर झुकाने के लिए मॉस्को पहुँचे। उसकी मृत्यु के पश्चात् क्रेमलिन के सामने लाल चौक में उसकी समाधि श्रद्धालुओं के लिए तीर्थ-स्थान बन गई। काँच के घेरे में फौजी ढंग का कोट पहिरे, सीने पर लाल सेना का चिह्न लगाए और दाएँ हाथ की मुट्ठी बाँधे जहाँ उस महापुरुष का शव, वैज्ञानिक उपायों से अपनी प्राकृतिक अवस्था में धरा हुआ है, वहाँ मनुष्य के व्यक्तित्व को अस्वीकार करने वाले करोड़ों बोल्शेविक एक बार श्रद्धा से सिर झुकाने के लिए जाना सौभाग्य समझते हैं।

प्राचीन काल में ईसाई लोग, मृत्यु के पश्चात् सन्तमहात्माओं के हृदय निकालकर सोने के बर्तन में बन्द करके रख लेते थे। यह हृदय पवित्र और अनेक विघ्न-बाधाओं के निवारण के लिए उपयोगी समझे जाते थे। इसी प्रकार आज लेनिन के शरीर का भी सबसे अधिक महत्त्वपूर्ण भाग—उनका 'दिमाग'—एक पात्र में सुरक्षित रखा गया है।

उपरोक्त उदाहरणों से स्पष्ट है, कि रूस की क्रान्ति और बोल्शेविक संस्कृति किस सीमा तक इस महापुरुष के प्रभाव से प्रवाहित है। बोल्शेविक-क्रान्ति के लिए और जनता के साम्राज्य के विकास के लिए लेनिन का व्यक्तित्व उतना ही आवश्यक था, जितना कि ईसाई-धर्म के प्रचार के लिए सन्तों की जीवनियाँ। बोल्शेविज़्म की सफलता किसी भी सिद्धान्त पर इतनी अधिक निर्भर नहीं, जितनी लेनिन के व्यक्तित्व पर। बोल्शेविज़्म को लेनिन से पृथक् किया ही नहीं जा सकता। बोल्शेविज़्म में पद-पद पर हमें उस महापुरुष का व्यक्तित्व स्पष्ट दिखाई पड़ता है।

2

इतिहास में अनेक महापुरुषों का वर्णन हमें मिलता है, परन्तु लेनिन उन सबसे भिन्न हैं। उनका महत्त्व और बड़प्पन अपने निराले ही ढंग का है। उसमें एक नवीनता, विचित्रता और मौलिकता है। उन्हें समझने के लिए हमें महापुरुषों के विषय में प्राचीन धारणाओं को भुला देना होगा। जिस प्रकार लेनिन का बनाया हुआ बोल्शेविक संसार एक सर्वथा अभूतपूर्व और नूतन सृष्टि है—उसे समझने के लिए हमें प्राचीन सामाजिक और राजनैतिक सिद्धान्तों और धारणाओं से छुट्टी लेनी पड़ती है—ठीक उसी तरह, लेनिन को समझने के लिए भी हमें एक नवीन दृष्टिकोण से उनके जीवन को देखना होगा।

न केवल सिद्धान्तों और विचारों में ही लेनिन नवीन और मौलिक हैं, अपितु उनके रंग-ढंग और व्यवहार में भी प्राचीन महापुरुषों का कोई चिह्न नहीं। लेनिन का रूप-रंग बिलकुल साधारण ढंग का था। आज सोवियत के हज़ारों झण्डों, विज्ञापनों और चिह्नों पर लेनिन के चित्र बने रहते हैं। इन चित्रों में प्रायः लेनिन भूगोल पर एक व्याख्याता के रूप में खड़े, अथवा उदय होते हुए सूर्य की किरणों से मण्डित दिखाई पड़ते हैं। परन्तु सम्पूर्ण पृथ्वी को पैरों-तले लिए अथवा किरणों से घिरे हुए इस व्यक्ति के रूप में सर्व-साधारण की अपेक्षा कुछ भी तो विशेषता नहीं दिखाई देती। उसका मुख अन्य लाखों-करोड़ों मनुष्यों से बिलकुल भी भिन्न नहीं। लेनिन का चित्र प्रायः हमारे सामने साधारण कपड़े की एक टोपी पहिरे, दाहिना हाथ पतलून की जेब में डाले, आता है। बहुत ध्यान से देखने पर भी हम उनके चेहरे पर कोई विशेषता नहीं देख पाते। हाँ, उनकी काली और अपेक्षाकृत लम्बी आँखें हमें अवश्य याद रहती हैं। उनकी ऊँची और कुछ तिकोनी-सी खोपड़ी भी साधारण लोगों से भिन्न है, उसकी भँवें मंगोलियन ढंग की और उसके गाल तथा ठोड़ी भी एशियाई ढंग की है। परन्तु रूस में यह सब बिलकुल साधारण है। इस रंग-ढंग के हज़ारों मनुष्य आपको दिखाई देंगे। मॉस्को में आपको गली-गली लेनिन के रूप-रंग के मनुष्य मिलेंगे। ल्युनाचरसकी लेनिन का सहयोगी, मित्र और शिष्य था। उसने लिखा है—"लेनिन का मुख इरोस्लाव के एक साधारण व्यापारी जैसा था।"

न केवल लेनिन के रूप-रंग में ही विशेषता न थी प्रत्युत साधारण परिचय से उनका व्यवहार भी कुछ प्रभावोत्पादक न जान पड़ता था। इसके बावजूद वे लोकप्रिय वक्ता थे। अपने शब्दों से वे जनता को महान विप्लव की ओर ले जा सकते थे। इस पर विशेषता यह है कि उनके व्याख्यानों में सर्व-साधारण को भड़काने के लिए कुछ भी मसाला न रहता था। उनकी आवाज प्रायः भर्राई हुई-सी, रचना-सौन्दर्य और शब्द-लालित्य से सर्वथा शून्य रहती थी। इस महापुरुष की लेखन और वक्तृता-शैली नितान्त साधारण ढंग की थी, परन्तु इसका एक शब्द

यूरोप भर को विचलित करने के लिए पर्याप्त था। रूस की क्रान्ति का दूसरा नेता ट्रॉट्स्की है। ट्रॉट्स्की निस्सन्देह प्रतिभाशाली वक्ता है। उसकी शैली भावुक है। उसके शब्द कर्ण-मधुर और जादू-भरे होते हैं। लेकिन लेनिन में यह सब-कुछ न होते हुए भी उसका प्रभाव अपरिमित था।

मार्क्स से लेनिन की तुलना करते हुए ट्रॉट्स्की ने अपने नेता की इस न्यूनता को स्वीकार किया है। ट्रॉट्स्की लिखते हैं–"मार्क्स की शैली अद्भुत है। उसके शब्द भावपूर्ण, उत्तेजक, गहरी चोट करने वाले हैं। परिहास और चुटकलों में वह अद्वितीय हैं। प्राचीन राजनैतिक लेखकों की गम्भीरता और लालित्य उसमें एक-साथ मिल गया है। दूसरी ओर लेनिन की शैली रूखी, साधारण और बिलकुल व्यवसायात्मक है। गरम दल की पत्रिका 'लेव' ने लेनिन की रूखी और नीरस शैली की खूब गहरी आलोचना की है। इस आलोचना में यह दिखाने का यत्न किया गया है कि इन नितान्त साधारण ढंग की वक्तृताओं के बावजूद लेनिन इतनी व्यापक क्रान्ति को किस प्रकार ला सके। पत्रिका लिखती है–"लेनिन जान-बूझकर, भावुकता से बचकर, साधारण जीवन की रोजमर्रा की बातों से ही अपने पक्ष की पुष्टि करने का यत्न करते थे। उनका ध्यान शब्दों को समुचित रूप में प्रकट करने की ओर नहीं, बल्कि जीवन को समुचित ढंग से व्यवहार में लाने की ओर रहता था। सिद्धान्तों के गम्भीर विचार और विश्लेषण को एक ओर रख, वे सदा क्रियात्मक कार्य की बात ही लिखते थे। एक ओर उनके विरोधी और प्रतियोगी तथा दूसरों ओर उनके अनुगत और अनुयायियों का समूह रहता था।"

लेनिन शैली और रोचकता की ओर से निरपेक्ष थे; न केवल निरपेक्ष बल्कि उन्हें यह पसन्द ही नहीं था। राजनैतिक क्षेत्र में दलों का भेद वे केवल सिद्धान्तों और विचारों के आधार पर ही नहीं, बल्कि दल के वक्ताओं और सहायकों का वक्तृता-शैली तथा उनके बोलने के ढंग पर भी करते थे। साहित्यिक-शृंगार और वाक्य-विन्यास को वे घृणा की दृष्टि से देखते थे। इसे वे विचारों की न्यूनता और निर्बलता के लिए आवरण समझते थे। निष्प्रयोजन और आवश्यकता से अधिक शब्दों का व्यवहार उन्हें बहुत खटकता था। यही नहीं, कवित्वमय भाषा से उन्हें क्रोध भी आ जाता था।

बिलकुल साधारण बोलचाल की भाषा ही उन्हें पसन्द थी। दे स्वयं अपने लेखों में इसी प्रकार की साधारण रोज़मर्रा-बोलचाल की भाषा का व्यवहार करते थे। इससे भी बढ़कर अशिक्षित या अर्द्ध-शिक्षित लोगों की सीधी-सादी बोलचाल ही उन्हें सबसे अधिक पसन्द थी। हाँ, लैटिन के मुहावरे निस्सन्देह उन्हें पसन्द थे। इसका कारण था, इन मुहावरों का तीखापन तथा गम्भीरता। शिक्षित और सभ्य-समाज की भाषा से इससे अधिक सम्बन्ध उनका न था।

एक साम्यवादी समाचार-पत्र के प्रबन्ध के विषय में परामर्श देते हुए लेनिन

लिखते हैं—"दो-चार सौ पंक्तियों की जगह, क्या दस-बीस पंक्तियों से काम नहीं चल सकता? मेरे विचार में तो लेख संक्षिप्त और बहुत सरल होने चाहिए। किसी सिद्धान्त की व्याख्या जनसमाज के जीवन की रोजमर्रा की घटनाओं से की जानी चाहिए।" लेनिन को पुराने और घिसे हुए शब्दों की जगह नए और चलते हुए मुहावरे का व्यवहार करने का शौक था। प्रायः संयोजक शब्दों पर उनका ध्यान अधिक रहता था। लम्बी-चौड़ी भूमिका न बाँध, सीधा वह अपने विषय को ही ले लेते थे।

'लेव' लिखती है, "लेनिन की आलोचना बहुत कड़ी होती थी। एक-एक शब्द पर बल देकर वे विपक्ष की छीछालेदर कर देते थे। कटूक्ति और व्यंग्योक्ति का आश्रय लेने में भी उन्हें संकोच नहीं होता था। वे प्रतिपक्षी को सदा उपहास और व्यंग्य का निशाना बनाने का यत्न किया करते थे।"

लेनिन के लेखों में कोष्ठक एक अलग ही विशेषता रखते हैं। कोष्ठकों का प्रयोग उनके लेखों में बहुत ही अधिक रहता था। अपने विपक्षी के शब्दों का महत्त्व छीनकर उन्हें प्रतिकूल परिस्थिति में रख, वे उनकी निस्सारता सिद्ध करने का यत्न करते थे। लेनिन मनुष्य के भाव और कल्पना को छोड़, उसकी इच्छा और मस्तिष्क पर प्रभाव डालने का ध्यान रखते थे। पाठक को आत्म-निर्णय का अवसर देना उन्हें पसन्द नहीं था। वे सदा एक अनिवार्य मार्ग ही पाठक के सामने, स्वीकार करने के लिए नहीं, बल्कि ग्रहण करने के लिए रख देते थे।

लेनिन की उपमा और तुलना प्रायः बहुत सीधी और सरल होती थी। उपमा और रूपक का सरल प्रयोग वे केवल स्पष्ट को अधिक स्पष्ट बनाने के लिए ही करते थे। वे प्रायः बाइबिल अथवा क्राइलोव की कथाओं में से ही अपनी कहावतें और रूपक चुना करते थे। आधुनिक और समकालीन लेखकों के उद्धरण वे प्रायः प्रयोग में नहीं लाते थे।

हम ऊपर ही कह आए हैं, लेनिन की न केवल भाषा और शैली ही तीखी, अनलंकृत और साधारण होती थी बल्कि उनके भावों में भी कोई विशेषता न दिखती थी। जरूरत और मतलब की बात को सीधे ढंग से कह देना ही उन्हें सबसे अधिक पसन्द था। उन्होंने बीस वर्ष पूर्व बोल्शेविज़्म की विजय की भविष्यवाणी कर दी थी, परन्तु अपने अनुयायियों को सब बात दिखाने का यत्न उन्होंने कभी नहीं किया। भविष्य में साम्यवादी समाज की रचना पर लेनिन ने जो पुस्तक लिखी है, उसमें भी वे सब प्रकार की अतिशयोक्ति से बचे रहे हैं। यद्यपि अपने पक्ष के समर्थन के लिए, इस प्रकार के विशद और भावुक वर्णन की आशा सभी लेखकों से की जानी स्वाभाविक है। लेनिन के तमाम व्याख्यानों और लेखों को पढ़ जाइए, उनमें आपको क्रियात्मक राजनीति और शुष्क उपयोगितावाद के अतिरिक्त और कुछ न मिलेगा।

इसका परिणाम यह हुआ कि साम्यवाद का हवाई महल, जिसके लिए

लेनिन यत्न कर रहे थे, जनता के सामने एक ठोस और क्रियात्मक काम के रूप में उपस्थित हुआ। यद्यपि लेनिन के सम्मुख शताब्दियों के जमे हुए पुराने संस्कार और समाज प्रथाओं और रूढ़ियों से युद्ध करने का अनन्त और अपार काम पड़ा था, तथापि उन्होंने सदा दूर की तथा कालान्तर की बात की उपेक्षा कर, केवल अपने सामने उपस्थित काम को ही सोचा। इस प्रकार कल्पना में न पड़, कदम-कदम चल, उन्होंने असम्भव को भी सम्भव करके दिखा दिया।

बड़े-से-बड़े सम्पूर्ण मनुष्य-समाज के, हित-अहित के सिद्धान्तों की भी चिन्ता न कर, लेनिन हाथ में लिए हुए जीवन के आवश्यक और साधारण काम के रूप में उन्हें लेते थे। विप्लव के नेता होते हुए भी अपने व्याख्यानों और लेखों में, वे सदा दूर की बात को परे रख, सम्मुख की खड़ी समस्या की ही विशद आलोचना किया करते थे।

ट्रॉट्स्की लिखते हैं–"लेनिन सदा एक ही सुर अलापा करते हैं। उनका ध्यान मनुष्य समाज के उस भेदभाव को दूर करने तथा इस भेदभाव को दूर करने के उपायों की खोज में ही लगा रहता है।" बोल्शेविक समालोचक वोरोसंकी भी लिखता है–"लेनिन सदा एक ही बात कहते हैं। अनेक पहलुओं और सूक्ष्म दृष्टिकोणों से, वे सदा एक ही बात की ओर अपना ध्यान लगाए रहते हैं। जिस स्थान पर हमारी कल्पना अथवा दृष्टि नहीं पहुँचती, उसे भी लेनिन सोचे बिना नहीं छोड़ते। ऐसा जान पड़ता है, उनके मस्तिष्क में सदा एक ही विचार मुख्य रूप से केन्द्रित रहता है, शेष अन्य सब विचार नक्षत्र-जगत् में सूर्य के चारों ओर चक्कर काटते हुए उडगण की भाँति, उस मुख्य विचार के चारों ओर चक्कर काटा करते हैं, वे अपने इस मुख्य विचार को कभी एक क्षण के लिए भी नहीं छोड़ सकते। इस प्रकार का ध्यानावस्थित और गम्भीर जीवन अत्यन्त कठिन और असह्य जान पड़ता है।"

लेनिन के जीवन का ध्येय अत्यन्त कठिन और दुस्साध्य था। अपने राजनैतिक और सामाजिक सिद्धान्तों को वे जनता के सामने इस प्रकार सरल रूप से प्रकट कर देना चाहते थे कि राजनीति से सर्वथा अपरिचित और अनभ्यस्त रूसी किसान भी इन सिद्धान्तों को समझकर हृदयंगम कर सके और इन सिद्धान्तों के लिए लड़ने को उद्यत हो सके। उनका एक-एक शब्द प्रबल इच्छा-शक्ति और उत्तेजना के भाव से इस प्रकार भरा रहता था और अपने लक्ष्य पर अचूक बैठता था, कि अपना प्रभाव डाले बिना वह रह ही नहीं सकता था। गोर्की लिखते हैं–"लेनिन का तर्क कुल्हाड़े की धार की भाँति पड़ता है, उनके शब्दों में केवल युद्ध के लिए आह्वान ही नहीं रहता, उसमें युद्ध-कौशल तथा नीति का उपदेश भी रहता है।" लेनिन कहा करते थे–"क्रान्ति का बल काग़ज़ के पुर्ज़े पर ही नहीं रहना चाहिए। उसका क्रियात्मक रूप संसार के सम्मुख आ जाना

आवश्यक है। उनके विचार में गम्भीर-से-गम्भीर सिद्धान्तों की आलोचना की अपेक्षा एक मामूली क्रियात्मक कार्य की ओर ध्यान देना सोवियत की रक्षा के लिए अधिक आवश्यक था।''

3

लेनिन के जीवन में—क्या उनके वैयक्तिक व्यवहार में, और क्या राजनैतिक क्षेत्र में, आडम्बर का पूर्णतः अभाव था। उनके विचारों तथा जीवन की एक-एक घटना में उनकी किसानों की-सी सरलता स्पष्ट और व्याप्त है। जिस उद्देश्य को उन्होंने उचित और न्यायानुकूल समझा, उसे सीधे मार्ग से ही प्राप्त करने का यत्न किया। उनके जीवन की एक ही विशेषता थी, और वह थी उनकी सरलता, साधुता और आडम्बरहीनता। किसी भी प्रकार की विशेषता का अभाव ही उनकी विशेषता थी।

आज लेनिन संसार में नहीं हैं, उनके जीवन की सरलता और साधारणता ही एक बड़ी विशेषता हो उठी है। परन्तु यह सरलता और साधारणता लेनिन के जीवन में किसी आचार और आदर्श के अभ्यास के कारण स्थित नहीं थी। दरअसल उनकी प्रकृति ही ऐसी थी, उनकी आवश्यकताएँ ही बहुत कम थीं। निर्धारित और निर्दिष्ट उद्देश्य की ओर वे इतने एकाग्र भाव से लगे रहते थे कि संसार की ओर उनका विशेष झुकाव हो ही नहीं पाता था। जिस बात का उनके उद्देश्य से सीधा सम्बन्ध न हो, उसके लिए उनके जीवन में कोई स्थान न था। गोर्की लिखते हैं—''लेनिन का चित्र खींच सकना सम्भव नहीं। वे अपने शब्दों के समान सरल और सीधे थे। उनके महत्त्व और बड़प्पन का बाह्य रूप कुछ भी न था। विनय, त्याग और लगन—यही उनकी विशेषता थी। पर यह गुण रूस में दुष्प्राप्य नहीं है। एक क्रान्तिकारी की न्यायप्रियता और आशावाद उनमें कूट-कूटकर भरा था। अपने उद्देश्य की प्राप्ति के लिए संसार के भोग-विलास के प्रति वे अनासक्त और विरत से हो गए थे।''

लेनिन का अपने सिद्धान्तों में अनन्त विश्वास था। इसलिए संशय और नैराश्य ने उन पर कभी अधिकार नहीं जमाया। उनके जीवन का एक ही उद्देश्य था—अपने सिद्धान्तों को क्रियात्मक रूप देना। इस लगन और दृढ़ता के कारण असम्भव और दुर्वाह्य कार्य-भार को भी वे सरलता से अपने जीवन में निबाह सके। उनके जीवन में दुविधा, उद्वेग और श्रान्ति का भाव था ही नहीं।

ल्यूनाचरसकी लिखते हैं—''लेनिन स्वभाव से मेहनती न थे। उन्हें पढ़ने-लिखने का भी ऐसा शौक न था। लिखते समय खूब बड़े-बड़े अक्षरों में वह तेजी से लिखते और लिखकर लापरवाही से कागज को जमीन पर फेंक देते थे।

लिखने के लिए भी कोई विशेष समय नहीं था, जब अवसर मिला, लिख लिया। एक पुस्तक पर वे अधिक समय न लगाते। जब इच्छा हुई, जहाँ-तहाँ से पढ़ लिया, परन्तु अपने मतलब की बात को उनकी आँखें तुरन्त ढूँढ़ निकालती थीं। अपने अनुकूल मत की अपेक्षा उनका ध्यान प्रतिकूल की ओर ही अधिक जाता था। अपने सिद्धान्त के विरुद्ध कहीं एक भी शब्द देखकर वे भड़क उठते थे। जिस सरल और सहज भाव से वे प्रचार के लिए लेख लिखते थे, ठीक उसी ढंग से, क्रान्ति की उन घोषणाओं को भी वे लिख देते थे, जिनके प्रभाव से आधा यूरोप काँप उठता था। जो उन्होंने उचित और न्याय्य समझा, उसे नितान्त अनासक्त भाव से उन्होंने प्रचारक, विचारक और अन्त में एकाधिपति शासक (Dictator) के रूप में, संसार के सम्मुख रख दिया। कठोर से कठोर विपत्ति और उलझन में भी वे कभी क्षणभर के लिए विचलित नहीं हुए। उनके सहयोगी कहते हैं, आवश्यकता पड़ने पर बिना किसी प्रकार का विश्राम लिए वे एक साँस में कई दिन तक लगातार काम कर सकते थे। दूसरी ओर बड़े-से-बड़े संकट और दुविधा में भी वे घंटों निश्चिन्त बैठने के लिए समय निकाल लेते थे। प्रायः दिनभर कड़ी मेहनत करने के पश्चात् घण्टों वे बच्चों अथवा बिल्लियों से खेलते रहते थे।''

लेनिन के सभी सहयोगियों और मित्रों के वर्णन से जान पड़ता है, लेनिन गुमसुम और खिन्न स्वभाव के व्यक्ति न थे। ठीक इसके विपरीत, वे प्रसन्न, निश्चिन्त, और हँसोड़े थे। वोरोसंकी लिखता है–''लेनिन में स्फूर्ति और शक्ति कूट-कूटकर भरी हुई है। मुँह पर हाथ धरकर वह अपनी हँसी को रोकना चाहते हैं, परन्तु हँसी कानों से फूट पड़ती है।''

लेनिन के निजी जीवन के बारे में ल्यूनाचरसकी लिखता है–''कठिन से कठिन दुख और विषाद के समय भी लेनिन व्यवस्थित और प्रसन्न रहते हैं। हँसी उनके मुख पर से कभी नहीं जाती। उनके क्रोध का परिणाम चाहे कितना भी भयंकर क्यों न हो, परन्तु देखनेवाले को उनका वह क्रुद्ध मुख भी प्यारा मालूम होता है।''

अपने मन की इस सम और व्यवस्थित वृत्ति के कारण ही लेनिन अपने जीवन के भीषण राजनैतिक संग्राम में सफल हो सके। घबराहट, आवेश और उद्वेग के वश में वे कभी नहीं हुए। वे सदा तटस्थ तथा समप्रकृति रहते, रूस के सुदूर प्रान्तों से आए हुए सैनिकों, मजदूरों और किसानों की करुण कथा को सुनने के लिए वे सदा शान्तभाव से प्रस्तुत रहते थे। अपने सहयोगियों के साथ वे दूध-पानी की तरह मिल जाते थे। अपने व्यक्तित्व का अधिकार जमाने का उन्होंने कभी यत्न नहीं किया। क्लाराजेतकीं लिखती हैं, ''लेनिन नवयुवकों के बीच बिल्कुल उन जैसे ही होकर मिल जाते थे, और आवश्यकता पड़ने पर गुरुजन के रूप में उपदेश देने से भी न चूकते थे।''

4

इसमें सन्देह नहीं, रूस की जनता पर लेनिन के गहरे प्रभाव का कारण उनके जीवन की सरलता और सादगी ही थी। जो कोई व्यक्ति लेनिन से मिला, उनके प्रभाव के जादू से बच न सका। जनता उनकी आज्ञा का पालन अपने वैयक्तिक अन्तरंग मित्र की हैसियत से करती थी। रूस की जनता उन्हें एक बुद्धिमान और विश्वसनीय मित्र की दृष्टि से देखती थी। निर्धन से निर्धन किसान भी लेनिन से समता और मित्रता का नाता रखता था।

लेनिन में किसानों की वृत्ति बहुत अंश तक विद्यमान थी। किसानों की सरलता, भरोसे और विश्वास के योग्य उनका स्वभाव, अपनी भलाई को तुरन्त परख लेनेवाली उनकी दृष्टि—यह सब विशेषताएँ उनमें विद्यमान थीं। ट्रॉट्स्की लिखते हैं—''निर्धन जनता के इस नेता का न केवल रूप किसानों जैसा है, परन्तु उसके स्वभाव में किसानों की आदतें बहुत गहरी बैठी हुई हैं। अपनी बाईं आँख बन्द कर जब वह बेतार से तार अथवा किसी महत्त्वपूर्ण पत्र के अनेक अर्थ लगाने का यत्न करता है, तो ठीक एक चतुर किसान की भाँति जान पड़ता है, जिसे बहकाना सरल काम नहीं। उसकी चतुरता ठीक किसान की चतुरता है, अन्तर है, केवल उसके परिमार्जित होने में। लेनिन का सरल चातुर्य विज्ञान और अनुभव के प्रभाव से बहुत मँज गया है।''

लेनिन में जहाँ किसानों की सरलता और चातुर्य है, वहाँ इनका क्रोध भी है। मनुष्य की प्रकृति का इन्हें गहरा ज्ञान है, इसी कारण इस महान विप्लव में उन्हें सफलता प्राप्त हो सकी है। लेनिन की प्रकृति का यह गुण ही उनकी सफलता का मूल कारण है। राजनीति उनके गुणों और वृत्तियों के लिए सर्वथा उपयुक्त क्षेत्र था। उनके सम्पूर्ण लेखों और वक्तृताओं में आप इस क्रियात्मक ज्ञान और मौलिकता देख पाएँगे।

वोरोसंकी लिखता है—''लेनिन का लिखा हुआ एक पुर्जा आप ले लीजिए। आप इसमें सब विषयों के सम्बन्ध में परामर्श पाएँगे। एक ओर इंग्लैण्ड में कुछ भेजे जाने के लिए आज्ञा है, दूसरी ओर जर्मनी के मजदूरों के लिए परामर्श है, तीसरे में अमुक स्त्री के लिए अनाज ले जाने देने के लिए सिफारिश है, क्योंकि उसे तीन बच्चों का पालन करना है।''

इस ढंग की छोटी-मोटी प्रतिदिन की बातों में लेनिन की योग्यता का रहस्य छिपा है। सब महापुरुषों की मृत्यु के पश्चात् उनके भक्त उनके शब्दों को स्मरण रखने का यत्न करते हैं, इसी प्रकार लेनिन की मृत्यु के पश्चात् उनके भक्तों ने लेनिन के लेखों की छान-बीन की, परन्तु इन लोगों को सीधे और रूखे आज्ञा-पत्रों के अतिरिक्त और कुछ हाथ न लगा।

इन लेखों में से एक, जिसे उनके अनुयायी चिरस्मरणीय बताते हैं, 1921 में क्रान्ति के निकट समय का उनका लिखा हुआ एक आज्ञा-पत्र है। मॉस्को के चारों ओर ज़ार की सहायक सेना घेरा डाले पड़ी थी। सब लोग समझ रहे थे कि सोवियत का अन्तकाल आ पहुँचा है। इस विपद और आशंका के समय लेनिन को सूझा, गाँवों में बिजली का प्रकाश पहुँचाना बहुत आवश्यक कार्य है। उसी समय आज्ञा लिख दी गई, "गोर्की और जीयानोवा के किसानों को तुरन्त बिजली का प्रकाश पहुँचाया जाए।"

इस समय की एक दूसरी आज्ञा बेतार के टेलीफोन में सुधार करने के सम्बन्ध में है। और एक आज्ञा है, मजदूर-संगठन के सम्बन्ध में वैज्ञानिक ढंग से अन्वेषण करने के लिए। इसी प्रकार एक आज्ञा है, "मंत्रि-परिषद् के सम्मुख पेश किए जानेवाले हिसाब के काग़ज़ अधिक स्पष्ट और साफ होने चाहिए।" एक और दूसरी आज्ञा है, "मालूम किया जाए, हवाई चक्की से गाँवों में बिजली पहुँचाने में कहाँ तक सहायता मिल सकती है।" यही हैं, लेनिन के महत्त्वपूर्ण शब्द। इन्हीं शब्दों में हवाई महल को क्रियात्मक रूप देने की लेनिन की शक्ति अन्तर्निहित है। अभी मॉस्को की लेनिन संस्था में एक समिति इस उद्देश्य से नियत की गई है कि वह पता लगाए कि लेनिन के वैयक्तिक प्रभाव से संसार में कौन-कौन परिवर्तन उपस्थित हुए हैं।

लेनिन के सब सहयोगी और मित्र एक ही बात कहते हैं। उनका कहना है, लेनिन अपने प्रतिदिन के साधारण से साधारण काम को भी पूरे मनोयोग से किया करते थे। रूस की जनता अपने इस नेता को उपयोगितावाद का गुरु मानती है। संसार-व्यापी राजनैतिक उलझनों और झमेलों में फँसे रहकर भी छोटी-छोटी बातें लेनिन के ध्यान से नहीं उतर जाती थीं। यूरोप का भाग्य-निर्णय करते समय भी वे ध्यान रखते थे–अमुक कारखाने में स्त्रियों को नए दामन मिल गए या नहीं। अनेक कहावतें उनके विषय में प्रसिद्ध हैं। कोई महत्त्वपूर्ण पत्र किसी दफ्तर में भेजने के बाद प्रायः वे टेलीफोन पर यह पूछना न भूलते थे कि वह ठीक स्थान पर पहुँच गया या नहीं।

एक समय में वे अनेक बातों का ध्यान रख सकते थे। एक काम को आरम्भ करके उसे भूलते न थे। संसार-व्यापी विप्लव की बागडोर हाथ में थामे हुए भी साधारण मजदूरों की दैनिक आवश्यकताओं को वे न भुला देते थे। इन्हीं गुणों के कारण लेनिन के इतने अनुयायी मिल सके। इसी कारण उनकी मृत्यु के पश्चात् उनके हाथ से लिखा गया कागज का एक साधारण पुर्जा पवित्र और आदरणीय माना जाने लगा है। 'गाँवों में हवाई मोटर द्वारा बिजली पहुँचाने की आज्ञा' को लोग रूस बाइबिल के बचनों के समान याद किए हुए हैं। उत्सवों के मौक़े पर लेनिन के जीवन की इस प्रकार की अनेक कहानियाँ सुनाई जाती हैं और

जनता उनसे शिक्षा और साहस ग्रहण करती है।

लेनिन की सरलता और सादगी के इस प्रभाव का एक और भी कारण है। लेनिन से पहले रूस का शासक था केरेंस्की। केरेंस्की शब्द-लालित्य और श्रुति-मधुर व्याख्यान से बढ़कर संसार में किसी वस्तु को भी नहीं मानता था। केरेंस्की के शासन-काल में रूस की प्रजा लच्छेदार व्याख्यानों और शब्दाडम्बर से खीझ चुकी थी। जनता कुछ क्रियात्मक काम देखने तथा सीधी और मतलब की बात सुनने के लिए आतुर हो उठी थी। जनता का मस्तिष्क चक्कर में फँसकर उद्विग्न हो रहा था। इस समय लेनिन के समान ही एक आदमी की आवश्यकता थी, जो जनता के सम्मुख एक ठोस काम रख सकता। लेनिन आगे बढ़ा। उसने अपना वैयक्तिक उदाहरण जनता के सामने रखा। यदि लेनिन पश्चिम यूरोप के किसी देश में जन्म लिए होते, तो उनके क्रियात्मक सिद्धान्तों और सुधारों की ओर जनता का ध्यान भी आकर्षित न होता, परन्तु सभ्यता की दौड़ में पिछड़े हुए रूस को लेनिन का यह उपयोगितावाद ईश्वरीय संदेश के समान जान पड़ा।

5

लेनिन ने वैज्ञानिक, आध्यात्मिक, दार्शनिक और चारित्रिक क्षेत्र में उपयोगिता को ही कसौटी माना है। विशेषतः दर्शन-शास्त्र तो उनके राजनीतिक विचारों से बहुत अधिक प्रभावित हुआ है।

प्राचीन ईसाई दार्शनिकों की भाँति लेनिन भी दर्शन को राजनीति की नींव मानते हैं। लेनिन के विचार में दर्शन-शास्त्र के विशेष सिद्धान्तों को मानना या न मानना दार्शनिकों के लिए केवल वैयक्तिक मामला ही नहीं होना चाहिए। वे दार्शनिक विचारों को जनता की मनोवृत्ति की नींव मानते हैं। उनके विचार में दार्शनिक सिद्धान्तों पर ही भिन्न-भिन्न विश्वासों और श्रेणियों का संगठन होता है। इसलिए लेनिन ने बोल्शेविज़्म की नींव को दृढ़ करने के लिए प्राचीन अध्यात्मवाद के विरुद्ध भयंकर आन्दोलन आरम्भ कर, नवीन दर्शन-शास्त्र की नींव डाली है। उनका विचार है कि नवीन दार्शनिक सिद्धान्तों के बिना नवीन संस्कृति चिरस्थायी हो ही नहीं सकती। आर्थिक और राजनीतिक क्षेत्र में बोलशेविज़्म की नींव दृढ़ करने के लिए विचारों में क्रान्ति की आवश्यकता है।

यहाँ यह कहने की आवश्यकता नहीं जान पड़ती कि लेनिन धार्मिक विश्वासों और गुरुडम के कट्टर विरोधी थे। रूस से धार्मिक विश्वास को निकाल फेंकने के लिए जो कुछ सम्भव था, लेनिन ने किया। ईसाई धर्म, तथा त्याग के भाव उनके विचार में दासता की बेड़ियाँ हैं। वे रूस की जनता और नेताओं को सदा ही ईश्वर-विश्वास को उखाड़ फेंकने का परामर्श देते रहे हैं। उनका कहना

है कि प्राचीन धार्मिक विश्वास और आस्तिकता बोल्शेविज़्म द्वारा प्रतिपादित नवीन सामाजिक संगठन के प्रधान शत्रु हैं।

बोल्शेविज़्म के उस शत्रु का सामना करने के निमित्त लेनिन ने नास्तिकता का प्रचार करने के लिए एक प्रबल संगठन तैयार किया। एक स्थान पर लेनिन लिखते हैं–"यदि हम, मार्क्स के अनुयायी लोग, यह आशा करें कि हम जनता के अज्ञान-अन्धकार को दूर किए बिना, सीधे उन्हें मार्क्स के सिद्धान्त समझा सकेंगे, तो यह हमारी भयंकर भूल होगी। पहले हमें उनके अन्धविश्वासों और धार्मिक धारणाओं को दूर करना होगा। हमें उन्हें वैज्ञानिक ढंग से सोचना समझना और सिखाना होगा, सभी सम्भव उपायों से उनके दृष्टिकोण को बढ़ाकर उनके हित और अहित उन्हें समझाने होंगे।

"अठारहवीं शताब्दी में गुरुडम के विरुद्ध नास्तिक लेखकों ने जो खुले आक्रमण किए हैं, वह हम लोगों के मार्क्स के सिद्धान्तों की व्याख्या की अपेक्षा सहस्रों गुणा अधिक रोचक, चुटकी भरने वाले, युक्तियुक्त और प्रभावशाली हैं। यह लेख जनता की मोह-निद्रा और अन्धविश्वास को दूर करने में कहीं अधिक समर्थ हैं। हम लोगों की मार्क्स के सिद्धान्तों की व्याख्या सर्वथा नीरस, अरोचक और अव्यवस्थित-सी है। सब से पहले जनता को धर्म के मोहान्धकार से निकालना आवश्यक है, तभी वे लोग स्वयं अपना हित और अनहित समझने के योग्य हो सकेंगे।"

पुराने धार्मिक विश्वासों और ईश्वरवाद पर आक्रमण करना लेनिन के लिए आवश्यक था, क्योंकि किसी भी समाज का जीवन उसके धार्मिक विश्वासों पर बहुत दूर तक निर्भर रहता है। समाज के संगठन में परिवर्तन लाने के लिए पहले उसकी नींव अर्थात् धार्मिक विश्वास को बदलना सर्वथा आवश्यक है। धर्म, समाज को प्रकृति के साथ कार्य-कारण के बन्धन में बाँधकर परिवर्तन से बचाए रखता है, इसलिए समाज में परिवर्तन आने से पूर्व धार्मिक विश्वासों में परिवर्तन आना ज़रूरी होता है।

सृष्टि की उत्पत्ति और प्रलय के प्राचीन सिद्धान्तों को मानने से लेनिन के विचार में हमें सृष्टि और प्रलय के कर्ता को भी मानना पड़ेगा। इस कारण सृष्टि तथा प्रलय के प्राचीन विश्वास में लेनिन को ईश्वर-विश्वास अन्तर्निहित दिखाई देता है, और उसी को वे मनुष्य की दासता का मूल कारण समझते हैं।

लेनिन की मृत्यु के पश्चात् उनके हस्त-लिखित काग़ज़ों में एक जगह लिखा है–"अनुमान सर्वदा असत्य ही नहीं कहा जा सकता, आखिर अनुमान भी तो भौतिक निरीक्षण का ही फल है। परन्तु यदि हम अनुमान का आश्रय लेकर मनुष्य के लिए पारलौकिक नियम बनाने लगें तो वह मिथ्या और व्यर्थ हो जाएगा। मनुष्य के ज्ञान की अनगिनत उलझनों में से यह एक और उलझन बन जाएगा।"

"यदि हम भौतिकवाद की परिस्थितियों के आधार पर अनुमान को लें तो वह हमारे ज्ञान की एकांगी तथा केवल एक ही दृष्टि से उन्नति कर सकेंगे...।"

लेनिन की सम्मति में न केवल धार्मिक, प्रत्युत वे सभी विचार और सिद्धान्त जिनका सम्बन्ध भौतिक ज्ञान से न होकर अध्यात्मवाद से है, सर्व-साधारण के प्रभुत्व के लिए घातक हैं। अनुमानवाद तथा अध्यात्म को वह प्राचीन विश्वास और धारणा का केन्द्र मानते हैं। प्राचीन धारणाओं के इस गढ़ का नाश करना वे क्रान्ति की रक्षा के लिए अनिवार्य समझते हैं।

नवीन संतति को प्राचीन विचारों और सिद्धान्तों के विष से बचाने के लिए लेनिन ने रूस में प्राचीन यूनिवर्सिटियों को बदल डाला है। प्राचीन आध्यात्मिक प्रवृत्ति लेनिन की दृष्टि में उतनी ही घातक है, जितने कि धार्मिक विश्वास। लेनिन प्राचीन स्मृति शास्त्र के भी विरुद्ध हैं। स्मृति शास्त्र मनुष्य को वैयक्तिक अधिकार देता है। वैयक्तिक अधिकार का विचार बोल्शेविज़्म के संघवाद (Collectivism) के प्रतिकूल है। भौतिक विज्ञान पर भी इन यूनिवर्सिटियों में कम्यूनिस्टों का नियन्त्रण रहता है। उन्हें भय है कि कहीं वैज्ञानिक परीक्षणों से अध्यात्म-लोक का निर्देश या विद्यार्थियों की प्रवृत्ति उस ओर न हो जाए।

बोल्शेविज़्म के क्षेत्र में भौतिकवाद के आधिपत्य के कारण समझने के लिए हमें बोल्शेविज़्म के इतिहास को अधिक सावधानी से देखना होगा। आज बोल्शेविक अनुमान को सहन नहीं कर सकते, परन्तु कुछ समय पूर्व मैन्शेविक दल के आधिपत्य के समय मैन्शेविकों के भौतिकवाद के विरुद्ध यह लोग अनुमान का ही आश्रय लेते थे। लेनिन ने आरम्भ में दर्शनशास्त्र में कभी दिलचस्पी नहीं ली, परन्तु समय आने पर ज़बर्दस्ती अपने दल पर उन्होंने भौतिकवाद के सिद्धान्त को लाद दिया। जिस समय भौतिकवाद तथा अनुमानवाद में विवाद उपस्थित हुआ उस समय लेनिन किसी ओर भी अपनी राय न दे सके। उसी समय से लन्दन जाकर दो वर्ष तक वे दर्शनशास्त्र का अनुभव करते रहे, कुछ लोगों का कहना है, कि केवल छह हफ्ते ही उन्होंने इस विषय का अध्ययन किया, और भौतिकवाद के पक्ष में अपनी सम्मति दे दी। इस समय तक बोल्शेविक दल भौतिकवाद के विपक्ष में था। लेनिन के विचार में भौतिकवाद बोल्शेविक दल के लिए हितकर नहीं था। बस, इसी विचार से लेनिन ने भौतिकवाद के पक्ष में अपनी राय दे दी।

लेनिन के दर्शनशास्त्र का अध्ययन कर, उसका सार निकालने का यत्न किया। मैडम लेयशिंसकी ने लेनिन के साथ समुद्र-यात्रा की थी। उस समय उन्होंने लेनिन को दर्शनशास्त्र का अध्ययन करते देखा था। वे कहती हैं कि लेनिन बड़ी-बड़ी पुस्तकों के पृष्ठ पर पृष्ठ उलटते जाया करते थे। यह देख लेयशिंसकी ने एक दिन लेनिन से पूछा—"आप इन पृष्ठों को पढ़ा करते हैं या केवल इन पर दृष्टि ही दौड़ाया करते हैं?" लेनिन ने मुस्कराकर उत्तर दिया—"नहीं, मैं इन्हें पढ़ता

हूँ; यह पुस्तक पढ़ने के लायक है...।" साम्यवादी लेखक लान्दू आल्दनोव लेनिन के दर्शनशास्त्र के अध्ययन के विषय में लिखते हैं–

"लेनिन की प्रवृत्ति दर्शनशास्त्रों की ओर थी तो अवश्य, परन्तु वह प्रवृत्ति विरोध-भक्ति के रूप में थी। ढेर की ढेर पुस्तकें दर्शन-शास्त्र पर उन्होंने पढ़ी या देखी थीं, परन्तु यह अध्ययन ठीक उसी ढंग का था जिस प्रकार के जर्मन फ़ौजी अफ़सर, युद्ध के समय रूसी भाषा पढ़ा करते थे।"

वास्तव में केवल तर्क और विवाद के लिए ही लेनिन ने दर्शन का अध्ययन किया था। दर्शन के सम्बन्ध में जो कुछ लेनिन ने लिखा है वह भी इसी ढंग की रचना है। अपने विरोधियों की आलोचना में लिखे लेखों में स्थान-स्थान पर युक्ति और प्रसंग की परवाह न कर, केवल आग उगलने का ही यत्न लेनिन ने किया है।

भौतिकवाद के पक्ष में लेनिन के अपनी सम्मति देते ही उनके सब अनुयायी अनुमान और अध्यात्मवाद के विरोधी हो गए। इस समय बोल्शेविक लोग बोग्दानोव के सिद्धान्तों के अनुयायी थे, परन्तु लेनिन के भौतिकवाद का समर्थन करते ही वे सब बोग्दानोव के विरोधी हो गए। यहाँ तक कि उसे दल से बाहर निकालकर ही चैन लिया। विश्वास और सिद्धान्त के इस परिवर्तन के बहुत देर पश्चात् ही इस विषय को महत्त्व दिया गया। यूरोपीय महायुद्ध के पहले तक बोल्शेविक लोग दर्शनशास्त्र को एक ओर छोड़, जीवन के बाह्य उपकरणों में ही व्यस्त थे और इसके पश्चात् फरवरी की क्रान्ति तक भी बोल्शेविक लोगों को राजनीतिक मामलों के अतिरिक्त किसी दूसरे विचार के लिए फ़ुर्सत नहीं थी। 1917 ई. में प्रभुत्व पा लेने के पश्चात् ही बोल्शेविकों का ध्यान दार्शनिक सिद्धान्तों के मनन की ओर जा पाया। इस समय लेनिन के प्रभाव से दल ने भौतिकवाद के सिद्धान्त को अपना लिया था। लेनिन के भौतिकवाद के पक्ष में लिखे हुए आलोचनात्मक निबन्ध का दुबारा प्रकाशन किया गया और इसी सिद्धान्त को राजकीय धर्म के रूप में दल ने ग्रहण कर लिया।

मार्क्स के सिद्धान्त के अनुसार लेनिन ने क्रियात्मक जीवन को सम्पूर्ण ज्ञान की कसौटी क़रार दिया है। लेनिन का मत है–"ज्ञान की परख हमें जीवन में उसकी उपयोगिता की दृष्टि से करनी चाहिए। क्रियात्मकता और उपयोगिता को कसौटी मानकर चलने से ही हम दर्शन और फ़िलॉसफ़ी की अनगिनत उलझनों को पार कर सकेंगे, मार्क्स के सिद्धान्तों के आधार पर विश्लेषण करने से जीवन तथा ज्ञान के क्षेत्र में जो कुछ तथ्य और सत्य जान पड़े, उसे ही हमें ग्रहण करना चाहिए।"

लेनिन का मत है, "केवल संसार को जान लेना ही पर्याप्त नहीं। हमें उसे आवश्यकतानुसार सुधारना भी होगा।" सिद्धान्त को जीवन में चरितार्थ करना ही उनका उद्देश्य था। निर्धन, और उत्पत्ति के साधनों से हीन जनता के न्यायोचित अधिकारों को निष्पक्ष-भाव से स्वीकार कर लेना ही हमारा उद्देश्य नहीं होना चाहिए;

इन अधिकारों को प्राप्त करने का यत्न करना भी हमारे लिए आवश्यक है। वे कहते हैं, जीवन में सिद्धान्त की उपयोगिता के आधार पर ही सिद्धान्त का विकास होना चाहिए। उनके विचार में दार्शनिकों का कर्त्तव्य है कि रूस की क्रान्ति की मार्क्स के सिद्धान्तों के आधार पर व्याख्या करें। इन सिद्धान्तों को सर्वसाधारण के समझने-लायक़ सरल और सुबोध बना दें। इस प्रकार साम्यवाद और कम्यूनिज़्म के प्रचार के लिए मार्ग तैयार करें, जिससे सर्व-साधारण, पूँजीवाद के नियन्त्रण में होने वाली लूट और अनीति को समझ सकें।

लेनिन की सफलता का एक कारण है, उनकी सिद्धान्तों के आधार पर जीवन-क्रम को, और उपयोगिता के आधार पर सिद्धान्तों को ढालने की, योग्यता। सिद्धान्तों और विचारों का एक क्षण के लिए भी निष्क्रिय रहना लेनिन को पसन्द नहीं। इनके साथ ही यदि उपयोगिता की दृष्टि से सिद्धान्तों में परिवर्तन करने की जरूरत अनुभव होती तो लेनिन को उसमें कभी आपत्ति नहीं हुई। लेनिन का मुख्य सहयोगी डिबोरिन लिखता है–"प्रत्यक्ष और उपयोगिता में विश्वास रखने वाला मनुष्य किसी भी समस्या के उपस्थित होते ही उसका अनुशीलन करना चाहता है। क्रान्तिकारी-विचारक किसी घटना के केवल प्रत्यक्ष और बाह्यरूप को लेकर ही सन्तुष्ट नहीं हो जाता; वह कार्य-कारण का सम्बन्ध जोड़कर प्रत्येक समस्या के मूल में पहुँचने का यत्न करता है। सामाजिक नियम ही समाज की गतिविधि को निर्दिष्ट करते हैं। मनुष्य ने इन नियमों को समझने का यत्न नहीं किया, इससे वे उसके लिए दुर्बोध और रहस्यपूर्ण हो गए हैं। ज्योंही हम इन नियमों को समझने का यत्न करेंगे, वे हमारे लिए सरल और सुबोध हो जाएँगे....। मनुष्य नीति और सिद्धान्त को समझने का यत्न नहीं करेगा तो समाज का व्यवहार नीतियुक्त किस प्रकार हो सकेगा? समाज के विकास और गतिविधि को समझने के लिए सामाजिक नियमों और सिद्धान्तों को सम्यक् रूप से समझना जरूरी है।

लेनिन का विचार है, परिस्थिति के गूढ़ निरीक्षण से प्रत्यक्ष में परस्पर विरोधी दिखाई पड़ने वाले सिद्धान्त भी एक-मत और एक-रूप जान पड़ेंगे। विकास और परिवर्तन के चक्कर में विरोधी भाव और वस्तुओं में भी साम्य और एकता आ जाती है।

लेनिन विकास के दो रूप मानते हैं। एक रूप में तो उतार-चढ़ाव और पुनरावृत्ति रहती है, दूसरा रूप, जिसका लेनिन समर्थन करते हैं, विरोध का लोप होकर साम्य के आ जाने में और फिर साम्य अथवा एकता के विभक्त हो जाने में है।

लेनिन की मृत्यु के पश्चात् उनके एक हस्त-लेख में परिस्थितिवाद की आलोचना करते हुए हेराक्लिटस, अरस्तू फ़ीलो और हेगल की तुलनात्मक आलोचना की गई है। इस लेख में परिस्थिति के आधार पर उनके परस्पर विरोधी विचारों का विश्लेषण किया गया है। लेनिन ने यह प्रमाणित करने का यत्न किया है कि गणित,

शिल्प-विद्या और भौतिकशास्त्र परस्पर विरुद्ध होते हुए भी एक-दूसरे के साथ गहरे बँधे हुए हैं। उनका कहना है, सम्पूर्ण प्राकृतिक विज्ञान और मनुष्य-समाज का जीवन तक परिस्थिति पर आश्रित हैं, और विरुद्ध कोणों से आरम्भ होते हैं।

यदि भौतिकवाद को परिस्थिति पर आश्रित माना जाए, तो उसे प्रकृति के अनुकूल होना चाहिए। एगल्स के मत में परिस्थितिवाद के लिए प्राकृतिक नियम ही कसौटी हैं। भौतिकवाद तो प्राकृतिक विज्ञान के बिना चल ही नहीं सकता, क्योंकि वहीं से उसका विकास तथा विश्लेषण होता है। लेनिन इसी सिद्धान्त को मानते हैं, इसीलिए वे अपने सिद्धान्त को भौतिकशास्त्र के अनुकूल रखने के लिए सतर्क रहते हैं।

परन्तु ठेठ वैज्ञानिक दृष्टि से तो, भौतिकवाद का समर्थन सब अवस्थाओं में होता नहीं। इसलिए लेनिन वैज्ञानिक परीक्षणों को नए ढंग से, मार्क्स के सिद्धान्तों के दृष्टिकोण से, सम्पादित करना चाहते हैं। वैज्ञानिक खोज और अनुसन्धान को उस ढंग से चलाना चाहते हैं, जिसमें भौतिवाद का अविकल्प समर्थन हो। इस विचार से उन्होंने सोवियत रूस की यूनिवर्सिटी में वैज्ञानिक खोज और अनुसन्धान को भौतिकवाद के नियन्त्रण में रखने का यत्न किया है। इसके विरुद्ध सभी सिद्धान्तों अथवा विचारधाराओं को वे दबा देने के पक्ष में हैं। इन शिक्षणालयों में धार्मिक विश्वास तथा आस्तिकता के समर्थक किसी भी विचार अथवा सिद्धान्त की गुज़र नहीं।

6

भौतिकवाद में गहरा तथा दृढ़ विश्वास होने के कारण लेनिन कला को भी सामाजिक तथा आर्थिक परिस्थितियों से सम्बद्ध और उन पर निर्भर मानते हैं। कला का आध्यात्मिक दृष्टि से कोई भिन्न अस्तित्व उन्हें स्वीकार नहीं। कला को वे सदा राजनैतिक क्षेत्र में उसकी उपयोगिता की दृष्टि से ही देखते हैं।

सन् 1905 ई. में लिखे एक लेख में लेनिन लिखते हैं–"जिस साहित्य से हमारे दल के विचारों का प्रचार नहीं होता, वह व्यर्थ है। अलौकिक और चामत्कारिक साहित्य की हमें आवश्यकता नहीं। साहित्य को हमारे उद्देश्य में सहायक होना चाहिए। अपनी अवस्था से परिचित मज़दूर तथा किसानों के समाज में साहित्य को मशीनरी के एक पुर्जे की भाँति अपना काम करना चाहिए।

लेनिन के विचार में यदि चित्र-कला से बोल्शेविज़्म के प्रचार में कोई सहायता नहीं मिलती तो वह व्यर्थ है; उसके रहने की अथवा उसके विकास की कोई आवश्यकता ही नहीं। रूस की क्रान्ति के समय लेनिन ने कला को भी राजनीतिक साधन बनाकर प्रयोग में लाने का यत्न किया।

ल्यूनाचरस्की लिखता है कि 1912 ई. में लेनिन ने उससे बुलाया और चित्र-कला को बोल्शेविज़्म के प्रचार के लिए प्रयोग में लाने के लिए कहा। इस आज्ञा के अनुसार ल्यूनाचरस्की ने अधिकारियों को इमारतों और दीवारों पर क्रान्ति के भावों की प्रेरणा करने वाले चित्र लगाने के लिए कहा और स्थान-स्थान पर प्रसिद्ध क्रान्तिकारियों के स्मारक बनवाने की व्यवस्था की। कुछ ही दिन में सभी जगह दीवारों पर चित्र दिखाई देने लगे और मॉस्को तथा लेनिनग्रेड में क्रान्तिकारियों के अनेक स्मारक-चिह्न बन गए।

पर जो कुछ किया गया, उससे लेनिन को सन्तोष न हुआ। एक अवसर पर एक नवीन स्मारक बनाने के लिए अनेक नमूनों की एक प्रदर्शिनी में लेनिन गए। वहाँ उपस्थित नमूनों में से लेनिन को एक भी पसन्द नहीं आया। एक नए ढंग के (Futurist Style) के नमूने को बहुत देर तक देखते रहे और अन्त में कहा—"इस विषय में मुझे तो कुछ समझ में नहीं आया, आप ल्यूनाचरस्की की सम्मति पूछिए।" ल्यूनाचरस्की को भी कोई नमूना पसन्द न था, यह जानकर लेनिन बहुत प्रसन्न हुए और हँसकर कहने लगे, "मुझे भय था, कहीं तुम इन नए ढंग के ढाँचों में से ही किसी को खड़ा न कर दो।"

लेनिन को भविष्य की ओर निर्देश करने वाला (Futurist Style) चित्रकला का नया ढंग बिल्कुल पसन्द न था। एक बार वे चित्रकला के नमूने देखने के लिए एक चित्रशाला में गए। वहाँ इसी ढंग के चित्रों को देख, वे इस प्रथा के पोषक चित्रकारों से बहुत-कुछ परिहास करते रहे। अन्त में यह कहकर कि यह नया ढंग उनकी समझ में बिल्कुल नहीं आया, वे वापस लौट आए।

बोल्शेविक सिद्धान्त और विचारों के पण्डित—जो कविता, चित्रकला और निर्माण-कला में नवीन आदर्श उपस्थित कर, लेनिन द्वारा सम्पादित सामाजिक क्रान्ति को उज्ज्वल रूप देने का यत्न कर रहे थे—प्रायः अपने नेता की नीरसता की शिकायत किया करते थे। लेनिन कला के बोल्शेविक आदर्श को भी समझने तथा उसमें से रस लेने में असमर्थ थे।

कला के विषय में लेनिन की इस उदासीनता और अयोग्यता का एक कारण यह भी है कि उन्हें अपने जीवन में इस ओर ध्यान देने का अवसर मिला ही नहीं। 1905 ई. की क्रान्ति में एक मित्र के यहाँ एक बार उन्हें चित्रकारों के विषय में कुछ जानने का अवसर मिला था। उस समय मुग्ध होकर लेनिन ने कहा था—"कला का क्षेत्र भी कितना चामत्कारिक है? कल रात मैं बिल्कुल न सो सका। रातभर मैं इन पुस्तकों को देखता रहा। शोक है, मैं इस विषय में कुछ ज्ञान प्राप्त न कर सका, मुझे अवकाश ही नहीं।" कला के विषय में कुछ ज्ञान न होने से वे इस विषय में कभी अपनी सम्मति न देते थे। इतना होते हुए भी कला के विषय में उनकी अपनी एक पसन्द थी ज़रूर।

रूस के तत्कालीन क्रान्तिकारी-साहित्य से उनका बहुत कम परिचय था। कभी-कभी ईलिया एहरनूवर के लेखों की वे खूब प्रशंसा किया करते थे। मायकोवस्की देमीयाँ और वेदियाँ की कोई-कोई कविता भी उन्हें पसन्द आ जाती थी। परन्तु जब कभी उन्हें कोई साहित्य की पुस्तक पढ़ने की इच्छा होती तो वे प्रायः किसी पुराने लेखक की ही पुस्तक चुनते।

लेनिन की विधवा नादूज़ादा क्रुपस्केया ने अपने पति की साहित्यिक रुचि पर भी कुछ प्रकाश डाला है। वे लिखती हैं–''साइबेरिया के निर्वासन-काल में लेनिन के सिरहाने हेनल मुश्किन और लर्पतोव की पुस्तकें पड़ी रहा करती थीं। लेनिन अधिकतर इन पुस्तकों को ही पढ़ते रहा करते थे। सबसे अधिक रुचि उन्हें मुश्किन की पुस्तकों से थी। दोस्त वस्तकी रचना उन्हें पसन्द न थी। दोस्त वस्तकी की रचना में लेनिन को क्रान्ति के प्रति प्रतिरोध और प्रतिक्रिया का भाव खटकता था। टॉल्स्टॉय के सामाजिक और आचार-सम्बन्धी सिद्धान्तों पर लेनिन ने खूब मनन किया और अन्त में वे उसके कट्टर विरोधी हो गए। टॉल्स्टॉय के विचारों के प्रचार को वह देश का दुर्भाग्य समझते थे। 1908 ई. में लेनिन ने अपनी पत्रिका 'प्रोलेतार' में टॉल्स्टॉय के सम्बन्ध में एक लेख लिखा था। इस लेख में आप लिखते हैं–

''क्रान्ति के साथ इस उपन्यास-सम्राट् का नाम जोड़ना एक विडम्बना है। टॉल्स्टॉय न तो क्रान्ति के भाव को समझते थे और न समझना ही चाहते थे।...क्रान्ति वास्तव में एक बड़ी उलझन की समस्या है। जो लोग साधन-रूप ही क्रान्ति को लिए चले जाते हैं, उनमें से भी अधिक इसे समझ नहीं पाते और कुछ समझना भी नहीं चाहते। आप किसी भी बड़े लेखक को ले लीजिए। आप उसके लेखों में क्रान्ति के किसी न किसी पहलू का प्रतिवादन अवश्य पाएँगे...।

''टॉल्स्टॉय के विचारों में जो कुछ विरोधाभास हमें दीख पड़ता है, उसे आधुनिक मज़दूर-आन्दोलन और साम्यवाद की दृष्टि से नहीं देखना चाहिए। टॉल्स्टॉय के सिद्धान्त बेमतलब हैं। ईश्वरीय दूत की भाँति वह मनुष्य समाज के उद्धार के उपाय ढूँढ़ने में निरत हैं। रूस में तथा बाहर टॉल्स्टॉय के अनुयायियों की अवस्था दयनीय है। वह लोग अपने गुरु के सर्वथा व्यर्थ विचारों का प्रचार कर रहे हैं। टॉल्स्टॉय ने जहाँ तक मध्यम श्रेणी की क्रान्ति के समय किसानों के मनोभाव तथा प्रवृत्तियों को चित्रित करने का यत्न किया है, वहीं तक उन्हें सफलता मिली है, और उनके विचार ठीक भी हैं। यद्यपि टॉल्स्टॉय के विचार हमारे मार्ग में अवरोधक हैं, परन्तु हम उनकी मौलिकता से इनकार नहीं कर सकते।

''टॉल्स्टॉय ने जनता में जागृति उत्पन्न कर दी है, अपनी अवस्था को सुधारने की इच्छा भी हम लोग करने लग गए हैं, पुरानी रूढ़ियों के विरुद्ध भी उन्होंने बहुत कुछ कहा है। परन्तु यह सब होते हुए भी उनमें एक काल्पनिक विचारक की असम्बद्धता पाई जाती है। राजनैतिक क्षेत्र में जिस सूझ और चातुर्य की आवश्यकता

है, वह उनमें नहीं है। हमारी आर्थिक अवस्था क्रान्ति की आवश्यकता बताती है। इतिहास उसका समर्थन करता है, परन्तु हम अनुभव करते हैं कि हम क्रान्ति के लिए तैयार नहीं। टॉल्स्टॉय का यह सिद्धान्त कि बुराई का विरोध मत करो, हमारे क्रान्ति के प्रथम प्रयत्न की असफलता का मुख्य कारण था...।

"टॉल्स्टॉय के लेखों, उनके सिद्धान्तों, विचारों और शिक्षा में बहुत अधिक विरोध पाया जाता है। एक ओर तो टॉल्स्टॉय की अतुलनीय प्रतिभा है, उनके द्वारा चित्रित रूसी समाज के चित्र अद्वितीय हैं, दूसरी ओर वे भूमि के स्वामी और मसीह के रूप में जन-समाज के सम्मुख मूर्खता का उदाहरण उपस्थित करते हैं। एक ओर तो वे वर्तमान समाज में प्रचलित छल-कपट के विरुद्ध प्रबल विरोध की आवाज उठाते हैं, दूसरी ओर रूसी शिक्षित समाज में रायज मिथ्या पश्चात्ताप और प्रायश्चित्त की विडम्बना का समर्थन करते हैं। वे लिखते हैं, "मैंने मांसाहार छोड़ दिया है, और केवल चावल खाकर निर्वाह करता हूँ।" एक ओर वे पूँजीपति के अन्याय और अत्याचार की निन्दा करते हैं, सरकार के दमन की पोल खोलते हैं, उसके न्यायालयों का मज़हका उड़ाते हैं, निर्धनों की बढ़ती हुई दुरवस्था का वर्णन करते हैं, और दूसरी ओर अन्याय और अत्याचार का विरोध न करने की प्रेरणा करते हैं। एक ओर तो वे युक्ति का आश्रय ले, पाखण्ड का विरोध करते हैं, दूसरी ओर संसार की सबसे बड़ी मूर्खता—धार्मिक विश्वास—का समर्थन करते हैं, सरकारी पादरियों का विरोध कर, स्वेच्छा से नियुक्त पादरियों की प्रशंसा करते हैं।"

लेनिन एक विद्वान् और कला-निपुण की दृष्टि से आजीवन टॉल्स्टॉय का आदर करते रहे। क्रेमलिन में उनकी मेज़ पर टॉल्स्टॉय की कोई न कोई पुस्तक सदा विद्यमान रहती थी।

रूस के आधुनिक उपन्यास-सम्राट गोर्की से वार्तालाप करते हुए लेनिन ने एक दिन कहा था, "आज मैं टॉल्स्टॉय की पुस्तक 'युद्ध और शान्ति' में से शिकार का वर्णन पढ़ना चाहता था, परन्तु मुझे ध्यान आ गया कि एक सहयोगी को पत्र लिखना है। मुझे पढ़ने के लिए समय नहीं मिलता, परन्तु आज रात टॉल्स्टॉय की कोई पुस्तक अवश्य पढ़ूँगा।" इतना कह, लेनिन ने आँखें बन्द कर, अपनी कुर्सी पर अँगड़ाई ली, और फिर बोले—"टॉल्स्टॉय कितना गम्भीर है, मित्र! टॉल्स्टॉय की रचना में कितना विषय-प्राचुर्य है। वह वास्तविक कवि है। टॉल्स्टॉय की अन्तरात्मा किसान है। उसके विचार, उसका शब्द, उसका व्यवहार सब ठेठ किसानी है। टॉल्स्टॉय से बढ़कर किसान का विशद-चित्र किसी ने नहीं खींचा। इस अमीर के साहित्यिक क्षेत्र में प्रकट होने से पूर्व किसान को कोई जानता ही न था।" यह कह, वह सन्तोष से मुस्कराने लगे।

नादूज़ादा क्रुप्सकेया लिखती है—"लेनिन की पुस्तकों में जर्मनकवि गेटे का फास्ट तथा हेन की कविताएँ भी थीं। लेनिन को शेर्नवस्की का उपन्यास 'क्या

करें?' सबसे अधिक पसन्द था। जिन दिनों लेनिन पेरिस में थे, उन्होंने विक्टर ह्यूगो और बाहरें की रचनाएँ भी पढ़ी थीं। यह लेखक भी उन्हें पसन्द थे। लड़ाई के दिनों में वे बारवूसे का 'ले फ़ीरा' पढ़ा करते थे। बीमारी की अवस्था में उनकी स्त्री शशेंद्रें, जैक लण्डन और गोर्की की पुस्तकें उन्हें पढ़कर सुनाया करती थी। आधुनिक रूसी साहित्य में उन्हें विशेष रुचि न थी।"

ल्यूनाचरसकी भी यही लिखते हैं, "लादीमीर इलिच (लेनिन) बोल्शेविक-कवियों की सर्वथा उपेक्षा तो नहीं करते, परन्तु साधारणतः नवीन स्थापित साहित्यिक समितियों द्वारा प्रकाशित रचनाएँ उन्हें पसन्द नहीं हैं। उस ओर ध्यान देने योग्य समय ही उन्हें नहीं मिलता।" लेनिन ने मेयाकोवस्की की कविता 'पन्द्रह करोड़' पढ़ी थी। उसकी बहुत कड़ी समालोचना उन्होंने की है।

आधुनिक नाटक भी लेनिन को पसन्द नहीं थे। नाटक की समाप्ति तक वे प्रायः कभी ही बैठते थे। जीवन में अन्तिम बार वे मॉस्को के कलाविदा की नाट्यशाला में डिकन्स की प्रसिद्ध कहानी 'Cricket on the hearth' का नाटक देखने गए थे। नाटक की भावुकता उनके लिए असह्य हो उठी। गोर्की का 'One night's refuge' देखकर भी वे बहुत निराश हुए थे। दूसरी ओर इसी नाट्यशाला में हत्मा का 'फर्मान हेन्शेल', चेकोव का 'अंक्ल वानिया' उन्हें बहुत पसन्द आए। फ़रारी की अवस्था में बर्न की म्युनिसिपल नाट्यशाला में टॉल्स्टॉय का 'जिन्दा लाश' देखकर भी उन पर गहरा प्रभाव पड़ा था।

कला की ओर लेनिन का भाव, क्लारा जेल्कें तथा उनकी अपनी स्त्री और उनकी बहिन के साथ के वार्तालाप से बहुत स्पष्ट हो जाता है।

"हम नवीन का ही अनुकरण क्यों करें? क्या इसीलिए कि वह नवीन है? यह मूर्खता है, जहालत है। कुछ लोग बिना समझे ही रिवाज के तौर पर कला का आदर करते हैं। हम लोग क्रान्तिकारी हैं, परन्तु अपने आप को संस्कृति के शिखर पर पहुँचा हुआ दिखाना आवश्यक समझते हैं। मैं तो अपने आप को अर्ध-सभ्य कहने में कुछ भी लज्जा अनुभव नहीं करता। मैं Futurism, impressionism, cubism आदि कला के भिन्न-भिन्न रूपों को कुछ भी नहीं समझता, और न मुझे उनमें कुछ आनन्द ही प्राप्त होता है।"

यह सुनकर क्लारा जेल्कें बोली—"मैं स्वयं यह नहीं समझ सकती, एक उत्साही आत्मा को अनिवार्य तौर पर तिकोन का रूप ही क्यों दिया जाए, और क्रान्तिकारी का रूप एक बेढंगी बोरी के नीचे दो लकड़ी की लातें लगाकर ही क्यों बनाया जाए?" क्लारा की बात सुन, लेनिन खिलखिलाकर हँस पड़े। उन्होंने उत्तर दिया—"क्लारा, इसका कारण है हमारी आयु। हम बूढ़े आदमी क्रान्ति की इस विकासोन्मुखी नवीन कला को समझ नहीं सकते। हमें इसके साथ लड़खड़ाते हुए ही चलना होगा...।"

"कुछ भी हो, कला के विषय में हमारी सम्मति का कुछ मूल्य नहीं। और न कला से कुछ सहस्र आदमियों का जो संतोष हो जाता है, इसका ही कुछ मूल्य हमारी दृष्टि में है। कला का वास्तविक उपयोग साधारण जनता के लिए होना चाहिए। कला को जनता के सम्मुख सुबोध रूप में आना चाहिए। ताकि जनता उसे समझ सके और उससे जनता प्रेरित हो सके। इससे जनता के भावों, अनुभूति और कल्पना का विकास होना चाहिए। जिस समय सर्व-साधारण रोटी के लिए तरस रहे हों, क्या हम कुछ आदमियों के लिए सुवासित मिठाई के प्रबन्ध करने में लगेंगे? हमें अपने किसानों और मज़दूरों को कभी भुलाना नहीं चाहिए। कला, साहित्य और संस्कृति को भी हमें इस ढंग से ढालना होगा कि वे लोग अपना भाग उसमें से ले सकें।

"जनता को कला के योग्य और कला को जनता के योग्य बनाने के लिए हमें पहले जनता को शिक्षित और संस्कृत बनाना होगा। इस समय हमारे देश की अवस्था क्या है? बोल्शेविज़्म के आगमन के दिन से लोग अनन्य उत्साह से शिक्षा और संस्कृति को ग्रहण करने में लगे हुए हैं। हम साहस से कह सकते हैं कि हमने इस मार्ग में सफलता प्राप्त की है। हम केवल सिर काटना ही नहीं जानते, हम सुबुद्धि का प्रकाश भी सिरों में पहुँचाते है। प्राचीन शासकों की तुलना में हमने शिक्षा और संस्कृति का बहुत अधिक विस्तार किया है, परन्तु हमारे काम का क्षेत्र बहुत विस्तृत है। मॉस्को और सेंटपीटर्सबर्ग तक ही शिक्षा का प्रचार करना हमारा उद्देश्य नहीं। हमें रूस के कोने-कोने में, एक-एक बच्चे को शिक्षित करना है। हम लोगों के साधन परिमित हैं, अत्यन्त परिमित। हमें शोक है, यत्न करने पर भी अनेक बूढ़े आदमी अशिक्षित ही रह जाएँगे। हम लोग देश से निरक्षरता को दूर करने के लिए सतत प्रयत्न कर रहे हैं। जनता के अज्ञान को दूर करने के लिए हम ट्रेनों में शिक्षा के साधन मुहय्या कर, उन्हें देश-भर में स्थान-स्थान पर भेजते हैं, परन्तु करोड़ों अशिक्षित लोगों की शिक्षा का प्रबन्ध करना सरल काम नहीं है। जनता आरम्भिक और आवश्यक शिक्षा से भी वंचित है। आज मॉस्को में हम दस हज़ार व्यक्तियों को काव्य और संगीत का आनन्द दे सकते हैं, कल दूसरे दस हज़ार इस आनन्द का भोग कर सकेंगे, परन्तु नगरों से बाहर गाँवों में लाखों ही व्यक्ति यह भी नहीं जानते कि पृथ्वी गोल है अथवा चौरस! हमें इन व्यक्तियों का भी तो ध्यान करना होगा।"

क्लारा जेल्कें ने कहा—"आप निरक्षरता को इतना बुरा क्यों कह रहे हैं? इसी निरक्षरता के कारण आपको क्रान्ति में इतनी शीघ्र सफलता हो सकी है। इसके कारण आप जनता के दिमाग से पुरानी बैठी हुई धारणाओं को निकालने की उलझन से बच गए। खिल्ली जमीन में खेती बोना आसान है। जमीन को झाड़-झंखाड़ से साफ़ करके खेत बनाना उतना सरल नहीं है।"

लेनिन ने उत्तर दिया—"किसी सीमा तक आपका विचार अवश्य ठीक है। जहाँ तक पुरानी संस्था को उखाड़ फेंकने का प्रश्न था, हमें जनता की मूर्खता और निरक्षरता से निस्सन्देह सहूलियत हुई, परन्तु केवल मिटाना और नाश करना ही तो हमारा उद्‍देश्य नहीं है। प्राचीन व्यवस्था को मिटाकर हम इसके स्थान में उससे अच्छी अवस्था को लाना चाहते हैं।..."

लेनिन और जेल्कें बहुत देर तक जनता के लिए कला के एक विशेष उपादेय रूप पर विचार करते रहे। कुछ देर बाद लेनिन ने कहा—"मैं जानता हूँ, कुछ लोगों का विश्वास है कि जनता को सन्तुष्ट रखने के लिए रोम के सम्राटों का पुराना नुस्खा ही सबसे अधिक उपयुक्त है। उनका विचार है, जनता को पेट भरने के लिए रोटी और मनोविनोद के लिए सर्कस चाहिए, इसके अतिरिक्त और कुछ नहीं। मैं मानता हूँ, मनोविनोद भी एक आवश्यक वस्तु है, परन्तु सर्कस कला का बहुत ऊँचा आदर्श नहीं है। इसके अतिरिक्त यह भी न भूल जाना चाहिए कि हमारी जनता रोम की निठल्ली जनता की भाँति उच्छृंखल नहीं है। हमारी जनता की पालना राज्य को नहीं करनी पड़ती, बल्कि जनता राज्य की पालना कर रही है। हमारे किसानों और मजदूरों के लिए सर्कस से ऊँचे दर्जे की कला का आदर्श चाहिए। हम उन्हें वास्तविक और ऊँचे दर्जे की कला सिखाना चाहते हैं। इसलिए हमारा उद्‍देश्य सम्पूर्ण राष्ट्र को सुशिक्षित और संस्कृत बनाना है।"

लेनिन के मत में जनता के सुशिक्षित हुए बिना देश में साम्यवाद की स्थापना असम्भव हैं। इसलिए रूस में बोल्शेविक निरक्षरता को मिटा देने का पूर्ण यत्न कर रहे हैं। इन लोगों की इच्छा है कि नवीन संतति के कोश में निरक्षरता का शब्द रह ही न जाए। लेनिन के विचार में सोवियत के लिए निरक्षरता के प्रति युद्ध करना उतना ही आवश्यक है जितना कि क्रान्ति के प्रति विद्रोह का दमन करना। अपने व्याख्यान में अनेक अवसरों पर वह कहा करते थे—"जब तक जनता का बड़ा भाग निरक्षरता के जाल में फँसा हुआ है, उसे राजनीति की शिक्षा देना व्यर्थ है। एक मनुष्य जो लिख-पढ़ नहीं सकता, राजनीति के क्षेत्र से बाहर है। ऐसे मनुष्यों को राजनीति समझाने के पहले 'क, ख, ग' सिखाना आवश्यक है। निरक्षर मनुष्य भ्रम में फँसने तथा अफवाहों पर विश्वास करने के लिए सदा तैयार रहते हैं।" लेनिन का विचार है, जनता में शिक्षा का प्रचार किए बिना, कला के लिए चाह पैदा किए बिना, कला का विकास हो ही नहीं सकता। साम्यवाद की अपनी नवीन संस्कृति के विकास के लिए सम्पूर्ण जनता का शिक्षित होना आवश्यक है।

सामाजिक तथा राजनैतिक उपयोगिता के अतिरिक्त लेनिन के विचारों में साहित्य का दूसरा मूल्य नहीं था, परन्तु संगीत के प्रभाव को अस्वीकार करना उनके लिए असम्भव था। लेनिन संगीत को कला का सबसे अधिक रहस्यमय और प्रभावशाली रूप मानते थे। उपयोगितावाद की दृष्टि से कला के और सब

अंगों की उपेक्षा करने पर भी वे संगीत के प्रभाव की अवहेलना नहीं कर सकते थे। वे अपने मस्तिष्क की सम-अवस्था बनाए रखने के लिए मोम से अपने कान बन्द कर लिया करते थे, परन्तु संगीत का मादक आलाप उनके हृदय में प्रवेश कर, उनके शुष्क उपयोगितावादी मस्तिष्क को उन्मादित कर देता था।

ल्यूनाचरसकी लिखते हैं—"लेनिन को संगीत से बहुत प्रेम था। उन पर संगीत का प्रभाव बहुत गहरा पड़ता था। मैं अपने मकान पर संगीत का प्रबन्ध किया करता था, अच्छे-अच्छे गायक और बजैये यहाँ आया करते थे। प्रायः लेनिन को भी मैं सम्मिलित होने के लिए निमन्त्रण दिया करता था, परन्तु वे सदा ही कार्यवश होने का बहाना करके टाल दिया करते थे। एक दिन उन्होंने स्पष्ट स्वीकार कर लिया—संगीत का मुझ पर गहरा प्रभाव पड़ता है। मैं उदास-सा हो जाता हूँ, और मुझसे कुछ करते-धरते नहीं बनता।"

दूसरे अवसर पर बिदोवा का 'अपास्योनाता' सुनकर लेनिन ने गोर्की से कहा—"यह संगीत सुनकर मुझ पर मोह का उन्माद सा छा जाता है। मैं लोगों को स्नेह की दृष्टि से देखने लगता हूँ। परन्तु मेरा काम तो क्रान्ति लाना है, संहार मेरा कर्तव्य है।" इन शब्दों से जाहिर है कि स्थिर बुद्धि के इस देवता पर संगीत का प्रभाव कितना अधिक पड़ता था। वे विचलित से हो जाते थे। परन्तु लेनिन के अनुयायी दूसरे बोल्शेविक इतने भावुक न थे, या यों कहिए, उनमें भावुकता है ही नहीं। उपयोगितावाद उनकी हड्डियों तक में बहुत गहरा चला गया है।

7

नीति और आचार को भी लेनिन सामयिक राजनीति के प्रभाव से पृथक् नहीं रख सके। वे व्यक्ति को आचार तथा नीति-सम्बन्धी स्वतन्त्रता देने के लिए भी तैयार न थे। वे परिहास में प्रायः कहा करते थे, "स्वतन्त्रता अमीरों का नखरा है।"

लेनिन के इन शब्दों से स्पष्ट है कि वे क्रान्ति द्वारा समाज के उत्थान के लिए एकाधिपत्य, कठोर नियन्त्रण, सेना, जेलखाने और जासूसों के समूह को बहुत आवश्यक समझते थे। उन्होंने पुरानी कोतार्गा* के स्थान में नवीन कोतार्गा ज़ारी की। ज़ार के समय की ओख़ना* की जगह उन्होंने बोल्शेविक चेका स्थापित की। दलितों

---

* साइबेरिया में निर्वासित बन्दियों को जो कठिन परिश्रम और दुःख का जीवन व्यतीत करना पड़ता था, उसे कोतार्गा कहते थे। नवीन कोतार्गा का अर्थ है—साम्यवादी रूस के कारखानों में कठोर परिश्रम की अवस्था।

* ज़ार के समय क्रान्तिकारियों का दमन करने के लिए एक पुलिस नियत की गई थी। यह ओख़ाना अत्यन्त निष्ठुर और निर्दयी थी। चेका, क्रान्ति के समय धीरेंजस्कि के नेतृत्व में क्रान्ति के विरोधियों का दमन करने के लिए नियत सेना का नाम था। यह सेना भी अत्यन्त निरंकुश थी।

और निर्धनों के उद्धार के लिए उन्होंने दूसरों का दलन कर, उन्हें निर्धन बना दिया। साम्यवाद के शासन में भी दमन, हत्या, मानसिक और शारीरिक आतंक तथा लिखने और बोलने की स्वाधीनता छीनने में लेनिन ने कुछ कमी नहीं की।

सन् 1907 ई. की लन्दन में होनेवाली साम्यवादी कांग्रेस में लेनिन ने इस विषय में जो कुछ कहा था, वही हम यहाँ लिख देते हैं। एक दिन भोजन के समय प्रश्न उठ खड़ा हुआ कि 'क्या बोल्शेविक और मेन्शेविक एक साथ काम कर सकते हैं?' एक उपस्थित सज्जन की सम्मति में विचारों में भेद होने के बावजूद भी यह दोनों दल एक साथ काम कर सकते थे। लेनिन कुछ समय तक चुप रहे, फिर अपनी निराली मुस्कराहट से बोले, "प्रत्येक बात में हमें यूरोप की नक़ल करने की क्या जरूरत है? राजनैतिक विरोधियों से समझौते का केवल एक ही ढंग मैं जानता हूँ। वह है, उन्हें कुचल देना।" क्राजवस्की लिखता है, "लेनिन ने यह शब्द आवेश अथवा उद्वेग में आकर नहीं कहे थे। आयु-पर्यन्त मैं लेनिन के इन शब्दों को नहीं भुला सका।"

क्रान्ति के समय केरेन्स्की ने जनता को प्रसन्न करने के लिए मृत्यु-दण्ड हटा दिया था। परन्तु जब दमन की आवश्यकता अनुभव हुई, तो फिर इस दण्ड को उसे रायज करना पड़ा। केरेन्स्की दल की पराजय हो जाने के पश्चात् जब बोल्शेविकों के हाथ में रूस का शासन आया, तो उन्होंने भी जनता को प्रसन्न करने के लिए सेना में मृत्यु दण्ड को कानूनन मंसूख कर दिया। लेनिन उस समय रूस के बाहर थे। यह खबर सुन, उन्हें बहुत क्रोध आया। क्रोध में अनेक बार उन्होंने कहा—"क्या पागलपन है! मृत्युदण्ड और हत्या के बिना क्रान्ति हो ही किस प्रकार सकती है? क्या हम हत्या किए बिना कभी अपने शत्रुओं का नाश कर सकते हैं? आप समझते हैं, जेलखानों से काम निकल जाएगा? यह कितनी बड़ी मूर्खता है! घरेलू झगड़े में कैद से कौन डरता है? इस समय तो दोनों दलों को अपने विजय की आशा है!"

केमनेव ने लेनिन को समझाया, यह नियम केवल सेना की नौकरी छोड़ देनेवालों के ही सम्बन्ध में है। परन्तु इससे भी लेनिन को सन्तोष न हुआ। वे बारम्बार कहने लगे, "यह ग़लती है और बड़ी भारी ग़लती है। इसे क्षमा नहीं किया जा सकता।" उन्होंने इस आज्ञा को रद्द करने पर ज़ोर दिया। आखिर, इस बात पर समझौता हुआ, कि क़ानून जैसा का तैसा रहे, और मृत्युदण्ड भी चलता रहे।

साम्यवाद के प्रारम्भिक काल में, जब साम्यवाद के विरोधी बोल्शेविक-शासन के विरुद्ध भयंकर आन्दोलन कर रहे थे, लेनिन क्रुद्ध होकर प्रायः कहा करते थे, "इस बवाल का ख़ात्मा क्या कभी नहीं किया जाएगा? बेड़ा ग़रक हो! यह कैसा एकाधिपत्य है?"

ट्रॉट्स्की लिखते हैं—"उन दिनों लेनिन सदा ही दमन का समर्थन किया करते थे। लेनिन कहा करते थे, क्या आप लोगों के विचार में हम मित्रता और सौहार्द के

भाव से क्रान्ति में सफलता प्राप्त कर सकेंगे? यह आप लोगों ने कहाँ सीखा है? एकाधिपत्य का आप क्या मतलब समझते हैं? क्या आप इसे निठल्ले और पोस्तियों का शासन बना देना चाहते हैं?" इस प्रकार के शब्द प्रतिदिन वे अनेक बार कहा करते थे। जब कभी लेनिन की उपस्थिति में क्रान्ति और एकाधिपत्य की चर्चा चलती तो वे प्रायः कहा करते थे, "क्रान्ति और एकाधिपत्य है कहाँ? मुझे तो यह सबकुछ कहीं दिखाई नहीं पड़ता यह सब दिखावा है। यदि हम शासन के मार्ग में रोड़ा अटकानेवाले एक साम्यवादी के विरोधी की भी हत्या नहीं कर सकते? तो यह क्रान्ति का नाम केवल पाखण्ड ही है। आप लोग देखिए, साम्यवाद के विरोधी पत्रों में कैसा आन्दोलन मचा रहे हैं।" ट्रॉट्स्की कहते हैं—"लेनिन के इन व्याख्यानों से ही उनके स्वभाव का वास्तविक रूप जान पड़ता है। वे सदा अपने अनुयायियों को कठोरता से काम लेने का परामर्श दिया करते थे।"

गोर्की लिखते हैं, "एक समय लेनिन घूमने के लिए जा रहे थे। मार्ग में बालकों को खेलते देख, वे कहने लगे, इन बालकों का जीवन हमसे कहीं अधिक सुखी होगा। हम लोगों को जो कुछ वैयक्तिक कटु अनुभव हुआ है, वह इन्हें न होगा। इन लोगों का भाग्य इतना निर्दय नहीं है। मुझे इनसे ईर्ष्या नहीं होती। हम लोगों ने जो कुछ किया है, वह इतिहास में सदा अंकित रहेगा। परिस्थितियों से विवश होकर हमें निर्दय होना पड़ा है, परन्तु भविष्य हमें इसके लिए दोषी नहीं ठहराएगा। उस समय संसार सबकुछ समझ जाएगा।"

गोर्की ने दमन-नीति के विरुद्ध लेनिन के सम्मुख कुछ कहा, तो लेनिन क्रोध और उद्वेग से कहने लगे, "तुम क्या चाहते हो? इस भयंकर संग्राम में क्या सहृदयता के लिए कोई स्थान है? इस समय क्या हम उदारता दिखा सकते हैं? यूरोप हमें घेरे बैठा है, यूरोप के मज़दूर और किसान हमारी सहायता नहीं कर सकते। हमारे अपने देश में साम्यवाद के विरोधी सब ओर उठ रहे हैं। भाई, मुझे क्षमा करो, हम पंगु की भाँति नहीं बैठ सकते, जो कुछ हमारी सम्मति में उचित जान पड़ेगा, उसे करने से हमें कोई नहीं रोक सकता।" गोर्की ने कहा—"आवश्यकता से अधिक दमन करने से बहुत से लोग सहानुभूति होने पर भी हमारी सहायता न कर सकेंगे।" यह सुन, लेनिन ने क्रुद्ध होकर कहा, "मैं जानता हूँ, हममें से अनेक लोग पूरे मनोयोग से हमारा साथ नहीं दे रहे। वे लोग उद्‌देश्य के प्रति विश्वासघात कर रहे हैं। किसी अंश तक इसका कारण कायरता है। और किसी अंश तक वे लोग समझते हैं कि साम्यवाद के सिद्धान्तों को क्रियात्मक रूप देने का यत्न करने से भी वे उन्हें पूरा न कर सकेंगे। परन्तु हमें ऐसा कोई भय नहीं। सिद्धान्त हमारे लिए उद्देश्य नहीं है, वह तो सफलता प्राप्त करने के लिए साधन मात्र है।"

मृत्युदण्ड प्राप्त कई अभियुक्तों के लेनिन की स्त्री के सम्मुख दया-प्रार्थना करने पर उन्होंने समाचारपत्रों में एक घोषणा इस प्रकार छपवा दी—"कई लोग मेरी

स्त्री के पास मृत्युदण्ड प्राप्त अभियुक्तों के लिए क्षमा प्रार्थना के पत्र भेजते हैं। मैं चाहता हूँ, इस प्रकार के पत्र न भेजे जाएँ, क्योंकि इन पत्रों के भेजने से कोई लाभ नहीं।''

जैसा कि हम ऊपर भी कह आए हैं—लेनिन का विचार है—'स्वतन्त्रता अमीरों का नखरा है।' इस विचार के कारण तथा अन्य कई और कारणों से भी बोल्शेविक क्रान्ति संसार की अन्य सब क्रान्तियों से सर्वथा भिन्न हो जाती है। बोल्शेविक क्रान्ति से पूर्व सभी क्रान्तिकारी आन्दोलनों का उद्देश्य मुख्यतः मानसिक और व्यावहारिक स्वतन्त्रता प्राप्त करना ही था। परन्तु बोल्शेविक-क्रान्ति में यह उद्देश्य बहुत बदल गया। इससे पूर्व एकाधिपत्य को घृणा की दृष्टि से देखा जाता था, परन्तु अब वह एक आवश्यक वस्तु बन गई। भलाई-बुराई की कसौटी मनुष्य का अनुभव नहीं, परन्तु धारणा और विश्वास हो गया। प्रत्येक वस्तु का मूल्य केवल राजनैतिक दृष्टि से बोल्शेविज़्म की सफलता और असफलता के विचार से देखा जाने लगा है। जो कुछ बोल्शेविज़्म के अनुकूल है, वह सब उचित है। और इसके प्रतिकूल होने से ही अनुचित है। इस प्रकार आचार और नीति के सम्बन्ध में मनुष्य के विचार और अनुभव का कुछ भी मूल्य नहीं रह गया। आचार और नीति की कसौटी परिस्थिति ही बन गई। परिस्थिति के अनुसार ही आचार और नीति का औचित्य और अनौचित्य ठहराया जाने लगा। बोल्शेविज़्म का उद्देश्य है मज़दूरों तथा किसानों का उत्थान। इसलिए जो कुछ भी इस उद्देश्य में सहायक हो, वह सब उचित और नीति युक्त होना चाहिए। अमीरों और सम्पन्न लोगों की जड़ उखाड़ देना लेनिन उचित और आवश्यक समझते थे। दूसरी ओर मजदूरों और किसानों के प्रति मामूली सी ज़्यादती को भी वे बड़ा अन्याय कहकर अपराध के योग्य ठहराते थे।

युवकों के सम्मुख आचार और नीति पर विचार प्रकट करते समय लेनिन ने कहा था—''काल्पनिक और प्रकृति-विरुद्ध आचार-सम्बन्धी धारणाओं को मानना आवश्यक नहीं है। नीति की कसौटी हमें समाज के हित को ही समझना चाहिए। जिस मार्ग से साम्यवाद का हित हो, वही श्रेय है। जिस उपाय से प्राचीन पूँजीवादी व्यवस्था का नाश होकर किसानों और मज़दूरों का शासन दृढ़ हो, वही नीति का सबसे उचित मार्ग है। हमारी आचार नीति का उद्देश्य अपने ध्येय में सफलता प्राप्त करना ही होना चाहिए। आचार और नीति के व्यावहारिक और बाह्य रूप के प्रति हमें श्रद्धा नहीं, यह हम सरेआम कहने को तैयार हैं। साम्यवाद के आचार और नीति का प्रयोजन साम्यवाद की नींव को दृढ़ करना है।''

लेनिन के अनुयायी और शिष्य प्रेब्रांस्की ने लेनिन के आचार और नीति-सम्बन्धी सिद्धान्तों का उसकी मृत्यु के पश्चात् संकलन किया है। मज़े की बात यह है कि यह संकलन 'चेका' के मुखिया धीरेंजस्की को समर्पण किया गया है। इस पुस्तक को पढ़ने पर, पुस्तक के धीरेंजस्की को समर्पण करने का कारण भी समझ में आ जाता है। पुस्तक

का सिद्धान्त है, एक श्रेणी अथवा समाज के हित के लिए जो कुछ भी आवश्यक और लाभदायक हो, सब नीतियुक्त और श्रेय है। इसके विपरीत जो कुछ इस उद्देश्य के प्रतिकूल हो, सब असह्य और निन्द्य है।

जब लेनिन को यह विश्वास हो गया कि आचार और नीति को साम्यवाद के हित के अनुकूल होना चाहिए तो उनके विचार में स्वयं आचार और नीति का कोई स्वतन्त्र अस्तित्व न रह गया। समाज और श्रेणी के प्रति उपयोगिता ही औचित्य और अनौचित्य की परख का साधन बन गई। इस न्याय से पाप, मिथ्या भाषण, छल, प्रपंच आदि से यदि दल का उद्‌देश्य सिद्ध होता हो तो वह सब उचित और प्रशंसनीय है।

प्रेब्रांस्की की सम्मति में, उस समाज में जहाँ श्रेणी विभाजन न हो, और जहाँ समाज के भिन्न-भिन्न अंगों में प्रतिस्पर्द्धा का भाव न हो, मिथ्या-भाषण हानिकारक है, क्योंकि इसकी वजह से समाज को प्रत्येक अन्वेषण में बहुत अधिक श्रम और समय का व्यय करना पड़ेगा। परन्तु जिस समाज में श्रेणी-स्पर्द्धा हो, वहाँ बात दूसरी है। एक पद-दलित श्रेणी को मुक्ति प्राप्त करने के लिए धोखा और प्रपंच बहुत सहायक हो सकते हैं। क्रान्ति-काल में किसी भी दल का उद्‌देश्य शासन की पूर्ण शक्ति प्राप्त करना ही होता है। रूस का सोवियत शासन चारों ओर शत्रुओं से घिरा हुआ है। इस अवस्था में रूस के लिए विदेशी नीति में असत्य-भाषण बहुत लाभदायक हो सकता है। इस अवस्था में यदि साम्यवादी शासन असत्य का प्रयोग करे तो उसकी स्थिति पश्चिमीय यूरोप के साम्यवादी पूँजीपतियों के हाथ की कठपुतली बनकर उनसे ठगे जा रहे हैं। ऐसी अवस्था में वे यदि नीति के रूप में असत्य का आश्रय लें, तो अनुचित नहीं कहा जा सकता। अन्याय, अत्याचार और दमन से ही समाज में असत्य की सृष्टि होती है।

लेनिन समाज अथवा श्रेणी युद्ध के लिए आरम्भ से ही शक्ति प्रयोग के पक्ष में थे। 1905 की सशस्त्र क्रान्ति में सुनते हैं, उनका बहुत भाग था। 1905 में असफल हो जाने पर भी पूँजीवाद के पंजे से किसानों और मजदूरों को छुड़ाने के लिए वे सशस्त्र क्रान्ति में ही विश्वास रखते थे। इसके पश्चात् भी वे सार्वजनिक सशस्त्र क्रान्ति के लिए रूस में 'पाँच और तीन दल' की संगठन की तैयारी करते रहे।

जिस दिन रूस में क्रान्ति हो जाने पर लेनिन स्विट्ज़रलैण्ड छोड़कर आने लगे, उन्होंने स्विट्ज़रलैण्ड के मज़दूरों को एक सन्देश दिया था। यह सन्देश बहुत महत्त्वपूर्ण है। आप कहते हैं, "शांति की रक्षा ही हम लोगों का उद्‌देश्य नहीं है। हम साम्राज्य कामना से युद्ध करने के विरुद्ध हैं, परन्तु किसानों और मज़दूरों के लिए जीवन का अधिकार प्राप्त करने के लिए, साम्यवाद की स्थापना करने के लिए, यदि हमें युद्ध करना पड़े तो हम उसके विरुद्ध नहीं हैं।"

8

लेनिन को जैसी सफलता अपने उद्देश्य में प्राप्त हुई है, उसकी तुलना इतिहास में नहीं मिलेगी। लेनिन की इस अद्वितीय सफलता को समझने के लिए हमें उनके जीवन पर एक सरसरी नजर डालनी होगी। लेनिन का वास्तविक नाम था, लादीमीर ईलिच उलिआनोव। उनका जन्म सं. 1870 में वोलगा के किनारे सिम्बर्स्क में हुआ था। लेनिन के पिता सम्पन्न व्यक्ति थे। ज़ार के शासनकाल में वे स्कूलों के अधिष्ठाता या इंस्पेक्टर थे। लेनिन अभी आरम्भिक शिक्षा ही पा रहे थे उसी समय उनके बड़े भाई अलेक्ज़ैण्डर के प्रभाव से उनके विचार क्रान्ति की ओर आकृष्ट होने लगे। इसी समय क्रान्तिकारी साहित्य से उनका परिचय हो गया। इस छोटी अवस्था में ही अपने भाई की सहायता से वे राजनैतिक लेखादि पढ़ने लग गए थे। प्रातःकाल कलेवा करते ही वे बहुत-सी पुस्तकें तथा पत्रिकाएँ ले बाग़ के एक कोने में जा बैठते थे। उनकी बहन लिखती हैं–इस अवस्था में भी लेनिन के असाधारण अध्यवसाय को देखकर वे चकित रह जाती थीं, और लेनिन की प्रशंसा सुनकर वे बहुत प्रसन्न होती थीं।

वे लिखती हैं–"ईलिच दिनभर पुस्तकों में मन लगाए, पढ़ता रहता था। संध्या-समय थोड़ा भ्रमण करने के लिए अथवा अपने चुने हुए सहयोगियों से तर्क करने के लिए ही वह पुस्तकों का पिण्ड छोड़ता था। लेनिन के यह साथी भी क्रान्तिकारी विचार रखते थे। यह कठोर परिश्रम और अध्यवसाय का अभ्यास लेनिन में आयुपर्यन्त बना रहा। बाद में साइबेरिया में निर्वासित होने पर अथवा फ़रारी की अवस्था में यूरोप रहते समय भी लेनिन अपना सब समय पुस्तकालयों में स्वाध्याय करने में ही व्यतीत करते थे। हमारे पास अनेक ऐसे काग़ज़ात हैं, जिनसे जान पड़ता है कि आयु-पर्यन्त लेनिन अनेक विषयों के स्वाध्याय में निरत रहे।"

लेनिन को स्वाध्याय तथा पठन-पाठन में अपने भाई अलेक्ज़ैण्डर से बहुत सहायता मिलती थी। अलेक्ज़ैण्डर का परिचय मार्क्स की पुस्तक 'कैपिटल' से हो चुका था। उन्होंने लेनिन को भी इस पुस्तक के पढ़ने की सलाह दी। दोनों भाई घण्टों बैठकर पुस्तक का मनन किया करते थे। अलेक्ज़ैण्डर त्रासवादी (Terrorist) थे। उनका विश्वास मार्क्स के सिद्धान्तों में न था।

1887 में अलेक्ज़ैण्डर के क्रान्तिकारी दल ने ज़ार अलेक्ज़ैण्डर तीसरे पर आक्रमण करने का निश्चय किया। यह प्रयत्न सेंटपीटर्सबर्ग में नेवेस्की पर घातक बमों द्वारा करने का निश्चय किया गया था। इस प्रयत्न के लिए पहली मार्च का दिन चुना गया था। इससे पूर्व इसी तारीख को ज़ार अलेक्ज़ैण्डर द्वितीय के जीवन पर भी प्रयत्न हो चुका था। इस अवसर पर क्रान्तिकारी अपने उद्देश्य में सफल भी हुए थे। क्रान्तिकारी दल के कुछ विद्यार्थियों ने मोटी-मोटी पुस्तकों में बम छिपाकर तैयार किए थे। ज़ार की गाड़ी पर इन पुस्तकों द्वारा ही आक्रमण किया जानें को था।

दल के सदस्यों में से एक सरकारी जासूस था। उसकी कृपा से आक्रमण की तिथि आने से पूर्व ही सब लोग गिरफ्तार हो गए। बहुत शीघ्र अभियोग का निर्णय हो गया, और लेनिन के भाई अपने चार साथियों सहित फाँसी की रस्सी पर लटका दिए गए।

उस समय तक लेनिन अभी स्कूल में ही पढ़ते थे। भाई की मृत्यु का प्रभाव लेनिन पर बहुत गहरा पड़ा। लेनिन की बहन लिखती हैं—

"1887 के वसन्त ऋतु में हमें अपने बड़े भाई के फाँसी पर लटका दिए जाने का समाचार मिला। इस समाचार को सुन, ईलिच ने भरे हुए कण्ठ से कहा—'इस मार्ग से हम सफल न हो सकेंगे। यह मार्ग ठीक नहीं है।' उसी दिन से दृढ़-निश्चयी ईलिच रूस को ज़ार के निरंकुश शासन से निकालने के लिए उचित मार्ग के निर्धारण में लग गए।"

जीवन के पिछले दिनों में लेनिन अपनी स्त्री को उस समय की घटनाएँ सुनाया करते थे—"अलेक्ज़ैण्डर के गिरफ्तार हो जाने पर हमारे प्रायः सभी इष्ट-मित्रों ने हमारे यहाँ आना छोड़ दिया। हमारे पिता का बूढ़ा मित्र एक अध्यापक प्रायः हमारे यहाँ चौपड़ खेलने आया करता था। इस घटना के बाद से उसने भी आना छोड़ दिया। अपने पुत्र को मिलने के लिए, लेनिन्न की माता सिम्बर्स्क से सेंटपीटर्सबर्ग अकेली ही गईं। मार्ग में उन्हें बहुत अधिक असुविधाएँ आईं। लेनिन ने यात्रा में माता के लिए एक साथी ढूँढ़ने का बहुत यत्न किया, परन्तु राजनैतिक क़ैदी की माता के साथ चलने के लिए कोई भी तैयार नहीं हुआ। समाज की यह कायरता देख, लेनिन का हृदय घृणा से भर गया। तभी से वे सम्पन्न समाज से घृणा करने लगे।"

क्रुप्सकेया लिखती हैं—"लेनिन अपने भाई से बहुत स्नेह करते थे। वे प्रायः उनका जिक्र किया करते थे। दोनों युवकों के विचारों में बहुत अधिक साम्य था। उनकी बनती भी बहुत थी। परिवार के शेष सम्बन्धियों से दोनों जने अलग ही रहा करते थे। अलेक्ज़ैण्डर की मृत्यु का लेनिन के हृदय पर बहुत गहरा प्रभाव पड़ा और वे ज़ार के शासन के कट्टर विरोधी बन गए।"

स्कूल की पढ़ाई समाप्त कर, लेनिन कजाँरा की यूनिवर्सिटी में वकालत पढ़ने के लिए प्रविष्ट हो गए। इस समय तक लेनिन मार्क्स के सिद्धान्त को अपना चुके थे। वे यूनिवर्सिटी के क्रान्तिकारी-दल में सम्मिलित हो गए। सरकार को इस बात का पता लगने पर सरकार ने उन्हें समारा प्रान्त में निर्वासित कर दिया।

लेनिन के सार्वजनिक जीवन का आरम्भ यहीं से होता है। 1889 में समारा में भयानक दुर्भिक्ष पड़ा था। कुछ लोगों ने दुर्भिक्ष पीड़ितों की सहायता के लिए एक समिति स्थापित की। इस समिति की एक बैठक में लेनिन सम्मिलित हुए। बहुत देर तक सबकी बात सुनने के पश्चात् लेनिन खड़े हुए और उन्होंने अपने विचार समिति के सम्मुख रखे। उन्होंने कहा—"दुर्भिक्ष पीड़ितों की सहायता करना व्यर्थ ही

नहीं, बल्कि हानिकारक है। दुर्भिक्ष का वास्तविक कारण है, शासन-व्यवस्था। हमें उसे ही ठीक करने का यत्न करना चाहिए।" लेनिन के विचारों से सदस्य बहुत नाराज हो गए और उन्हें समिति की बैठक को छोड़कर उसी समय आ जाना पड़ा। फिर लेनिन सेंटपीटर्सबर्ग आ गए और उन्होंने वकालत की परीक्षा दे दी।

कुछ समय तक वकालत करने के पश्चात् लेनिन ने अपने जीवन को क्रान्तिकारी आन्दोलन के लिए अर्पण कर दिया। उन्होंने अपने सब धन्धे छोड़कर अपना सब समय क्रान्ति के काम में ही लगा दिया। जिनोवेव लिखता है—"वकालत का पेशा लेनिन को बिल्कुल नापसन्द था। वे प्रायः मुझे अपने वकालत के ज़माने के हास्यपूर्ण क़िस्से सुनाया करते थे।"

1890 से 1893 तक वे रूस में स्थान-स्थान पर घूमकर अपने विचारों तथा मार्क्स के सिद्धान्तों में विश्वास रखनेवाले युवकों को ढूँढ़ते फिरे। बहुत से क्रान्तिकारी लेनिन के विचारों को मूर्खतापूर्ण समझ, उनके साथ काम करने को तैयार ही नहीं होते थे। प्रायः लोग यह कहा करते थे कि रूस में मज़दूर श्रेणी का अस्तित्व है ही नहीं। रूस में जनता का बहुत बड़ा भाग किसान है, इसलिए बहुत-से लोगों का विचार था कि रूस में मार्क्स के सिद्धान्त लागू नहीं हो सकते। लेनिन ने आपत्तियों की उपेक्षा न कर, स्थान-स्थान पर जागरित मज़दूरों के संगठन स्थापित करने आरम्भ किए।

इसी समय से लेनिन के राजनैतिक जीवन का आरम्भ होता है। जीवन की जिन विशेषताओं के कारण लेनिन को सफलता प्राप्त हुई, वे इसी समय उनके स्वभाव में प्रकट होने लगे थे। क्रुप्सकेया लिखती हैं—"लेनिन ने मार्क्स का अध्ययन केवल उसके सिद्धान्तों का मनन करने के लिए ही नहीं किया था, वे मार्क्स के सिद्धान्तों को अमल में लाकर जीवन की समस्याओं को हल करना चाहते थे। अठारहवीं शताब्दी के अन्तिम दिनों में, जब कि लेनिन बड़ी-बड़ी सभाओं में जाकर व्याख्यान देने के योग्य नहीं हो पाए थे, वे प्रायः सेंटपीटर्सबर्ग के मज़दूरों से मिलकर उन्हें मार्क्स के सिद्धान्त समझाने का यत्न किया करते थे। वे न केवल मज़दूरों को उपदेश ही देते, बल्कि उनके अनुभव भी सुना करते थे। यहीं लेनिन का निश्चय दृढ़ हो गया कि समाज के दुःख और क्लेश को दूर करने का काम मज़दूरों द्वारा ही होगा। अपने भविष्य जीवन में लेनिन इसी धारणा पर चलते रहे, यही उनके जीवन का उद्देश्य था।"

लेनिन ने कारखानों और मज़दूरों की बस्तियों में परिचय बना लिए। मजदूरों से मिलकर वे उन्हें अपने विचार समझाते थे और उनके अनुभव सुनते थे। मज़दूरों की शिकायतें सुनकर उनके अफ़सरों की ज़्यादती, मज़दूरी में कमी, जुर्माने की चर्चा सुनकर, उन्हें इन्हीं शिकायतों के आधार पर भड़काने का यत्न करते थे।

लेनिन ने अपनी पहली पुस्तक मज़दूरों के प्रतिदिन के जीवन के विषय में

ही लिखी थी। जिनोवेव लिखता है—"आज संसार-भर में लेनिन के विचारों की धाक बैठी हुई है, परन्तु लेनिन के साहित्यिक जीवन का आरम्भ बहुत ही मामूली ढंग से हुआ था। आरम्भ में साम्यवादी प्रजातन्त्र संघ से मिलकर लेनिन हाथ की मशीन पर मामूली गैर-क़ानूनी पर्चे ही छापा करते थे। इन पर्चों में मज़दूरों की दुरवस्था तथा आर्थिक समस्याओं पर क्रान्तिकारी विचार रहते थे। इन पर्चों में अधिकतर स्त्रियों तथा बच्चों के साथ कारखानों में होनेवाले अन्याय, अफसरों के दुर्व्यवहार, काम के समय की अधिकता, पीने के पानी का कष्ट और जुर्माने आदि की शिकायतों का ही वर्णन रहता था।"

अपने अनवरत परिश्रम से लेनिन ने सेंटपीटर्सबर्ग में मज़दूरों का एक संगठन स्थापित कर लिया। इस संगठन का नाम था Association for the Emancipation of the working class (मजदूरों की अवस्था सुधारनेवाली सभा)। लेनिन के पर्चों के प्रभाव से सेंटपीटर्सबर्ग के कारखानों में छोटे-मोटे 'विद्रोह' होने लगे। उन दिनों पीटर्सबर्ग में 'हड़ताल' को विद्रोह का ही नाम दिया जाता था। जिनोवेव लिखते हैं, "इन छोटे-मोटे आर्थिक झगड़ों में ही संसार-व्यापी विप्लव का उद्‌भव छिपा हुआ था। इन झगड़ों ने ही बढ़कर आगे 1905 और 1917 के विप्लव का रूप धारण कर लिया।"

लेनिन के इन दिनों का वृत्तान्त लिखते हुए क्रुप्सकेया लिखती हैं, "लेनिन 1893 के वसन्त ऋतु में सेंटपीटर्सबर्ग में आए थे। मेरा परिचय उनसे बहुत दिन पश्चात् हुआ। मैंने अपने मित्रों से सुना था कि वोलगा के तटवर्ती प्रान्त से मार्क्स का एक शिष्य आया है। इसके कुछ दिन पश्चात् मुझे एक पैम्फ़लेट 'बाज़ार' मिला। इस पैम्फ़लेट में क्रासे और लेनिन दोनों ही के विचार थे। इस पैम्फ़लेट को पढ़कर मेरी इच्छा लेनिन से परिचय प्राप्त करने की हुई।

"पहले-पहल लेनिन को मैंने एक मेले में देखा। इस जल्से में साधारण प्रथा के अनुसार मिठाई बाँटी गई थी। लेनिन के अतिरिक्त, स्त्रूवे और क्रासे भी इस जल्से में सम्मिलित थे। जल्से में लेनिन प्रायः चुप ही रहे। वे अपनी तीव्र दृष्टि से मेहमानों को जाँचने का यत्न करते रहे।

"1894 के पतझड़ के दिनों में लेनिन ने अपना लेख 'जनता के मित्र' हमें सुनाया। इस पुस्तक का हम पर बहुत प्रभाव पड़ा। इस पुस्तक को सुनकर हमें मार्ग बहुत स्पष्ट दिखाई देने लगा। इस लेख को हाथ की मशीन पर छापकर, लेखक का नाम दिए बिना ही हमने खूब बाँटा। इस लेख से लेनिन के प्रति हम लोगों की श्रद्धा बढ़ गई।

"लेनिन से मेरा घनिष्ठ परिचय 1895 के जाड़ों में हुआ। उन दिनों वे पीटर्सबर्ग के मज़दूरों में प्रचार का काम कर रहे थे। मैं उन दिनों इसी भाग में रविवार के स्कूल में पढ़ाती थी। मुझे मजदूरों के जीवन का पर्याप्त परिचय था। जिन मज़दूरों

को मैं पढ़ाती थी, उनमें से बहुत से उसी भाग के थे, जहाँ लेनिन प्रचार-कार्य किया करते थे। स्मोलेंस्किया के स्कूल में प्रायः छह सौ आदमी पढ़ने आते थे। मज़दूर लोगों का हम स्त्री-अध्यापकों पर अन्ध-विश्वास था। हम लोग जानते थे कि सभी श्रेणियों में सरकारी जासूस रहते हैं, इसलिए हम लोग भूलकर भी कभी 'हड़ताल' का नाम न लेते थे। उन दिनों मैं स्तारोनेवस्किया में रहा करती थी। मेरे मकान के अहाते में से एक रास्ता गुज़रता था। प्रति रविवार को गुप्त-समिति का कार्य समाप्त करके, लेनिन मेरे यहाँ आया करते थे। हम लोग बहुत देर तक वार्तालाप करते थे। मुझे उन दिनों अपने स्कूल से बहुत स्नेह था। इसलिए शिक्षा सम्बन्धी बातचीत आरम्भ होने पर मुझे प्रायः अपने भोजन का भी ध्यान नहीं रहता था। लेनिन को मज़दूरों की अवस्था जानने की प्रबल इच्छा रहती थी। मज़दूरों के विषय में बातचीत कर, वे उनकी मानसिक अवस्था समझकर प्रचार के साधन सोचा करते थे। उस समय रूस के शिक्षित-वर्ग का ध्यान मज़दूरों की ओर बिल्कुल नहीं था। यह लोग सभाएँ करके उनमें व्याख्यान देना-भर अपना कर्तव्य समझते थे। लेनिन पहले व्यक्ति थे जिन्होंने सिद्धान्त को क्रियात्मक रूप देने का यत्न किया। लेनिन मज़दूरों के सामने कैपिटल की कथा कहा करते थे। समाज की अन्य श्रेणियों की अवस्था से तुलना करके उनमें जागृति उत्पन्न करने का यत्न करते थे, और क्रान्ति द्वारा उनकी अवस्था को सुधारने का उपाय उन्हें समझाते थे। मज़दूरों पर लेनिन के इस ढंग का बहुत प्रभाव पड़ता था। मुझे भी इस विषय का ज्ञान तभी हुआ, जब निर्वासन-काल में पैरिल के डाकियों की हड़ताल में काम करना पड़ा।

"लेनिन का ध्यान आन्दोलन के अन्य उपायों की ओर भी था। 1895 में उन्होंने जुर्मानों के सम्बन्ध में पर्चा लिखकर मज़दूरों में साम्यवाद का प्रचार करने के उपायों का वर्णन किया। मज़दूरों से बहुत अधिक मिलने-जुलने से पुलिस का ध्यान हमारी ओर आकर्षित हो गया और वह हमारा पीछा करने लगी। षड्यन्त्र के मामलों में हम सबकी अपेक्षा लेनिन अधिक योग्य थे। नगर के सब गली-कूचों और मकानों का उन्हें ज्ञान था। पुलिस को वे ख़ूब चकमा देते थे। उन्होंने हमें रासायनिक स्याही द्वारा पत्र लिखना, गुप्त लिपि का व्यवहार करना सिखाया। हम सब लोगों के काल्पनिक नाम भी उन्होंने रखे। पुलिस के दूत हमारे पीछे पड़ गए। यह देख, लेनिन ने हमें एक उत्तराधिकारी चुन लेने की सलाह दी थी, जो लेनिन के गिरफ़्तार हो जाने पर काम को सँभाल सकता। सब लोगों को मुझ पर बहुत अधिक विश्वास था, इसलिए मुझे ही लेनिन का सहकारी चुना गया।

"ईस्टर से पहले शनिवार को हम लोग अपने एक साथी सिल्वे के साथ जास्कों सेलो गए थे। रेल के सफ़र में हमने परस्पर बातचीत नहीं की; मानो हम लोग अपरिचित हों। इस यात्रा में हमें लेनिन ने गुप्त अक्षरों का प्रयोग तथा मज़दूरों के साथ सम्बन्ध स्थापित करने के उपाय बताए। लेनिन आदमी पहचानने में बहुत दक्ष

थे। वे हज़ारों में से मतलब का आदमी चुन लेते थे। एक अवसर पर लेनिन ने स्त्री-अध्यापकों के लिए एक विवाद-परिषद् कायम की। बाद में इस परिषद् में आनेवाली सभी स्त्रियाँ साम्यवादी प्रजातन्त्र दल की सदस्य बन गईं। इन स्त्रियों में से ही एक का नाम लीदिया नीयोविच था। इसने लेनिन के वास्तविक महत्त्व को समझ लिया। लीदिया ने एक छापेख़ाने में गुप्त क्रान्तिकारी साहित्य छपवाने का, तथा उसे सुरक्षित रखने का और बँटवाने का सब प्रबन्ध अपने हाथों में ले लिया। एक कम्पोज़ीटर के विश्वासघात करने पर वह गिरफ्तार कर ली गई। उस समय उसके मित्रों के यहाँ से क्रान्तिकारी पर्चों के बारह सन्दूक निकले।

"जिस समय क्रीमिया को ज़ार की सहायक सेना ने घेरा हुआ था, उस समय लीदिया वहाँ बीमार पड़ी थी। बीमारी की अवस्था में मूर्च्छित होकर वह प्रायः साम्यवाद की सफलता के विषय में भविष्यवाणी किया करती थी। मरते समय भी उसकी जिह्वा पर लेनिन का ही नाम था।

"1895 में लेनिन रूस से बाहर चले गए। बर्लिन में वे मजदूर दल की सभाओं में सम्मिलित हुआ करते थे। बर्लिन से वे स्विटज़रलैण्ड चले गए। यहाँ वे प्लेखनोक अक्सेलरो और बेरा सासुलिया से मिले। जब वे रूस लौटे, तो उनका मस्तिष्क नवीन विचारों से भरा हुआ था। एक विचित्र सन्दूक वे गैरकानूनी साहित्य का भरकर अपने साथ लाए।

"जासूसों ने लेनिन को पहचान लिया। वे उनका और उनके सन्दूक का पीछा करने लगे। उन दिनों मेरी बहन रजिस्ट्री-विभाग में काम करती थी। उसने मुझे बताया, कि जासूस मुझसे लेनिन का पता पूछने आए थे। वे कहते थे—'हम इस लादीमीर ईलिच लेनिन को पहचान गए हैं। यह पक्का क्रान्तिकारी है। इसका भाई फाँसी पर लटक चुका है। यह अभी यूरोप से लौटकर आया है, अब यह हमारे पंजे से निकलकर कहीं नहीं जा सकेगा।'

"बहन जानती थी, मेरा लेनिन से परिचय है। उसने मुझे लेनिन को ख़तरे से ख़बरदार करने के लिए कहा। लेनिन सतर्क हो गए। प्रचार का काम भिन्न ज़िलों में बाँटा हुआ था। हमारा काम लेनिन के लिखे हुए पर्चों को छापे के अक्षरों में हाथ से लिखकर ज़ेमिकोवस्की कारख़ाने में बाँटना था। दूसरे कारख़ानों में भी पर्चे बाँटे जाते थे। इन पर्चों का असर आशातीत हुआ। इसलिए हमने एक गुप्त अख़बार छापने का निश्चय कर लिया। इस अख़बार की एक-एक पंक्ति और अक्षर लेनिन के हाथों का लिखा होता था।

"पत्र छपने के लिए तैयार था। उस पर एक बार और नज़रसानी करने के लिए मेरे कमरे में आठ दिसम्बर के दिन समिति की एक बैठक होनेवाली थीं। लेनिन समय पर न आये तो मैं चिन्तित हुई। लेनिन ने मुझे अपने मित्र, रेलवे के एक अफ़सर का पता दिया हुआ था। दोपहर का भोजन वे उसी के यहाँ किया करते थे।

आवश्यकता पड़ने पर मैं लेनिन के विषय में उनसे कुछ पूछ-ताछ कर सकती थी, सो मैं उनके यहाँ पता लेने गई। वहाँ जाकर मुझे मालूम हुआ कि उस रोज लेनिन वहाँ भी नहीं गए। पीछे हमें मालूम हुआ कि वे गिरफ्तार हो गए। उसी दिन सन्ध्या को हमारे और भी साथी गिरफ्तार हो गए। मैंने अपने गुप्त समाचार-पत्र की प्रति अपने एक मित्र को दे दी, पीछे इसका स्त्रवे से विवाह हो गया था। पत्र को छपवाने का विचार मैंने छोड़ दिया था, क्योंकि मैं और गिरफ्तारियाँ नहीं होने देना चाहती थी। सेंटपीटर्सबर्ग में लेनिन का जीवन काल विशेष महत्त्वपूर्ण है, क्योंकि मज़दूरों से उनका परिचय इसी स्थान पर हुआ और यहीं मज़दूरों ने उनका नेतृत्व स्वीकार किया।

"लेनिन के गिरफ़्तार होने के थोड़े समय पश्चात् ही हमारा उनसे फिर पत्र-व्यवहार होने लगा। उस समय अभियोग समाप्त होने से पहले अभियुक्त को चाहे जितनी पुस्तकें जेल में पहुँचाई जा सकती थीं। जेल में भेजी जानेवाली पुस्तकों पर जेलर साधारणतया सरसरी नजर दौड़ा लिया करते थे। यह कोई नहीं जानता था कि इन पुस्तकों में अक्षरों के नीचे चिह्न बना दिए जाते थे, और पृष्ठ के पृष्ठ दूध की स्याही से लिखे रहते थे। लेनिन को अपने सहयोगियों की गिरफ्तारी से इतनी अधिक चिन्ता होती थी कि देखकर आश्चर्य होता है। वे हमें कभी समझौता न करने की सलाह देते थे। अपने साथी अभियुक्तों के लिए गर्म जूते इत्यादि मँगवाने के लिए सदा हमें कहा करते थे। जेल में ही किसी व्यक्ति को पत्र पहुँचाना होता, तो उसे जेल के पुस्तकालय से किसी विशेष पुस्तक के लेने का सन्देश भिजवा देते थे।

"लेनिन के पत्रों में दृढ़ विश्वास की झलक दिखाई पड़ती थी। इन पत्रों को पढ़कर सभी सहयोगी यह भूल जाते थे कि लेनिन जेल में हैं। हम लेनिन को अपने साथ समझकर काम करना आरम्भ कर देते थे। 1896 में मेरे गिरफ्तार हो जाने के पश्चात् मुझे लेनिन का एक पत्र मिला था। इस पत्र का प्रभाव मुझ पर बहुत गहरा पड़ा। यह पत्र जेल में सम्बन्धियों के साथ मुलाकात होने पर पुस्तकों में दूध से लिखे हुए आया करते थे। जिन पुस्तकों में यह पत्र रहते थे, उन पर एक विशेष चिह्न बना रहता था। प्रातः छह बजे हमें चाय मिलती थी और इसके पश्चात् क़ैदी लोग गिरजाघर चले जाते थे। पत्र को हम लम्बी कत्तरों में फाड़कर, वाडरेस के चले जाने के बाद, गरम-गरम चाय में डुबो देते थे। इससे काग़ज पर लिखावट स्पष्ट दिखाई देने लगती थी। जेल में आँच की गरमी से पत्र को सेंकने की सुविधा तो थी ही नहीं, इससे लेनिन ने गरम चाय में भिगोकर पत्र पढ़ने का ढंग निकाल लिया था।

"लेनिन जेल में हों, या बाहर—आन्दोलन की बागडोर उनके ही हाथ में रहती थी। आन्दोलन की चिन्ता के अतिरिक्त वे अपनी पुस्तक 'पूँजी का विकास' के लिखने के लिए भी उस समय सामग्री एकत्र कर रहे थे। पकड़े जाने के भय से लेनिन पत्र लिखने के लिए दूध को रोटी की दवात में भर लिया करते थे। वार्डर के आते ही वे दवात को उठाकर निगल जाते थे। एक दिन अपने इसी प्रकार के

पत्र में उन्होंने लिखा था–'आज मुझे छह दवातें निगलनी पड़ी हैं।'

"जेल का जीवन लेनिन के लिए असह्य था। परवश होकर बन्द रहना उनके लिए सम्भव न था। अकेले रहने का उन्हें अभ्यास नहीं था। एक पत्र में उन्होंने मुझे एक मित्र के साथ गली के एक खास भाग में उपस्थित रहने को लिखा था। उनका मतलब था, यदि क़ैदियों को घूमने के लिए ऊपर बार्जे में ले जाया गया तो वह हमें देख सकेंगे। परन्तु कारण विशेष से न तो वे मित्र उस स्थान पर पहुँच सके, और न मैं ही वहाँ गई। कुछ दिन पश्चात् मैं उस स्थान पर जाकर कुछ मिनट खड़ी रही, परन्तु मुझे लेनिन के दर्शन न हुए।

"जब तक लेनिन जेल में रहे, आन्दोलन उत्तरोत्तर बढ़ता ही गया। हाँ, मार्ताव की गिरफ्तारी के बाद अलबत्ता कुछ अन्तर अवश्य पड़ गया था।

"जिस समय लेनिन रिहा हो गए, मैं उस समय अभी जेल में ही थी। मेरी रिहाई वेत्रोवा के स्वयं जलकर आत्महत्या कर लेने के बाद ही हुई। उस समय मैं यह भली प्रकार जानती थी कि पग-पग पर जासूस मेरा पीछा कर रहे हैं।

"1897 के जाड़ों में मैं प्रायः लेनिन की ओर से पीटर स्त्रूवे से मिलने जाया करती थी। उन दिनों लेनिन को साइबेरिया के एक गाँव शुशेंस्क में निर्वासित कर दिया गया था। उसी समय मुझे भी तीन साल के लिए ऊफा भेज दिया गया। मैंने अधिकारियों के सम्मुख प्रार्थना की कि मैं लेनिन की वाग्दत्ता हूँ, मुझे उनके साथ रहने की आज्ञा दी जाए। अधिकारियों ने मेरी वह प्रार्थना स्वीकार कर ली और मैं लेनिन के पास चली गई।"

9

लेनिन के निर्वासित-काल का वृत्तान्त भी उनकी स्त्री क्रुप्सकेया ने बहुत सुन्दर लिखा है। वे लिखती हैं –

"1898 में क्रास्तुवार्स्क में मेरी माता मिलीं और मेंसीस्क तक मेरे साथ गईं। क्रास्तुवार्स्क से आगे हमें एनीसी के रास्ते नाव से जाना था। क्रास्तुवार्स्क पहुँचने पर हमें मालूम हुआ कि उन दिनों नावें नहीं चल रही थीं। क्रास्तुवार्स्क में मेरा परिचय तुशेव और उनकी स्त्री से हो गया। तुशेव मेरे सम्बन्धी ही थे। वे अनुभवी तथा जानकार आदमी थे। उन्होंने हमारा परिचय क्रास्तुवार्स्क के एक निर्वासित साम्यवादी-दल से करा दिया। क्रान्तिकारी सिल्वे भी यहीं था। सिपाही राजनैतिक क़ैदियों को यहाँ उनके फ़ोटोग्राफ लेने के लिए लाते थे। हमने सिपाहियों को खाने-पीने का कुछ सामान देकर एक ओर कर दिया और राजनैतिक क़ैदियों से स्वतन्त्रतापूर्वक बातचीत करते रहे।

"संध्या-समय हम शुशेंस्क पहुँच गए। लेनिन वहीं रहा करते थे। लेनिन शिकार खेलने के लिए बाहर गए हुए थे। हम अपनी स्लेज, बर्फानी बिना पहिए

की गाड़ी, से उतर, उनके मकान में चले गए। साइबेरिया के मेंसीस्क-जिले के किसान बहुत सफ़ाई से रहते हैं। उनके फ़र्शों पर उनके स्वयं बनाए हुए सुन्दर ग़लीचे बिछे रहते हैं, और दीवारों पर सफ़ेदी पुती रहती है।

"लेनिन का कमरा बड़ा नहीं था, परन्तु ख़ूब साफ़ था। घर के एक भाग में लेनिन रहते थे, दूसरा भाग मैंने तथा माँ ने ले लिया। मकान-मालिक तथा हमारे पड़ोसी हमें मिलने के लिए आए और बहुत देर तक हमसे बातचीत करते रहे। आख़िर सन्ध्या-समय लेनिन शिकार से वापस लौट आए। अपने कमरे में रोशनी देखकर उन्हें बहुत आश्चर्य हुआ। मकान-मालिक ने मार्ग में लेनिन से मिलकर परिहास में कह दिया था—'सेंटपीटर्सबर्ग से एक मज़दूर-साम्यवादी आया है, उसने तुम्हारे कमरे में आकर सब सामान इधर-उधर बिखेर दिया है।' मकान में आकर लेनिन ने मुझे देखा तो बहुत विस्मित हुए। उस रात हम सोए नहीं; बातचीत ही करते रहे।

"यहाँ आकर लेनिन का स्वास्थ्य अच्छा हो गया था। वे ख़ूब हृष्ट-पुष्ट जान पड़ते थे। शुशेंस्क में दो राजनैतिक निर्वासितों से मैत्री हो गई थी। इनमें से एक पोलैण्ड का रहने वाला प्रोमेंस्की था। प्रोमेंस्की प्रजातन्त्र-साम्यवाद का समर्थक था। दूसरा पीटर्सबर्ग का निवासी एक फ़ीनिश एंगवर्त था। यह दोनों ही व्यक्ति सज्जन थे। प्रोमेंस्की शान्त प्रकृति का और मेहनती आदमी था। वह पोलैण्ड लौट जाना चाहता था, परन्तु यह उसके सामर्थ्य से बाहर की बात थी। प्रोमेंस्की क्रास्तुवार्स्क के समीप एक मकान लेकर रहने लगा था। रेलवे में काम करके वह अपना निर्वाह कर लेता था। कुछ दिन पश्चात् प्रोमेंस्की कम्यूनिस्ट बन गया। प्रोमेंस्की की मृत्यु लड़ाई में हुई और एंगवर्त का देहान्त 1923 में टॉयफाइड रोग से हो गया। लेनिन का शेरालेव से भी विशेष प्रेम था। कभी-कभी वह उसे मिलने भी जाया करते थे। शेरालेव को यक्ष्मा की बीमारी थी। शेरालेव की आयु तीस वर्ष के लगभग थी। वह एक दफ्तर में क्लर्क का काम किया करता था। शेरालेव निर्धनों के प्रति धनिकों के अन्याय को सह न सका, इसलिए क्रान्तिकारी-दल में सम्मिलित हो गया। शेरालेव की मृत्यु यक्ष्मा के कारण शीघ्र ही हो गई।

"लेनिन का एक और परिचित ग़रीब किसान था। इसका नाम था सोस्पेतिश। सोस्पेतिश की सहायता से लेनिन को साइबेरिया के ग्रामों का परिचय हो गया। यहाँ लेनिन का काम करने का ढंग निराला ही था। प्रत्येक रविवार को एक पंचायत करके लेनिन सब लोगों को एक वकील की हैसियत से क़ानूनी मशविरा दिया करते थे। इस ढंग से वे जनता के प्रेम-पात्र बन गए। विशेषतः एक गरीब मज़दूर का मुक़दमा जिता देने के बाद तो लोगों को उन पर बहुत श्रद्धा हो गई।

"इस मुक़दमे की विजय का समाचार सब किसानों में फैल गया। अब बहुत-से लोग सलाह लेने के लिए लेनिन के पास आने लगे। लेनिन सब की बात ध्यानपूर्वक सुन, उन्हें परामर्श देते। एक दिन एक किसान ने चौदह मील से आकर

लेनिन के पास अपने श्वसुर पर अभियोग चलाने के लिए सलाह पूछी। श्वसुर ने एक विवाह के मौक़े पर जामाता को निमन्त्रण नहीं दिया था, इसी बात पर सब झगड़ा था। दूसरे दिन श्वसुर भी आ पहुँचा। लेनिन ने घण्टा-भर दोनों को समझाया और उनका समझौता करा दिया।

"कुछ ही दिनों में लेनिन का परिचय साइबेरिया के गाँवों में बहुत अधिक हो गया। उनके लिए यह गाँव बिल्कुल उनके अपने जन्मस्थान की तरह हो गया। वह कहा करते थे–'यदि मेरी माता मुझे यहाँ खेती के काम में लगा देखे तो बहुत प्रसन्न हो। मैंने खेती के काम में लगने का यत्न किया था, परन्तु जब मैंने देखा कि हमारा व्यवहार किसानों के प्रति न्याय का नहीं, तो मैंने इस काम को छोड़ दिया।'

"एक निर्वासित व्यक्ति की हैसियत से लेनिन को क़ानूनी मामलात में हाथ देने का अधिकार नहीं था। परन्तु मेंसेस्क ज़िले के अधिकारी उदार-चित्त थे। निर्वासितों के व्यवहार के प्रति वे बहुत कड़ी दृष्टि न रखते थे। गाँव का मुखिया एक अमीर किसान था। उसे निर्वासितों के निकल भागने की इतनी चिन्ता न रहती थी जितनी कि उन्हें मांस बेचने की।

"शुशेंस्क में व्यय बहुत कम होता था। लेनिन को सरकार की ओर से आठ रूबल मासिक मिलते थे। इसमें उनके लिए एक साफ़-सुथरे कमरे, भोजन, चाय-पानी और धोबी इत्यादि का सब काम आसानी से चल जाता था, इस पर भी लोग कहते थे कि वे बहुत अधिक खर्च करते हैं। संध्या और सायं का भोजन बहुत सादा होता था। हफ्ते में एक भेड़ उनके लिए मारी जाती थी, वही वे सातों दिन खाया करते थे। एक भेड़ खत्म हो जाने पर फिर दूसरी तैयार की जाती थी। लेनिन को अपने और कुत्ते के लिए दूध भी पर्याप्त मिल जाता था।

"मालिक-मकान के यहाँ उनके मित्र प्रायः शराब पीकर मस्त पड़े रहते थे। यह हमें बहुत बुरा लगता था। हमने एक दूसरा मकान बग़ीचे और आँगन-सहित चार रूबल पर ले लिया। यहाँ हमने बाक़ायदा गृहस्थी जमा ली। गर्मियों में नौकर मिलना कठिन हो जाता था। इसलिए मुझे और माँ को स्वयं चौका-चूल्हा करना पड़ता था। आरम्भ में तो मुझसे प्रायः बर्तन ही पलट जाता था, परन्तु कुछ ही दिन में मैं सब काम सीख गई।

"मुझे अपने बग़ीचे पर बहुत अभिमान था, इसमें मैंने खीरे, खरबूज़े और दूसरी सब्ज़ी लगाई हुई थी। आजकल इस मकान के एक कमरे का नाम 'कम्यूनिस्ट कमरा' पड़ गया है। बग़ीची बिल्कुल उजड़ चुकी है, और मकान की दीवारें भी भरभराकर गिरने को तैयार हैं।

"अक्टूबर में हमने एक लड़की को नौकर रख लिया। इसकी आयु तेरह वर्ष से भी कम होगी, परन्तु उसने घर का सब काम सँभाल लिया। मैंने इसे पढ़ाना-लिखाना आरम्भ कर दिया। कुछ ही दिनों में मकान की दीवारों पर उसने

अनेक तरह के काग़ज़ लिखकर लगा दिए। उदाहरणतः 'जमीन पर चाय मत फेंको।' कुछ दिनों में यह लड़की बाकायदा डायरी लिखने लगी। इन्हीं दिनों एक और छह साल के बच्चे से हमारा स्नेह हो गया। यह लड़का दुबला-पतला-सा और साफ़ रंग का था। इसका पिता लिरोनिया का रहने वाला एक निर्वासित व्यक्ति था। इस आदमी को शराब पीने की लत लगी हुई थी। मेरी माँ को यह बच्चा बहुत प्यारा था, लेनिन भी उससे बातचीत कर, दिल बहलाया करते थे। हमारे मेंसेस्क छोड़ जाने के बाद यह बालक हमारे वियोग में बीमार पड़ गया। कुछ दिन बाद हमने एक बिल्ली पालकर अपने परिवार की संख्या बढ़ा ली।

"प्रातःकाल मैं लेनिन के साथ मिलकर काम करती थी। हम लोग वेव की पुस्तक का अनुवाद किया करते थे। यह पुस्तक हमें स्त्रूवे ने भेज दी थी। भोजन के पश्चात् यदि और काम न होता तो हम 'पूँजी के विकास' का ही अनुवाद किया करते थे। एक दिन हमारे हाथ वर्नस्टीन के विरुद्ध लिखा हुआ कोस्तकी का निबन्ध पड़ गया। हमने सब काम छोड़, पहले पन्द्रह दिन लगाकर, इस पुस्तक का अनुवाद कर दिया।

"सन्ध्या-समय काम समाप्त करके लेनिन भ्रमण के लिए अथवा शिकार खेलने के लिए चले जाते थे। शिकार का उन्हें बहुत शौक था। उन्होंने एक चमड़े की विर्चिस सिलवा ली थी, इसलिए झाड़ियों वग़ैरा में उन्हें तकलीफ नहीं होती थी। एक दिन वसन्त ऋतु में प्रोमेंस्की ने आकर बताया कि समीप ही कहीं बत्तखों का एक झुण्ड है। जाड़ों की बर्फ़ पिघल जाने के बाद जंगलों और दलदल में बहुत-से जीव मिलने लगे। इन दिनों लेनिन बहुधा शिकार के लिए चले जाया करते थे, परन्तु वह अपने शिकारी कुत्ते को साथ न ले जाते थे; क्योंकि कुत्ता भोंककर शिकार को भगा देता था।

"लेनिन को खरगोश के शिकार का भी बहुत शौक़ था। शरद् के आरम्भ में उन्होंने इन निरीह जीवों को न मारने का निश्चय कर लिया था, परन्तु जंगल में खरगोश को देखते ही अपना पवित्र निश्चय भूल, कन्धे से बन्दूक उतार, वे उसे मार डालते थे। वसन्त में इनीसी की बर्फ़ पिघल जाने पर छोटे-छोटे द्वीपों में रहने वाले खरगोशों के लिए नदी-पार भागना कठिन हो जाता था, तब हमारे शिकारी ढेर-के-ढेर खरगोशों का शिकार नौका पर लाद, साँझ को घर लाते थे।

"जिन दिनों लेनिन मॉस्को में रहते थे, तब भी कभी-कभी वे शिकार के आनन्द की चर्चा किया करते थे। परन्तु साइबेरिया में तो उन्हें इसकी बहुत ही अधिक रुचि थी। एक दफ़े हम लोग लोमड़ी के शिकार में सम्मिलित हुए। लेनिन को लोमड़ी के शिकार का बहुत शौक़ था। एक लोमड़ी लेनिन के सामने से जा रही थी। बन्दूक लेकर उन्होंने निशाना साधा। लोमड़ी भी खड़ी हो गई। कुछ क्षण खड़ी रहकर लोमड़ी जंगल की ओर भाग गई। लेनिन के साथी ने विस्मय-से गोली न मारने का कारण पूछा। लेनिन ने मुस्कराकर उत्तर दिया—'यह लोमड़ी बहुत ही अधिक सुन्दर थी।'

"शरद् ऋतु में जब कि बर्फ़ पड़नी अभी आरम्भ भी नहीं हो पाई थी, हम बर्फ़

की पारदर्शी चादर से ढकी हुई नदी के किनारे घूमने जाया करते थे। बर्फ़ की इस चादर में से मछलियाँ स्पष्ट दिखाई दिया करती थीं। बर्फ़ पड़ जाने पर हम बर्फ़ पर खूब स्केटिंग (एक प्रकार का नाच) करते थे। लेनिन को स्केटिंग का भी बहुत शौक़ था। कभी-कभी सन्ध्या-समय वे हेगल और काण्ट की दर्शन सम्बन्धी पुस्तकें पढ़ा करते थे। फ्रांसीसी लेखकों की भौतिकवाद सम्बन्धी पुस्तकें उन्हें बहुत पसन्द थीं। इस गम्भीर विषय से थक जाने पर वे पुश्किन तथा नेक्रासो की कविता का आनन्द लिया करते थे।

''जब पीटर्सबर्ग में लेनिन से मेरा परिचय हुआ, उस समय अपने मित्रों से यह सुनकर कि लेनिन ने कभी कोई उपन्यास नहीं पढ़ा, मुझे बहुत विस्मय हुआ। साइबेरिया में जाकर मैंने देखा—यह बात ठीक न थी। उन्होंने तुर्गनेव, टॉल्स्टॉय और शेरनिस्केस्की की बहुत-सी रचनाएँ पढ़ी हुई थीं और रूसी-साहित्य के पुराने उपन्यासों को पसन्द भी बहुत करते थे।

''लेनिन की चित्रों की एल्बम में अनेक मित्रों के चित्रों के साथ एमिल ज़ोला, सर्जे और शेरनिस्केस्की के भी चित्र हैं। शेरनिस्केस्की के चित्र के नीचे उन्होंने स्वयं अपने हाथ से लिखा हुआ है—'देहावसान 1889!'

''डाक सप्ताह में दो बार आया करती थी। हमारी डाक बहुत-सी रहती थी। रूस से हमारे नाम अनेक पत्र और पत्रिकाएँ आया करती थीं। लेनिन की माता के पत्र पीटर्सबर्ग से नियमपूर्वक आते रहते थे और नेना स्त्रूवे भी प्रायः अपने पुत्र का समाचार लिखती रहा करती थीं। कई बार दूसरे निर्वासितों के पत्र भी आया करते थे। तुरुखांस्क से मोर्तोव के पत्र भी आया करते थे। परन्तु बहुधा अधिक पत्र समीप के गाँवों में रहने वाले निर्वासितों के ही रहते थे। इन पत्रों में सभी विषयों की चर्चा रहती थी। नई पुस्तकों, समाचारपत्रों, दार्शनिक सिद्धान्तों, रूस के समाचारों, भविष्य के कार्यक्रम इत्यादि के सभी विषय इनमें रहते थे। कुछ दिन तक लेनिन को शतरंज का भी चाव रहा। यहाँ तक कि रात में सोते समय भी वे शतरंज की चालों के विषय में बड़बड़ा उठते थे।

''लेनिन के पिता को भी शतरंज का बहुत शौक था। लेनिन कहते हैं—'मैं और अलेक्ज़ैण्डर मिलकर पिता से शतरंज की बाज़ी लगाया करते थे। परन्तु हमें सदा हार मान लेनी पड़ती थी। आखिर अलेक्ज़ैण्डर शतरंज की चालों के विषय में एक पुस्तक ले आए। उस दिन से हमारी भी जीत होने लगी। एक दिन पिताजी ने भी इस पुस्तक को पढ़ा, फिर उस दिन से पुराना क्रम आ गया और हम फिर हारने लगे।'

''साइबेरिया से लौटकर लेनिन ने शतरंज खेलना छोड़ दिया। एक बार उन्होंने कहा—'शतरंज मुझे छोड़ना ही पड़ेगा। यह मेरा बहुत अधिक समय खा जाती है। शतरंज खेलने से फिर और कुछ हो ही नहीं सकता।'

''लेनिन को आरम्भ से ही यह आदत थी कि कोई भी विषय जब उनके काम

में विघ्न डालने लगता, तो वे उसे छोड़ देते थे। एक दिन उन्होंने मुझसे कहा—'स्कूल में पढ़ते समय मुझे स्काइंग* का बहुत शौक़ था, परन्तु इससे मैं बहुत अधिक थक जाने के कारण दूसरा कोई काम न कर सकता था, इसलिए मैंने उसे छोड़ दिया।' लैटिन भाषा के अभ्यास के विषय में भी यही बात हुई, इसलिए इन्होंने इसे भी छोड़ दिया।

"लैटिन भाषा की ओर लेनिन की विशेष रुचि का कारण था, उनकी रोमन व्याख्याताओं की शैली के अध्ययन की इच्छा। उनके व्याख्यानों की शैली में रोम के व्याख्याताओं का अनुभव बहुत स्पष्ट दिखाई पड़ता था।

"दूसरे निर्वासित मित्रों के साथ यद्यपि पत्र-व्यवहार खूब चलता था, परन्तु लेनिन उनसे मिलने के लिए बहुत कम जाते थे। मुझे केवल उनके केरनातोस्की के यहाँ जाने की ही बात याद है। केरनातोस्की बहुत सहृदय और सुशिक्षित सज्जन थे। हाँ, एक बेर लेनिन तेस भी गए थे। तेस जाने का एक विशेष कारण था। तेस का पुलिस-सुपरिण्टेण्डेण्ट कठोर स्वभाव का आदमी था। वह निर्वासितों के घूमने-फिरने पर कड़ी दृष्टि रखता था। तेस के समीप ही एक पहाड़ है। निर्वासित लोगों में से कुछ ने लेनिन को एक पत्र लिखकर पुलिस-सुपरिण्टेण्डेण्ट से इस पहाड़ को देखने के लिए जाने की आज्ञा माँगने को कहा।

"हमारी चाल चल गई। पुलिस-सुपरिण्टेण्डेण्ट ने आज्ञा दे दी। हम लोग जाकर अपने मित्रों से मिले। नववर्ष के दिन हम लोग मिनेसेंस्क (Mineisensk) में दूसरे निर्वासित व्यक्तियों को देखने गए। इन लोगों से हमारा कुछ सिद्धान्तों के विषय में मतभेद हो गया। इन लोगों ने हमें पक्के साम्यवादी मानकर हममें विश्वास करने से इनकार कर दिया। यह देख, लेनिन ने इन लोगों से सम्बन्ध-विच्छेद कर लिया और दोनों दल स्वतन्त्र हो, अलग-अलग काम करने लगे।

"इन दिनों रूस से बहुत कम समाचार आने लगे थे। सेंटपीटर्सबर्ग के कुछ मित्रों को हमने लेनिन के लेखों को प्रकाशित करने के लिए कहा था, परन्तु उनसे कुछ न हो सका। पैम्फ़लेट निकालना भी इन दिनों कठिन हो गया, कारण यह था कि इन दिनों गिरफ्तारियाँ बहुत अधिक हो रही थीं। लेनिन ने इन्हीं दिनों संगठन के लिए एक नई तजवीज़ तैयार की, और बाद में अपनी पत्रिका 'इस्क्रा' में इसे प्रकाशित किया। लेनिन ने एक नया गुप्त समाचार-पत्र निकालने का विचार किया। हमारा विचार था—पत्र को रूस के बाहर छपवाकर गुप्त-रूप से देश में बँटवाया जाए।

"वह हर समय अपनी नई तजवीज़ के विषय में सोचते रहते थे। सोना भी उन्होंने बहुत कम कर दिया। उनके शरीर पर निर्बलता के चिह्न स्पष्ट दिखाई देने लगे। नई तजवीज़ के विषय में वह मेरे साथ भी विचार करते रहते थे। मार्तोव को उन्होंने कई पत्र लिखे और अन्त में मार्तोव तथा पेत्रेसोव को साथ ले, उन्होंने एक

* स्काइंग एक प्रकार का खेल है, जिसमें पैरों में बाँस बाँधकर चला जाता है।

दौरा लगाने का निश्चय किया। ज्यों-ज्यों निर्वासन-काल का अन्त समीप आने लगा, लेनिन बहुत चिन्तित और सतर्क रहने लगे। इन दिनों क्रियात्मक राजनैतिक कार्यक्रम की चिन्ता के अतिरिक्त उन्हें और कुछ सूझता ही नहीं था।

"अचानक एक दिन हमारे मकान की तलाशी हो गई। पुलिस के हाथ लेनिन के नाम की डाकखाने की कोई रसीद अथवा कोई रजिस्टर्ड पत्र लग गया। वह तलाशी लेने के लिए आ धमकी। पुलिस के हाथ जो पत्र लगा था, उसमें सन्देहात्मक बात एक भी न थी। हम सेंटपीटर्सबर्ग में अपने गुप्त पत्र साधारण डाक से सर्वथा पृथक् रखते थे। साइबेरिया में हमारा यह क़ायदा ज़ारी था। आन्दोलन से सम्बन्ध रखनेवाले सब कागज़ अलमारी के नीचे के खाने में थे। लेनिन ने पुलिस-अफसर को बैठने के लिए एक कुर्सी दे दी, ताकि वह पहले ऊपर के खानों को देखना आरम्भ करे। इन खानों में केवल संख्याएँ तथा अंक ही एकत्र किए गए थे। इन कागज़ों को देखने में ही पुलिस को बहुत समय लग गया। जब लेनिन ने देखा कि पुलिसवाले थक-से गए हैं, तो उसने कहा—शेष खानों में भी शिक्षा-सम्बन्धी इसी प्रकार की पुस्तकें हैं। आपत्ति तो टल गई, परन्तु हमारे मन में एक खटका लग गया। पुलिस ने जो कुछ देख पाया था, उसी से अधिकारी चाहते तो निर्वासन-काल की सीमा बढ़ाई जा सकती थी।

"1900 के मार्च में हमारा निर्वासन काल समाप्त हो गया और हम लोग यूरोपियन रूस में आ गए। हमारी नौकरानी बाशा दो वर्ष में बढ़कर एक रूपवती युवती बन गई थी। हम लोगों से विदा होते समय वह बहुत दुखी हुई। हमारा वह छह वर्ष का बालक-मित्र भी बहुत रोया। उसने हमारी पेंसिलें, कागज़ तथा चित्र स्मृति-चिह्न के तौर पर रख लिए। हमारे पड़ोसी तथा परिचित आ-आकर हमें विदा करने लगे। हमारा कुत्ता भी बार-बार सन्देहपूर्ण नेत्रों से हमारी ओर देखता था।

"हम लोग मिनेसेंस्क (mineisensk) आ गए। यहाँ स्तार्को और ओल्गा सिल्वेना हमसे आकर मिल गए। सब निर्वासित मित्रों ने मिलकर हमें अन्तिम विदाई दी। मित्रों ने हमारी तजवीज़ें पूछीं, और आन्दोलन के विषय में अपने विचार हमारे सम्मुख रखे। भविष्य में पत्र-व्यवहार का सिलसिला बनाए रखने के लिए उपाय निश्चित किए गए। बहुत देर तक रूस के सम्बन्ध में छोटी-बड़ी बातें हम लोग करते रहे, आखिर अपने गरम कपड़े पहन, हम लोग यात्रा के लिए चल पड़े।

"एनीसी के किनारे प्रायः एक सौ तीस मील का मार्ग था। हमारी स्लेजें—बर्फ़ानी गाड़ियाँ—रात-दिन चलती रहती थीं। लेनिन ने मुझे तथा माँ को पोस्तीनों में अच्छी तरह लपेट दिया था। प्रत्येक पड़ाव पर आकर वह ध्यान से हमें देख जाते थे। उन्हें भय था, सर्दी की वजह से हमारा रक्त न जम जाए। लेनिन ने स्वयं पोस्तीन भी नहीं पहनी, केवल एक मफ़लर में वह अपने हाथ छिपा लेते थे। उन्हें दृढ़ निश्चय था, सर्दी से उनका स्वास्थ्य न बिगड़ेगा, क्योंकि रूस को अभी

उनकी बहुत आवश्यकता थी।

"ऊफ़ा में हमारे मित्रों ने हमारा स्वागत किया, लेनिन कुछ दिन तक यहाँ ठहरे। मुझे और माँ को मित्रों के यहाँ छोड़, लेनिन पीटर्सबर्ग चले गए। ऊफ़ा में लेनिन एक किताबों की दुकान पर गए। दुकानदार से बातचीत करते समय उनकी आवाज मुझे बहुत ही कमजोर जान पड़ी। वह अब तक मेरी स्मृति में वैसी ही बनी हुई है।

"लेनिन अब आन्दोलन का काम आरम्भ करने की बात सोच रहे थे, इसलिए ऊफ़ा में रहना उनके लिए सम्भव न था। वह बहुत शीघ्र पीटर्सबर्ग के समीप कहीं पहुँच जाना चाहते थे। स्कोव में कुछ मित्रों के यहाँ अपने टिकने का प्रबन्ध कर, वे संगठन का ताना-बाना बिनने लगे। साइबेरिया में ही उन्होंने रूस के बाहर से छपवाकर एक गुप्त समाचार-पत्र रूस में चलाने का निश्चय कर लिया था, अब वे उसके सम्बन्ध में प्रबन्ध करने लगे।

"ऊफ़ा के मज़दूरों से भी मैं मिलती रहती थी और उनमें राजनैतिक जागृति फैलाने का यत्न करती रहती थी। मजदूरों से मेरा परिचय एक खरादी के द्वारा हुआ था। यह आदमी कुछ झक्की-सा था। बाद में यह आदमी क्रान्तिकारी-दल में सम्मिलित हो गया। इसकी मृत्यु पागलखाने में जाकर हुई।

"जिल्दसाज़ क्राइलो से भी मेरा परिचय था। क्राइलो को यक्ष्मा की बीमारी लगी हुई थी। क्राइलो पुस्तकों में विशेष ढंग के स्थान बनाने में बहुत चतुर था। क्राइलो मुझे षड्यन्त्रकारियों के सम्बन्ध में अनेक घटनाएँ सुनाया करता था। 'इस्क्रा' पत्रिका निकालने में हमें इन कहानियों से बहुत लाभ पहुँचा। उन दिनों ऊफ़ा एक प्रकार से साइबेरिया में निर्वासित साम्यवादियों का केन्द्र बना हुआ था। सभी निर्वासित वापस लौटते समय यहाँ कुछ समय के लिए ठहरा करते थे। मार्तोव उन दिनों पोल्तावा में रहते थे। इनसे भी हमारा पत्र-व्यवहार चलता रहता था। मार्तोव के यहाँ से बहुत-सा क्रान्तिकारी साहित्य मुझे मिल जाता था।

"1900 के आरम्भ में लेनिन यूरोपियन रूस में लौट आए और उन्होंने प्रचार का काम आरम्भ कर दिया। स्थान-स्थान पर घूमकर क्रान्ति की तैयारी के लिए आदमी एकत्र करने लगे। मार्तोव और पेत्रेसोव से मिलकर 1901 में उन्होंने 'इस्क्रा' चिनगारी ज़ारी कर दी। भविष्य में इस पत्रिका ने आन्दोलन को बहुत अधिक सहायता पहुँचाई।"

10

लेनिन शीघ्र ही रूस छोड़ने के लिए विवश हो गए। 1902 में पेरिस की समाज-विज्ञान-परिषद् (Academy for Social Science) में एक व्याख्यानमाला दी। इस सिलसिले में उन्होंने अपने श्रोताओं को समझाया कि रूस का शासन हाथ में

आ जाने पर वह देश के धन से समाज का क्या-कुछ कर सकते हैं?

1903 में उन्होंने साम्यवादी प्रजातन्त्र दल की दूसरी कांग्रेस में भाग लिया। इस कांग्रेस में दल दो भागों में बँट गया। एक दल का नाम बोल्शेविक अर्थात् बहुमत और दूसरे दल का नाम मेंशेविक यानी स्वल्पमत पड़ गया। इस कांग्रेस में लेनिन की दृढ़ता का परिचय बहुत स्पष्ट रूप में मिलता है। एक साधारण-सी बात पर उन्होंने अपने अनेक सहयोगियों से झगड़ा कर लिया। इस कांग्रेस के पश्चात् से लेनिन ने समझौते की नीति को सर्वथा छोड़ दिया। मार्क्स के सिद्धान्तों में परिस्थिति अथवा समय के लिहाज़ से कोई भी परिवर्तन उन्हें स्वीकार नहीं था। वे अपने विरोधियों को समझाते थे कि उनके कार्यक्रम पर चलने से आन्दोलन का अन्त उनके विचारों के विरुद्ध होगा। अपनी इस दृढ़ता के कारण लेनिन अक्खड़ और जिद्दी के नाम से बदनाम हो गए। कुछ लोग उनमें समझ की कमी भी समझने लगे।

लेनिन के सहयोगी उनकी कड़ी समालोचना कर, उन्हें स्वेच्छाचारी, निरंकुश, लकीर का फ़कीर, ज़िद्दी, पक्षपाती, संकीर्ण, सशंक, अभिमानी और बद-दिमाग़ आदि कितने ही नाम देते थे। ट्रॉट्स्की लेनिन के बहुत विश्वासपात्र सहयोगी थे, परन्तु इस मौक़े पर वे भी लेनिन का विरोध किए बिना न रह सके। ट्रॉट्स्की का विचार था, इस कांग्रेस में लेनिन अपनी सम्पूर्ण शक्ति दल को नष्ट करने में लगा देंगे। और उन्होंने अपने इन्हीं विचारों को अपने एक लेख में सिद्ध भी किया। लेनिन ने दल के सब सदस्यों को देखकर निश्चय कर लिया कि उनके नेता बने बिना दल का काम न चल सकेगा...। इस कांग्रेस को लेनिन ने फ्रांस की राज्य-क्रान्ति के समय की एक नागरिक-सभा का रूप दे, स्वयं सर्वाधिकारी रोब्सपीरी का आसन ग्रहण कर लिया।

ट्रॉट्स्की के इस लेख का उत्तर लेनिन ने अपने सार्वजनिक व्याख्यानों तथा लेखों में अनेक बार दिया है। एक पत्र गोर्की को लिखकर लेनिन ने ट्रॉट्स्की की बहुत निन्दा की थी। इस पत्र में लेनिन ने ट्रॉट्स्की को पाखण्डी लिखा है। 1908 में उपनाम धरकर लेनिन ने ट्रॉट्स्की को लक्ष्य कर, समाचार-पत्रों में एक लेख द्वारा उन पर बहुत कटाक्ष किए थे।

बोल्शेविक दल का नेतृत्व ग्रहण कर, लेनिन ने अपने विचारों के प्रचार के लिए बहुत परिश्रम किया। 1905 में रूस के साम्यवादी-प्रजातन्त्र-मजदूरदल की तीसरी कांग्रेस लन्दन में हुई। इस कांग्रेस में केवल लेनिन के ही अनुयायी सम्मिलित हुए। इस कांग्रेस में लेनिन ने पार्लियामेण्ट तथा प्रजातन्त्र को भ्रमात्मक और व्यर्थ बताकर क्रान्तिकारी मजदूरों और किसानों के दल के निर्बाध शासन का समर्थन किया।

कुछ दिन पूर्व तक फ़रारी की अवस्था में लेनिन के यूरोपीय-जीवन के हालात प्रायः बिल्कुल अज्ञात थे। नदज़ेदा क्रुप्सकेया ने अभी एक पुस्तक लिखकर लेनिन

के जीवन के इस महत्त्वपूर्ण भाग पर प्रकाश डाला है।

हम नदज़ेदा की पुस्तक से लेनिन के 1900 से 1905 तक के जीवन के विषय में कुछ उद्धरण देते हैं। इससे अनेक नवीन घटनाओं पर प्रकाश पड़ेगा–

"यूरोप जाने से पहले लेनिन एक बार और गिरफ्तार हो गए थे। वे मार्तोव से मिलने के लिए स्कोव से पीटर्सबर्ग आए थे। पुलिस के जासूसों ने उन्हें पहचानकर गिरफ्तार कर लिया। उनकी जेब में दो हज़ार रूबल के नोट और कुछ काग़ज़ थे। इन काग़ज़ों पर गुप्त स्याही से बहुत-सी भेद की बातें लिखी हुई थीं, परन्तु ऊपर से दिखावे के लिए इन काग़ज़ों पर कुछ हिसाब लिख दिया गया था। पुलिस ने इस हिसाब को देखकर काग़ज़ों की रासायनिक परीक्षा नहीं की। लेनिन को दस दिन जेल में रखकर छोड़ दिया गया।

"इसके प्रायः एक सप्ताह पश्चात् लेनिन यूरोप चले गए। किताबों में उनके पत्र मुझे सदा मिलते रहते थे। उन्होंने मुझे लिखा कि पत्र को चलाना जैसा सरल कार्य वह समझते थे, वास्तव में वैसा सरल नहीं था। प्लेखनोव से चिट्ठी-पत्री करने में भी उन्हें बहुत असुविधा होती थी।

"लेनिन के यह पत्र बहुत संक्षिप्त होते थे और इनसे असंतोष भी बहुत झलकता था। वह सदा यही लिखा करते थे–'मिलने पर ही सब कुछ तुम्हें सुनाऊँगा।' कुछ दिन तक मुझे उनका एक भी पत्र नहीं मिला। मैं बड़ी उत्कण्ठा से उनके निर्वासन की समाप्ति के दिन गिनने लगी।

"निर्वासन से मुक्ति प्राप्त होने पर मैं माता के साथ मॉस्को आ गई और लेनिन की माता से मिली। लेनिन की माता दयालु और सहृदय थीं। मुझे उनसे विशेष प्रेम था। इसके बाद जब मैं यूरोप चली गई तो हमें पृथक्-पृथक् पत्र न लिख, वह सदा एक साथ ही लिखती थीं। अपनी माता के प्रति लेनिन की अगाध-श्रद्धा थी। लेनिन कहा करते थे–'मेरी माता का हृदय पत्थर का है, नहीं तो वे अपने ज्येष्ठ पुत्र की भयानक मृत्यु कभी न सहन कर सकतीं।' लेनिन के स्वभाव और प्रकृति पर उनकी माता का प्रभाव बहुत गहरा पड़ा था।

"1887 में जब अभी लेनिन साइबेरिया में ही थे, उन्होंने एक समाचार-पत्र में मोरिया उलीआनोव की मृत्यु का समाचार पढ़ा। यह खबर पढ़कर लेनिन जड़वत् हो गए। उनका रंग बिल्कुल पीला पड़ गया। एक मित्र से मिलकर, लेनिन ने बड़े शोक और दुःख से कहा–"आज मैंने आपकी माता की मृत्यु का समाचार पढ़ा है।" परन्तु पीछे उन्हें मालूम हुआ कि वह किसी दूसरी ही स्त्री के बारे में था।

"लेनिन की माता का जीवन बहुत कष्टमय था। उनका सबसे बड़ा पुत्र फाँसी पा चुका था। एक लड़की की मृत्यु हो गई थी, और दूसरे बच्चे भी प्रायः जेल में ही रहते थे। 1895 में लेनिन के बीमार पड़ने का समाचार उन्हें मिला। वे तुरन्त उनके पास पहुँचीं। लेनिन के लिए वे अपने हाथ से भोजन बनातीं और बड़े यत्न से उनकी

सेवा करती थीं। जिस समय लेनिन गिरफ्तार हुए वे तत्क्षण जेल में पहुँचीं। घंटों प्रतीक्षा करने के बाद वे अपने पुत्र से मिल सकीं। मिलते समय गुप्त पत्र चतुराई से उन्होंने पुत्र के हाथों में दे दिए।

"साइबेरिया से मॉस्को लौटने पर पहले तो मैं अपनी माता को छोड़ने पीटर्सबर्ग गई। पीटर्सबर्ग से मैं प्रेग पहुँची। मेरा विचार था, लेनिन प्रेग में मोद्राशेक के नाम से रहते हैं। मैंने उन्हें तार दिया था, परन्तु स्टेशन पर मुझे कोई व्यक्ति दिखाई नहीं दिया। मैं कुछ चिन्तित हुई, परन्तु एक गाड़ी किराए पर कर, अपना ट्रंक ले, मैं मोद्राशेक को ढूँढ़ने चली। मजदूरों की बस्ती में बहुत देर तक तलाश करने के बाद चार जीने चढ़कर एक दरवाजे को मैंने खटखटाया। एक जेच सुन्दरी ने दरवाज़ा खोला।

"कुछ घबराहट से मैंने पूछा—'मोद्राशेक?'

"उसने उत्तर दिया—'वह तो मेरा पति है।'

"मोद्राशेक की स्त्री ने कुछ देर तक मेरी ओर देखकर कहा—'मेरे विचार में आप रितमेयर की स्त्री हैं। वे अब म्यूनिच में रहते हैं। उनकी भेजी हुई पुस्तकें ही मैं आपको ऊफ़ा भेजा करती थी।'

"दिन-भर मैं मोद्राशेक के यहाँ ही रही। मैंने उन्हें रूस में आन्दोलन की गति का परिचय दिया और उन्होंने मुझे ऑस्ट्रिया का हाल सुनाया। उनकी स्त्री ने मुझे अपनी सीज़नकारी दिखाई और मिठाई से मेरा सत्कार किया।

"मैं म्यूनिच पहुँची। मैंने तमाम शरीर पर पोस्तीन पहनी हुई थी, परन्तु यहाँ सभी भद्र महिलाएँ बारीक कपड़े पहने हुए थीं। अपना ट्रंक स्टेशन पर ही छोड़, मैं मि. रितमेयर को ढूँढ़ने चली। बहुत ढूँढ़ने पर मि. रितमेयर का मकान मिला। मकान क्या, यह एक बियर की दुकान थी। कुछ शंकित भाव से मैं भीतर गई। मेरा मन कह रहा था, कि मैं फिर ग़लत पते पर पहुँची हूँ। एक स्थूलकाय आदमी दुकान में बैठा था। साहस कर, इस व्यक्ति से मैंने मि. रितमेयर के विषय में पूछा। उस व्यक्ति ने सरलता से कहा—'रितमेयर! मेरा ही नाम रितमेयर है।'

"मैंने विस्मय से कहा—'नहीं, यह तो मेरे पति का नाम है।' हम दोनों चकित हो, एक-दूसरे की ओर देखते रहे। कुछ देर में मि. रितमेयर की स्त्री आईं। उन्होंने कहा—'मेरे विचार में आप मि. मेयर की स्त्री हैं। आप साइबेरिया से आ रही हैं क्या? भीतर आ जाइए।'

"वह मुझे एक आँगन लाँघकर भीतर ले गईं। एक दरवाज़ा खोलने पर मैंने देखा—सामने मेज़ पर लेनिन बैठे हैं। मैं प्रसन्नता से पागल-सी हो गई। जो स्त्री मुझे भीतर ला रही थी, उसे धन्यवाद देने का भी मुझे ध्यान न रहा। मैंने बहुत जोर से पुकारकर कहा—'पागल कहीं के, तुमने मुझे लिखा क्यों नहीं तुम कहाँ हो?'

"लेनिन ने उत्तर दिया, 'क्या कह रही हो! तीन-तीन बार तो मैं रोज़ स्टेशन

पर जाता था। तुम आ कहाँ से आ रही हो?'

"पीछे मालूम हुआ कि लेनिन ने मेरे लिए पत्र लिखकर एक आदमी को डाक में छोड़ने के लिए दिया, परन्तु वह महाशय पत्र डाक में छोड़ना ही भूल गए। इसलिए मुझे समाचार न मिल सका। सौभाग्य से लेनिन मुझे म्यूनिच में मिल गए, अन्यथा लन्दन के लिए रवाना होने को तैयार बैठे थे।

"मार्तोव और पेत्रेसोव की तरह लेनिन भी म्यूनिच में कृत्रिम नाम से रहते थे। इसका कारण यह था कि वे रूस से आनेवाले सहयोगियों को पुलिस की संदिग्ध दृष्टि से बचाए रखना चाहते थे। नक़ली नाम से रूस से चिट्ठी-पत्री मँगवाने में भी सुविधा रहती थी। इसीलिए लेनिन ने भी अपना नाम मेयर रख लिया था। उनके साथी मि. रितमेयर पक्के प्रजातन्त्र साम्यवादी थे।

"लेनिन एक छोटे-से कमरे में रहते थे। इस कमरे में सामान बहुत कम था। एक कुँवारे के समान उनके दिन कटते थे। दोपहर का भोजन वह एक जर्मन महिला के यहाँ किया करते थे। यहाँ दलिया उनका प्रधान भोजन था। चाय वह प्रातःकाल स्वयं बना लिया करते थे। रात को वह केवल चाय और रोटी खाकर ही निर्वाह करते थे।

"लेनिन बहुत उदास और चिन्तित-से जान पड़ते थे। उन्हें अपने काम में आशा से बहुत कम सफलता हो रही थी। लेनिन के साथ उन दिनों मार्तोव, पेत्रेसोव और बोरा भी म्यूनिच में ही थे। प्लेखनोव और अक्सेलाद चाहते थे कि पत्र का प्रकाशन स्विट्ज़रलैण्ड में उनकी देख-रेख में हो। यह लोग लेनिन के विचारों का विशेष मूल्य नहीं समझते थे, और न संगठन के काम में पत्र का महत्त्व ही समझते थे। लेनिन चाहते थे, पत्र ऐसी जगह से न निकले, जहाँ बहुत अधिक फ़रार क्रान्तिकारी रहते हों। पत्र का सम्बन्ध रूस से इसी अवस्था में रह सकता था। यद्यपि हम लोग विदेश में थे, तथापि हमें रूस की बाबत रूस में रहनेवाले सहयोगियों की अपेक्षा अधिक समाचार मिलते थे, और यहाँ बैठकर हम रूस में मज़दूर-दल का आन्दोलन रूस में रहने की अपेक्षा अधिक अच्छे ढंग से चला सकते थे।

"लेनिन ने एक बल्गेरियन से उसका पासपोर्ट खरीद कर मेरा नाम भी उस पर मेरीजा लिखवा लिया। एक मज़दूर परिवार के साथ एक मकान साझे में किराए पर लेकर हम लोग रहने लगे। मैंने 'इस्क्रा' के सम्पादकीय मंत्री का काम सँभाल लिया।

"मुझे बहुत अधिक काम रहता था। रूस से जर्मनी के भिन्न नगरों में हमारे सहायकों के यहाँ पत्र आते थे। ये लोग इन पत्रों को एक डॉक्टर मि. लेह्मन के यहाँ भेज देते थे और वहाँ से वे मेरे पास पहुँच जाते थे। रूस में पत्र को भेजने का हमारा कोई सीधा प्रबन्ध नहीं था। ट्रंकों के तले में पेंदी लगाकर उसमें पत्र भर दिए जाते थे और आने-जानेवाले यात्रियों के हाथ उन्हें रूस में भेज दिया जाता था। रूस में

यह ट्रंक खास पतों पर पहुँचा दिए जाते थे और वहाँ हमारे सहयोगी इनमें से पत्र निकालकर भिन्न-भिन्न संस्थाओं में बाँटने के लिए पहुँचा देते थे। हम बर्लिन, स्विट्ज़रलैण्ड और पेरिस के दलालों से भी सम्बन्ध बनाए रखते थे। इनसे हमें अपना काम कर सकने लायक आदमियों का पता चल जाता था।

"हमारा सबसे चतुर सहयोगी था—पीटर्सबर्ग का एक मजदूर वावुश्कीं। वावुश्कीं लेनिन का व्यक्तिगत मित्र था। वह रूस के व्यवसायी नगरों में घूम-फिरकर हमें आवश्यक खबरें पहुँचाता रहता था, और सहयोगियों के साथ सम्बन्ध भी बनाए रखता था। रूस से अनेक मित्र हमें मिलने आया करते थे। पेतर स्त्रूवे और नोस्कोव भी एक बार मिलने आए।

"लेनिन और स्त्रूवे के विचारों में बहुत अन्तर आ गया था। स्त्रूवे उसी समय प्रजातन्त्र साम्यवादी दल को छोड़कर उदार-दल में सम्मिलित हो गए थे। कई बार झगड़ा बहुत बढ़ जाता था। अन्त में लेनिन ने स्त्रूवे से सब सम्बन्ध तोड़ लिए। बहुत यत्न और परिश्रम करके मैंने एक सभा बुलाई। यह सभा भी विचित्र ही थी। लेनिन ने स्त्रूवे को भगोड़ा कहकर परिहास किया। परिणाम यह हुआ कि स्त्रूवे हम से सदा के लिए बिछुड़ गया। स्त्रूवे की पत्नी मेरी सहपाठिन थी। जाते समय एक मिठाई का पार्सल मेरे लिए भेजना वह न भूली।

"म्यूनिच में हम एक जर्मन-मजदूर परिवार के साथ रहा करते थे। इस परिवार में पति-पत्नी और चार बच्चे थे। केवल पति ही सबके लिए कमाता था। इन लोगों के पास एक रसोईघर और एक रहने का कमरा था। परन्तु यह सब लोग खूब साफ-सुथरे और सभ्य थे। मैं अपना भोजन स्वयं ही तैयार करती थी। भोजन को अपने कमरे में ही तैयार करके साफ चूल्हे पर राँध लाती थी। लेनिन इन दिनों एक पुस्तक 'हमें क्या करना चाहिए' (what is to be done) लिख रहे थे।

"वह लिखने के लिए बैठते, परन्तु कोई नवीन विचार आते ही उठकर कमरे में टहलने लगते। टहलते समय वह अपने विचारों को अस्पष्ट स्वर में कहते थे, फिर लिखने बैठते, और जो कुछ पहले बोल चुके होते, वही लिख डालते।

"जब हम भ्रमण करने के लिए सन्ध्या समय जाते, तो बातचीत में लेनिन अपने विचारों के विषय में आलोचना करने लगते। पीछे यह नियम हो गया कि किसी भी विषय में कुछ लिखने से पहले हम उस विषय पर आपस में परामर्श कर लेते थे। म्यूनिच के चारों ओर सुन्दर प्राकृतिक दृश्य हैं। हम इन स्थानों में एकान्त में जाकर बैठ जाते और इन विचारों के विषय में गहरी आलोचना किया करते थे। एक मास पश्चात् हमने श्वाविंग में अपना अलग मकान ले लिया। अपने पुराने मकान का फर्नीचर खरीदकर हम नए ढंग से रहने लगे।

"दोपहर के भोजन के पश्चात् ठीक एक बजे मार्तोव नियमपूर्वक हमारे यहाँ आ जाया करता था। उसके आने पर पत्र की सम्पादकीय समिति का काम आरम्भ

होता था। मार्तोव का ज्ञान सभी विषयों में पर्याप्त था। उसके परिचय का क्षेत्र भी बहुत विशद था। वह प्रायः लगातार कुछ-न-कुछ कहा ही करता था।

"लेनिन प्रायः कहा करते थे–'मार्तोद मँजा हुआ सम्पादक है। उसकी सूझ बहुत दूर तक जाती है, परन्तु अधिक गहरी नहीं।' पत्र का बहुत-सा काम मार्तोव पर ही निर्भर था। उसके बिना पत्र का सम्पादन कठिन था।

"छह घण्टे तक निरन्तर विचार करने के पश्चात् लेनिन इतने थक जाते थे कि लिखने का काम उनसे हो ही नहीं सकता था। एक दिन थककर उन्होंने मुझे मार्तोव के घर जाकर उसे फिर न आने के लिए कहला भेजा। भविष्य में मार्तोव के साथ काम करने का भार उन्होंने मुझ पर ही डाल दिया। सब समाचारों की सूचना मैं मार्तोव को पहुँचा आती और उनसे लेख ले लेती। कुछ दिनों तो काम चलता रहा, परन्तु वाद-विवाद के बिना रहना मार्तोव के लिए कठिन था। वह स्वयं ही हमारे यहाँ आ जाता और वाद-विवाद आरम्भ हो जाता। पीछे जब दान म्यूनिच में अपने परिवार-सहित आ गया तो मार्तोव का दिन उसके यहाँ कटने लगा।

"अक्टूबर में हम ज्यूरिच चले गए। हमारी इच्छा वहाँ के क्रान्तिकारी दल से सम्बन्ध स्थापित करने की थी, परन्तु हमें उसमें सफलता न हुई। ज्यूरिच में हमारे दिन बहुत मज़े में कटे। हम सब लोग एक साथ, एक ही होटल में ठहरे थे। एक रोज़ प्लेखनोव के साथ एक कॉफ़ी की दुकान में हमारी बातचीत हो रही थी, साथ के एक बड़े कमरे में मज़दूरों का झगड़ा हो गया। झगड़ा बहुत बढ़ गया और मार-पीट आरम्भ हो गई। यह देख, प्लेखनोव कहने लगे–'एक दिन रूस में भी यह सबकुछ हमें करना होगा।' परन्तु वापस लौटते समय उन्होंने अपनी भूल को सुधार लिया। कहने लगे–'नहीं, ऐसा नहीं हो सकता, हमें सशस्त्र क्रान्ति से बचना चाहिए।'

"म्यूनिच लौटकर लेनिन तत्परता से अपनी पुस्तक लिखने में लग गए और उन्होंने उसे कुछ ही दिन में समाप्त कर डाला। 'इस्क्रा' के विषय में झगड़े का आरम्भ यहीं से हुआ। लेनिन ने एक कार्यक्रम तैयार किया था, उस पर प्लेखनोव ने आपत्ति की इस आपत्ति से झगड़ा उठ खड़ा हुआ। अक्सेलरोद सिर-दर्द का बहाना बताकर झगड़ों से दूर रहा। इस बीच में प्रेस के मालिक ने डरकर 'इस्क्रा' को छापने से इनकार कर दिया। प्लेखनोव और अक्सेलरोद चाहते थे कि 'इस्क्रा' स्विट्ज़रलैण्ड में छपे, और दूसरे लोगों की इच्छा लन्दन में प्रबन्ध करने की थी।

"निर्वासन और फ़रारी के जो दिन अब आए थे, बहुत दुःख और कष्ट के थे। इनकी तुलना में म्यूनिच के दिन हमें बहुत याद आते थे। म्यूनिच में रहते समय हम सब लोगों के सामने एक ही उद्देश्य था। हम सब लोग पूरे यत्न से रूस-भर के लिए एक क्रान्तिकारी-पत्र निकालना चाहते थे, और एक सुसंगठित दल प्रचार के कार्य के लिए स्थापित करना चाहते थे। इस उत्साह और लगन में हमारे दिन बहुत अच्छे ढंग से कट जाते थे।

"म्यूनिच में हमारा सम्बन्ध सार्वजनिक जीवन से एक प्रकार से नहीं के बराबर ही था। एकाध बार हम मजदूरों की सभा में सम्मिलित हुए, परन्तु उसमें हमें कुछ काम बनता नजर न आया। म्यूनिच में हम पहली मई के जलसे में भी सम्मिलित हुए थे। सरकार ने नगर से बाहर यह जलसा मनाने की आज्ञा दे दी थी। साम्यवादी मजदूरों के झुण्ड-के-झुण्ड नगर से बाहर की सराय में एकत्र हुए और दिन-भर वहाँ शराब उड़ी। परन्तु हमारी सम्मति में इस प्रकार के जलसे मनाने से मजदूरों में जागृति उत्पन्न होने की कोई सम्भावना नहीं हो सकती।

"म्यूनिच में हम लोग बिल्कुल एकान्त-जीवन व्यतीत करते थे। अपने जर्मन सहयोगियों से भी हम बहुत कम मिलते थे। कभी-कभी हम पार्वे से मिला करते थे। वे समीप ही श्वाचिंग में अपने परिवार-सहित रहते थे। एक दिन रोज़ा लेक्सेवूर पार्वे से मिलने आए। वहीं लेनिन से भी उनकी भेंट हो गई।

"आख़िर हम लोग लीएन होते हुए लन्दन के लिए रवाना हो गए। उन दिनों म्यूनिच में परिस्थिति बहुत बिगड़ रही थी। कुछ दिन पहले एक हड़ताल में मजदूरों पर गोली चल चुकी थी। मज़दूरों में असन्तोष और उपेक्षा साफ़ झलक रही थी।

"जिस रोज़ हम लन्दन पहुँचे, कोहरा बहुत गहरा था; परन्तु लेनिन का चेहरा प्रसन्नता से दमक रहा था। पूँजीवाद के इस गढ़ को वह बहुत ध्यान से देखते थे। यहाँ आकर वे प्लेखनोव तथा दूसरे सहयोगियों से किए हुए अपने तमाम झगड़ों को भूल गए।

"अलेक्सीव हमें स्टेशन पर ही मिल गया। वह हमारा पुराना मित्र था, और बहुत देर से लन्दन में रहता था। अलेक्सीव की सहायता के बिना लन्दन में हमारा निर्वाह कठिन हो जाता। लन्दन पहुँचने से पहले हमारा विचार था कि हमें अँग्रेजी भाषा का पर्याप्त ज्ञान है, क्योंकि साइबेरिया में हमने एक खूब मोटी पुस्तक का अनुवाद अंग्रेजी से रूसी-भाषा में किया था; परन्तु यहाँ आकर हमने देखा, कोई आदमी हमारी बात नहीं समझता था। कई बार तो हम गहरी उलझन में फँस जाते थे। आखिर लेनिन ने बहुत शीघ्र अंग्रेजी का अभ्यास करने का निश्चय कर लिया। इस प्रयोजन से हम प्रायः सभी व्याख्यानों में जाने लगे। हाइड पार्क में प्रायः व्याख्यान होते ही रहते हैं, सो हम वहाँ बहुत जाया करते थे। कुछ दिन में लेनिन को दो अंग्रेज भद्र-पुरुष रूसी भाषा सीखने के इच्छुक मिल गए। बदले में वे हमें अंग्रेजी पढ़ाने लगे।

"थोड़े ही दिनों में लेनिन ने लन्दन को छान मारा। ब्रिटिश-म्यूजियम (अजायबघर) में वह अलबत्ता नहीं गए। इसका भी कारण था। लेनिन संसार में केवल एक ही अजायबघर देखने के इच्छुक थे और वह था, पेरिस का क्रान्ति के समय का अजायबघर। लन्दन का नक़्शा समझने के लिए पहले तो लेनिन दुमंज़िली मोटर-बस पर नगर का चक्कर लगाते रहे, फिर मुझे साथ ले, पैदल वहाँ का निरीक्षण करने लगे।

हम मज़दूरों की बस्तियों में जाया करते थे। वहाँ गन्दी गलियों में खेलते हुए निर्बल बालक हमें देखने को मिलते थे।

"मज़दूरों से परिचय बढ़ाने के लिए लेनिन प्रायः सार्वजनिक वाचनालयों में जाया करते थे। लन्दन में ऐसे वाचनालयों की कमी नहीं है। इन वाचनालयों को देखकर ही लेनिन ने क्रान्ति के पश्चात् रूस में भी ऐसे वाचनालय स्थापित करने का निश्चय कर लिया था और वैसा ही उन्होंने किया भी।

"चाय-पानी की दुकानों, होटलों और गिरजाघरों में भी वे प्रायः जाया करते थे। इंग्लैण्ड के गिरजाघरों में प्रार्थना समाप्त हो जाने पर एक प्रकार का शंका समाधान हुआ करता है। मजदूर लोग भी इसमें भाग लिया करते हैं। लेनिन समाचारपत्रों में इस प्रकार की सभाओं के विज्ञापन देखकर उनमें अवश्य जाते थे। एक दिन हम एक साम्यवादी प्रजातन्त्र के पक्षपातियों के गिरजाघर में गए। यहाँ एक सज्जन ने बाइबिल में से यहूदियों के मिस्र छोड़कर जाने का वृत्तान्त पढ़कर सुनाया और इसका अर्थ यह बताया कि साम्यवादी यहूदी लोग पूँजीवाद के शासन को छोड़कर साम्यवाद के शासन में गए थे। व्याख्यान समाप्त हो जाने के पश्चात् सब उपस्थित सज्जनों ने मिलकर एक गीत गाया। इसका अर्थ था, 'हे भगवन्, आप हमें पूँजीवाद के शासन से निकालकर साम्यवाद के प्रजातन्त्र में पहुँचाइए।"

"एक दिन हम 'सात बहनों' के गिरजे में गए। साम्यवादी लोग इस गिरजे में प्रायः सम्मिलित हुआ करते थे। यहाँ एक सज्जन ने म्युनिसिपैलिटी में साम्यवाद ज़ारी करने के पक्ष में एक व्याख्यान दिया। उन्होंने अपने व्याख्यान में कहा कि मैं बारह वर्ष की अवस्था से साम्यवादी सिद्धान्तों के लिए लड़ रहा हूँ।

"नगर के बाहर हम लोग प्रायः घूमते ही रहा करते थे। प्राइमरोज पहाड़ी का किराया बहुत कम था–केवल छह पैसे–इसलिए वहाँ बहुत जाते थे। इस पहाड़ी के समीप ही एक कब्रस्तान में साम्यवाद के आचार्य की कब्र है। जब कभी लेनिन इधर आते तो घण्टों इस कब्र पर बैठकर चिन्तन किया करते।

"मेरी माता शीघ्र ही आनेवाली थी, इसलिए हमने दो कमरे किराए पर ले लिए। अपना भोजन भी मैंने स्वयं ही बनाना आरम्भ कर दिया। अंग्रेजी ढंग के भोजन में अधिक व्यय होता था और वह हमें रुचिकर भी न था। लन्दन में विदेशियों की वैसी अधिक जाँच-पड़ताल नहीं होती। लेनिन ने अपना नाम मकान-मालकिन को रिचर बताया था। उसने हमें जर्मन समझा। कुछ ही दिनों बाद मार्तोव और वेरा भी आकर हमारे ही निकट रहने लगे। मैं मार्तोव की सहायता से चिट्ठी-पत्री का काम किया करती थी। इन दिनों प्लेखनोव के साथ हमारा एक तरह का समझौता हो गया था।

"लेनिन समुद्र पर जाना चाहते थे, इसलिए इसके बाद जल्दी ही वह एक मास के लिए ब्रिटानी में अपनी माता से मिलने चले गए। उन्हें समुद्र बहुत पसन्द था।

घण्टों वह खड़े-खड़े लहरों की किलोलें देखते रहते थे। लहरों की घरघराहट से उनका मस्तिष्क शान्त हो जाता था। ब्रिटानी से लौटने के पश्चात् लेनिन को अनेक सहायक मिल गए और उन्होंने क्रान्तिकारी-दल का संगठन आरम्भ कर दिया। कुछ दिनों बाद प्लेखनोव भी लन्दन आ गया और उसके पश्चात् वोमन, क्रोशमान, ब्लूमफील्ड इत्यादि हमारे सहयोगी भी कीव की जेल से भागकर लन्दन पहुँच गए।

''सितम्बर के आरम्भ में ही ट्रॉट्स्की भी लन्दन आ पहुँचे। ट्रॉट्स्की समारा से भागकर आया था। प्लेखनोव को ट्रॉट्स्की पर विश्वास न था, इसलिए वह वापस लौट गए। लेनिन ट्रॉट्स्की के विरुद्ध नहीं थे। यदि वह लेनिन के पास आते तो लेनिन उन्हें जरूर स्थान दे देते। लेनिन ने ट्रॉट्स्की का एक लेख प्रकाशन के लिए प्लेखनोव के पास भेजा, परन्तु प्लेखनोव ने उसे नापसन्द कर, लौटा दिया। यह देख, लेनिन ने प्लेखनोव से कहा–'सम्भव है तुम्हें इस मनुष्य की शैली नापसन्द हो, परन्तु तुम देख लेना एक दिन यह व्यक्ति हमारे आन्दोलन के लिए बहुत लाभदायक प्रमाणित होगा।'

''1903 ई. के मार्च में लेनिन ने ट्रॉट्स्की को 'इस्क्रा' के सम्पादकीय विभाग में सम्मिलित करने का प्रयत्न किया, परन्तु प्लेखनोव के विरोध से ऐसा न हो सका। यह देख, ट्रॉट्स्की पेरिस चले गए। वहाँ वह सफलतापूर्वक विद्यार्थियों में काम करते रहे।

''हमारे दल ने लन्दन छोड़कर जिनेवा जाने का विचार किया। अकेले लेनिन ही इस प्रस्ताव के विरुद्ध थे। लेनिन की हार हो गई। इस घटना का लेनिन के मस्तिष्क पर बहुत बुरा प्रभाव पड़ा। वह कुछ पागल से हो गए। हम उन्हें डॉक्टर को भी न दिखा सके, क्योंकि हमारे पास पर्याप्त धन नहीं था, और खासतौर पर अंग्रेज डॉक्टर फीस भी बहुत लेते हैं। इसलिए मजदूर लोग डॉक्टरों से सहायता न लेकर घरेलू इलाज से ही ज्यों-त्यों काम निकालने का यत्न करते हैं।

''लेनिन ने दल के निर्णय को मान लिया। 1903 ई. अप्रैल में हम लोग जिनेवा के लिए चल पड़े। यात्रा में लेनिन को ज्वर था। जिनेवा पहुँचते ही वह खटिया पर पड़ गए। प्रायः दो सप्ताह तक उनकी अवस्था बहुत खराब रही। कुछ दिन बाद वह शनैः-शनैः काम करने के लायक़ हो गए।

''जिनेवा में मज़दूरों की एक बस्ती में हमने एक छोटा-सा मकान किराए पर ले लिया। इस मकान में एक रसोईघर, तीन कमरे और एक पत्थर के फर्श का आँगन था। अपनी पुस्तकों के सन्दूक से हमने मेज़-कुर्सी का काम निकाल लिया। रसोईघर में ही हम आने-जानेवाले लोगों से मिलते थे। यहाँ हमें बहुत-से व्यक्ति मिलने आया करते थे।

''हम प्रतिनिधियों की एक कॉन्फ्रेंस करना चाहते थे, इसलिए प्रतिदिन एक-न-एक नया आदमी आया रहता था। आनेवाले प्रतिनिधियों से हम घटनाओं के

विषय में जानकारी प्राप्त कर, उनसे कार्यक्रम के बारे में तर्क-वितर्क किया करते थे। मार्तोव प्रायः हमारे ही यहाँ रहा करते थे और आनेवाले लोगों से वाद-विवाद किया करते थे। थोड़े दिनों बाद ट्रॉट्स्की भी आ गए। वह लेनिन के पक्ष का समर्थन करते थे। प्लेखनोव और ट्रॉट्स्की की बातचीत प्रायः 'लादनोव' की कॉफी की दुकान में हुआ करती थी। रूस से आए हुए प्रतिनिधि प्रायः ट्रॉट्स्की के पक्ष में ही राय दिया करते थे। प्लेखनोव गम्भीर स्वभाव के होने पर भी प्रतिनिधियों पर ट्रॉट्स्की का प्रभाव देख, चिढ़ जाते थे।

"इस्क्रा के सम्पादकीय विभाग के झगड़े असह्य हो उठे। इन झगड़ों का निर्णय अन्त में बँटवारे से ही हुआ। प्लेखनोव, अक्सेलरोद और सासुलिश एक ओर हो गए और दूसरी ओर लेनिन, पेत्रेसोव तथा दूसरे लोग। काम चलना कठिन हो गया। परन्तु हमें आशा थी कि ब्रुसेल्स की कांग्रेस में समझौता हो जाएगा। इसी समय ल्यूनाचरसकी भी जिनेवा आकर सम्पादकीय विभाग में सम्मिलित हो गया। ल्यूनाचरसकी में व्याख्यान देने की अद्‌भुत क्षमता थी। लेनिन उसे बहुत चाहने लगे। यह दोनों व्यक्ति अपने विचारों के दूसरे व्यक्तियों के साथ बैठकर 'लांदलों' की दुकान में शराब पीते समय रूस की घटनाओं की समालोचना कर, अपने लिए कार्यक्रम बनाया करते थे।

"1905 ई. में रूस के पुस्तक प्रकाशक पहली दफ़ा हमारे पास पुस्तकों के लिए आए। इन लोगों ने अब वर्जित-पुस्तकों के छापने की इच्छा प्रकट की। अक्तूबर के आरम्भ में लेनिन का विचार फिनलैण्ड जाने का था, परन्तु विशेष कारणों से वह उधर नहीं जा सके, और सीधे रूस के लिए रवाना हो गए। मैं उनके पीछे मामलात को तय करने के लिए कुछ सप्ताह के लिए वहीं ठहर गई।"

11

जापान के साथ युद्ध में पराजय होने के कारण 1905 के अन्त में ही रूस में पहली राज्य-क्रान्ति उठ खड़ी हुई। यद्यपि लेनिन इस समय निर्वासित थे, परन्तु वे रूस लौट आए। उन्होंने आते ही सेंटपीटर्सबर्ग की बग़ावत के साथ ही मॉस्को में भी बग़ावत खड़ी करने का यत्न करना आरम्भ किया, परन्तु केन्द्रीय समिति ने उन्हें इस कार्य में भाग लेने से इनकार कर दिया। क्योंकि एक निर्वासित व्यक्ति होने के कारण उन पर विपत्ति की आशंका बहुत अधिक थी। इस समय गैलरी में छिपकर ही उन्होंने एक या दो अवसरों पर पीटर्सबर्ग के सोवियत के अधिवेशन देखे थे।

1908 में वोग्दानोव के सिद्धान्तों की आलोचना के कारण दार्शनिक विवाद उठ खड़ा हुआ, इसलिए लेनिन दर्शनशास्त्र का अध्ययन करने के लिए लन्दन चले गए। लन्दन से वह 1909 में बोल्शेविक कान्फ्रेंस में सम्मिलित होने के लिए पेरिस आए।

1912 तक उनका समय सिद्धान्तों के झगड़े तथा प्रचार-आदि में ही व्यतीत हुआ।

लेनिन के जीवन में निर्वासन का यह समय एक दृष्टि से बहुत महत्त्वपूर्ण है। क्योंकि इसी समय प्रसिद्ध उपन्यास लेखक गोर्की से लेनिन का वह पत्र-व्यवहार हुआ, जिसमें उनके स्वभाव और जीवन की सभी उत्कट विशेषताएँ, उनका अदम्य उत्साह, अपने ध्येय की सफलता में दृढ़ विश्वास, अपने विरोधियों के प्रति घृणा, कभी न झुकने की प्रवृत्ति आदि, विशेष रूप से प्रकट होती हैं। इन दिनों रूस की राजनैतिक परिस्थिति निराशाजनक थी। क्रान्ति की असफलता के कारण बोल्शेविक-आन्दोलन पर बहुत बुरा प्रभाव पड़ रहा था। इस अवस्था में भी लेनिन के इन पत्रों में दृढ़ विश्वास और आशा की झलक दिखाई पड़ती है। नवीन उपायों और कार्यक्रम से उद्देश्य में सफलता प्राप्त करने की उन्हें पूरा आशा है।

काम्मेव लिखते हैं–"लेनिन द्वारा गोर्की को लिखे गए पत्रों में आपको किसी ऐतिहासिक महापुरुष की ओजस्वी भाषा नहीं मिलेगी। उसमें आपको स्वाभाविक सरलता और हल्का परिहास मिलेगा। पद-पद पर आपको दूरदर्शिता और क्रियात्मक ज्ञान का प्रभाव दिखाई पड़ेगा। इन पत्रों को पढ़ते समय आप लेखक की प्रतिभा का उद्भास बहुत स्पष्ट देख पाएँगे। लेनिन का व्यक्तित्व और उसके क्रान्तिकारी विचार दो भिन्न वस्तुएँ नहीं हैं, बल्कि उनका विश्लेषण कर, उन्हें पृथक्-पृथक् करना भी सम्भव नहीं। वह और क्रान्ति–यह दो पृथक् वस्तु नहीं थीं। उन्होंने स्वयं अपने हित तथा क्रान्ति के हित में भेद नहीं रखा। क्रान्ति का विकास ही उनका जीवन था। इस दृष्टि से देखने से लेनिन के यह पत्र साम्यवाद की नवीन संस्कृति की दृष्टि में एक विशेष महत्त्व रखते हैं।"

जिन दिनों गोर्की के साथ लेनिन की मित्रता बढ़ रही थी, उनके पुराने साथी उनसे पृथक् होते जाते थे। अन्य सहयोगियों से लेनिन का यह सम्बन्ध-विच्छेद यहाँ तक बढ़ गया कि एक समाचार-पत्र ने परिहास में आधा संसार पुरस्कार-स्वरूप उस व्यक्ति के लिए देने की घोषणा की, जो लेनिन, जिनोवेव और काम्मेव के साथ निर्वाह कर सकने योग्य एक चौथे बोल्शेविक का नाम बता सके। गोर्की के साथ लेनिन का सम्बन्ध राजनैतिक नहीं, बल्कि वैयक्तिक था। गोर्की वस्तुतः कभी भी सच्चे बोल्शेविक नहीं थे।

1912 में लेनिन ने गल्सिया जाकर रूस में बोल्शेविक दल के प्रचार के लिए एक केन्द्र की स्थापना की। बोल्शेविक नेता रूस के अनेक भागों से यहाँ आकर लेनिन को मिलते थे। यहाँ रहते समय लेनिन प्रतिदिन बाइसिकिल पर 'पोरोनिन' में अपने सहयोगियों से मिलने जाया करते थे। यहीं वह अपना काम-काज किया करते, और फुर्सत के समय शतरंज खेला करते थे। जिस समय यूरोपीय महायुद्ध छिड़ा, उस समय लेनिन यहाँ थे। युद्ध छिड़ने के समाचार से लेनिन बहुत विस्मित हुए।

महायुद्ध छिड़ने पर ऑस्ट्रिया के जासूसों की खबर के आधार पर लेनिन को रूस का जासूस समझकर गिरफ्तार कर लिया गया। इस सन्देह का कारण यही था कि वे नित्य रेलवे लाइन के साथ-साथ पोस्ट-ऑफ़िस में अखबार देखने जाया करते थे। लेनिन के इस नित्य के आने-जाने का अभिप्राय स्थानीय पुलिस ने यह समझा कि लेनिन रेलवे लाइन को उड़ाने के फ़िराक़ में है। लेनिन के गिरफ्तार होने से उनके मित्र बहुत चिन्तित हुए। चिन्ता का कारण भी था। यदि गल्सिया की पुलिस उन्हें ऑस्ट्रिया के सैनिक अधिकारियों के हाथ सौंप देती तो उनका बचना कठिन हो जाता। युद्ध का समय होने से ऑस्ट्रिया का सैनिक-न्यायालय तनिक से भी सन्देह पर दण्ड देने का निर्णय कर देता था। उन्होंने वीना में विक्टर एल्डर को तार द्वारा सब परिस्थिति समझाकर लेनिन को बचाने की प्रार्थना की।

विक्टर एल्डर ने ऑस्ट्रिया के तत्कालीन प्रधानमन्त्री काउण्ट स्तर्स के समीप पहुँच, उन्हें परिस्थिति समझाकर कहा–"लेनिन के गिरफ्तार होने से रूस की जनता में ऑस्ट्रिया के विरुद्ध घृणा की आग भड़क उठेगी और उसके विपरीत यदि मजदूर नेता को अपना आन्दोलन ज़ारी रखने का अवसर दिया जाए तो ऑस्ट्रिया को लाभ पहुँचने की सम्भावना हो सकती है।" काउण्ट की समझ में विक्टर की यह बात आ गई और उन्होंने लेनिन को तुरन्त छोड़ दिए जाने की आज्ञा दे दी। इस विपत्ति का अन्त यहीं हो गया।

जेल से छूट जाने के पश्चात् फिर लेनिन के लिए ऑस्ट्रिया में रहना सुविधाजनक न रहा, इसलिए वे स्विट्ज़रलैण्ड चले गए। परन्तु ऑस्ट्रिया छोड़ने से पहले उन्हें अधिकारियों से आज्ञा प्राप्त करने में बहुत अड़चनों का सामना करना पड़ा। 1915 के अन्त से पहले वह स्विट्ज़रलैण्ड न जा सके।

ज़्यूरिच आकर वह फिर अपनी स्त्री-सहित एक छोटा-सा मकान ले, मज़दूरों के मुहल्ले में रहने लगे। उनकी स्त्री क्रुप्सकेया सफ़र इत्यादि में सदा ही उनका साथ देती थीं। क्रुप्सकेया केवल लेनिन की स्त्री ही न थीं अपितु उनकी सबसे अधिक विश्वासपात्र सहयोगी मित्र भी थीं। वही उनके सेक्रेटरी का भी काम करती थीं। क्लारा जेल्कें लिखती हैं–"क्रुप्सकेया का जीवन अत्यन्त सरल और सादा था। उनके केश सदा सीधे पीछे की ओर बँधे रहते थे, उनके शरीर पर बहुत सादे और सस्ते वस्त्र रहते थे। वे देखने से ही एक मजदूर की आदर्श पत्नी जान पड़ती थीं। जिस समय लेनिन रूस के एक मात्र निरंकुश सर्वाधिकारी शासक के रूप में क्रेमलिन में रहा करते थे उस समय भी क्रुप्सकेया ने अपने जीवन तथा रहन-सहन में कोई परिवर्तन नहीं किया। किसी प्रकार के प्रभुत्व तथा बड़प्पन के चिह्न को वे बिल्कुल नापसन्द करती थीं। लेनिन की सहायता के अतिरिक्त उन्होंने राष्ट्रीय शिक्षा के क्षेत्र में भी बहुत महत्त्वपूर्ण कार्य किया है।"

सन् 1915 ई. से 1916 तक, लेनिन स्विट्ज़रलैण्ड में ही रहे। इस निष्पक्ष देश

में इस समय अनेक साम्यवादी कॉन्फ्रेंसें हुईं। लेनिन ने इन सबमें भाग लिया। जिमरवाल्ड और कीत्ताल की कॉन्फ्रेंसों में, युद्ध में सम्मिलित देशों के मज़दूरों को सशस्त्र क्रान्ति द्वारा तथा कल-कारखानों के काम में अड़चन डालकर युद्ध को समाप्त कराने की तजवीज़ उन्होंने पेश की। इन तजवीज़ों से लेनिन का महत्त्व बहुत बढ़ गया। लोगों ने उन्हें देश-द्रोही और देश घातक कहा। उन पर रूस के प्रति विश्वासघात करने का कलंक लगाया गया। परन्तु वह पथ से विचलित न हुए। उनका दृढ़ विश्वास था कि ज़ार की सेनाओं की पराजय होने से रूस में साम्यवादी क्रान्ति के लिए क्षेत्र तैयार हो सकेगा।

12

लेनिन की भविष्यवाणी के अनुसार सचमुच ही 1916 में रूस में क्रान्ति की आग भड़क उठी। ज़ार के अपरिमित अपव्यय से प्रजा खीझ ही चुकी थी, उधर सेना और नौसेना ने भी बग़ावत कर दी। कुछ ही दिनों में ज़ार को सिंहासन से उतार, प्रजातन्त्र का ऐलान कर दिया गया। लेनिन ने तुरन्त रूस में पहुँचने का यत्न किया, परन्तु मार्ग के देश रूस की क्रान्ति के विरुद्ध थे, उन्होंने लेनिन को अपने देश में से गुज़रने से मना कर दिया। लेनिन इस तरह रुकनेवाले न थे। स्वीडन की प्रजा की हैसियत से एक नकली पासपोर्ट लेकर कुछ मित्रों सहित वह स्वीडन के मार्ग से रूस को चलने के लिए तैयार हो गए। परन्तु इसी समय उनके मित्र को एक आपत्ति सूझ पड़ी। लेनिन के साथियों में से एक भी व्यक्ति ऐसा न था जो स्वीडिश भाषा का एक भी शब्द बोल या समझ सकता। एक बार तो लेनिन ने यात्रा में गूँगे और बहरे बन जाने की बात सोची, परन्तु खतरा भयानक था, इसलिए इस उपाय को छोड़ दिया गया।

और कुछ उपाय न होने पर लेनिन ने मोहर लगी बन्द गाड़ी में ही सफर करने का निश्चय किया। जर्मनी में प्रजातन्त्र-साम्यवादियों के नेता लीवनेश्त ने अधिकारियों से कह-सुनकर लेनिन को जर्मनी में से गुजर जाने की आज्ञा दिलवा दी। इस आज्ञा के मिल जाने के कारण ही लेनिन बाद में जर्मन-सरकार के भेदिए कहकर बदनाम किए गए। परन्तु इसके अतिरिक्त कोई दूसरा मार्ग भी तो लेनिन के लिए रूस पहुँचने का नहीं था।

मार्ग में लेनिन बहुत शंकित थे। उन्हें भय था कि पीटर्सबर्ग पहुँचते ही रूस की तत्कालीन पूँजीवादी सरकार उन्हें गिरफ्तार कर लेगी, परन्तु जब उन्होंने स्टेशन पर उनका स्वागत करने के लिए एकत्रित विराट् जन-समूह देखा, तो वे बहुत विस्मित हुए। इतना होने पर भी लेनिन के मन से वह शंका दूर न हुई। उनकी दृष्टि में जनता के आदर-सत्कार और श्रद्धा का बहुत अधिक मूल्य नहीं था। इन दिनों

जब तक वह पीटर्सबर्ग में रहे, प्रतिदिन यही कहा करते थे–"आज का दिन तो निकल गया, परन्तु कल हम जेल में होंगे।"

लेनिन ने पीटर्सबर्ग के स्टेशन पर पहुँचते ही अपने पहले ही व्याख्यान में बोल्शेविक सिद्धान्तों का समर्थन किया और किसानों तथा मजदूरों को अपने हाथ में शासन की बागडोर लेने की सलाह दी। स्टेशन से आते समय अनेक बार उन्हें एक फौजी मोटरकार की छत पर चढ़कर जनता के सम्मुख व्याख्यान देने पड़े।

7 अप्रैल को लेनिन ने 'प्रवदा' समाचारपत्र में बोल्शेविक दल का कार्यक्रम प्रकाशित किया। लेनिन की माँगें ये थीं–"ज़ार के साम्राज्य के किसी भी भाग को केन्द्रीय-शासन के साथ रहने के लिए विवश न किया जाय। शासन-प्रबन्ध मजदूरों तथा किसानों के हाथ में हो। प्रजातन्त्र शासन के स्थान पर एक प्रतिनिधि का एकाधिपत्य हो। पुलिस, सेना तथा सरकार को समाप्त कर दिया जाय। बैंक तोड़ दिए जाएँ। भूमि राष्ट्र की सम्पत्ति समझी जाए। कल-कारखानों पर राष्ट्र का अधिकार हो। भोजन तथा जीवन की आवश्यकताओं पर राष्ट्र का नियन्त्रण हो।"

इस पूँजीवादी सरकार का प्रधानमंत्री केरेन्स्की था। मित्र दल के ज़ोर डालने पर केरेन्स्की ने ऑस्ट्रिया के विरुद्ध गाल्सिया पर आक्रमण करना स्वीकार कर लिया। केरेन्स्की की इस भूल से सेना में असन्तोष फैल गया। इस भूल से केरेन्स्की की सरकार की स्थिति बिगड़ गई और बोल्शेविकों की शक्ति बढ़ गई। तीन जुलाई को क्रोंस्साद में सेना ने बगावत कर दी; परन्तु अभी तक केरेन्स्की की सरकार सर्वथा निःशक्त नहीं हो गई थी। यह बग़ावत दबा दी गई। इस घटना में बोल्शेविकों का हाथ देखकर केरेन्स्की ने लेनिन, जिनोवेव, ट्रॉट्स्की, कामनेव, ल्यूनाचरसकी तथा दूसरे बोल्शेविक नेताओं की गिरफ्तारी का हुक्म दे दिया।

लेनिन और जिनोवेव केरेन्स्की की पुलिस से बचने के लिए छिप गए। एक मित्र की सहायता से वे पीटर्सबर्ग से निकलकर समीप के एक गाँव में जा, भूसे के एक खलिहान में रहने लगे। क्रान्ति के यह दोनों नेता इस गाँव में बिल्कुल किसानों का जीवन व्यतीत करते थे। उनके साथ ही वह फसल काटते और उसे सिर पर उठाकर ले आते। जिनोवेव एक दिन शिकार खेलने चले गए। वहाँ वह गिरफ्तार होते-होते बच गए। जंगल के रखवाले ने उनकी बन्दूक ले ली और उनसे नाम-धाम पूछने लगा। सरकार ने जिनोवेव और लेनिन की गिरफ्तारी के लिए दो हज़ार रूबल के इनाम की घोषणा की थी। बड़े संकट का सामना था, परन्तु जिनोवेव के मित्र ने बीच में पड़कर उन्हें बचा लिया। उसने जंगल के रखवाले को समझाया कि जिनोवेव फिनलैण्ड का रहनेवाला है, रूसी-भाषा नहीं समझ सकता। रखवाले को जिनोवेव के मित्र की बात पर विश्वास आ गया और उसने उन्हें छोड़ दिया।

जाड़े का मौसम आ जाने से लेनिन और जिनोवेव फिनलैण्ड चले गए। वहाँ उनके लिए पकड़े जाने का भय उतना अधिक न था। समीप के नगर में एक बारूद

का कारखाना था। इन लोगों ने इसी कारखाने के दो मजदूरों के नाम के पासपोर्ट बनवा लिए। सिर के बाल कटवा, हजामत बना, उन्होंने नकली दाढ़ी-मूँछ लगाकर एक मित्र से फोटो खिंचवा, इस पासपोर्ट पर चिपका ली, और फिनलैण्ड जा पहुँचे।

फिनलैण्ड में रहते समय कुछ दिन तक लेनिन ईवानोव के नाम से 'हेलसिंगफोर' के पुलिस सुपरिण्टेण्डेण्ट के यहाँ रहते रहे। यह पुलिस सुपरिण्टेण्डेण्ट बोल्शेविक विचारों से सहानुभूति रखता था। लेनिन ने केरेन्स्की की सरकार से बचने का यह बहुत अच्छा ढंग समझा। यहाँ रहते समय भी वे अपना काम करते रहे। रूस के समाचार-पत्र उनके पास पहुँच जाते और वह अपने सन्देश रेल के कर्मचारियों द्वारा रूस में भिजवाते रहते।

सुपरिण्टेण्डेण्ट नित्य स्टेशन पर जाकर पीटर्सबर्ग से आए समाचार-पत्र खरीद लाते थे। लेनिन इन समाचार-पत्रों को लेकर आधी रात तक काम करते रहते और प्रायः प्रतिदिन पीटर्सबर्ग भेजने के लिए एक लेख तैयार कर लेते थे। हेलसिंगफोर में स्मिल्गा तथा अन्य बहुत कम आदमी लेनिन के वहाँ होने के विषय में जानकारी रखते थे। स्मिल्गा लेनिन से मिलकर उन्हें हेलसिंगफोर के मजदूरों तथा सेना के विषय में आवश्यक सूचना देता रहता था।

रूस की परिस्थिति दिन-प्रतिदिन अनिश्चित होती जाती थी। इसलिए लेनिन हेलसिंगफोर छोड़कर रूस की सीमा के बिल्कुल पास विबोर्ग में आ गए। इस काम के लिए पुलिस सुपरिण्टेण्डेण्ट ने लेनिन के लिए एक पासपोर्ट, नकली दाढ़ी-मूँछ तथा आवश्यक पोशाक मुहैया कर दी। एक नाटक के नाई से कह-सुनकर उन्होंने सफेद दाढ़ी-मूँछ बनवा ली। नकली दाढ़ी-मूँछ लगा, एक बहुरुपिए का रूप धारण कर, लेनिन विबोर्ग पहुँचे और वहाँ से पीटर्सबर्ग चले गए।

1917 के अक्तूबर में लेनिन पीटर्सबर्ग में अन्तिम बार आ गए और 24 अक्तूबर को क्रान्ति का दूसरा संस्करण हुआ। बोल्शेविकों ने नेवा के पुल तथा तारघर पर अधिकार कर लिया। 25 अक्तूबर* को मुख्य डाकघर और स्टेट बैंक भी बोल्शेविकों के हाथ पड़ गए। सैनिकों के समूह जा-जाकर क्रान्तिकारी सेना में सम्मिलित होने लगे। दोपहर होने तक केरेन्स्की भाग निकला और सब जगह केरेन्स्की की अस्थायी सरकार के पतन के समाचार पहुँच गए। लेनिन ने जनता के सम्मुख प्रकट होकर सोवियत का अधिवेशन बुलाया और अपनी विजय के उपलक्ष्य में एक व्याख्यान दिया।

एक दर्शक इस सभा का वर्णन करते हुए लिखता है–

"एक छोटे क़द का गठीला व्यक्ति प्लेटफॉर्म पर व्याख्यान देने के लिए आया। सभा-भवन प्रसन्नता के कल-निनाद से भर गया। वह दोनों हाथों से अपने

* (रूस का कैलेण्डर शेष यूरोप से भिन्न है। रूस में पच्चीस अक्तूबर का दिन यूरोप में सात नवम्बर होगा।)

सिर के केश सहला रहा था, मानों, नकली बालों को बैठाने का यत्न कर रहा हो। जनता का कोलाहल समाप्त हो जाने पर उसने अपना व्याख्यान देना आरम्भ किया। उसका शब्द स्पष्ट और गम्भीर था, परन्तु धीमा भी पड़ जाता था। व्याख्यान के आरम्भ में उसके दोनों हाथ जेबों में थे, परन्तु अचानक दायाँ हाथ निकालकर वह अपने शब्दों के भाव को स्पष्ट करने का यत्न करने लगा। थोड़ी देर में बायाँ हाथ भी बाहर निकल आया और वह दोनों हाथों से अपने भावों और विचारों को व्यक्त करने का यत्न करने लगा। जब वह अपने विचारों की सबसे ऊँची उड़ान में पहुँचा तो दोनों हाथ उसने अपनी बॉस्कट की जेब में डाल लिए और अपने शरीर से नाना प्रकार की भाव-भंगी करने लगा।''

उस दिन सन्ध्या-समय केरेन्स्की की सरकार और सरकार के समर्थक सैनिकों का गढ़ भी क्रान्तिकारी सेना द्वारा घिर गया। लेनिन अब रूस के निरंकुश शासक हो गए। दूसरे ही दिन वह जनता के प्रतिनिधियों की सभा के प्रधान निर्वाचित हो गए।

बोल्शेविकों की परिस्थिति पर अधिकार पाते ही लेनिन की क्रौस्ताद के किले से टेलीफोन पर बातचीत हुई। इस बातचीत को उसी समय संकेत-लेखन (Shorthand) में लिख लिया गया था। क्रान्तिकारी साहित्य में यह एक अद्भुत वस्तु है। लेनिन के सेक्रेटरी ने क्रौस्ताद का नम्बर मिलाकर पूछा तो मालूम हुआ कि किले से बोलनेवाला व्यक्ति साम्यवादी-क्रान्तिकारी है।

सेक्रेटरी ने कहा, ''बोल्शेविक सरकार के प्रतिनिधि लेनिन तुमसे कुछ कहना चाहते हैं।''

''बहुत अच्छा, वे क्या कहते हैं?''

लेनिन ने टेलीफोन स्वयं ले लिया—''क्या सेना और नवसेना के स्थानीय संघ की ओर से बात करने का अधिकार तुम्हें है?''

उत्तर मिला—''अवश्य।''

''क्या तुम बहुत जल्दी पीटर्सबर्ग की ओर बहुत से लड़ाकू जहाज और नाविक सेना भेज सकते हो?''

''मैं बाल्टिक नवसेना के मुख्य सेनापति को टेलीफोन पर बुलाता हूँ, प्रतीक्षा कीजिए।''

''अधिक से अधिक जितने सिपाही भेजे जा सकते हैं, भेज दो, परन्तु वह पक्के साम्यवादी होने चाहिए। ऐसे कितने आदमी भेज सकते हो?''

''ठीक इसी समय हम पाँच हज़ार सिपाही भेज सकते हैं।''

''तेज से तेज गाड़ी में सिपाहियों को भेज दो। किस समय तक सेना पहुँच जाएगी?''

''अधिक-से-अधिक चौबीस घण्टे में।''

"रसद का आवश्यक सामान तैयार है?"

"हाँ, हमारे पास काफी सामान है। हमारे पास साढ़े तीन सौ मशीनगन हैं, और कुछ मशीन की तोपें भी हैं। हम यह सब सामान भेज सकते हैं।"

लेनिन ने प्रसन्नता से कहा, "बहुत अच्छा, बोल्शेविक सरकार की ओर से मैं कहता हूँ–इस सेना को तुरन्त रवाना कर दिया जाए। आप जानते हैं, नई सरकार की स्थापना हो चुकी है। क्रौस्ताद में सिपाहियों का कैसा भाव है?"

"सब प्रसन्न और उत्साहित हैं।"

"बहुत अच्छा! मेहरबानी करके सेना तुरन्त भेज दीजिए।"

टेलीफोन पर की बात समाप्त हो गई। यह निश्चय था कि लेनिन के हुक्म की पूरी तामील होगी। अगले दिन ही क्रौस्ताद की सेना पीटर्सबर्ग पहुँच गई। इस सेना ने अन्त तक लेनिन की सहायता की।

पीटर्सबर्ग में परिस्थिति लेनिन के हाथ में आ जाने के बाद, लेनिन के व्यवहार के विषय में ट्रॉट्स्की लिखते हैं–"अस्थायी सरकार का पतन होते ही लेनिन ने छोटे-बड़े सब कामों को नवीन शासन के प्रतिनिधि के रूप में हाथ में ले लिया। हमारे पास शासन का कोई संगठन नहीं था, पुरानी नौकरशाही हमारे विरुद्ध थी। न सेना ही थी और न धन ही हमारे पास था। परन्तु लेनिन सरकार के नाम से धड़ाधड़ हुक्म दे रहे थे। उस समय किसी भी प्रथा अथवा रूढ़ि के पालन के लिए समय नहीं था, परन्तु एक सीमा तक प्रथा आवश्यक भी होती है। कम से कम हमारे अपने आदमियों को नियन्त्रण में रखने के लिए तो उसकी आवश्यकता थी ही। शनैः-शनैः सरकार के सूत्र बनने लगे और जनता संगठन में आने लगी। लेनिन के और मेरे दफ्तर 'स्मोलनी' कुंज के अन्त में आमने-सामने थे। हम दोनों के बीच में इतना अधिक अन्तर था कि लेनिन प्रायः परिहास में काग़ज़ों के आने-जाने के लिए बाइसिकिल का व्यवहार करने का प्रस्ताव किया करते थे। हमारा सम्बन्ध टेलीफ़ोन से भी था और सिपाही दिनभर काग़ज़ों को लेने-देने के लिए दौड़ते रहते थे। लेनिन की आज्ञाएँ प्रायः काग़ज के छोटे पुर्जों पर दो या तीन परन्तु प्रभावशाली वाक्यों में लिखी रहती थीं। इनमें से भी आवश्यक शब्दों के नीचे कई लकीरें खिंची रहती थीं और उनके सामने प्रश्नात्मक चिह्न बने रहते थे। दिन में अनेक बार मुझे लेनिन से परामर्श करने के लिए उनके कमरे में जाना पड़ता था।

"जर्मनी के आक्रमण करते ही हमें अपनी नई सरकार के संगठन की कमजोरी स्पष्ट दिखाई देने लगी। एक दिन लेनिन कहने लगे–'इससे अच्छे तो हम तभी थे, जब काठी पर जमे हुए थे, आज अयाल पकड़े लटक रहे हैं। कुछ भी हो, दासता से यह सब अच्छा है। स्वतन्त्रता प्राप्त करने के लिए हमें अपने-आपको सुरक्षित और संगठित करना होगा। यह सब हमारे लिए हितकर होगा, किन्तु यदि हमें जर्मनी ने समाप्त न कर दिया तो!' "

ट्रॉट्स्की लिखते हैं–"लेनिन उस समय अपने जीवन के खतरे से खूब परिचित थे। एक दिन वह कहने लगे--'तुम क्या समझते हो, यदि मैं और तुम मारे गए तो क्या बुखारिन और स्वेर्दलो काम को सँभाल लेंगे?'

"मैंने मुस्कराकर उत्तर दिया–'वाह! हमें लोग मारेंगे क्यों?'

"लेनिन ने हँसकर कहा–'अरे बाबा, कौन जाने! क्या कहा जा सकता है?' "

इसी बीच में जर्मनी से सुलह के लिए 'ब्रेस्ट लिलोस्क' की बातचीत आरम्भ हो गई। रूस के प्रतिनिधियों की ओर से ट्रॉट्स्की मुखिया नियत थे। ट्रॉट्स्की के जर्मनी की कड़ी शर्तों को मानने से इनकार कर देने पर जर्मनी ने सुलह तोड़, फिर आक्रमण आरम्भ कर दिया।

लेनिन ने अपने सहयोगियों का विरोध कर, जर्मनी की शर्तों को मान लेने के लिए जोर दिया। वह जानते थे कि जर्मनी के आक्रमण से बचे-बिना साम्यवादी सरकार की रक्षा न हो सकेगी। उन्होंने क्रान्ति को सफल बनाने के लिए, शान्ति के लिए, बड़े-से-बड़ा मूल्य देना भी स्वीकार कर लिया।

13

इसके पश्चात् शीघ्र ही लेनिन ने राजधानी को पीटर्सबर्ग से मॉस्को ले जाने की सोची। लेनिन के इस प्रस्ताव का उनके सहयोगियों ने बहुत विरोध किया। उनके विचार में पीटर्सबर्ग छोड़ना अपनी पराजय स्वीकार करना था। पीटर्सबर्ग को यह लोग क्रान्ति का नगर और स्मोलनी कुंज को सोवियत की शक्ति का संकेत समझते थे। इन भावुकतापूर्ण युक्तियों को सुन, लेनिन को आग लग गई। क्रोध में भरकार उन्होंने कहा–"यह लोग इस मूर्खतापूर्ण भावुकता में आकर क्रान्ति को सफल बनाना चाहते हैं। यदि जर्मन लोग एक हल्ले में पीटर्सबर्ग पर अधिकार कर, हम लोगों को समाप्त कर दें तो आप ही सोचिए क्रान्ति का क्या बनेगा? परन्तु यदि राजधानी मॉस्को में होगी तो पीटर्सबर्ग जर्मनी के हाथ में चले जाने से केवल एक बड़ी हानि होगी, न कि सर्वनाश। मैं समझ नहीं सकता इन लोगों का ध्यान इस ओर क्यों नहीं जाता। इसके अतिरिक्त हमारे पीटर्सबर्ग में होने से ही वह जर्मन-आक्रमणकारियों के लिए आकर्षण का स्थान बन जाएगा। स्मोलनी में क्या रखा है? स्मोलनी का महत्त्व केवल हमारे ही कारण है। जिस दिन हम क्रेमलिन में जाएँगे, उस दिन क्रेमलिन ही स्मोलनी बन जाएगा।"

लेनिन ने आखिर अपने ही विचारों के अनुसार काम किया और सोवियत सरकार का केन्द्र पीटर्सबर्ग से बदलकर मॉस्को में–क्रेमलिन में–स्थापित कर दिया। क्रेमलिन के ही एक भाग में जहाँ ज़ार के समय में अपील कोर्ट था, लेनिन ने अपनी

स्त्री तथा बहन सहित अपना घर बना लिया। यहाँ लेनिन प्रायः सोलह से अठारह घण्टे तक काम किया करते थे।

लेनिन के मित्र मि. जी सोरन लेनिन के इस समय का जीवन-वृत्तान्त यों लिखते हैं—दफ्तर में बैठे वह अपने सहयोगियों से जनता के मनोभाव के प्रति अनेक प्रश्न पूछते थे, तथा उनका उत्तर बड़े ध्यान से सुनते थे। लेनिन के प्रश्न पूछने का ढंग निराला ही था। उत्तर देनेवाला यह कभी नहीं समझ सकता था कि लेनिन का अभिप्राय प्रश्न पूछने से क्या था। इस उपाय से लेनिन ठीक-ठीक परिस्थिति का ज्ञान प्राप्त कर लिया करते थे। ठीक परिणाम पर पहुँचने के लिए अनेक बार उन्हें अपने निश्चय को दुहराना पड़ता था, यहाँ तक कि एक ही विषय में उन्हें दस-दस बार अपनी सम्मति में परिवर्तन करना पड़ता था।

1914 ई. की ग्रीष्म ऋतु में डोराकाप्ला ने लेनिन पर घातक आक्रमण किया। कई दिन तक वह जीवन और मृत्यु के बीच में झूलते रहे, परन्तु शीघ्र ही उनका स्वास्थ्य ठीक हो गया और उन्होंने शासन का काम अपने हाथों में ले लिया। उनका काम को हाथ में ले लेना उस समय बहुत आवश्यक था। क्योंकि सोवियत की राजनीतिक परिस्थिति उस समय बिगड़ चुकी थी। देशभर में प्रायः सभी स्थानों पर उत्पात तथा सोवियत का विरोध हो रहा था। बोल्शेविकों की सत्ता को कायम करने के लिए इन सब आन्दोलनों और बगावतों का दबाया जाना निहायत जरूरी था।

इस बीच में रूस की आर्थिक स्थिति बहुत अधिक बिगड़ गई। यूरोप की सब शक्तियाँ रूस को चारों ओर से घेरे हुए थीं। बाहर से कोई भी सामान रूस में न जा पाता था। देश में किसान बिगड़े बैठे थे। तमाम रूस में भयंकर दुर्भिक्ष पड़ गया। नगरों की अवस्था विशेषतः शोचनीय थी।

इस समय स्थिति को समझने और सुलझाने में लेनिन ने अद्वितीय दृढ़ता और नीतिज्ञता का परिचय दिया। उन्होंने साम्यवाद की नीति को प्रजा की इच्छा पर छोड़ दिया। सिद्धान्तों में इस प्रकार का शैथिल्य उनके सहयोगियों और अनुयायियों के लिए असह्य हो गया। इस नवीन नीति के कारण लेनिन की कड़ी समालोचना की गई। साम्यवाद के मुख्य सिद्धान्तों से च्युत होने का अपराध उन पर लगाया गया। इन समालोचनाओं की उपेक्षा कर, लेनिन ने साम्यवाद की सफलता को अन्तिम ध्येय ठहरा, कहीं पीछे दबकर और कहीं आगे बढ़कर, चलना आरम्भ किया।

साम्यवाद के सिद्धान्तों के विरुद्ध सम्पत्ति पर व्यक्ति का अधिकार स्वीकार कर, विदेशी व्यापारियों को अनेक सुविधाएँ दे, व्यापार को पुनः चलाकर सिक्कों और नोटों की प्रथा की पुनः स्थापना कर, उन्होंने समाज की आर्थिक गति को सचेत कर दिया।

कुछ ही महीनों में, उजड़ी हुई गलियों में फिर व्यापार के चिह्न प्रकट होने लगे। दुकानें खुलने लगीं। भोजन की सामग्री बाज़ार में आने लगी। यूरोप-अमेरिका का

व्यापार बिलकुल बन्द पड़ा था, वह फिर से चलने लगा। लेनिन रूस को पूर्ण साम्यवाद की स्थिति में लाने से देश में राष्ट्र द्वारा संचालित पूँजीवाद की अवस्था लाना चाहते थे। 'नई आर्थिक नीति' के व्यवहार से इस उद्देश्य में सफलता प्राप्त होते देख, लेनिन को सन्तोष होता था। इस नई आर्थिक नीति से रूस पश्चिमीय यूरोप के पूँजीवाद के आदर्श की ओर तेजी से बढ़ने लगे।

रूस की दशा को सुधारने के लिए अपने सहयोगियों और अनुयायियों की कड़ी समालोचना की अपेक्षा न कर, साम्यवाद के मार्ग के विरुद्ध पूँजीवाद के मार्ग पर चलने का इरादा, लेनिन के चरित्र में अद्भुत साहस और दृढ़ता का परिचायक है। इसके साथ ही परिस्थिति और अवस्था को पहचान, उसके अनुकूल चलने की क्षमता का भी अपूर्व उदाहरण है। अपने जीवन की अनेक और घटनाओं की भाँति लेनिन ने अपनी भूल को स्वीकार कर, नीति के परिवर्तन करने में मिथ्या संकोच अथवा हठधर्मी के कारण तनिक भी आनाकानी नहीं की।

14

लेनिन का साहस और उनकी दृढ़ता अदम्य थी। अपने विचारों के विरोध में उन्होंने सिर झुकाना सीखा ही न था। बड़े-से-बड़े मित्र और सहायक की अपेक्षा उनकी दृष्टि में अपने सिद्धान्तों का मूल्य अधिक था।

पोक्रोवस्की लिखते हैं—"लेनिन न केवल अपने और अपने सहयोगियों के भाग्य का ही, अपितु देशभर के भाग्य का उत्तरदायित्व भी अपने कन्धे पर लेने में तनिक न झिझकते थे। प्रायः वह केवल अपने ही भरोसे पर अपने दल का नेतृत्व लेकर कार्यक्षेत्र में कूद पड़ते थे। उनके दृढ़ विचारों और नीति का साथ देनेवाले मनुष्य बहुत कम होते थे। उनके चरित्र की इस विशेषता का दिग्दर्शन 1905 ई. की क्रान्ति में बहुत स्पष्ट दिखाई पड़ता है। अपने सहयोगियों के विरोध की परवाह न कर, फटे-पुराने वस्त्र पहने ही वे महाशक्तिशाली ज़ार के विरुद्ध सशस्त्र क्रान्ति करने चले थे। मुझे उस समय के सम्पन्न और मध्यम श्रेणी के विचारकों का वह व्यवहार अभी तक भूला नहीं है, वह लोग 'कॉमरेड' शब्द का व्यवहार घृणा और मूर्खता को प्रकट करने के लिए ही किया करते थे।

"परन्तु लेनिन न तो इस परिहास से खिन्न हुए और न अपने सम्मुख महान कार्य के उत्तरदायित्व को देख, हतोत्साह हुए। क्रान्ति के परिणामस्वरूप भीषण हत्याकाण्ड और रक्त-प्रवाह का ध्यान करके भी वे विचलित नहीं हुए। क्रान्ति के असफल हो जाने पर भी उनका साहस टूट नहीं गया। 1905 ई. के विकट अनुभव के पश्चात् अनेक लोग लेनिन के विरुद्ध हो, उनके प्राणों के प्यासे बन बैठे। विप्लव की समाप्ति पर लेनिन ने अपने सहयोगियों को 'ड्यूमा' (प्रतिनिधि सभा) की

कार्रवाई को मनन करने की सलाह दी। इससे उनके अत्यन्त विश्वासपात्र और निकट मित्र भी उन्हें मूर्ख और अपदार्थ समझ, उनके विरोधी बन बैठे। लेनिन असहाय और अकेले रह गए, परन्तु उनका उत्साह वैसा ही बना रहा।

''परन्तु बाद में अनुभव से यह सिद्ध हो गया कि 'ड्यूमा' की कार्रवाई का मनन प्रचार-कार्य में बहुत लाभदायक था। 'ड्यूमा' में साम्यवादियों का भी एक दल था। रूस की उस अवस्था में 'ड्यूमा' के इस साम्यवादी दल द्वारा प्रचार करने के अतिरिक्त और कुछ सम्भव था ही नहीं। परन्तु लेनिन की परिस्थिति के मनुष्य के लिए, जो आरम्भ से व्यवस्थापक-सभाओं और पार्लियामेण्ट का विरोधी रहा हो, 'ड्यूमा' द्वारा कार्य-साधन करने की चेष्टा करने की सम्मति देने के लिए अलौकिक राजनीतिक साहस की आवश्यकता थी। सशस्त्र क्रान्ति के लिए जनता को प्रोत्साहित करने से भी लेनिन के लिए 'ड्यूमा' के साथ सहयोग करने की सलाह देना अधिक कठिन था।''

लेनिन को अपने अनुयायी बढ़ाने की कभी फ़िक्र न हुई। स्विट्ज़रलैण्ड में उन्होंने एक अवसर पर कहा था–''अपने विचारों को छोड़ देने की अपेक्षा मैं अपने सहयोगियों से सम्बन्ध तोड़ लेना अधिक अच्छा समझता हूँ।'' एक दिन प्लेखनोव ने लेनिन के अनुयायियों का परिहास करते हुए जिनोवेव से कहा–''तुम अभी तक उसका अनुगमन कर रहे हो, परन्तु यदि वह अपनी नीति पर चलता रहा, तो कुछ दिनों में वह जंगलों में भटकता फिरेगा। हम लोग अनुभवी हैं। हमसे पृथक् होकर लेनिन क्या कर सकेगा?'' जिनोवेव ने लेनिन से इस वार्तालाप का जिक्र किया, तो वे हँसकर कहने लगे–''समय आने पर देखा जाएगा, कि मजदूर और किसान किसका साथ देते हैं।''

क्रान्ति की असफलता के पश्चात् लेनिन ने अपने सहयोगियों के सामने केन्द्रीय संगठन को तोड़ देने का प्रस्ताव उपस्थित किया। लेनिन के सहयोगियों ने उनके प्रस्ताव का विरोध किया। प्रस्ताव गिर गया, और वे हार गए, परन्तु अन्तिम समय में भी उन्होंने अपने सहयोगियों को समझाया, और उन्हें चेतावनी दी कि अन्त में अपने इस निश्चय के लिए उन्हें एक दिन पश्चात्ताप करना पड़ेगा।

इसी प्रकार ब्रेस्त-लिलोस्क की सन्धि के समय भी उनके सब सहयोगी जर्मनी के सामने सिर झुकाने के विरुद्ध थे। परन्तु लेनिन अपनी दूरदर्शी दृष्टि से यह देख चुके थे कि क्रान्ति की सफलता के लिए जर्मनी से युद्ध समाप्त करना आवश्यक है।

रादेक की सम्मति में लेनिन की महत्ता और सफलता का रहस्य–उनकी स्थितप्रज्ञा और पैनी सूझ है। अपने कार्यक्रम की भूल को देखकर सुधारने के लिए वे सर्वदा उद्यत रहते थे। एक अवसर पर सभा में लेनिन के एक प्रस्ताव का विरोध उनके किसी विरोधी ने साम्यवादी सिद्धान्तों के आधार पर किया। लेनिन ने उत्तर में खीझकर कहा–''आप लोग मुर्गियों से भी गए-बीते हैं, मुर्ग़ी अपने बाड़े की सीमा

को तोड़कर बाहर नहीं जाती, परन्तु उसके लिए यह व्यवहार क्षम्य है। उसके बाड़े को उससे अधिक बलवान शक्ति ने लगाया है, परन्तु आप लोग स्वयं अपने आप नियत हुई सीमाओं को भी नहीं तोड़ सकते। आपको अपने अनुभव से लाभ उठाना चाहिए। उद्देश्य की प्राप्ति हमारा ध्येय होना चाहिए। सिद्धान्तों की रक्षा के लिए हमें उद्देश्य की उपेक्षा नहीं करनी चाहिए।''

लेनिन की विज्ञता और चातुर्य का सबसे उत्कट प्रमाण है—दर्शनशास्त्र में उनकी गति। दर्शनशास्त्र में उनकी गति और प्रतिभा देखकर उनके अनुयायी बहुत चकित होते थे। जिस समय रूस की जनता अत्यन्त संकट और दुविधा की अवस्था में से गुजर रही थी, उस समय भी लेनिन अपने मस्तिष्क को शान्त और गम्भीर रखकर, इन गहन तत्त्वों का अनुशीलन और विवेचन कर सकने में समर्थ थे। दिन-दिनभर पुस्तकालयों में बैठे दर्शनशास्त्र का अभ्यास किया करते थे। अन्त में उन्होंने इस विषय पर एक प्रामाणिक ग्रन्थ लिख डाला। आज बोल्शेविज़्म के सिद्धान्तों की नींव लेनिन के इन्हीं विचारों पर आश्रित है।

15

लेनिन के चरित्र में, उनकी अद्वितीय सफलता का एक और भी कारण था और वह थी, उनकी मजदूरों और किसानों से निकट आत्मीयता। सब लोग एक स्वर से लेनिन की इस विशेषता को स्वीकार करते हैं। लेनिन सब अवस्थाओं में जनता की सब प्रकार की असुविधाओं को सुनकर उनका उपाय करने के लिए तत्पर रहते थे। बुखारिन कहते हैं—''लेनिन एक विशेष ज्ञानेन्द्रिय की सहायता से अत्यन्त गूढ़ रहस्यों और जनता के मनोभावों को तुरन्त समझ जाते थे। मजदूरों और किसानों की शिकायतों को वे अत्यन्त सहृदयता और मनोयोग से सुना करते थे। किसानों के विषय में हज़ारों सरकारी सूचनाओं की अपेक्षा अधिक ज्ञान वे एक बूढ़ी किसान-स्त्री से वार्तालाप करके प्राप्त कर लेते थे। उनके वार्तालाप की शैली इतनी सरल और मोहक थी कि कोई भी व्यक्ति उनसे अपने हृदय के भावों और व्यथा के छिपाने का यत्न नहीं करता था। सर्वसाधारण से वह एक अफसर की हैसियत से नहीं, प्रत्युत उनके अपने साथी और मित्र के ढंग से मिलते थे। उनके सब विचार और शब्द सर्व-साधारण के हित के लिए, तथा उनके समझने के लिए ही रहते थे। अपनी भाषा को वे सरल तथा सुबोध बनाने का यत्न किया करते थे। दुखी, दरिद्र और कष्ट सहने की अभ्यासी रूस की प्रजा के साथ उनकी इस आत्मीयता ने उन्हें जनता के अगाध विश्वास तथा श्रद्धा का पात्र बना दिया।''

लेनिन स्वभाव से ही शान-शौकत तथा ऐशोआराम से घृणा करते थे। वे यथा-सम्भव अपने जीवन को रूस की निर्धन प्रजा के जीवन के अनुरूप बनाने का

यत्न करते थे। 1919 के दुर्भिक्ष में रूस के प्रायः सभी भागों से जनता लेनिन के लिए भोजन की सामग्री भेज दिया करती थी। लेनिन जनता के इस व्यवहार से अत्यन्त कुण्ठित होते थे। जनता के एक साधारण व्यक्ति की अपेक्षा अधिक भोज्य-सामग्री अपने पास रखना, वह न्याय-विरुद्ध समझते थे। इस सामान को वे प्रायः रोगी और क्षुधार्त व्यक्तियों में बाँट दिया करते थे। एक दिन उन्होंने गोर्की को चाय का निमन्त्रण देते हुए कहा—"आज चाय हमारे यहाँ पीना। मेरे लिए अस्तरखान से मछली आई है।" यह कहकर गोर्की को एक ओर ले गए और खिन्न हो, कहने लगे—"जनता मेरे लिए भोज्य-सामग्री इस प्रकार भेजती है, मानो मैं उनका स्वामी हूँ। यदि मैं उनके उपहार को स्वीकार न करूँ, तो उनका अपमान होता है, यदि मैं स्वीकार करता हूँ, तो मेरा मन दुखी होता है। जब मैं अपने चारों ओर जनता को भूख की पीड़ा से व्याकुल देख रहा हूँ, तो इन वस्तुओं को स्वीकार करने का मुझे क्या अधिकार है?"

मज़दूरों और किसानों से बातचीत करने में उन्हें बहुत आनन्द आता था। इस प्रकार के वार्तालाप से वह अपने परिश्रम की सफलता के परिमाण का अनुमान लगाया करते थे। वह इन व्यक्तियों को अपने सम्पूर्ण विचार और अनुभव अपने सम्मुख कह देने के लिए प्रोत्साहित किया करते थे। रादेक लिखते हैं—"शासन-व्यवस्था के लिए आज्ञा देते समय अर्थशास्त्र के सिद्धान्तों, भूमिकर, बाज़ार-मूल्य, लागत-मूल्य और उदारवाद आदि का ध्यान न कर, लेनिन जनता के क्रियात्मक जीवन का ख्याल किया करते थे। उनकी कल्पना में 'त्वेर' के किसान या 'सिदोर' और 'प्रतिलो' कारखाने के किसी मजदूर का चित्र रहता था, और इनके हिताहित तथा विचार का ध्यान करके ही वह शासन के लिए व्यवस्था करते थे।"

लेनिन के हाथ के लिखे हुए सरकारी काग़ज़ात में छोटे-छोटे पत्रों का एक पुलिन्दा है। यह सब किसी-न-किसी साधारण व्यक्ति से सम्बन्ध रखते हैं। एक पत्र में किसी मजदूर के लिए भोजन दिए जाने की आज्ञा है, दूसरे में किसी मजदूर के लिए नए कपड़े दिए जाने का ज़िक्र है, तो तीसरे में मकानों की चर्चा है, और चौथे पत्र में किसी मजदूर के लिए दवा-दारू का प्रबन्ध करने की आज्ञा है। इन पत्रों में प्रत्येक अवसर के लिए उचित कारण तथा युक्तियाँ भी साथ दी गई हैं।

लेनिन के नाम जितने पत्र आते थे, वह उन सबको पढ़ते थे। किसानों के पत्रों पर विशेष ध्यान देते थे। किसानों के पत्रों को वह मनुष्य-समाज की वास्तविक पुकार कहा करते थे। वह कहते थे, "सरकारी सूचनाओं की अपेक्षा कहीं अधिक सचाई इन पत्रों में रहती है।" पत्र-लेखक के सम्बन्ध में वह पूरी खोज करवाते थे। वह किस स्थिति का मनुष्य है? अमीर है या निर्धन? और विशेषतः बोल्शेविज़्म के प्रति उसका क्या भाव है? यह सब-कुछ वह जानने का यत्न करते थे। राइकोव कहते हैं—"दुर्भिक्ष के दिनों में लेनिन एक-दो बिल्कुल साधारण स्थिति के किसान को

बुलवाकर उससे घंटों बातें करते रहते, और उससे परिस्थिति का वास्तविक ज्ञान कर, स्थिति को सुधारने के सम्बन्ध में सलाह-मशविरा करते थे।''

लेनिन के हृदय में केवल रूस की जनता के प्रति ही आत्मीयता का भाव हो, सो बात नहीं, वह संसार-भर की सर्वसाधारण जनता के साथ मिल-जुलकर एक हो सकते थे। जब वे गोर्की से मिलने काप्री गए थे, उस समय वह वहाँ के मछुओं से बैठे गप्प लड़ाया करते थे। इटैलियन भाषा का लेनिन को एक भी शब्द नहीं आता था, फिर भी इन लोगों से बातचीत करते समय उन्हें आनन्द आता था। मछुए भी उनसे मिलकर बहुत प्रसन्न होते थे। उन्हें लेनिन की हँसी में सहानुभूति का भाव अनुभव होता था। एक बूढ़ा मछुआ लेनिन के विषय में प्रायः कहा करता था–''केवल ईमानदार आदमी ही इस प्रकार हँस सकता है।'' जब लेनिन रूस लौट आए तो वह मछुआ गोर्की से प्रायः लेनिन के विषय में पूछा करता था–''मि. लेनिन आजकल क्या करते हैं? ज़ार ने उन्हें गिरफ्तार तो नहीं कर लिया?''

1907 ई. की साम्यवादी कॉन्फ्रेंस लन्दन में हुई थी। इस समय जो अंग्रेज कार्यकर्ता लेनिन से मिले, उन्हें वह सबसे अधिक पसन्द आया। प्लेखनोव को वह लोग अपना गुरु और भद्र पुरुष समझते थे, परन्तु लेनिन को अपना मित्र और साथी बताते थे।

लेनिन में संगठन की अद्भुत शक्ति थी। इसी अद्भुत योग्यता के प्रभाव से लेनिन इतने सहयोगी बना सके थे। लेनिन के चारों ओर राजनीतिक, प्रबन्धक, सैनिक, एकत्र हो, लेनिन द्वारा निर्धारित शासन-पद्धति पर चलने के लिए तैयार थे। मजदूरों और किसानों में से प्रायः एक हज़ार अनुभवहीन व्यक्तियों को चुनकर लेनिन ने काम की बागडोर उनके हाथों में सौंप दी। आवश्यकता पड़ने पर वह अपने राजनैतिक प्रतियोगियों से भी उनकी विशेषता के लिए काम लेने के लिए तैयार रहते थे। युद्ध के अनुभव से रहित सर्वथा साधारण व्यक्तियों को सेनापति बना, उन्होंने सेना का नेतृत्व उनके हाथों सौंप, उन्हें क्रान्ति के विरोधियों का सामना करने के लिए भेज दिया। पत्र-सम्पादकों के हाथ में एक सन्धि-विग्रह का अधिकार दे, उन्होंने उनको राजदूत बनाकर भेज दिया। कुछ मजदूरों और किसानों को चुन, उन्होंने उनके हाथ में शासन-व्यवस्था तथा अर्थ-विभाग की कठिन उलझनें सौंप दीं।

यह भी एक चमत्कार था। अनुभवहीन सेनापति युद्ध में विजयी हुए, नौसिखिए पत्र-सम्पादक ने राजदूत का कार्य अत्यन्त कुशलता से किया, और अशिक्षित शासकों ने रूस का प्रबन्ध ज़ार के समय से कहीं अधिक अच्छा कर दिखाया। आदमी को पहचानकर उसे ठीक काम सौंपने की तथा उन्हें शिक्षित करने का लेनिन में अपूर्व कौशल था।

16

आखिर नए आदमियों की सहायता से ही लेनिन ने नवीन ढंग के शासन की स्थापना सफलतापूर्वक कर ली। सोवियत सरकार का शासन बिल्कुल नए ढंग का है। मनुष्य समाज के इतिहास में इसकी तुलना अथवा रूप मिलना सम्भव नहीं। 1905 की क्रान्ति में पीटर्सबर्ग में जो मज़दूरों के प्रतिनिधियों का अस्थायी शासन कुछ दिन के लिए स्थापित हुआ था, उसी से लेनिन ने साम्यवादी शासन के लिए धारणा ग्रहण कर ली थी। उनके दूसरे सब सहयोगी पार्लियामेण्ट के ढंग के शासन के ही पक्ष में थे। सबके विरुद्ध होते हुए भी लेनिन ने पार्लियामेण्ट के ढंग के शासन का तथा प्रजातन्त्र का विरोध कर, मजदूरों तथा किसानों की एक कौंसिल का निरंकुश तथा एकछत्र शासन स्थापित कर दिया। इस प्रकार के शासन के हम पक्ष में हों, या विरुद्ध, परन्तु पन्द्रह करोड़ मनुष्यों के इस विस्तृत साम्राज्य में जनता की एक समिति बनाकर उसका एकाधिपत्य कायम कर देना अवश्य की एक अद्वितीय सफलता है। संगठन की अलौकिक क्षमता के बिना यह काम सम्भव नहीं।

यदि लेनिन का स्वास्थ्य काम के इस बड़े बोझ से बिगड़ गया, तो उसमें आश्चर्य ही क्या है? स्वास्थ्य बिगड़ जाने पर भी लेनिन कई मास तक उसी प्रकार दिन-रात काम करते रहे, आखिर विवश हो, क्रेमलिन छोड़, उन्हें स्वास्थ्य सुधार के लिए 'गोर्की' जाना पड़ा। यहीं क्षय के पक्षाघात से उनकी मृत्यु हो गई।

नादूजादा क्रूप्सकेया लिखती हैं, "लेनिन का स्वास्थ्य सन् 1921 ई. के अन्त से बिगड़ना आरम्भ हो गया था। यह कहना कठिन है कि उनका स्वास्थ्य किस समय अधिक खराब हुआ। उनका शरीर दृढ़ और बलिष्ठ था। इसलिए स्वास्थ्य की खराबी आरम्भ में अनुभव न हुई। वह अपने स्वास्थ्य के विषय में कुछ भी पर्वाह न करते थे।

"1921 में डॉक्टर ने उनके शरीर की परीक्षा कर, उन्हें बिल्कुल नीरोग बताया था। इस समय उनका स्नायु-समूह तथा पाचन-शक्ति बिल्कुल दुरुस्त थी। परन्तु उन्हें प्रायः सिर-दर्द और थकावट अनुभव होती रहती थी, इसलिए डॉक्टर ने उन्हें कुछ समय के लिए 'गोर्की' जाकर विश्राम करने की सम्मति दी। इसके पश्चात् शीघ्र ही मई में उनके मस्तिष्क में कुछ चोट पहुँचने के लक्षण दिखाई दिए। इस आघात से उनमें बहुत निर्बलता आ गई। उनकी जिह्वा बन्द हो गई और दाएँ पैर में पक्षाघात हो गया। तीन मास तक ऐसी ही अवस्था रही।

"इसके पश्चात् ऐसे ही दौरे होते रहे। मई, जून, जुलाई में यह दौरे आधे घण्टे से बढ़कर दो घण्टे तक पहुँच गए। ठीक चिकित्सा और उपचार के फल से गर्मियों में लेनिन की अवस्था बहुत-कुछ सुधर गई, और अक्तूबर में वह थोड़ा-थोड़ा काम करने लग गए। नवम्बर में उन्होंने तीन महत्त्वपूर्ण व्याख्यान दिए, परन्तु दिसम्बर

में फिर दौरा आरम्भ हो गया, और सोलह दिसम्बर को उनका दायाँ हाथ तथा पाँव कट गया। इसके पश्चात् लेनिन बिस्तर से नहीं उठ सके।

"1923 के जनवरी और फरवरी में लेनिन के स्वास्थ्य में कभी कुछ आराम हो जाता, और कभी तबीयत अधिक बिगड़ जाती। फरवरी में वह फिर राजनैतिक लेख लिखने लग गए थे, परन्तु नौ मार्च को उनका सारा दायाँ शरीर सो जाने से बोलना असम्भव हो गया।

"मई में ऋतु सुहावनी होने के कारण लेनिन को गोर्की ले जाया गया। यहीं उनकी मृत्यु हो गई। गोर्की आकर पहले तो लेनिन को कुछ लाभ हुआ था, परन्तु जून के अन्त में उनका स्वास्थ्य बहुत बिगड़ गया, और उन्हें नींद आना बन्द हो गया।

"जुलाई के अन्त में फिर कुछ स्थायी लाभ होने की आशा हुई थी। प्रतिदिन उन्हें कुर्सी पर लिटाकर बाहर निकाला जाता था। उनकी भूख और नींद में भी सुधार हो गया। कुछ दूर तक बिना सहारे के ही वे चलने भी लगे। अगस्त में उन्हें बुलवाने का यत्न किया जाने लगा, उनकी मृत्यु तक यह यत्न ज़ारी रहा।

"सितम्बर में लेनिन बिना सहायता के जीना चढ़ और उतर लेते थे। कमरे में इधर-उधर घूमने तथा मोटर पर चढ़, जंगल में सैर कर आने में भी उन्हें कष्ट अनुभव न होता था। बोलने की भी उनमें पर्याप्त शक्ति आ गई थी और वे सार्वजनिक जीवन में भाग लेने लगे थे। वह समाचारपत्र पढ़कर आवश्यक विषयों की ओर निर्देश कर देते थे। बहुत कष्ट होने पर भी बाएँ हाथ से लिखने का अभ्यास उन्होंने आरम्भ कर दिया था।

"सर्दी के दिनों में धूप खिलने पर वह स्लेज पर चढ़कर प्रायः जंगल की सैर को जाया करते थे। इस सैर से उन्हें बहुत आनन्द तथा प्रफुल्लता अनुभव होती थी। बड़े दिनों में बालकों के लिए एक वृक्ष सजाया गया था। लेनिन ने वह त्योहार बड़ी प्रसन्नता से मनाया, वह उस दिन बहुत प्रसन्न थे। बच्चों की प्रसन्नता का उन्हें बहुत ध्यान था।

"हमें विश्वास था कि लेनिन का स्वास्थ्य शनैः-शनैः परन्तु स्थायी रूप से सुधर रहा है। परन्तु इस क्षणिक लाभ के पश्चात् 21 जनवरी, 1924 की सन्ध्या को छह बजे उनका सारा शरीर का तापमान (Temperature) 108^0 था। मस्तिष्क में श्वास-केन्द्र के जड़ हो जाने पर उनका देहान्त हो गया।" रूस के प्रोफेसरों की एक समिति ने लेनिन के शव की परीक्षा कर, निश्चय किया कि उनकी बीमारी का कारण कार्य का अपरिमित बोझ ही था।

शव-परीक्षा करनेवाले डॉक्टरों में से एक की सम्मति थी कि लेनिन की मृत्यु हो जाने से तो उन्हें कुछ भी आश्चर्य नहीं हुआ, आश्चर्य था तो यही कि इतने दिनों तक वे जीवित किस तरह रह सके! मस्तिष्क के कुछ ज्ञान-तन्तुओं के जड़ हो जाने

पर भी वे समाचार पढ़ने तथा राजनैतिक कार्य में भाग ले सकने योग्य थे। अलौकिक इच्छा-शक्ति के बिना ऐसा करना उनके लिए सम्भव नहीं था।

लेनिन की मृत्यु के पश्चात् ही यूरोप ने उनके महत्त्व को पहचाना। मृत्यु से पहले तक समाचारपत्रों में उन्हें डाकू तथा जर्मन जासूस ही कहा जाता था, परन्तु मृत्यु के पश्चात् यूरोप की सम्मति लेनिन के विषय में बदलने लगी। अनेक दृष्टिकोणों से जनता का ध्यान उनकी महत्ता की ओर आकर्षित होने लगा। उनके राजनैतिक विरोधी और प्रतियोगी भी मुक्त-कंठ से उनकी प्रशंसा करने लगे। कॉर्ल कोस्तकी और ऑटो बूएर जैसे उनके कट्टर विरोधियों ने उन्हें जनता का मुख्य नेता और प्रभावशाली पुरुष मान लिया। मृत्यु के पश्चात् तो पूँजीपति दल के नेताओं ने भी उनकी दुर्धर्ष प्रतिभा को स्वीकार कर लिया। पेनलेवे ने उस समय लिखा है–"लेनिन की अद्वितीय प्रतिभा और बलवान इच्छा-शक्ति को अस्वीकार करना असम्भव है।" हेरर ने भी उनकी राजनैतिक सूझ, दृढ़ता, अदम्य उत्साह और विशद ज्ञान की मुक्त कंठ से प्रशंसा की।

थॉम्स मात्र लिखते हैं–"लेनिन निस्सन्देह इस शताब्दी की एक समस्या थे। सभी विषयों में उनकी प्रतिभा साधारण मनुष्यों से बहुत विशेष थी। उनकी इच्छा-शक्ति और त्याग अपूर्व था। इतिहास में उनकी तुलना पोप ग्रिगोरी के साथ की जाएगी। उनका वैयक्तिक जीवन उनके विचारों से भिन्न न था। ग्रिगोरी के ये शब्द 'नाश हो उस व्यक्ति का, जो रक्तपात से डरता है,' लेनिन के भावों को पूर्ण रूप से व्यक्त करते हैं।"

लेनिन के विषय में रोमे रोलाँ लिखते हैं, "लेनिन इस शताब्दी के अद्वितीय कर्मकाण्डी तथा स्वार्थ त्यागी थे।" प्रसिद्ध अंग्रेज लेखक बर्टरेंड रसल लिखते हैं–"लेनिन की मृत्यु से बीसवीं शताब्दी का सबसे महान पुरुष हम लोगों के बीच से चल बसा है। मैं निश्चयपूर्वक कह सकता हूँ, हमारी शताब्दी इतिहास में लेनिन तथा एन्सटीन* की शताब्दी के नाम से प्रसिद्ध रहेगी। इन दोनों ही महापुरुषों ने मनुष्य-समाज के विकास में अपूर्व योग दिया है। पूँजीपति लोग लेनिन को केवल विनाशक शक्ति समझते हैं, परन्तु लेनिन की महत्ता नाश में नहीं, बल्कि विकास में है। लेनिन क्रियात्मक शक्ति के एक पुंज तथा प्रकाण्ड विचारक थे। मैं तो उन्हें अत्यन्त सहृदय तथा निस्स्वार्थ व्यक्ति समझता हूँ। सामाजिक उन्नति के अतिरिक्त उनकी अपनी कोई निजी महत्त्वाकांक्षा नहीं थी। यदि उन्हें यह विश्वास हो जाता कि उनके कार्य-क्षेत्र से परे हट जाने में ही जनता तथा साम्यवाद का लाभ है, तो वह निश्चय ही मैदान खाली कर देते।"

बर्नार्ड शॉ भी अपनी परिहासपूर्ण तथा चुभती भाषा में कहते हैं–"एक दिन

---

* (एन्सटीन सुप्रसिद्ध वैज्ञानिक हैं। रिलेटिविटी के सिद्धान्त का आविष्कार उन्होंने ही किया है।

लन्दन में जॉर्ज वाशिंगटन के साथ ही लेनिन की प्रतिमा खड़ी की जाएगी। जिस प्रकार अंग्रेजी समाचार-पत्र आज लेनिन को बदनाम करने का यत्न कर रहे हैं, इसी तरह एक दिन वे वाशिंगटन के भी पीछे पड़े हुए थे।'' बहुत दिन तक तो रूस की भोली प्रजा ने लेनिन की मृत्यु के समाचार पर विश्वास ही नहीं किया। वे यही समझते रहे कि लेनिन अपने उत्तराधिकारियों को शासन की शिक्षा देने के लिए मृत्यु का बहाना किए पड़े हैं। उनकी मृत्यु के विषय में अनेक जनश्रुतियाँ रूस में फैल गईं। कुछ लोग कहते थे–''लेनिन एक दिन चाय पीकर उठे, तो उन्होंने डॉक्टर को बुलाकर उससे पूछा–'तुम ऐसा उपाय कर सकते हो जिससे लोग हमें कुछ दिन तक मृतक समझने लगें?'

''डॉक्टर ने कहा–'क्यों नहीं? परन्तु इससे लाभ क्या होगा?' लेनिन ने उत्तर दिया–'मैं देखना चाहता हूँ, मेरी मृत्यु के पश्चात् रूस का क्या हाल होगा? इस समय तो शासन का सब बोझ मेरे ही कन्धों पर डालकर लोग निश्चिन्त हैं।' डॉक्टर ने कहा–'बहुत अच्छा, तुम काँच के एक सन्दूक में लेट जाओ और हम यह प्रसिद्ध कर देंगे कि तुम मर गए हो। इस अवस्था में तुम सबकुछ देख सकोगे।' लेनिन ने कहा–'यह ठीक है, परन्तु मेरी स्त्री और तुम्हारे अतिरिक्त किसी और व्यक्ति को इस बात की खबर कानों-कान न हो सके।'

''ऐसा ही किया गया। जनता में यह प्रसिद्ध हो गया कि लेनिन की मृत्यु हो गई है। जनता दुखी हो, फूट-फूटकर रोने लगी। लेनिन को उनके मित्रों ने काँच के सन्दूक में बन्द कर, एक मकान में बन्द कर दिया है। इस मकान को 'समाधि' पुकारते हैं।

''लेनिन यहाँ एक दिन, एक सप्ताह, एक महीना लेटे रहे, आखिर वे इस काँच के पिंजरे से तंग आ गए। एक दिन रात को उठ, वे पीछे के दरवाजे से क्रेमलिन में जा पहुँचे। यहाँ प्रजा के प्रतिनिधियों की एक बैठक हो रही थी। द्वार-रक्षकों ने उन्हें नहीं रोका, क्योंकि उनके पास सभा का टिकट था और चेहरे पर वे अपनी हैट बहुत नीचे तक खींचे हुए थे। इसलिए उन्हें कोई पहचान नहीं सका।

''वे बैठे, प्रतिनिधियों की सभा की कार्रवाई देखते रहे। सब काम उचित ढंग से हो रहा है। यह देख, वे सन्तुष्ट हो, अपने काँच के पिंजरे में आ लेटे। दूसरे दिन रात को उठकर वे एक कारखाना देखने गए। रात के काम पर थोड़े ही से आदमी थे। लेनिन ने उनसे उनके जीवन तथा शासन की अवस्था के विषय में अनेक प्रश्न पूछे।

''तीसरे दिन उठकर रेलवे स्टेशन पर गए, और एक ट्रेन पर चढ़ बहुत दूर गाँवों में जा, उन्होंने जनता की अवस्था का निरीक्षण किया। कई दिन तक घूम-फिरकर देखने के पश्चात् जब उन्हें विश्वास हो गया कि किसानों की अवस्था भी सर्वथा ठीक है, तो फिर आकर वे अपनी समाधि में लेट गए। ठीक नहीं कह

सकते, कब तक वे इस प्रकार बहाना कर, पड़े रहेंगे। परन्तु यह निश्चय है कि एक दिन वे फिर उठकर अपने सहयोगियों में सम्मिलित हो, काम करने लगेंगे।"

17

लेनिन के राजनैतिक कार्य के महत्त्व को ठीक से समझने के लिए हमें गत शताब्दी के इतिहास की झाँकी लेनी होगी। लेनिन की राजनैतिक सफलता रूस की स्थिति में क्रमशः विकास का परिणाम थी। लेनिन के नेतृत्व में जिस क्रान्ति ने रूस की ज़ारशाही का अन्त किया, इसका आरम्भ करनेवाला स्वयं ज़ार 'पीटर महान्' (Peter the Great) था। सुनने से विश्वास नहीं आएगा, परन्तु यह एक ऐतिहासिक सत्य है। लेनिन स्वयं इस सत्य को स्वीकार करते थे, और परिहास में पीटर को अपना पूर्वज कहते थे। लेनिन के सहयोगियों ने जब पीटर्सबर्ग का नाम परिवर्तन करने का प्रस्ताव उपस्थित किया, उस समय लेनिन ने इसी धारणा के कारण इस प्रस्ताव का विरोध किया। वे रूस के इस प्रथम क्रान्तिकारी के स्मृति-चिह्न रूप इस नगर को मिटाना नहीं चाहते थे।

वास्तव में यह है भी ठीक। पीटर पहला व्यक्ति था, जिसने रूस को पश्चिमीय यूरोप से परिचित कर, उसे आधुनिक यूरोपीय सभ्यता के मार्ग पर चलाया। पीटर के समय से ही रूस शनैः-शनैः यूरोपीय सभ्यता को ग्रहण करता चला आ रहा है। रूस के राज्यवंश से चलकर शनैः-शनैः यह सभ्यता सर्वसाधारण में फैल गई। पीटर ने रूस के सम्मुख पूर्वीय तथा पश्चिमीय सभ्यता में से एक को चुन लेने का प्रश्न रख दिया। अठारहवीं तथा उन्नीसवीं शताब्दी में यूरोप इसी समस्या को हल करने में लगा रहा।

ज़ार का अभिप्राय पश्चिमीय सभ्यता से था—केवल पश्चिमीय ढंग पर उत्पत्ति के साधनों में वृद्धि करना, परन्तु कालान्तर में वही पश्चिमीय सभ्यता पूर्वीय सभ्यता की समर्थक एक विशेष संस्था ज़ार के एकाधिपत्य की जड़ पर ही कुठाराघात करने लगी। आरम्भ में 'अलेक्ज़ैण्डर दर्जे' के विकास के इस पहलू की ओर संकेत करने पर क्रीवस्की ने इसका घोर विरोध किया था। पिछली शताब्दी के मध्यकाल में रूस की शिक्षित जनता दो विरोधी दलों में बँटी हुई थी। एक दल पश्चिमीयता का पोषक था, और दूसरा रूस की पूर्वीय संस्कृति (Slavophils) का। बहुत वर्षों तक इस विवाद का कुछ भी निर्णय न हो सका, अन्त में प्रजातन्त्र साम्यवादियों ने इस बात का निश्चय कर लिया कि रूस का भला मजदूरों और किसानों के अधिनायकत्व में पश्चिमीय संस्कृति के अपनाने में ही है। यहीं से साम्यवादियों ने रूस को पश्चिमीय सभ्यता के मार्ग पर ले चलने का निश्चय कर लिया।

रूस की संस्कृति (Slavophils) के पोषक पहले तो 'नारोदूनीकी' के नेतृत्व

में 'राष्ट्रीय साम्यवादी' कहलाते थे, बाद में यह साम्यवादी क्रान्तिकारी कहलाने लगे। नारोद्नीकी के अनुयायी भी समाज में सुधार चाहते अवश्य थे, परन्तु यूरोप के अनुकरण में नहीं। वे रूस के किसानों की शक्ति के आधार पर ही समाज में सुधार करना चाहते थे। उनके विचार में रूस के किसानों की ग्रामीण-पंचायतों में साम्यवाद का बीज गुप्त रूप से अन्तर्निहित था। नारोद्नीकी के विश्वास का आधार एशियाई रूस की किसान-जनता पर ही था।

पिछली शताब्दी के मध्य में आरम्भ होकर, दोनों दलों का यह विवाद बढ़ता ही गया, अन्त में दोनों दलों में समझौता होने की कोई सूरत शेष नहीं रही। दोनों दलों में समझौता करने के जितने भी प्रयत्न किए गए, वे सब निष्फल प्रमाणित हुए।

लेनिन ने इस विकट समस्या को सुलझा दिया। पूर्वीय और पश्चिमीय सभ्यता को, नगर और ग्रामों को, उन्होंने एक में मिला दिया। मज़दूरों और किसानों का एकत्र आन्दोलन आरम्भ कर, लेनिन ने इस देशव्यापी झगड़े का अन्त कर देने में अपनी विलक्षण प्रतिभा का परिचय दिया।

बोल्शेविक दल तथा साम्यवादी प्रजातन्त्र के समर्थकों में मतभेद का कारण भी यही प्रश्न था। मेन्शेविक दल का विचार है कि साम्यवाद के लिए क्रान्ति उसी समय सार्थक हो सकेगी, जब देश में पूँजीवाद पूर्णता को प्राप्त कर लेगा। रूस जैसे देश में जहाँ पूँजीवाद आधे मार्ग में ही अटका हुआ है, पूँजी के आधिपत्य की अवस्था को पूर्ण करने के लिए पहले भूमि के स्वामित्व को हटाकर मध्यम श्रेणी और पूँजीपति लोगों का आधिपत्य कायम करना चाहिए। उनके विचार में साम्यवाद की स्थापना से पूर्व पूँजीपति श्रेणी का पूर्ण शासन होना अनिवार्य और आवश्यक है। इसलिए मेन्शेविक लोग अमीर उमराओं तथा जमींदारों के स्थान में व्यापारी श्रेणी का आधिपत्य लाने का यत्न कर रहे थे। मेन्शेविक दल सामाजिक क्रान्ति तथा साम्यवाद की स्थापना किसी दूसरे मार्ग से सम्भव नहीं समझते थे। अपने इन विचारों के कारण मेन्शेविक लोग मध्यम श्रेणी तथा व्यापारी-श्रेणी की सहायता, ज़मींदारों और अमीर उमराओं के विरुद्ध करने को तैयार रहते थे। हाँ, साम्यवाद की ओर इनकी सहानुभूति अवश्य है। इनकी इस धारणा का कारण है, उनका पश्चिमीय ढंग से समाज की आर्थिक स्थिति में क्रमशः विकास में विश्वास।

लेनिन ने मेन्शेविक दल के इस विचार का विरोध अपनी पूरी शक्ति से किया है। लेनिन का विश्वास था कि भूमि के स्वामित्व और जमींदारी प्रथा से ही हम सीधे साम्यवादी समाज की स्थापना कर सकते हैं। इस कार्य में पूँजीवाद की सहायता करना वे साम्यवाद के उद्देश्य के प्रति विश्वासघात समझते थे। लेनिन का विश्वास था, रूस की वर्तमान स्थिति में ही वे मार्क्स के सिद्धान्तों का अनुगमन कर सकेंगे। इस महान उद्देश्य की सिद्धि के लिए वे सबकुछ निछावर करने के लिए तैयार थे। यहाँ तक कि आवश्यकता पड़ने पर अनुभव के आधार पर मार्क्स के सिद्धान्तों में

परिवर्तन करने में भी उन्होंने संकोच नहीं किया। मार्क्स के सिद्धान्तों को वे परिस्थिति की कसौटी पर जाँचकर ही उनका अनुसरण करने के पक्ष में थे। लेनिन मार्क्स के क्रियात्मक संस्करण थे। राजनैतिक सिद्धान्तों को, परिस्थिति के अनुरूप व्यवहार में लाने ही को वे भौतिकवाद के ऐतिहासिक विकास का तत्त्व समझते थे।

पश्चिम के साम्यवादियों के विचार में साम्यवाद की स्थापना से पूर्व देश में पूँजी का पूर्ण विकास आवश्यक है। लेनिन के विचार में साम्यवाद की स्थापना से पूर्व पूँजीवाद तथा मध्यम श्रेणी के आधिपत्य की यह अवस्था आवश्यक न थी, इसलिए बीच की इस अवस्था को लाँघकर, सीधे साम्यवाद की स्थापना के लिए, रूस की विशेष परिस्थिति को सामने रख, लेनिन ने नवीन मार्ग के निर्धारण का बोझ अपने सिर लिया। यूरोप के लिए यह मार्ग बेशक सुविधाजनक हो, परन्तु लेनिन के विचार में रूस के लिए मध्यम अवस्था को पार कर, साम्यवाद तक पहुँचने के लिए, यह विकास का मार्ग न तो आवश्यक ही था, और न सुविधाजनक ही। लेनिन के विचार में रूस के लिए साम्यवाद की स्थापना का एक ही मार्ग था, और वह था– 'सामाजिक क्रान्ति!' साम्यवाद तक पहुँचने के लिए पूँजी के विकास के चक्करदार मार्ग में जाने का यत्न करना, लेनिन के विचार में मूर्खता तथा दुराग्रह है।

इस अवस्था में यदि हम कहें कि लेनिन के जीवन का सबसे बड़ा कार्य था, मार्क्स द्वारा निर्धारित साम्यवाद की प्राप्ति के मार्ग में परिवर्तन करना, तो अत्युक्ति न होगी। पश्चिमीय साम्यवादियों द्वारा निश्चित मार्ग की उपेक्षा कर, लेनिन ने बिल्कुल नवीन और मौलिक मार्ग रूस के सम्मुख रखा। इस अवस्था में लेनिन के अनुयायियों तथा पश्चिमीय साम्यवाद के समर्थकों में भेद रहना जरूरी था। लेनिन भूमि के स्वामियों, जमींदारों और अमीर उमराओं के हाथ से शक्ति लेकर उसे पूँजीपति तथा मध्यम श्रेणी के हाथों में सौंपने के पक्ष में न थे। इसलिए मेन्शेविकों के विरोध में, लेनिन को अपने अनुयायी, यूरोप की सभ्यता का अनुसरण करने के इच्छुक, शिक्षित समाज के बाहर ही ढूँढ़ने पड़े। इस वजह से स्वाभाविकतया उन्हें एशियाई रूस के किसानों पर अधिक भरोसा करना पड़ा। आरम्भ से ही रूस की जनसंख्या का बड़ा भाग ग्रामीण रहा है। अल्पसंख्यक शिक्षित जनता के मुकाबले में उनकी शक्ति सदा से ही अपरिमित थी। लेनिन ने किसानों की इस अपरिमित शक्ति को लेकर भूमि के स्वामियों तथा पूँजीपतियों के विरुद्ध एकसाथ युद्ध छेड़ दिया। इस युद्ध में विजय प्राप्त कर लेने पर रूस में किसानों तथा मजदूरों का एकाधिपत्य शासन स्थापित करने में उन्हें भला क्या कठिनता हो सकती थी?

इस उद्देश्य को सम्मुख रख, लेनिन ने किसानों तथा मजदूरों की एक एकत्र सम्मिलित शक्ति बनाने में अपनी सम्पूर्ण शक्ति लगा दी। मजदूरों तथा किसानों के इस सम्मिलित संगठन पर ही वे सोवियत के शासन की नींव रख गए हैं। सोवियत के शासन में किसानों की सहायता के महत्त्व को समझने के कारण ही

लेनिन का व्यवहार किसानों के प्रति सदा अनुकम्पा और सहृदयता का रहता था। लेनिन के अनेक सहयोगी उनकी नीति के रहस्य को न समझ, किसानों के प्रति उनके इस पक्षपात का विरोध करते रहते थे।

शक्ति-प्रयोग और निरंकुश शासन के समर्थक होकर भी लेनिन किसानों के प्रति अत्यन्त सहृदयता का व्यवहार करते थे। उनकी किसी माँग अथवा विरोध की उपेक्षा वे कभी नहीं करते थे। वोरोंसकी लिखते हैं–"लेनिन किसानों से सम्बन्ध रखने वाले आर्थिक मामलों में तथा ग्रामों के शासन के विषय में कभी कठोरता का व्यवहार करने की अनुमति न देते थे। किसानों को वे सदा उदाहरण और शिक्षा द्वारा इच्छित मार्ग पर लाने की सलाह दिया करते थे। वे स्वयं अपने-आपको किसानों का पथ-दर्शक न समझकर उन्हें ही अपना गुरु मानते थे।" लेनिन रूस के किसानों को मजदूरों का चिर-सहायक बनाना चाहते थे, इसलिए इन दोनों की मित्रता की नींव को बहुत दृढ़ करने की चेष्टा वे सदा किया करते थे। रूस के मज़दूर, यूरोप की मज़दूर-श्रेणी की भाँति एक बिल्कुल स्वतन्त्र और भिन्न श्रेणी में नहीं हैं। वे ग्रामों में रहनेवाले किसानों के ही अंग हैं–और उनमें अपने पूर्वजों का स्वभाव तथा प्रकृति भी मौजूद है। इसलिए राजनैतिक उद्देश्य से, किसानों और मजदूरों का एकत्र-संगठन करने के लिए लेनिन ने, रूस में प्राचीन समय से चले आए नगर तथा ग्राम के सम्बन्ध को पुनर्जीवित करने की चेष्टा की।

नगर और ग्राम को इस प्रकार मिलाकर एक कर देने से लेनिन ने, रूस का पश्चिमीय सभ्यता के उपासकों तथा रूस की पूर्वीय संस्कृति के अनुयायियों का, पुराना झगड़ा भी समाप्त कर दिया। साम्यवाद के आन्दोलन में रूस की कृषक जनसंख्या को सम्मिलित कर, उन्होंने इस क्रान्ति में राष्ट्रीयता का भाव भर दिया। इस प्रकार मार्क्स का सिद्धान्त केवल नागरिकों के विचार का ही विषय न रहकर, रूस की सर्वसाधारण जनता का उद्देश्य बन गया।

इसके विरुद्ध, साम्यवादी-प्रजातन्त्र के समर्थकों द्वारा, रूस को यूरोपियन सभ्यता के मार्ग से, साम्यवाद के ध्येय तक पहुँचाने का प्रयत्न रूस की शिक्षित जनता के एक अत्यन्त परिमित क्षेत्र में ही सीमित था। लेनिन ने बोल्शेविक सिद्धान्तों के अनुकूल, इस परिमित क्षेत्र को फैलाकर, देश-भर के किसानों और मजदूरों को उसमें सम्मिलित कर, इसे एक देश-व्यापी राष्ट्रीय प्रश्न का रूप दे दिया। साम्यवाद की प्राप्ति के लिए मजदूरों के साथ क्रान्ति में भाग लेकर, किसानों को मज़दूरों की प्रकृति को ग्रहण करना आवश्यक हो गया। इस उपाय से रूस ने स्वयं ही यूरोप की संस्कृति को बहुत हद तक ग्रहण कर लिया। इस प्रकार लेनिन ने 'पीटर-महान' के आरम्भ किए हुए काम को समाप्त कर दिया। बोल्शेविक क्रान्ति की विस्फोटक शक्ति का उद्भव केवल रूस के किसानों और मजदूरों की एकता से ही नहीं, बल्कि रूस और यूरोप के मिश्रण से हुआ है। इस विप्लव और मौलिक

प्रयत्न से मॉस्को के ज़ारों का सिंहासन नवीन सभ्यता का केन्द्र बन गया है।

लेनिन ने रूस के पूर्वीय शरीर में पश्चिमीय संस्कृति के प्राण फूँककर उसे साम्यवादी क्रान्ति के योग्य बना दिया। शासन की बागडोर हाथ में आते ही लेनिन ने रूस की पिछड़ी हुई सभ्यता को यूरोप की सभ्यता के आधुनिक आदर्श तक पहुँचाने के लिए विराट् आयोजन आरम्भ कर दिया। कृषि से लेकर कल-कारखानों तक में उन्होंने यूरोपियन और अमेरिकन ढंग का प्रबन्ध तथा सामान मुहय्या करना आरम्भ कर दिया। ज़ार के शासन के समय रूस के मजदूर यूरोप के मज़दूरों के मुकाबले में अशिक्षित और असमर्थ थे। उस समय इसका उपाय भी नहीं हो सकता था, परन्तु सोवियत के शासन-काल में लेनिन को यह असह्य हो गया। उन्होंने रूस के मजदूरों को यूरोप के आदर्श तक पहुँचाने में कोई कसर नहीं रखी। जो कुछ यूरोप में उपयोगी है, उसे लेनिन रूस के लाभ और ज्ञान की वृद्धि के लिए अपना लेना चाहते हैं। साम्यवाद की पूर्ण सफलता के लिए मजदूरों में सुसंगठन, और सुशिक्षा के साथ ही साथ आधुनिक वैज्ञानिक उपायों का व्यवहार भी आवश्यक है।

लेनिन ने आधुनिक वैज्ञानिक यन्त्रों के प्रयोग में लाने के लिए पूरा यत्न किया। कृषि में मशीनरी के प्रयोग को वे उत्साहित करने का यत्न भी करते रहे हैं। देश-भर में बिजली का जाल फैला देने की तो उन्हें धुन थी। रूस की जनता को सुशिक्षित करने के लिए उन्होंने जर्मनी, अमेरिका और इंगलैण्ड से इंजिनियरों तथा अनुभवी व्यक्तियों को रूस में बुलाकर नियुक्त किया। एक ही झटके में रूस में पीढ़ी पर पीढ़ी चले आ रहे, बाबा आदम के समय के पुराने कृषि के ढंग के स्थान में उन्होंने नवीन वैज्ञानिक ढंग को प्रचलित कर दिया! ज़ारशाही के समय के पुराने मॉस्को को उन्होंने एक रात भर में शिकागो से भी बढ़कर आधुनिक नगर बना दिया। सैकड़ों वर्ष पुरानी इमारतों को गिराकर उन्होंने सीमेंट तथा काँच से सुसज्जित गगनचुम्बी अट्टालिकाएँ खड़ी करवा दीं।

लेनिन के अनुरोध से मॉस्को में एक खास संस्था, गस्तेव के संरक्षण में, 'टेलर' के सिद्धान्तों के अनुसार मनुष्य के लिए परिश्रम करने के वैज्ञानिक ढंग का अनुसंधान करने को स्थापित की गई है। इस संस्था का उद्‌देश्य मनुष्य के अवयवों को विशेष प्रकार के श्रम के लिए अधिक उपयोगी बनाना है। गस्तेव तथा उसके अनुयायियों ने अपने अध्यवसाय तथा श्रम से, टेलर तथा फोर्ड से भिन्न सिद्धान्तों का आविष्कार कर, मनुष्य के श्रम को बिल्कुल मशीन का रूप दे देने का यत्न किया है। इन लोगों का विश्वास है कि नवीन उपायों और सिद्धान्तों के अनुसार व्यवहार करने से श्रम मनुष्य के लिए कष्ट के स्थान पर मनोविनोद तथा आनन्द का कारण बन जाएगा। लेनिन इन उपायों से रूस को वर्तमान यूरोप से कहीं आगे ले जाना चाहते हैं। इन वैज्ञानिक अनुसंधानों की ओर लेनिन ने बहुत अधिक ध्यान दिया।

इस महापुरुष की अद्‌भुत शक्ति का एक और भी पहलू है, अपने बीज-रूप

सिद्धान्तों को क्रियात्मकता की कसौटी पर रखने में इसने कभी संकोच अनुभव नहीं किया। भौतिकवाद के अपरिपक्व और अर्धविकसित सिद्धान्तों को लेकर वह कार्यक्षेत्र में कूद पड़े। बोल्शेविक इतिहास लेखक पोक्रोवस्की ने ठीक ही लिखा है—"संसार के अन्य क्रान्तिकारी नेताओं की अपेक्षा लेनिन में यही बड़ा अन्तर था कि वे सिद्धान्त पर अधिक बल न देकर क्रियात्मक जीवन पर ही अपनी दृष्टि रखते थे। ललित और कर्ण मधुर शब्द-विन्यास की अपेक्षा उनका ध्यान बड़े और कठिन कार्यों की ओर अधिक रहता था।"

लेनिन की इस क्रियाशीलता में पोक्रोवस्की को अन्धभक्ति है। वे लिखते हैं—"लेनिन में समस्या की तह तक पहुँचने की विलक्षण शक्ति थी। मेरा लेनिन से क्रियात्मक मामलों में प्रायः मतभेद रहा करता था, परन्तु अन्त में सदा मुझे उनकी ओर ही सचाई दिखाई देती थी। सात बार ऐसा हो जाने पर मैंने अपनी विचार-शक्ति से काम लेना छोड़ दिया। यदि तर्क से मुझे लेनिन का मार्ग गलत भी जान पड़ता, तो भी मैं आपत्ति किए बिना ही उसे स्वीकार कर लेता। उस दिन से मेरे हृदय में विश्वास हो गया कि लेनिन में भी अलौकिक दूरदर्शिता है, मेरी अपेक्षा वे कहीं अधिक गहरी अन्तर्दृष्टि रखते हैं। साधारण मनुष्यों की अपेक्षा लेनिन भूमि में दस फुट गहरा देख सकते थे।" पोक्रोवस्की लिखते हैं—"लेनिन की तुलना के केवल दो ही व्यक्ति हमें इतिहास में मिलते हैं। एक 'क्रॉमवेल', और दूसरे 'रोब्सपीहरी'। रोब्सपीहरी ने अन्त में स्वार्थ-सिद्धि के लिए अलौकिक पुरुष होने का दावा करना आरम्भ कर दिया। परन्तु लेनिन के जीवन में ऐसी गिरावट नहीं आई। क्रॉमवेल की इच्छाशक्ति बहुत निर्बल थी। वह अपने आपको ईश्वरीय शक्ति का उपकरण मात्र समझते थे। इस निर्बलता के कारण इस अंग्रेज सुधारक का महत्त्व क्रान्तिवादी की दृष्टि में बहुत कम रह जाता है।"

पोक्रोवस्की ने अनेक प्रमाण देकर तुलनात्मक समालोचना से यह सिद्ध किया है कि मनुष्य जाति के विकास के इतिहास में लेनिन के समान महापुरुष दूसरा नहीं हुआ। लेनिन की इस विशेषता का कारण है, उनका आत्मिक बल, और अपने ऊपर विश्वास। वह क्रियात्मक-क्षेत्र में अनुभव के सम्मुख थोथे सिद्धान्तों का कुछ मूल्य नहीं समझते। उनके इस साहस के प्रमाण आपको पद-पद पर मिलेंगे। जिस आधार पर उन्होंने रूस के मजदूरों का संगठन किया है, वह इतिहास में अद्वितीय और अभूतपूर्व है। बोल्शेविज़्म के आधारभूत भौतिकवाद और संघवाद के सिद्धान्तों को जो महत्त्व और रूप लेनिन ने संसार भर के दार्शनिकों के विरोध की उपेक्षा करके भी दिया है, वह भी उनके अद्भुत साहस का प्रभाव है।

लेनिन के सहयोगी और निकट मित्र, लेनिन द्वारा बिजली के प्रयोग, मशीनरी के प्रचार, तथा कृषि इत्यादि में वैज्ञानिक ढंग के प्रोत्साहन में, केवल उनकी क्रियात्मक प्रतिभा और अनोखी सूझ ही नहीं देख पाते, बल्कि इसमें चिरकाल से रूस

में फैलती हुई यूरोपियन सभ्यता और विचारों के प्रचार की सफलता देख पाते हैं। लेनिन रूस में समाज के भावी साम्यवादी संगठन को विकास की मनोनीति गति पर छोड़ देने के पक्ष में नहीं थे। उन्होंने उसे भी देश के राजनैतिक हित के अनुकूल ही संयत रखा।

18

बोल्शेविकों के विचार में रूस की राज्य-क्रान्ति तथा लेनिन द्वारा संगठित सोवियत शासन-पद्धति एक काल्पनिक स्वर्ग-राज्य का स्वप्न नहीं, प्रत्युत एक क्रियात्मक सुसंगठित समाज की भूमिका है।

साम्यवादी समाज के संगठन की सफलता पर विश्वास कर लेने पर भी हम यह कहे बिना नहीं रह सकते कि साम्यवादी जिस भविष्य के प्राप्त करने की आशा लगाए बैठे हैं, वैसी आशा अब तक किसी ने भी नहीं की होगी। कल्पना की उड़ान को पूर्ण स्वच्छन्दता दिए बिना समाज की अवस्था का वैसा मोहक चित्र बन ही नहीं सकता। वैज्ञानिक उपायों से इस स्वर्ण साम्राज्य के प्राप्त करने की जैसी पूर्ण आशा इस समय बोल्शेविक लोगों को है, वैसी सम्भवतः अब तक किसी ने न की होगी। हम यह भी स्वीकार करते हैं, विकास और आविष्कार द्वारा उन्नति के जितने भी साधन सम्भव हैं, वे सब इन लोगों के हाथों में हैं। मनुष्य श्रम के वैज्ञानिक संगठन और नियन्त्रण से लेकर बिजली, वायु के मोटर, डायनेमो और बड़े-से-बड़े इंजनों को भी वे समाज हित के उद्देश्य से अपने ध्येय की प्राप्ति में लगा रहे हैं।

परन्तु भावना और मानसिक अवस्था में बोल्शेविक विज्ञान के इन आधुनिक उपायों—बिजली, वायुयान, मोटर, इंजन आदि के व्यवहार तथा नवीन और आधुनिक मनोवैज्ञानिक ढंग के संगठन द्वारा जो उन्नति कर लेना चाहता है, एक तटस्थ व्यक्ति के लिए वह निरे हवाई महल अथवा काल्पनिक साम्राज्य के अतिरिक्त और कुछ नहीं जान पड़ता। यूरोप में उत्पत्ति के यह सब उपरोक्त साधन आर्थिक जीवन के आवश्यक तथा स्वाभाविक अंग बन चुके हैं। वहाँ यह सब सभ्यता के क्रमशः विकास के परिणामस्वरूप आए हैं, और जहाँ-तहाँ स्वाभाविक तथा क्रियात्मक ढंग से अपने उचित स्थान पर मौजूद हैं। परन्तु जब यह सब साधन, जो यूरोप के क्रमशः विकसित समाज में स्वाभाविक तथा उपयोगी जान पड़ते हैं, सहसा रूस की विचित्र तथा प्रतिकूल परिस्थिति में पहुँच जाते हैं, तब यह सब अस्वाभाविक, अप्राकृतिक और अनुपयोगी बन जाते हैं।

यूरोपीय तथा रूसी साम्यवाद में यही तो अन्तर है। यूरोपीय साम्यवादी विचारक क्रमशः विकास के पक्षपाती हैं। उनका उद्देश्य भी मजदूरों तथा किसानों का आधिपत्य है, परन्तु उससे पहले वे समाज में पूँजी के विकास की औद्योगिक

उन्नति द्वारा पूर्ण कर लेना चाहते हैं। लेनिन ने वर्षों के दीर्घ काल को सहसा सोचकर, साम्यवाद की स्थापना करने में चाहे जितना भी अधिक प्रशंसनीय कार्य क्यों न किया हो, उसे क्रियात्मक क्षेत्र में सफलता भी क्यों न मिल गई हो, परन्तु यूरोपियन साम्यवादियों की दृष्टि में वह एक उच्छृंखल कल्पनाकार है। कल्पना में एक नवीन समाज का संगठन कर, लेनिन ने रूस के तत्कालीन समाज को मथ, एक नवीन अवस्था और संगठन उपस्थित करने का यत्न किया है। लेनिन और उनके अनुयायी यूरोपीय साम्यवादियों पर कल्पनाकार होने का दोषारोपण करते हैं परन्तु अपने विचार के अनुसार वह लोग परिस्थिति के अनुकूल चल, नितान्त क्रियात्मक ढंग से समाज को साम्यवाद के आदर्श तक ले जाना चाहते हैं।

इस पारस्परिक विरोध को एक ओर रखकर देखने से, लेनिन का काल्पनिक साम्राज्य, वास्तविकता, क्रियात्मकता और संगठन के आवरण से इस प्रकार ढका हुआ है कि इस संगठन की आधारभूत भूल को भाँप लेना बहुत कठिन है। लेनिन के विचार में मार्क्स के सिद्धान्तों को क्रियात्मक रूप देने के लिए उनमें परिस्थिति के अनुसार न्यूनाधिक्य अथवा परिवर्तन करना आवश्यक है। अपने इसी विचार के अनुसार लेनिन ने रूस की परिस्थिति को देखकर मार्क्स के सिद्धान्तों में आवश्यक परिवर्तन करने में संकोच नहीं किया। उन्होंने पश्चिमीय यूरोप के अनुकरण में, पूँजी के विकास की सब परिस्थितियों को पार कर, क्रान्ति के योग्य समय की प्रतीक्षा न कर, कृत्रिम उपायों से रूस में औद्योगिक उन्नति कर, अपना एक नया ही मार्ग बना लिया। तनिक ध्यान से देखने पर हम देख पाएँगे कि बोल्शेविक लोग मार्क्स के सिद्धान्तों के ठीक प्रतिकूल जा रहे हैं, परन्तु बोल्शेविक लोग इस सत्य को देखना नहीं चाहते। इस सत्य को स्वीकार करने से उन्हें अपनी भूल मान लेनी पड़ेगी। यूरोप में पूँजीवाद का विकास ऐतिहासिक क्रम से हुआ है। रूस में अभी इस अवस्था को लाने के लिए सैकड़ों वर्ष दरकार थे, और मार्क्स के सिद्धान्तों के अनुसार रूस का उस अवस्था को प्राप्त करना आवश्यक था।

परन्तु भयंकर आशावादी और कल्पनाकार लेनिन ने इन सैकड़ों वर्षों के समय को एक ही छलाँग में लाँघ लिया। क्रान्ति के एक ही झटके से उठकर आधुनिक मध्यकाल के कृषि प्रधान रूस को लेनिन ने कला-कौशल से पूर्ण और उन्नत आधुनिक सुसभ्य देश बना दिया। लेनिन और बोल्शेविक लोग क्रियात्मकता के सबसे बड़े हामी हैं, परन्तु क्रियात्मक दृष्टिकोण से देखने से वे भावुकता तथा कल्पना की पराकाष्ठा पर पहुँचे हुए दिखाई देते हैं। कल्पना और क्रिया के एक अभूतपूर्व सम्मिश्रण का ही फल बोल्शेविज़्म है। लेनिन स्वयं एक महान् कल्पनाकार और भावुक व्यक्ति जान पड़ते हैं। उन्होंने आवश्यकता को पहचाना, परन्तु परिस्थिति की चिन्ता नहीं की, इसी कारण उनके मार्ग में इतनी अधिक कठिनाइयाँ आईं, और उन्हें इतने विरोध का सामना करना पड़ा।

19

लेनिन के अनन्य भक्त और अनुयायी भी उनके जीवन की इस न्यूनता को स्वीकार किए बिना नहीं रह सकते। ट्रॉट्स्की ने लेनिन के विषय में जो कुछ लिखा है, उससे इस विषय पर पर्याप्त प्रकाश पड़ता है, "1918 में लेनिन ने रूस की अवस्था पर जो लेख लिखे हैं, उनमें स्थान-स्थान पर उन्होंने स्वयं लिखा है—'रूस में साम्यवाद का प्रचार पूर्ण रूप से होने में अभी कुछ और मास लगेंगे।' आज लेनिन के यह शब्द पढ़ने पर ऐसा जान पड़ता है, मानो यह लिखाई की साधारण-सी भूल है। 'कुछ वर्षों' के स्थान में भूल से 'कुछ मास' लिखा गया है। परन्तु यह लिखावट की भूल नहीं है। अनेक दूसरे लेखों और ऐलानों में भी लेनिन ने कुछ वर्षों या अनेक वर्षों के स्थान में कुछ मास की ही गणना की है। मुझे ठीक स्मरण है, जनता के प्रतिनिधियों की बैठक में एक दिन लेनिन ने केवल छह मास में रूस में साम्यवाद की स्थापना कर, उसे संसार का सबसे अधिक शक्तिशाली देश बना देने की आशा बँधवाई थी। लेनिन के इन शब्दों को सुन, उनके विरोधी और समर्थक सभी विस्मय से चकित हो, एक-दूसरे की ओर देखने लग गए। लेनिन का यह एक विचित्र ढंग था—वह क्रान्ति के समय वर्षों के हिसाब से बात करते ही न थे, उनका हिसाब सदा कल और आज में ही रहता था। कुछ दिन पूर्व हम साम्यवाद को अपना अन्तिम ध्येय समझते थे, परन्तु अब हम उसे कुछ ही दिनों में अथवा महीनों में सम्भवनीय और प्राप्य समझने लग गए हैं। लेनिन किसी प्रयोजन विशेष को ध्यान में रखकर इसी नीति का अवलम्बन नहीं करते थे। यह उनकी दृढ़-धारणा और विश्वास का फल था। वे जो कुछ कहते थे, वास्तव में उस पर विश्वास भी करते थे। 'छह मास में साम्यवाद की स्थापना' की आशा लेनिन के चरित्र के एक विशेष अंग पर प्रकाश डालती है। वे नित्य-प्रति शासन के मार्ग में आनेवाली समस्याओं को इसी ढंग से सुलझाया करते थे। लेनिन को अपने उद्देश्य की प्राप्ति में दृढ़ ही नहीं, अपितु अन्धविश्वास था। उसकी सिद्धि और प्राप्ति के लिए वे सबकुछ सहने और निछावर करने को तत्पर रहते थे।"

लेनिन की सफलता का रहस्य उनका आशावादी होना ही था। सैकड़ों वर्ष के कार्यक्रम को एक ही झपाटे में उन्होंने समाप्त करके रख दिया। लेनिन स्वयं उन्हीं कल्पनाकारों की श्रेणी में से हैं, जो अपनी कल्पनाशक्ति और आशावादिता के कारण संसार को उन्नति का मार्ग दिखला सके हैं। बोल्शेविज़्म अपनी समझ के अनुसार नितान्त सौम्यता से मानव-समाज में उन्नति और परिवर्तन लाने का यत्न कर रहा है, परन्तु परिवर्तन आखिर परिवर्तन ही है।

मि. वैल्स एक प्रसिद्ध अंग्रेज लेखक हैं। आप वैज्ञानिक ढंग से भविष्य में एक स्वर्गीय साम्राज्य की कल्पना करने में विशेष निपुण हैं। आप लेनिन को 'बिजली का

खप्ती' बताते हैं। लेनिन में तथा अन्य कल्पनाकारों में अन्तर केवल यह है, कि अन्य काल्पनिक-विचारक केवल कल्पना ही करना जानते हैं, परन्तु लेनिन जिस बात की कल्पना करते हैं, उसे तुरन्त ही क्रियात्मकता के क्षेत्र में ले जाकर व्यवहार में लाने के यत्न करते हैं।

जिस समय लेनिन ने प्रथम बार जनता के सम्मुख अपने विचारों को रखा था, उस समय अभी ज़ार की शक्ति मेरु के समान दृढ़ थी। उस समय साम्यवाद की चर्चा केवल तर्क-सभाओं तथा लेखकों में ही रहती थी। रूस में उस समय तक मजदूर दल की भी स्थापना ठीक ढंग से न हो पाई थी और न मजदूर श्रेणी की उत्पादक पूँजी का ही यथेष्ट विकास हो पाया था। उस समय लेनिन साम्यवादी गरम दल के मेम्बर थे। यह लोग, निर्वासित स्थानों, जेलों और विदेश में बैठकर ही रूस में इस आन्दोलन को चला रहे थे। स्वयं लेनिन का जीवन स्विट्ज़रलैण्ड और साइबेरिया में ही कटा था। इस अवस्था में भी लेनिन ने पूर्ण विश्वास और दृढ़ धारणा के बल पर साम्यवाद की विजय की भविष्यवाणी कर दी थी। लेनिन के जीवन में आरम्भ से लेकर अन्त तक आपको आशावाद का यह पागलपन भरपूर मिलेगा।

आधुनिक 'साम्यवाद की नींव' कार्ल मार्क्स के सिद्धान्तों पर आश्रित है। मार्क्स के इन सिद्धान्तों को समझने के लिए अर्थशास्त्र का गम्भीर ज्ञान आवश्यक है। लेनिन ने मार्क्स के इन सिद्धान्तों को चरितार्थ करने का प्रयत्न जिस देश और समाज में आरम्भ किया, वहाँ जनता में शिक्षा का पूर्णतः अभाव था और आर्थिक परिस्थिति नितान्त प्रारम्भिक अवस्था में थी। लोग भूत-प्रेत तथा देवताओं के शाप तथा वरदानों के चक्कर में पड़े हुए थे। मार्क्स के सिद्धान्त को अमल में लाने के लिए समाज की अवस्था संस्कृत और सुशिक्षित होनी आवश्यक है। परन्तु लेनिन सामाजिक विकास के लिए प्रतीक्षा करने नहीं ठहरे। जनता को साम्यवाद के गूढ़ सिद्धान्तों को समझाने के लिए, शासन की बागडोर हाथ में आते ही, लेनिन ने निरक्षरता के प्रति भीषण संग्राम छेड़ दिया। परन्तु निरक्षरता को दूर करने के लिए भी लेनिन सन्तोष और शान्ति के साथ नहीं चल सके। कुछ ही सप्ताह में शिक्षा-क्रम पर विचार करने के लिए एक विशाल संगठन की आयोजना हो गई। प्रचार-विभाग बन गया, धड़ाधड़ स्कूल खुलने लगे, पाठ्य-पुस्तकों तथा लेखन-सामग्री और शिक्षकों को लेकर ट्रेनें शिक्षा प्रचार करने के लिए चल पड़ीं। शिक्षा-प्रचार के इस आयोजन के होते ही लेनिन ने पूर्ण विश्वास से यह ऐलान कर दिया कि दस वर्ष के भीतर रूस की सीमा में एक भी अशिक्षित व्यक्ति न रह जाएगा।

क्रान्ति के आरम्भ होते ही लेनिन की कल्पना में रूस की उन्नति का जो आदर्श बन गया था, वह सत्यता और संस्कृति के विचार से, न केवल किसी प्रकार भी यूरोप के उन्नतिशील देशों से कम न था, अपितु हर पहलू में उनसे बढ़ा-चढ़ा था। जिस समय अभी क्रान्ति सफल भी न हो पाई थी, बोल्शेविज़्म का प्रभाव अभी

मॉस्को नगर से बाहर भी नहीं निकल पाया था, लेनिन उसी समय रूस के कोने-कोने में बिजली का प्रकाश पहुँचाने की फिक्र कर रहे थे। लेनिन ने जर्मनी और अमेरिका में बिजली के व्यवहार और प्रचार के परिणाम सुने थे, उनका विश्वास था कि रूस में सभ्यता और संस्कृति का प्रचार बिजली के व्यवहार के बिना हो ही नहीं सकता, इसलिए उन्होंने सोवियत शासन के कार्यक्रम में बिजली के प्रचार को अत्यन्त महत्त्व का स्थान दिया। विप्लव का भयंकर उत्पात शान्त होते ही, जब अभी सब ओर अराजकता फैली हुई थी, रूस भर में बिजली लगाने के लिए एक समिति की योजना कर, काम आरम्भ कर दिया गया। उस समय से आज तक यह काम ज्यों-का-त्यों ज़ारी रहा। सोवियत शासन ने इस ओर से कभी उपेक्षा नहीं की।

रूस के समान अशिक्षित और सुस्त देश में जहाँ समय का कुछ मूल्य ही नहीं था, जहाँ जीवन के प्रति पूर्ण उपेक्षा सब ओर छा रही थी, लेनिन ने एक महासुस्त शासन व्यवस्था को लेकर, अमेरिकन ढंग पर श्रम के पूर्ण उपयोग द्वारा, श्रम के एक अणु के अपव्यय के बिना, देश को समुन्नत करने की योजना आरम्भ कर दी। जैसा कि हम ऊपर भी कह आए हैं, लेनिन ने मनुष्य के श्रम को पूर्ण रूप से व्यवहार में लाने के लिए, उसके शक्ति के एक भी अणु को व्यर्थ न जाने देने के लिए, एक क्षण का भी अपव्यय न होने देने के लिए, अनुसन्धानशालाएँ स्थापित कीं। जो कुछ भी मनुष्य की कल्पना के लिए सम्भव है वह सब लेनिन ने किया, परन्तु उनके इन सब प्रयत्नों में हमें कल्पना की ऊँची उड़ान के अतिरिक्त और कुछ भी नहीं दिखाई पड़ता।

20

लेनिन के जीवनकाल में उनकी आशाएँ पूर्ण न हो सकीं। रूस को सर्वथा अव्यवस्थित दशा में छोड़कर ही उन्हें इस संसार से प्रस्थान कर जाना पड़ा। एक नवीन समाज की सृष्टि होते हुए बीच में रुक गई। संसार में नवीन और प्राचीन समाज के बीचों-बीच त्रिशंकु के समान रूस की यह अवस्था इतिहास में चिरस्मरणीय रहेगी। आजकल का रूस एशिया की स्वाभाविक निश्चिन्त निष्क्रियता और अमेरिका की पूर्ण विकसित सामाजिक उन्नति के बीचोंबीच आधा इधर और आधा उधर बना हुआ है। आज दिन रूस में कोई भी चीज आपको अपनी स्वाभाविक और प्राकृतिक स्थिति में नहीं मिलेगी। सभी जगह आपको नवीन और प्राचीन, पूर्व और पश्चिम का अद्‌भुत सम्मिश्रण मिलेगा।

यह अनोखा मेल और खिचड़ी केवल रूस की बाहरी शक्ल-सूरत में ही नहीं, अपितु उसके सिद्धान्तों में भी स्पष्ट दिखाई दे रही है। लेनिन द्वारा आविष्कृत नवीन समाज के स्थापना की सम्पूर्ण महान और स्वर्गीय कल्पना, जो अंशतः सफल भी हो चुकी है, अन्त तक प्रत्यक्ष विरोधों से भरी पड़ी है।

लेनिन ने अपने जीवन की सम्पूर्ण शक्ति, मनोयोगपूर्वक मनुष्य समाज के उद्धार के पवित्र उद्देश्य में लगा दी। दुखी और व्याकुल जनता के कष्टों का निवारण करने के लिए उन्होंने अपने जीवन का बलिदान कर दिया, परन्तु इस महान् उद्देश्य की प्राप्ति के लिए लेनिन ने जिन उपायों का अवलम्बन किया, वे आधुनिक मनुष्य की विकसित कल्पना के सम्मुख हेय हैं। उदार-चेत्ता होकर भी लेनिन मध्यकालीन संकीर्णता से ऊपर न उठ सके।

रूस के अत्यन्त प्राचीन ज़ार के शासन को लेकर लेनिन ने अत्यन्त आधुनिक और नवीनतम शासन-विधान अर्थात् सोवियत रूस की रचना कर दी है, परन्तु इस अत्यन्त नवीन शासन का ढाँचा उन्हीं पुराने स्वेच्छाचारी शासकों के समय के सैनिक बल, पुलिस की शक्ति, जेलखाने, फाँसी और निर्वासन के दण्ड पर ही आश्रित है।

निरक्षरता का नाम मिटा देने के लिए लेनिन ने शिक्षा-प्रचार के लिए एक नवीन व्यापक संगठन कायम किया है। परन्तु इस संगठन का उद्देश्य है, सोवियत शासन के लिए अर्द्धशिक्षित प्रचारक, और नौकरशाही तैयार करना। इस शिक्षा क्रम की यह एक विशेषता है, कि एक खास सीमा से अधिक परे शिक्षा प्राप्त करना जनता के लिए असम्भव हो गया है। जिस शिक्षा के प्रभाव से मनुष्य में विचार-स्वातन्त्र्य आने की सम्भावना हो, उस शिक्षा को लेनिन द्वारा स्थापित सोवियत का शिक्षा संघ सहन नहीं कर सकता। प्रारम्भिक शिक्षा के लिए लेनिन के हृदय में जितना उत्साह था, स्वतन्त्र शिक्षा के लिए उतना ही विरोध भी था। सहस्रों विद्वानों और विचारकों को रूस से उन्होंने उनके विचारों के कारण निर्वासित कर दिया, और सम्पूर्ण नवीन अनुसन्धानों पर उन्होंने मार्क्स के सिद्धान्तों के अनुकूल रहने का प्रतिबन्ध लगा दिया है।

लेनिन रूस में मार्क्स तथा एंगेल्स के सिद्धान्तों के प्रथम प्रवर्तकों में से थे। लेनिन सदा साम्यवाद के वैज्ञानिक रूप का ही समर्थन करते रहे हैं। परन्तु उन्होंने जिन उपायों से और जिस प्रकार के साम्यवाद को क्रियात्मक रूप दिया है, वह स्वयं उन द्वारा प्रतिपादित वैज्ञानिक साम्यवाद से सर्वथा भिन्न है। वैज्ञानिक साम्यवाद का समर्थन और ऐतिहासिक भौतिकवाद का प्रतिपादन तथा शासक-रूप से व्यवस्था करने पर भी लेनिन में बकुनिन के अनुयायी रूसी त्रासवादी क्रान्तिकारी की प्रकृति अत्यन्त स्पष्ट दिखाई पड़ती है। जिनोवेव लेनिन के अत्यन्त श्रद्धालु अनुयायियों में से हैं, वे भी मार्क्स के सिद्धान्तों के इस पोषक में रूस के त्रासवादी-क्रान्तिकारियों के जीवन का पूर्ण आभास पाते हैं। वे लिखते हैं, "हमारे सहयोगी लेनिन के स्वभाव तथा प्रकृति का रूस के प्राचीन अमर शहीद त्रासवादियों से विशेष साम्य था, जिनके नाम इतिहास में स्वर्णाक्षरों में लिखे रहेंगे।" प्लेखनोव के सहयोगी अलेक्सरोद भी, जिन्होंने रूस में मजदूर आन्दोलन के आरम्भ करने में विशेष कार्य किया था, लेनिन को अराजक त्रासवादी (Anarcho Terrorist) के नाम से पुकारते थे। इसी प्रकार

स्विट्ज़रलैण्ड के प्रजातन्त्र साम्यवाद के समर्थक भी लेनिन पर स्विट्ज़रलैण्ड में रूसी अराजकता के फैलाने का दोष लगाते थे।

ऐसी अवस्था में जब कि रूस राजनैतिक, सामाजिक और मानसिक विकास की एक नाजुक अवस्था में से गुजर रहा था, लेनिन का राजनैतिक क्षेत्र में प्रकट होना रूस के लिए ऐतिहासिक दृष्टि से विशेष महत्त्व का विषय था। लेकिन हमें यह भी नहीं भूल जाना चाहिए कि लेनिन का यह महत्त्व केवल रूस के लिए ही था।

निर्वासन अथवा फरारी की अवस्था में लिखे हुए लेनिन के कुछ पत्र।

1

पोत्रेसोव के नाम–

शुशेंस्क, मेंसेस्क
2 सितम्बर, 1898

तुम्हारा 11 अगस्त का पत्र मिला, और उसके साथ ही साम्यवादी व्यवस्था और कार्यक्रम की पत्रिका तथा सूची भी मिली। प्रसिद्ध राष्ट्रवादी अर्थशास्त्रज्ञ–स्त्रूवे–का लेख मुझे बहुत पसन्द आया, वास्तव में अच्छा है। लेखक का ज्ञान गम्भीर है। वह अर्थशास्त्रज्ञ तो है ही, परन्तु सम्पादक की प्रतिभा उसमें उससे भी अधिक है। पत्रिका वास्तव में बहुत अच्छी है। आगामी वर्ष मैं इसका ग्राहक बनूँगा। मुझे एक अंग्रेजी पत्र की आवश्यकता है। मुझे इस विषय में बहुत कम ज्ञात है। तुम्हीं लिखो, इस विषय में अंग्रेजी पत्र कौन सा अच्छा रहेगा। अत्यन्त स्नेह से–

तुम्हारा–
लादीमीर उलियानो
लेनिन–

2

शुशेंस्क
27 अप्रैल, 1899

तुम्हारा 14 मार्च का पत्र मिला। पढ़कर बहुत प्रसन्नता हुई। शुक्र है, आखिर तुमने अपना मौन-व्रत तो तोड़ा। अनेक बातें तुम्हें कहने को हैं। मेरा मस्तिष्क इन सब विचारों से भर रहा है। यहाँ तो कोई भी ऐसा मनुष्य नहीं, जिससे मैं सिद्धान्तों

के विषय में बातचीत कर सकूँ...मेरे पड़ोस में, यहाँ एक मर्तोव ही है। समझ तो सबकुछ सकता है, परन्तु उससे भी बात करने की सुविधा नहीं, उसका निवास-स्थान मेरे यहाँ से पर्याप्त दूर है।

सबसे पहले मैं वलगाक्वो के लेख और उस पर तुम्हारी समालोचना के विषय में कुछ लिखना चाहता हूँ। यह देखकर मुझे अत्यन्त प्रसनन्ता हुई है, कि हम दोनों के विचारों में पूर्ण साम्य है, परन्तु सम्पादक महोदय हमारे विचारों से सहमत नहीं जान पड़ते। वलगाक्वो के जिस लेख की तुमने समालोचना की है, वह मुझे भी बहुत आपत्तिजनक प्रतीत हुआ है। मुझे यह समझ नहीं आता कि वलगाक्वो ने इस प्रकार का अनुदार और बेढंगा लेख क्यों लिखा! इससे बढ़कर आश्चर्य का विषय यह है, कि सम्पादक ने इस लेख के छपने की आज्ञा दे दी। सम्पादक महोदय समझते हैं—लेखक के विचारों के लिए सम्पादक उत्तरदायी नहीं—इतना लिख देना ही पर्याप्त है। तुम्हारा यह विचार सर्वथा ठीक है कि एक उत्तरदायी पत्र में 'कुस्तकी' के विचारों की कड़ी समालोचना किए जाने से जनता का भ्रम में पड़ जाना स्वाभाविक है। वलगाक्वो ने कुस्तकी के प्रति इस लेख में घोर अन्याय किया है। एक उत्तरदायी और राजनैतिक क्षेत्र से सम्बन्ध रखनेवाले व्यक्ति से इतनी अभद्रता की आशा नहीं की जा सकती।

वलगाक्वो का यह लेख प्रकाशित होने के पूर्व ही मैंने कुस्तकी के विचारों पर मनन किया था। मेरा विश्वास है, वलगाक्वो ने कुस्तकी के विचारों का उलटा ही अर्थ लिया है।

प्रायः दो सप्ताह हुए एक लेख 'कृषि और पूँजीवाद' मैं सम्पादक को भेज चुका हूँ। आज एक और वलगाक्वो के लेख की समालोचना के रूप में भेज रहा हूँ, परन्तु मुझे भय है, कि स्त्रूवे मेरे लेख को अधिक लम्बा बताकर अस्वीकार न कर दे। तुम्हारा क्या विचार है? वलगाक्वो के लेख के विषय में क्या करना चाहिए?

मार्क्स के सिद्धान्तों की, वलगाक्वो और स्त्रूवे द्वारा, इस नवीन टीका को देख, मुझे सन्देह होता है—बिना किसी निश्चय स्थान पर पहुँचे, वे विस्तृत शब्दाडम्बर से न जाने क्या प्रमाणित करना चाहते हैं। स्त्रूवे के लेख 'बाज़ार' पर भी मैंने एक समालोचना लिखी है। बहन इलज़ारोव कहती हैं, यह लेख 'वैज्ञानिक-समालोचक' में छप जाएगा। और स्त्रूवे इस समालोचना की प्रत्यालोचना भी लिख रहा है।

मुझे यह देखकर विस्मय होता है। वलगाक्वो ने अपना यह लेख वर्नस्टीन के सम्बन्ध में किसी भी प्रकार का उल्लेख किए बिना ही क्योंकर पूर्ण कर दिया? मैंने वर्नस्टीन की पुस्तकें मँगाई हैं, परन्तु आशा नहीं, मुझे मिल सकें। मैंने वर्नस्टीन के लेख केवल पत्रिकाओं में ही पढ़े हैं...मेरा विचार है, मैं वर्नस्टीन के भाव को वास्तविक रूप में नहीं समझ सका हूँ। उसके लेखों में मिथ्या-भाषण असम्भव की सीमा तक पहुँच गया है। इसका उपाय शीघ्र ही करना चाहिए।

इतनी सुस्ती किस काम की? तुम्हारे अतिरिक्त मुझे लिखनेवाला और कौन है?

अनेक शुभ इच्छाओं और स्नेह से–

तुम्हारा,
लादीमीर लेनिन।

3

प्लेखनोव को–

लन्दन
28 जुलाई, 1902

प्यारे ज्योर्जी!

सफ़र के खर्च के लिए 100 मार्क्स तुम्हें भेज रहा हूँ। तुम यहाँ कुछ दिन ठहरोगे, या केवल सैर-सपाटे के लिए आना चाहते हो? तुम्हारे आने तक यहाँ हमारे अनेक दूसरे सहयोगी पहुँच जाएँगे। तुमने पिछला पत्र मुझे फ्रांस में लिखा था। परन्तु उस समय मैं फ्रांस छोड़ चुका था। वह पत्र मुझे अभी तक नहीं मिला। अब तो आ ही रहे हो। शेष फिर मिलने पर...

तुम्हारा,
लादीमीर लेनिन।

4

लन्दन
8 अगस्त, 1902

मेरे प्यारे ज्योर्जी!

कल हमारे सहयोगी क्रास्नोख हमें मिलने आए थे। क्रास्नोख पीटर्सबर्ग की मजदूर सहायक समिति के सदस्य हैं। हम बहुत समय से इनकी प्रतीक्षा कर रहे थे। क्रास्नोख तुम्हारे उन मित्र से भली प्रकार परिचित हैं, जिसके हाथ मैंने तुम्हें रुपया भेजा था। तुम अपने मित्र से लन्दन आने के लिए कह देना। अनेक आवश्यक कामों के लिए उनका यहाँ होना अनिवार्य है। हमारे मित्र को यहाँ एक या दो सप्ताह ही ठहरना पड़ेगा।

इन दिनों रूस के सभी मजदूर-नेता मोन्त्र्यू–स्विट्ज़रलैण्ड–में एकत्र हैं। हमारे मित्र भी रूस से सिफ़ारिश लेकर वहीं जा रहे हैं। तुम उनसे जिनेवा आकर ही मिल लेना, और समझा देना।

तुम अपने पुराने मित्र् से सलाह करके, कोई स्थान निश्चित कर लेना, और मुझे भी उस विषय में सूचित कर देना। अपने पते के विषय में सतर्क रहना। मेरे

पत्र ख़तरनाक आदमियों के हाथ न पड़ने पाएँ। अत्यन्त स्नेह से–

तुम्हारा,
लादीमीर लेनिन।

5

अक्सेलरोद को–

लन्दन
19 अगस्त, 1902

मेरे प्यारे पावेल!

मुझे अभी तार से सूचना मिली है कि कोलम्बस तुम्हें मिलने आए थे। उनके लिए मेरे शतशः नमस्कार। साथ का पत्र उन्हें दे देना। आशा है, वे कुछ दिन वहीं ठहर कर नोस्को के साथ हमारे यहाँ आएँगे।

प्लेख़नोव कहते हैं, म्यूनिच में जर्मन प्रजातन्त्र साम्यवादियों की कांग्रेस में अवश्य सम्मिलित होना चाहिए। मेरे विचार में यह ठीक ही है। मैंने अभी तक दूसरे लोगों से इस विषय में सलाह नहीं की। परन्तु आशा नहीं, कि किसी को इस विषय में आपत्ति हो।

हाँ, सफ़र-खर्च के लिए रुपए की आवश्यकता हो, तो लिखो। यह तो नहीं कह सकता कि भेज ही दूँगा, क्योंकि स्वयं हमारे पास बहुत ही थोड़ा रुपया रह गया है, पर यत्न अवश्य करूँगा। प्लेख़नोव का संदेश मैं लियोप्दूप को भेज दूँगा। तुम्हारा स्वास्थ्य अब कैसा है? आशा है, इन गर्मियों में तुमने काफी विश्राम कर लिया होगा।

अनेक शुभ कामनाओं सहित...

तुम्हारा,
लादीमीर लेनिन।

6

प्लेख़नोव को–

लन्दन
19 दिसम्बर, 1902

प्यारे ज्योर्जी! अभी तुम्हारा पत्र मिला है। उत्तर दे रहा हूँ। तुमने वह पैम्फलेट लिखना आरम्भ कर दिया है यह जानकर मुझे बहुत प्रसन्नता हुई। कुछ लेख तो हम 'इस्क्रा' में भी प्रकाशित कर सकते हैं। मेरे विचार में यदि 'इस्क्रा' का अगला अंक एक सप्ताह तक प्रकाशित हो सके, तो बहुत अच्छा हो। इस अंक में हम सामाजिक

क्रान्तिकारियों के आक्रमणों का उत्तर देना चाहते हैं।

मैं नहीं कह सकता कि ब्रूसेल्स जाना आवश्यक है या नहीं। अमेरिका से पाँच हज़ार फ्रेंक हमारे पास आए हैं। सो आवश्यकता पड़ने पर व्यय का प्रबन्ध तो हो सकता है। कोल्नसो किसी अंश तक तुम्हारा प्रतिनिधि बन सकता है, परन्तु उससे काम नहीं चलेगा, क्योंकि अनेक महत्त्वपूर्ण विषयों पर विचार करना होगा।

पीटर्सबर्ग में हमारे कुछ आदमी, और कुछ व्यक्ति भद्र श्रेणी में से भी, गिरफ्तार कर लिए गए हैं। लैपेशियंसकी भी गिरफ्तार हो गए हैं। आशंका है, उन्हें साइबेरिया भेज दिया जाएगा। कुछ दिनों में नए समाचार मिलने की आशा है, तब फिर लिखूँगा।

अनेक शुभकामनाओं सहित–

तुम्हारा,
लादीमीर लेनिन।

7

लन्दन
10 जनवरी, 1903

प्यारे ज्योर्जी! साथ का पत्र बहुत आवश्यक है, इसलिए इसे स्वयं पढ़कर बहुत शीघ्र श्रीमती लूबो अक्सेलरोद को दे देना। यदि तुम उसको न मिल सको, तो भी पत्र को अवश्य भेज देना। यदि रोस्तो से कुछ आदमी जिनेवा आएँ, तो मेरी ओर से उन्हें बहुत शीघ्र तैयार होने के लिए कहना। झींझ यहाँ आकर क्या काम कर रहा है?...छपाई और रुपए के विषय में आप विस्तार से लिखिए। पेरिस के हाईस्कूल में व्याख्यान देने के लिए मुझे निमंत्रण मिला है। आपका इस विषय में क्या आदेश है? दरअसल्ल बात यह है कि मुझे शेख़्नवो, फ़िलीपोव और तुर्गन्वो का साथ पसन्द नहीं। दूसरी ओर पेरिस के सहयोगी मुझे व्याख्यान देने के लिए विवश कर रहे हैं। तुम्हारी इस विषय में क्या सम्मति है?

तुम्हारा,
लादीमीर लेनिन।

8

लन्दन
28 जनवरी, 1903

प्यारे ज्योर्जी! मैं ट्रॉट्स्की का एक लेख और संगठन-समिति की रिपोर्ट तुम्हारे

पास भेज रहा हूँ। इन्हें देखकर तुरन्त मेरे पास लौटा देना। यह रिपोर्ट अत्यन्त महत्त्वपूर्ण है, इसलिए मैं इसे सँभालकर रखना चाहता हूँ। ट्रॉट्स्की के इस लख का निर्णय तुरन्त हो जाना चाहिए। हमारे पास इस ढंग के अनेक लेख पड़े हैं। ट्रॉट्स्की का लेख तो हमें छापना ही होगा, क्योंकि उसमें हमारे विरोधियों की समालोचना बहुत अच्छे ढंग से की गई है। पोत्रेसोव का लेख मुझे निरर्थक जान पड़ता है। उसे छापने के पक्ष में मैं नहीं हूँ। आप इस विषय में अपनी सम्मति बहुत शीघ्र लिखिए।

अनेक शुभकामाओं सहित–

तुम्हारा,
लादीमीर लेनिन।

9

लन्दन
5 फरवरी, 1903

प्यारे ज्योर्जी! तुम्हारा पत्र और लेख दोनों मिले। यह कहना कठिन है कि किस अंक में तुम्हारा लेख प्रकाशित हो सकेगा। यह जानकर बड़ी प्रसन्नता हुई कि तुम मजदूरों को धोखा देनेवालों की पोल खोलने के लिए एक लेख लिख रहे हो। तुम्हें जो सूचना मिली है कि ऑस्ट्रिया में से 'इस्क्रा' नहीं भेजी जा सकती, सो बिल्कुल निराधार है। इस समय तक सब प्रबन्ध ठीक है, तीन मार्गों से 'इस्क्रा' इस समय ऑस्ट्रिया होकर रूस पहुँच रही है।

अत्यन्त स्नेहपूर्वक–

तुम्हारा
लादीमीर लेनिन।

10

पेरिस
2 मार्च, 1903

प्यारे ज्योर्जी! मैं सम्पादकीय विभाग के सदस्यों के सम्मुख ट्रॉट्स्की को मेम्बर बनाकर सम्पादकीय विभाग में सम्मिलित करने के लिए प्रस्ताव रखना चाहता हूँ। ऐसे विषय में बहु-सम्मति लेकर निर्णय होना चाहिए। एक सातवें सदस्य का सम्पादकीय विभाग में होना अत्यन्त आवश्यक है। छह मेम्बर रहने से, दोनों ओर बराबर सम्मति हो जाने से निर्णय पर पहुँचने में कठिनता होती है। इसलिए एक और मेम्बर का सम्मिलित करना अत्यन्त आवश्यक है।

गत कई मास से ट्रॉट्स्की 'इस्क्रा' के लिए लगातार लेख लिख रहे हैं। उनमें अद्भुत लेखन-शक्ति है, और जनता पर भी उनका प्रभाव पर्याप्त पड़ता है।

सम्पादन-कार्य में और प्रचार-कार्य में वह हमारे लिए बहुत सहायक हो सकते हैं।

ट्रॉट्स्की निस्सन्देह अत्यन्त योग्य और दृढ़ प्रकृति के मनुष्य हैं। आपत्तियों और अड़चनों को हटाकर अपना मार्ग स्वयं बना लेने की उनमें क्षमता है। मौलिक लेख तथा अनुवाद करके भी वह हमारी अपरिमित सहायता कर सकते हैं। इस प्रकार के नवयुवकों को उत्साहित कर, उन्हें अपने साथ मिलाना हमारे लिए आवश्यक है। तुम तो स्वयं जानते हो, योग्य आदमी न मिलने से काम में कितनी रुकावट होती है। पिछले दिनों एक अच्छे अनुवादक के अभाव से हमारे काम में कितनी कठिनाइयाँ आई थीं। सर्व-साधारण जनता को प्रभावित कर सकने वाले लेख लिखने में ट्रॉट्स्की विशेष सिद्धहस्त हैं।

ट्रॉट्स्की में न्यूनताएँ भी हैं। उदाहरणतः उसकी नवीन युवावस्था और उसकी भावुक लेखन-शैली। इसके साथ ही, सम्भव है, ट्रॉट्स्की शीघ्र रूस लौटने का विचार करने लगें।

इन सब न्यूनताओं से बहुत हानि होने की सम्भावना नहीं, क्योंकि ट्रॉट्स्की सम्पादकीय विभाग के मेम्बर होने की हैसियत से स्वच्छन्दतापूर्वक मनमाने ढंग से व्यवहार नहीं कर सकेंगे। इस प्रकार दूसरे सदस्यों के साथ कार्य करने से उनकी अनुभव की कमी पूरी हो जाएगी। विद्वत्ता तो उनमें यथेष्ट है, अनुभव काम करने से आता है। मुझे विश्वास है, इच्छा होने से ट्रॉट्स्की बहुत-कुछ कर सकते हैं। इसलिए उनका सम्पादकीय विभाग में सम्मिलित कर लेना ही बुद्धिमत्ता और दूरदर्शिता का काम होगा।

हम लोगों से सम्बन्ध हो जाने पर ट्रॉट्स्की के रूस लौट जाने की आशंका बहुत कम हो जाएगी। यदि वह चले भी गए तो भी एक संगठनकर्ता की हैसियत से सदा हमारे लिए लाभदायक प्रमाणित होंगे।

ट्रॉट्स्की की शैली में जो कुछ दोष हैं, वे ध्यान देने से बहुत शीघ्र दूर हो जाएँगे। उनके लेखों में जो परिवर्तन हम कर देते हैं, उसके लिए उन्होंने कभी आपत्ति नहीं की, इसलिए मेरे विचार में हम लोगों को सर्व-सम्मति से ट्रॉट्स्की को सम्पादकीय विभाग में मिला लेना चाहिए। मेरे विचार में इस विषय को अधिक स्थगित करना उचित न होगा। क्योंकि ट्रॉट्स्की समझते हैं कि आयु की कमी के कारण ही हम लोग उन्हें उचित महत्त्व नहीं देते।

यदि हम लोगों ने ट्रॉट्स्की को सम्पादकीय विभाग में सम्मिलित न किया, तो वे हम लोगों के व्यवहार में सहृदयता का अभाव समझकर, तुरन्त रूस लौट जाने का विचार करने लगेंगे। इससे मुझे बहुत दुख होगा।

तुम्हारा,
लेनिन

11

लन्दन

15 मार्च, 1902

प्यारे ज्योर्जी! तुम्हारा पत्र मिला। तुम्हारा यह लेख बहुत सुन्दर है, परन्तु 25 मार्च तक यह लेख मेरे पास अवश्य पहुँच जाना चाहिए। हम अत्यन्त उद्विग्नता से इसकी प्रतीक्षा कर रहे हैं। मैं किसानों के लिए एक पैम्फ़लेट 'किसान और मजदूर' लिख रहा हूँ। इस पैम्फ़लेट में मैंने ग्रामों में, श्रेणी युद्ध के विषय में व्याख्या की है, और ग्रामों में वर्तमान समाज की चारों श्रेणियों की अवस्था पर प्रकाश डाला है। पेरिस में मुझे ध्यान आया था कि इस प्रकार के एक पैम्फ़लेट से हम किसानों के मन से अनेक प्रकार के भ्रम मिटा सकेंगे...। इस विषय में तुम्हारी क्या सम्मति है?

अत्यन्त स्नेह से...

तुम्हारा,
लेनिन

12

लन्दन

10 अप्रैल, 1903

प्यारे ज्योर्जी! इन दिनों मेरा स्वास्थ्य ठीक नहीं था। इसलिए उत्तर में देरी हो गई। वह अपरिचित व्यक्ति चला गया है। कह नहीं सकता कि उसे अपने कार्य में सफलता होगी या नहीं। तुमने मेरे पैम्फ़लेट के बारे कुछ नहीं लिखा। क्या कारण है? कृपया इसके छपवाने का प्रबन्ध शीघ्र करना। इसका शीघ्र प्रकाशित होना अत्यावश्यक है। प्रूफ संशोधन का काम जैसे-तैसे करवा लेना।

अत्यन्त स्नेह से...

तुम्हारा अपना,
लेनिन

13

वोस्को को,

लन्दन

4 अगस्त, 1902

प्यारे बोईस! तुमने हमारे प्रतिनिधि की शिकायत लिखी है, मैं उससे स्वयं तंग हूँ। तुम कहते हो, हम लोग अपने प्रतिनिधि चुनने में सावधानी से काम नहीं लेते। मैं तुम्हारी बात को स्वीकार करता हूँ। परन्तु क्या किया जाए, हम अपनी

परिस्थिति से विवश हैं। हमारे मार्ग में उलझनें अधिक हैं, हम उनका उपाय नहीं कर सकते...। तुम योग्य प्रतिनिधि चुनने का काम अपने हाथ में ले लो, तो बहुत अच्छा हो। क्या रूस से हमारी सहायता के लिए पर्याप्त आदमी आ सकते हैं? मेरे विचार में उत्तरोत्तर हमें योग्य व्यक्ति मिलते जा रहे हैं। यह ठीक है कि काम बहुत शनैः-शनैः हो रहा है, और घबराहट अनुभव होना स्वाभाविक है। मैं स्वयं निराश होता जाता हूँ, अपनी शक्ति और ध्येय में मेरा विश्वास बहुत कम रह गया है। सफलता की आशा कम होती जाती है, हमें अपने उन प्रतिनिधियों के काम पर कड़ी दृष्टि रखनी चाहिए, और इनके काम का हिसाब लेना चाहिए। सबसे बड़ी कठिनता है योग्य कार्यकर्ताओं का अभाव। आदमी तो संसार में बे-हिसाब भरे पड़े हैं, परन्तु 'वास्तविक आदमी' नहीं मिलते। हमें अत्यन्त सतर्कता और सावधानी से अपने कार्य पर दृष्टि रखनी चाहिए।

लन्दन आने के लिए तुम्हें पहले ज़्यूरिच जाना होगा। तुम इतने निरुत्साहित क्यों हो? यदि थक गए हो, तो थोड़ा विश्राम कर लो। सेनिन के विषय में तुम्हारी क्या सम्मति है? कई व्यक्तियों ने सेनिन की प्रशंसा की है, परन्तु उस पर मेरा विश्वास नहीं जमता। वह मुझे उच्छृंखल-सा व्यक्ति जान पड़ता है...।

अत्यन्त स्नेह से.....

तुम्हारा,
लादीमीर लेनिन

14

प्लेख़नोव को,

लन्दन
14 दिसम्बर, 1902

प्यारे ज्योर्जी! चिरकाल से तुम्हारा समाचार नहीं मिला।...मेरे विचार में बहुत ही शीघ्र पीटर्सबर्ग कमेटी, मॉस्को कमेटी, तथा दूसरे स्थानों की कमेटियों के विरुद्ध बहुत से पैम्फ़लेट प्रकाशित करने चाहिए। इसके अतिरिक्त प्रति मास की कार्य की रिपोर्ट हम लोगों के पास अवश्य पहुँचनी चाहिए।

पिछले रविवार की सन्ध्या को यहाँ एक सभा की गई थी, उसमें हमें पर्याप्त सफलता मिली थी। ठीक तो नहीं कह सकता, परन्तु मेरा अनुमान है—लगभग तीन सौ पचास फ्रेंक मिले होंगे। यह कम नहीं हैं, क्योंकि यहाँ के साम्यवादियों ने हमारा बहिष्कार कर दिया था। क्या अमेरिका से एक हज़ार फ्रेंक आए हैं?

धन का इस प्रकार गबन हो जाना अत्यन्त खेद और लज्जा का विषय है।

धन किस नगर में दिया गया था, और किसे दिया गया था, इस विषय में कुछ पता चला या नहीं?

अत्यन्त स्नेह से...

तुम्हारा,
लेनिन।

15

लन्दन
19 दिसम्बर, 1902

प्यारे ज्योर्जी! यदि तुमने कांग्रेस में सम्मिलित होने के लिए ब्रूसेल्स जाने का विचार कर लिया है, तो मुझे तुरन्त सूचना दो, और रुपए के लिए भी तार दे दो। 'इस्क्रा' की छपाई लिविंसो के हाथों में है। आजकल लिविंसो का व्यवहार असहनीय होता जाता है। तुम लिलियाँत को एक पत्र लिखकर इस मामले को सुलझाने का प्रयत्न करो। मैं कूतस्के का एक पैम्फ़लेट छपने के लिए भेज रहा हूँ, और उसके साथ सैनिकों के जीवन के सम्बन्ध में एक लेख भी है। रूस में 'इस्क्रा' भेजने का प्रबन्ध भी बिगड़ रहा है, यह अत्यन्त चिन्ता का विषय है।

अत्यन्त स्नेह से...

तुम्हारा,
लादीमीर लेनिन

16

जिनेवा
9 जनवरी, 1908

मैक्सिम गोर्की को,

प्यारे गोर्की! कुछ दिन हुए, मैं अपनी स्त्री-सहित यहाँ पहुँच गया था। हम यहाँ यथा-सम्भव आराम के दिन व्यतीत कर रहे हैं, परन्तु क्योंकि हमारा यहाँ ठहरना चिरस्थायी न होगा, इसलिए विशेष प्रबन्ध नहीं हो सका! तुम्हारे पत्र से मुझे बड़ा आनन्द हुआ। काप्री आने का विचार वस्तुतः मनोरंजन है। मुझे बहुधा अवकाश मिलेगा, सो मैं तुम्हें मिलने आ सकूँगा। यहाँ हम एक पत्र चलाने के विचार से आए हैं, अभी तक यह तो निश्चय नहीं हो सका कि हम स्थायी रूप से जिनेवा ठहरेंगे या किसी और स्थान पर। मेरे सम्मुख काम बहुत है, इसलिए शीघ्र ही निर्णय करना चाहता हूँ। तुम्हारे यहाँ काम के ठीक ढंग से चल निकलने पर, मैं वसंत या ग्रीष्म ऋतु में ही आ सकूँगा। काप्री में ऋतु सबसे अधिक सुहावनी कब होती है?

तुम्हारा स्वास्थ्य अब कैसा है? और तुम्हारा काम कैसे चल रहा है? लाभ करने में तुम्हें असुविधा तो नहीं होती? बर्लिन में मैंने सुना था कि तुमने और ल्यूनाचरसकी ने इटली का दौरा किया है। तुम्हें इटली कैसा लगा? वहाँ तुम्हें अनेक रूसी मित्र मिले होंगे?

मेरा विचार है, मैं तुम्हें मिलने उस समय आऊँ, जब तुम्हें फुर्सत हो। इससे हमें सैर करने और बातचीत करने का पर्याप्त समय मिल सकेगा।

तुम्हें मैंने अपने पिछले बारह वर्ष के लेखों के संग्रह की एक प्रति पीटर्सबर्ग से भेजी थी, वह तुम्हें मिली या नहीं? तुम्हें और फ़िदौराव्ना के लिए मेरा अत्यन्त हार्दिक स्नेह...।

तुम्हारा,
लेनिन।

17

15 जनवरी, 1908

गोर्की को,

प्यारे गोर्की! तुम्हारा पत्र मिला। धन्यवाद! यदि मैं शीघ्र ही काप्री आ सकूँ, तो कितना अच्छा हो! तुमने काप्री के दृश्य का चित्रण बहुत ही सुन्दर किया है। इच्छा होती है, मैं तुरन्त ही तुम्हारे समीप पहुँच जाऊँ। मैं क्रुप्सकेया को भी साथ लाने की कोशिश करूँगा, परन्तु अभी समय के विषय में ठीक-ठीक नहीं लिख सकता। इस समय मेरा ध्यान और सम्पूर्ण शक्ति 'प्रोलिटेरियन'—मज़दूर—में ही लगी हुई है। उसके ठीक ढंग से चल निकलने पर ही मैं अन्य किसी दूसरे विषय की चिन्ता कर सकूँगा। इस काम में कम से कम दो महीने नहीं, तो एक तो अवश्य ही लगेगा। हाँ, वसन्त तक हम तुम्हारे पास अवश्य पहुँचकर काप्री की श्वेत मदिरा का रसास्वादन करेंगे। नेपिल्स भी देखेंगे, और तुमसे बातचीत का आनन्द भी खूब आएगा। फ़िदौराव्ना को जहाज़ी अफ़सरों और मज़दूरों के मन्त्री से मिलने के लिए कहना, इन लोगों का सम्बन्ध रूस आने-जानेवाले लोगों से अवश्य होगा।

इन लोगों से मिलकर यह पता लेना चाहिए कि जहाज़ किस-किस स्थान से और कब-कब चलते हैं? यदि हो सके तो प्रति सप्ताह कुछ व्यक्तियों के आने-जाने का प्रबन्ध हो जाना चाहिए। यह भी लिखना कि इस विषय में कितना खर्च हो जाएगा। कुछ विश्वास-योग्य इटेलियनों के नाम भी लिखने के लिए उसे कहना। तुम्हें रूस में कागज़-पत्र भेजने के लिए किसी पते की आवश्यकता हो, तो लिखो, और यदि तुम्हारे पास कोई पता हो, तो भी लिखना। इसकी विशेष आवश्यकता है।

यदि फ़िदौराव्ना से यह सब काम न सँभाला जाय तो तुम भी उनकी सहायता करना। यदि तुम मत्री का पता मुझे लिख दो, तो मैं स्वयं ही पत्र-व्यवहार द्वारा सब प्रबन्ध कर लूँगा।

यह सब काम बहुत जल्दी के हैं। आशा है, दो या तीन सप्ताह में 'प्रोलिटेरियन' आरम्भ हो जाएगा। और छपते ही हम उसे रवाना कर देना चाहते हैं।

शेष मिलने पर। ईश्वर के वास्ते अपने स्वास्थ्य का ध्यान रखना।

तुम्हारा,
लादीमीर लेनिन।

18

13 फरवरी, 1908

प्यारे गोर्की! बहुत सोचने पर मैं इस परिणाम पर पहुँचा हूँ, कि हमारे बहुत से मतभेदों का कारण केवल गलतफहमी ही है। मैंने अब तक कभी भी भद्र लोक को आन्दोलन से बाहर करने का विचार नहीं किया। यह मूर्खतापूर्ण विचार सिडिकिलिष्ट लोगों के ही हैं। ठीक इसके विपरीत, मेरे विचार में तो मजदूर आन्दोलन के लिए, भद्र लोक की सहायता अत्यन्त महत्त्वपूर्ण और आवश्यक है। हमारा बहुत शीघ्र मिलना सम्भव नहीं, परन्तु काम में विलम्ब नहीं होना चाहिए। काम आरम्भ हो जाने पर हमारे सब मतभेद दूर हो जाएँगे। अपने पिछले पत्र में, मैं ट्रॉट्स्की के विषय में लिखना भूल गया था। हमने आरम्भ से ही उन्हें पत्र में सम्मिलित करने का निश्चय कर लिया था, और इस विषय में उन्हें सूचना भी दे दी थी। जिस समय ट्रॉट्स्की मैन्शेविक दल में सम्मिलित थे, मैंने उनका बहुत विरोध किया था। कह नहीं सकता, वह बात उनके दिल में अब तक बैठी हुई है या नहीं। हमें ट्रॉट्स्की की ओर से एक पत्र मिला है। इस पत्र में उन्होंने हमारे सम्पादकीय विभाग में कार्य अधिक होने के कारण सम्मिलित होना अस्वीकार कर दिया है। यह पत्र स्वयं ट्रॉट्स्की के हाथ का लिखा हुआ नहीं है।

मुझे ट्रॉट्स्की की इस बात पर विश्वास नहीं आता। लन्दन-कान्फ्रेंस में ट्रॉट्स्की का व्यवहार भी कुछ ऐसा ही था। मैं निश्चयपूर्वक नहीं कह सकता, कि ट्रॉट्स्की अन्त तक बोल्शेविकों का साथ देगा या नहीं?

अत्यन्त स्नेह से...

तुम्हारा,
लेनिन।

19

जिनेवा

16 मार्च, 1908

प्यारे गोर्की! शोक है, तुमसे मिलने का दिन आता ही नहीं! ब्रूसेल्स से उत्तर आ गया है, और अब मुझे तुम्हारे पास आने में कोई अड़चन नहीं है, परन्तु सफ़र-ख़र्च आने की इच्छा नहीं होती। हाँ, तुमने एक बकरी खरीद ली है, इससे जान पड़ता है तुम्हारे दिन आजकल अच्छे कट रहे हैं। परन्तु यहाँ हाल बेढंगा है। मैं मिस्टर 'ए' से बहुत तंग आ गया हूँ।

आजकल मेरे समय का अधिक भाग दर्शनशास्त्र के अध्ययन में लग जाता है। इसलिए मैं पत्र की ओर पूरा ध्यान नहीं दे पाता। प्रतिदिन नये-नये अद्‌भुत विचारों का अध्ययन करता हूँ।

यदि तुम्हें समय मिले, और अपने काम के साथ-साथ 'प्रोलिटेरियन' के लिए लेख लिख सको, तो बहुत अच्छा हो।

ल्यूनाचरसकी और फ़िदौराव्ना को मेरी ओर से स्नेहपूर्वक याद करना।

मैं हूँ, तुम्हारा अपना ही,

लेनिन।

20

जिनेवा,

16 अप्रैल, 1908

प्यारे गोर्की! आज तुम्हारा पत्र मिलते ही उत्तर लिखने बैठा हूँ। मेरे लिए तुम्हारे यहाँ आना केवल कठिन ही नहीं, बल्कि असम्भव होगा। जो लोग वैज्ञानिक-साम्यवाद और साम्प्रदायिकता में किसी प्रकार की एकता साबित करने का यत्न कर रहे हैं, उनसे किसी भी प्रकार का समझौता करने के लिए मैं तैयार नहीं हूँ। अब पैम्फ़लेट लिखने और वाद-विवाद करने का समय नहीं रहा है। मेरे विचार में, हमारे दल के कार्यक्रम में, दर्शनशास्त्र सम्बन्धी, विचारों के लिए अवसर नहीं है। B.Z. के निर्णय के अनुसार हमें इसी निश्चय पर चलना चाहिए।

मैंने इस विषय में अपना निश्चय प्रेस में भेज दिया है। तर्क और वाद-विवाद से कुछ बनने की मुझे आशा नहीं है।

इस समय असम्बद्ध विषयों पर तर्क और विवाद का समय नष्ट करना, मेरी सम्मति में, उचित नहीं। परन्तु यदि हमें 'प्रेलिटेरियन' प्रकाशित करने के लिए तुम से भेंट करने की आवश्यकता हुई, तो मैं तुम्हें मिलने आऊँगा। परन्तु किराये की समस्या विकट है। अस्तु...

सुविधा होते ही मैं तुम्हें मिलने आऊँगा। तुमसे मिलने की बहुत इच्छा हो रही है।

अत्यन्त स्नेह से,

तुम्हारा,
लादीमीर लेनिन।

पुनश्च....

फ़िदौराव्ना को मेरी ओर से नमस्कार। आशा है, उसने अब तक ईश्वर की वकालत आरम्भ नहीं की होगी।

21

जिनेवा
19 अप्रैल, 1908

प्यारे गोर्की!

तुम्हारा तार मिला! धन्यवाद! शोक है, मैं तुम्हारा अनुरोध मानने में असमर्थ हूँ। मैं पहले भी लिख चुका हूँ, कि मैं दल के कार्यक्रम में दर्शनशास्त्र सम्बन्धी तर्क–वाद-विवाद–को सम्मिलित करने के पक्ष में नहीं हूँ। मैं आन्तोल को भी इस विषय में लिख चुका हूँ। इस पत्र में मैं फिर इसी बात को दोहरा रहा हूँ, ताकि तुम्हारे अनुरोध को न मानने का कुछ और तात्पर्य न समझा जाए। उद्‌देश्य के लिए साथ मिलकर काम करना हमारा कर्तव्य है। गत क्रान्ति में यह प्रमाणित हो चुका है, कि हमारी नीति सबसे अधिक युक्तियुक्त है, इसलिए हम इसे छोड़ने को तैयार नहीं हैं। सफलता के लिए हम लोगों का एक-साथ मिलकर चलना आवश्यक है।

यदि 'क' को 'ख' से, अथवा 'ख' को 'क' से, सिद्धान्तों के सम्बन्ध में, किसी प्रकार का विरोध है, तो उससे दल के उद्‌देश्य को किसी प्रकार की हानि नहीं पहुँचनी चाहिए। तुम्हारे तथा अन्य सहयोगियों के सम्मुख मेरी यह प्रार्थना है, कि विवाद में सम्मिलित होने के लिए मेरी अस्वीकृति का कोई दूसरा अर्थ न लगाया जाए। आशा है, तुम मुझे क्षमा करोगे। इस समय पत्र को छोड़कर आना भी मेरे लिए कठिन है।

अत्यन्त स्नेह से...

तुम्हारा,
लेनिन।

पुनश्च–

आन्तोल ने रोम की हड़ताल के सम्बन्ध में एक लेख भेजने का वचन दिया था। हम उनके लेख की प्रतीक्षा कर रहे हैं।

हम सभी लेखकों से लिखाई द्वारा 'प्रोलिटेरियन' की सहायता की आशा रखते

हैं। पत्र की सफलता और असफलता का उत्तरदायित्व हम सब पर इकट्ठा है।

बोगद्वोव से, जैसे भी हो, रुपया भेजने के लिए कहना। रूस में, सभी लोग रुपए के बिना व्याकुल हो रहे हैं।

22

30 जनवरी, 1911

प्यारे गोर्की!

तुम्हारा पत्र आए कई दिन हो गए हैं। उत्तर देने में अनेक उलझनों के कारण देरी हो गई।

अनेक विषयों में परामर्श करने के लिए तुमसे मिलना आवश्यक है। टॉल्स्टॉय के विषय में तुम्हारा विचार बिलकुल ठीक है। अनेक पाखण्डी उसे ऋषि और महात्मा बनाने का यत्न करेंगे। इस विषय में प्लेख़नोव भी हमसे सहमत हैं....।

यह जानकर मुझे बहुत दुख हुआ, कि विद्यार्थियों के साथ रूस में पशुता का व्यवहार किया जा रहा है। टॉल्स्टॉय तो अपने अहिंसा के सिद्धान्त के आगे किसी भी सिद्धान्त या विचार का कुछ मूल्य नहीं समझते....।

आजकल जर्मनी में लोग यही देख रहे हैं, कि ऊँट किस करवट बैठता है। तुम इन लोगों की पत्रिका नेपिल्स से मँगाकर, और उसका अनुवाद कराकर देख सकते हो।

आशा है, ऐसे ही अनेक मौसमी साम्यवादी इटली में भी होंगे। इटली में मार्क्स के असली अनुयायियों का अभाव दीखता है, यह बड़े दुर्भाग्य का विषय है। तुम्हारे पत्र से मुझे बहुत दुख हुआ। जान पड़ता है, काप्री में मकानों को गर्मी पहुँचाने का प्रबन्ध सन्तोषजनक नहीं है, इसीलिए तुम्हारे हाथ सर्दी में ठिठुरते रहते हैं। हमारे यहाँ तो मकानों में भाप से गर्मी पहुँचाने का प्रबन्ध है, इससे कष्ट नहीं होता। तुम सर्दी से बचने का प्रबन्ध अवश्य करना।

तुम्हारा अपना,
लादीमीर लेनिन।

पुनश्च—

बोलोना से स्कूल देखने के लिए एक निमन्त्रण आया है। इस स्कूल में प्रायः बीस के करीब मजदूर पढ़ते हैं। मैंने यह निमन्त्रण अस्वीकार कर दिया है। मुझे इन सुधारकों के झंझट पसन्द नहीं। कुछ ही दिनों में हम मज़दूरों को सीधे रास्ते पर ले आएँगे।

23

क्राको
1 अगस्त, 1912
क्राको, ऑस्ट्रिया, जीर्जनीस, 218
6, उलीआनोव।

प्यारे गोर्की!

तुम्हारा पत्र मिला, और उसके साथ ही साइबेरिया से आया हुआ पत्र भी। मुझे पेरिस के पते पर पत्र मत लिखना। अपना पूरा पता ऊपर दे रहा हूँ।

मैं तुम्हारे पत्र का भाव ठीक नहीं समझ सका। तुम जो चाहते हो, साफ-साफ लिखो। तुम्हारा संकेत सामाजिक क्रान्तिकारियों के प्रति तो नहीं?

तुम्हें एक बुरा अभ्यास पड़ता जाता है। अनेक विषयों को तुम यों ही टाल देने का यत्न करते हो...। यह बातें, अमीरों और भद्र लोक को ही शोभा देती हैं।

भद्र-श्रेणी के लोग, उदार-दल के लोग, और सामाजिक क्रान्तिकारी, इन सब लोगों की यह प्रथा है कि वे कभी किसी विषय का पूर्णतः निश्चय नहीं करेंगे। समझौते करके, तथा अन्य उपायों से, वे असन्तोष और मतभेद को दबाने का प्रयत्न करेंगे। यही तो प्रजातन्त्र साम्यवादियों तथा दूसरे लोगों में भेद है। यह भेद व्यक्तिगत नहीं, परन्तु सिद्धान्तों का है। मतभेद को छिपाकर ऊपर लीपा-पोती करने से कुछ लाभ नहीं। मैं पहले भी लिख चुका हूँ, और अब फिर लिखता हूँ, कि इन सामाजिक क्रान्तिकारियों से मेरा मेल नहीं हो सकता...।

अत्यन्त स्नेह से...

तुम्हारा,
लेनिन

पुनश्च—

फ़िदौराव्ना को मेरी ओर से नमस्कार! इन दिनों रूस में क्रान्तिकारी विचार प्रबल वेग से फैल रहे हैं। वहाँ हमारा एक दैनिक पत्र 'प्रवदा' सफलतापूर्वक चल रहा है।

24

(बिना तारीख के)

प्यारे गोर्की!

...वाल्टिक के सामुद्रिक बेड़े में असन्तोष की मात्रा बहुत बढ़ गई है। उनका एक प्रतिनिधि मुझसे मिलने के लिए पेरिस में आया था (गुप्त)। इन लोगों का संगठन देखकर मुझे दुख होता है। यदि तुम्हारा कुछ अफसरों से परिचय हो तो तुम

कुछ करने का प्रबन्ध करना। सेवकों में उत्साह की मात्रा बहुत अधिक है। भय है, कहीं वे स्वयं अपना ही नाश न कर बैठें...।

तुमने अपने पत्र में मेरे ऑस्ट्रिया में ठहरने की वजह पूछी थी। उसका कारण यह है, कि यहाँ सेंट्रल कौंसिल ने एक नई शाखा ज़ारी की है (गुप्त)। रूस की सीमा निकट होने से भी अनेक सुविधाएँ रहती हैं। सेंटपीटर्सबर्ग के पत्र छपने के तीन दिन बाद हमें मिल जाते हैं, और यहाँ से रूसी समाचारपत्रों में लेख लिखने की सुविधा रहती है। समीप रहने से और भी अनेक लाभ हैं। यहाँ वाद-विवाद की प्रतियोगिता का झंझट न होने से मुझे पर्याप्त समय मिलता है, परन्तु कोई अच्छा पुस्तकालय न होने से कठिनाई भी कम नहीं होती।

अत्यन्त स्नेह से...

तुम्हारा,
लेनिन

पुनश्च—
मेरी ओर से फ़िदौराव्ना को स्नेहपूर्वक याद करना।

25

प्यारे गोर्की!

आज ही मुझे 'प्रवदा' के सम्पादकीय विभाग की ओर से एक पत्र मिला है। यह लोग तुम्हारा सहयोग पाकर बहुत प्रसन्न हुए थे। वह लिखते हैं, "....हम गोर्की को प्रति पंक्ति के लिए पच्चीस कोपेक देने को तैयार हैं, परन्तु हमें भय है, गोर्की इस प्रस्ताव से अपना अपमान अनुभव करेंगे।"

मेरी सम्मति में इसमें अपमान की कोई बात नहीं। कभी कोई यह ख्याल न करेगा कि तुम केवल आर्थिक लाभ के लिए ही लिख रहे हो। इसके अतिरिक्त सभी लोग जानते हैं, 'प्रवदा' मजदूरों का अखबार है, और प्रायः लेखकों को दो कोपेक प्रति पंक्ति और अधिकतर कुछ भी नहीं देता। इसलिए कोई भी लेखक 'प्रवदा' में आर्थिक लोभ से लेख लिखेगा?

एक मज़दूर अखबार में लेख लिखकर जीवन-निर्वाह मात्र के लिए कुछ ले लेने में दोष नहीं। आजकल 'प्रवदा' की ग्राहक-संख्या बीस-पच्चीस हज़ार के लगभग पहुँच गई है। इसलिए पत्र यदि लेखकों की कुछ सहायता भी करे, तो क्या हानि है? तुम इस पत्र के प्रस्ताव से खिन्न न होओगे।

मेरे विचार में पीटर्सबर्ग के सम्पादकीय विभाग की आशंका सर्वथा निर्मूल है। तुम चाहो, तो प्रत्येक अंक के लिए कुछ पंक्तियाँ मेरे द्वारा अथवा सीधे सम्पादक

को भेज सकते हो।

अपने स्वास्थ्य का विशेष ध्यान रखना। फ़िदौराव्ना को मेरी ओर से स्नेहपूर्वक मेरी याद दिलाना।

तुम्हारा स्नेह मुग्ध,
लेनिन

26

प्यारे गोर्की!

चिरकाल से समाचार नहीं मिला। तुम्हारा स्वास्थ्य कैसा है? आशा है, सर्वथा प्रसन्न होओगे।

आज मुझे 'प्रवदा' की 187वीं संख्या मिली है, इसके साथ ही 1913 के चन्दे की सूची भी मिली। पत्र इस समय आर्थिक संकट में है। पिछली ग्रीष्म ऋतु में ग्राहकों की संख्या बहुत कम हो गई थी। अब ग्राहक बढ़ तो रहे हैं, परन्तु बहुत धीरे-धीरे इसी से धन की कमी बहुत अधिक अनुभव हो रही है। धन की कमी के कारण स्थायी लेखकों को भी सहायता नहीं दी जा सकती।

इस समय मजदूरों में अधिक उत्साह से प्रचार करके धन एकत्र करने की आवश्यकता है। पत्र की रक्षा के लिए यह अत्यन्त आवश्यक है। यदि ऐसा न किया गया, तो 'ड्यूमा' की इस बैठक के पश्चात् पत्र न चल सकेगा।

आशा है पत्र के लिए प्रचार कर, ग्राहक बढ़ाने में तुम भी सहायता करोगे। यदि तुम्हारे पास कोई मनोरंजक कहानी तैयार हो, तो उसका विज्ञापन देने से ही बहुत से ग्राहक बढ़ सकते हैं। यदि न हो, तो तुम तैयार कर सकते हो, और उसकी सूचना पहले से ही दी जा सकती है। यदि तुम एक पत्र लिखकर मजदूरों को पत्र की इस सहायता के लिए प्रेरणा करो, तो पत्र में उसके प्रकाशित करने से भी बहुत अधिक प्रभाव पड़ सकता है।

जो कुछ भी तुम निश्चय करो, उसकी सूचना या तो सीधे 'प्रवदा' के सम्पादक के पास भेज दो, अथवा मुझे लिख दो।

आशा नहीं, कि युद्ध बहुत शीघ्र आरम्भ हो सके। हम लोग यहाँ पोलैंड में ज़ारशाही के प्रति पोलैंड निवासियों की तीव्र घृणा से लाभ उठाने का यत्न कर रहे हैं...। हम लोगों का कार्य बहुत कठिन होता जाता है। यदि तुम जनता में क्रान्तिकारी भावों का प्रचार करना चाहते हो, तो तुम्हें क्रान्ति का नाम लेकर जनता को धोखा देनेवालों का भी विरोध करना होगा। मज़दूरों में निस्सन्देह क्रान्ति और असन्तोष के भाव फैल रहे हैं, परन्तु मजदूरों के इन भावों को उल्टे मार्ग पर ले जानेवालों की भी कमी नहीं है। इन लोगों के कारण हमारे काम में बहुत अड़चनें

पैदा हो रही हैं।

छोटा-मोटा कोई एक लेख अवश्य भेजना।

फ़िदौराव्ना का चिरकाल से कोई पत्र नहीं आया। क्या कारण है?

अत्यन्त स्नेहपूर्वक,

तुम्हारा,
लेनिन

27

प्यारे गोर्की!

प्रियवर मित्र, यह तुम क्या कर रहे हो? तुम्हारा स्वास्थ्य नित्य बिगड़ता जाता है, परन्तु तुम विश्राम करना नहीं चाहते। अपनी नजले की बीमारी का ध्यान अवश्य रक्खो। बिगड़ जाने पर इससे बहुत अधिक कष्ट होगा। अपने जीवन को नियमित बनाने का यत्न तुम क्यों नहीं करते? कम से कम सर्दियों में तो ऐसा करने का यत्न करना। उन दिनों कार्य का बोझ भी इतना अधिक न होगा। तुम स्वास्थ्य की इसलिए तो उपेक्षा नहीं कर रहे हो, कि तुम्हारा ध्यान रखनेवाला वहाँ कोई नहीं? यदि ऐसा है, तो यह तुम्हारी भारी भूल है। अपने स्वास्थ्य का तुम्हें विशेष ध्यान रखना होगा, नहीं तो कान खिंचेंगे तुम्हें बीमार होने की इजाजत नहीं मिल सकती। क्या तुमने रात का काम शुरू कर दिया है? जिन दिनों मैं काप्री में था, लोग कहा करते थे कि सब अनियम मेरे ही कारण होता है। अब तुम्हें ढंग से और नियमपूर्वक जीवन व्यतीत करने का यत्न करना चाहिए।

हमें अपने लेखों द्वारा जनता में भौतिकवाद के लिए प्रवृत्ति उत्पन्न करने का यत्न करना चाहिए। रूस की जनता को उसकी स्वभावगत धर्मान्धता से निकालने का यत्न अधिक आवश्यक है।

पियाँतिस्की के मामले को अदालत में पहुँचा देना ही ठीक होगा। उलझनों को बढ़ाने से क्या लाभ? मैं भावुकता को अधिक पसन्द नहीं करता। अदालतों से लाभ उठाना ही ठीक है। मार्क्स और बेवेल ने भी तो अपने विरोधियों के ऊपर अदालत में नालिश की थी। एक बार निर्णय करके जो करना हो, कर डालना चाहिए। पियाँतिस्की के मामले में और उलझनें न बढ़ाकर मामला दायर कर दो, और यदि कोई इस विषय में तुम्हारा विरोध करे, तो उसकी चिन्ता मत करो। इस मामले में केवल पाखण्डी लोग ही तुम्हारे मार्ग में अड़चन पैदा करेंगे। उनकी अपेक्षा करना मूर्खता है। अदालत के भय से पियाँतिस्की को अछूता निकल जाने देना बड़ी गलती होगी।

अस्तु—आज का पत्र बहुत लम्बा हो गया है। अपने स्वास्थ्य के विषय में अवश्य लिखना।

तुम्हारा,
स्नेह-सहित
लेनिन—

28

25 जुलाई, 1913

प्यारे गोर्की!

कई दिनों से तुम्हें पत्र लिखने का विचार करता था, परन्तु अनेक कारणों से लिख नहीं सका। मुख्य कारण यह है कि क्रुप्सकेया का ऑपरेशन होनेवाला था, इससे मुझे समय नहीं मिल सका। ऑपरेशन हो गया है, और बीमार की हालत अब अच्छी है। ऑपरेशन पेचीला था, परन्तु डॉक्टर कोशर ने उसे सँभाल लिया। अस्तु...

तुमने लिखा है, कि तुम अगस्त में बर्लिन जाओगे। तुम वहाँ अगस्त के आरम्भ में जाओगे या अन्त में? हम लोग यहाँ से 4 अगस्त तक जा रहे हैं। हमारे टिकट ज़्यूरिच, म्यूनिच और वीआना के रास्ते से हैं। हम इन सभी नगरों में ठहरते हुए जाएँगे। यदि डॉक्टर ने हमें चार तारीख तक न चलने दिया, तो हमें अपनी यात्रा स्थगित करनी पड़ेगी।

क्या तुम हमें मार्ग में किसी स्थान पर नहीं मिल सकोगे? बर्न, ज़्यूरिच और म्यूनिच तो तुम्हारे भी मार्ग में पड़ते हैं?...

अपने स्वास्थ्य का ध्यान रखना, और यात्रा में तो विशेष सावधान रहना। अत्यन्त स्नेहपूर्वक।

तुम्हारा,
लेनिन

मेरा पता—
हर्न उलीआनोव, 5 गेसेलशेश स्त्रेस 4
(स्वीज़ेरा) बर्न।

29

30 सितम्बर, 1913

प्यारे गोर्की!

...तुम्हारी बीमारी का समाचार पाकर मुझे बहुत चिन्ता हो रही है। तुम न तो

दवाई का ही व्यवहार करते हो और न काप्री ही छोड़ते हो। जर्मनी में अनेक अच्छे स्वास्थ्यप्रद स्थान हैं। स्विट्ज़रलैण्ड के समीप ही सैण्ट-ब्लास में फेफड़े की बीमारी का काफ़ी और बहुत अच्छा इलाज हो सकता है। यहाँ की चिकित्सा-पद्धति आधुनिक वैज्ञानिक प्रणाली के सर्वथा अनुकूल है। यहाँ से सभी रोगी सर्वथा बलिष्ठ और स्वस्थ होकर आते हैं।

इस कड़ी सर्दी में काप्री से रूस की यात्रा करना तुम्हारे लिए सर्वथा हानिकारक होगा। मुझे तो इसकी कल्पना करके ही भय लगता है। क्या इटली में कोई अच्छा डॉक्टर नहीं है? तुम स्विट्ज़रलैण्ड या जर्मनी के किसी अच्छे डॉक्टर को दिखाओ। मैं यहाँ कई अच्छे डॉक्टरों का प्रबंध कर सकता हूँ। दो महीने तक किसी अच्छे अस्पताल में रहकर तुम्हें अपना पूरा इलाज करवा लेना चाहिए। तुम्हें अपने स्वास्थ्य की उपेक्षा करने का कोई अधिकार नहीं। तुम्हारा शरीर राष्ट्र की सम्पत्ति है। इसे नष्ट होने देना अपराध है। तुम अपने स्वास्थ्य तथा विचारों के विषय में विस्तारपूर्वक लिखना। परन्तु सबसे पहले अपने स्वास्थ्य की चिन्ता करो, यह मेरा तुमसे एकान्त अनुरोध है। स्वास्थ्य की उपेक्षा कर, उसे इस प्रकार नष्ट करना तुम्हारा विकट अत्याचार और अन्याय है।

तुम्हारा,
लेनिन

30

प्यारे अलेक्सी!

तुम्हारे पत्र से मैं बहुत चिन्तित हो रहा हूँ। एक डॉक्टर से तुम केवल इसलिए इलाज करवा रहे हो, यह एक विचित्र बात है। हम लोगों में जितने भी डॉक्टर होने का दावा करनेवाले सहयोगी हैं, वे सब पूरें गधे हैं। यह मेरी अपनी सम्मति नहीं, परन्तु यह एक अच्छे डॉक्टर विद्वान की राय है। तुम मेरी बात मानकर किसी अच्छे विश्वास-योग्य डॉक्टर की चिकित्सा आरम्भ कर दो। किसी डॉक्टर के बोल्शेविक होने से ही उसके हाथ में अपने स्वास्थ्य को सौंप देना नितान्त मूर्खता है। यदि तुम शीघ्र ही वहाँ से चलनेवाले हो, तो मेरी बात मानकर कृपया स्विट्ज़रलैण्ड अथवा विआना में किसी अच्छे डॉक्टर से अवश्य मिल लेना। यदि तुमने स्वास्थ्य की उपेक्षा की, तो मैं तुम्हें क्षमा नहीं कर सकूँगा। अपने स्वास्थ्य का समाचार बहुत शीघ्र लिखना।

अत्यन्त स्नेह-सहित—

तुम्हारा,
लेनिन

31

प्यारे गोर्की!

आजकल तुम्हारी कल्पना किधर दौड़ रही है? कुछ दिन हुए, मैंने 'रेश' में दोस्त-वस्तकी के लेख के सम्बन्ध में तुम्हारी समालोचना पढ़ी थी। उसे पढ़कर मैं बहुत प्रसन्न हुआ था। परन्तु आज मैंने तुम्हारे उसी लेख को 'लिक्वीडेटर' में पढ़ा है। इसमें एक अनुच्छेद को देखकर मैं विस्मयाहत रह गया। ऐसा जान पड़ता है, 'रेश' के सम्पादक ने अनुच्छेद को छोड़ दिया है। तुम लिखते हो–

" 'ईश्वर की खोज' को कुछ समय के लिए–केवल कुछ समय के लिए (?)–हमें छोड़ देना होगा, क्योंकि यह व्यर्थ का धन्धा है। जो कुछ संसार में है ही नहीं, उसकी खोज करना मूर्खता है। जो आदमी पहले खेत को काटकर भूमि तैयार नहीं करेगा, वह कुछ बो भी नहीं सकेगा। ईश्वर है ही नहीं, हमने अभी-अभी (?) ईश्वर को बनाया ही कहाँ है? संसार ईश्वर की खोज नहीं किया करता–वह उसे बनाया करता है।"

तुम्हारे इस लेख से ऐसा जान पड़ता है कि तुम ईश्वर की खोज का विरोध केवल कुछ समय के लिए कर रहे हो, और इस काम का विरोध इसलिए करते हो, क्योंकि तुम पुराने ईश्वर को खोजने के स्थान में नया ईश्वर बनाना चाहते हो।

तुम्हारे इस लेख को देखकर मैं बहुत हैरान हूँ। मुझे तुमसे ऐसी आशा नहीं थी।

ईश्वर को खोजने या बनाने में बहुत थोड़ा अन्तर है। केवल उतना ही, जितना पीले और नीले भूत में। ईश्वर को खोजने के स्थान में ईश्वर को बनाने की सम्मति देना और भी बुरा है। ईश्वर को चाहे खोजा जाए, चाहे स्वयं बना लिया जाए, वह जनता को अज्ञान के अन्धकार से बाहर नहीं निकलने देगा।

अत्यन्त सुशिक्षित, और सुसंस्कृत देश अमेरिका, स्विट्ज़रलैण्ड आदि में भी किसी नवीन विचार को जनता को समझाना कठिन है। ईश्वर-विश्वास और अध्यात्मवाद ने जनता के मस्तिष्क को जड़ बना दिया है। किसी भी प्रकार का धर्म-विश्वास, परलोक का ध्यान, आध्यात्मिकता अथवा इससे सम्बन्ध रखनेवाले विचार, जनता की मानसिक दासता के कारण हैं। शोक इस बात का है कि जनता इस दासता का स्वागत करने के लिए सदा तत्पर रहती है। यह विचार स्वतन्त्रता के लिए भयंकर रोगों के कीटाणुओं के समान हैं। धर्म की ओट में सैकड़ों-करोड़ों अपराध, अन्याय और अत्याचार छिपे रहते हैं। मेरी दृष्टि में जनता को ईश्वर पर विश्वास दिलाने का यत्न करना समाज के प्रति सबसे भयंकर अपराध है। एक ओर यदि एक रोमन कैथलिक पादरी बलात्कार के समान घोर अपराध करता है, और दूसरी ओर एक प्रजातन्त्र और साम्यवाद का पोषक ईश्वर का समर्थन करता है, तो मैं दूसरे

को अधिक घातक समझता हूँ।

और तुमने जनता की इस निर्बलता को समझते हुए, उसके सामने मद्य के समान इस मीठे विष को अत्यन्त रोचक और मोदक रूप देकर उपस्थित किया है। यह देखकर मुझे अत्यन्त खेद होता है।

आत्म-चिन्तन के नाम पर आत्म-प्रवंचन से क्या लाभ? जो कोई भी मनुष्य ईश्वर के निर्माण अथवा खोज के लिए जनता को उत्साहित करता है, अथवा इस कार्य में अपनी अनुमति देता है, वह अपने कर्तव्य और बुद्धि के साथ व्यभिचार करता है। आत्म-चिन्तन और मनन अपने आप को धोखा देने के साधन हैं। क्रियात्मक क्षेत्र को छोड़कर केवल कल्पना के राज्य में विचरना अपनी निर्बलता और गुणों को छिपाने का यत्न करना है, यह अमीरों का एक नखरा है, कल्पना द्वारा अपने-आप को संतुष्ट करना है। तुमने स्वयं ही रूस की जनता की आध्यात्मिक वृत्ति के सम्बन्ध में यह सब विचार प्रकट किए थे। इंग्लैण्ड, जर्मनी और इटली का अध्यात्मवाद उतना ही निकृष्ट, अज्ञानपूर्ण, प्रवंचनात्मक और उदार है, जितना कि रूस का। इस अध्यात्मवाद का उद्देश्य जनता को अज्ञान और दासता में फँसाए रखना है।

मैंने तुम्हारे लेख को कई बार पढ़ा, परन्तु यह न समझ सका कि यह भारी भूल तुमसे क्यों बन पड़ी। ऐसा जान पड़ता है, तुम में अपने पुराने प्रायश्चित्त करने के अभ्यास की यह स्मृति शेष रह गई है, परन्तु तुम भी तो इसकी निस्सारता को स्वीकार कर चुके थे।

पुराने अन्धविश्वासों को दूर कर, नवीन रहस्यवाद की स्थापना से क्या लाभ? ईश्वर के निर्माण का यह नवीन प्रस्ताव क्या अर्थ रखता है?

मैं तुम्हारे विचारों को कुछ भी नहीं समझ सका हूँ। मुझे तुम्हारे इस व्यवहार से मर्मान्तक पीड़ा पहुँची है।

तुम्हारा,
उलीआनोव

32

स्मिल्गा को–

सितम्बर, 1931

प्यारे भाई स्मिल्गा!

इस पत्र में मैं बहुत सी बातें तुमसे कहना चाहता हूँ, सो सम्भवतः यह बहुत अधिक लम्बा हो जाएगा।

1. रूस की राजनैतिक परिस्थिति बहुत शोचनीय हो रही है। बोल्शेविकों ने सरकार के विरुद्ध युद्ध छेड़ दिया है। परन्तु सेना सरकार के ही पक्ष में है, और वह

बोल्शेविकों को समूल नष्ट करने का आयोजन कर रही है। दूसरी ओर हम लोग सभाएँ करके प्रस्ताव पास करने में ही लगे हुए हैं। यह समय का अपव्यय नहीं, तो और क्या है? इस समय बोल्शेविक-दल केरेंस्की के शासन का विध्वंस करने के लिए सेनाओं की सहायता प्राप्त करने का बिल्कुल यत्न नहीं कर रहा है।

पिछली घटनाओं से यह प्रमाणित हो चुका है कि क्रान्ति की सफलता सशस्त्र शक्ति पर ही है। वस्तुतः राजनैतिक समस्या का हल सेना के ही हाथ में है। इस ओर बोल्शेविकों की पूर्ण उपेक्षा देखकर बड़ा शोक होता है। वह लोग यह समझते हैं कि केरेंस्की का शासन स्वयं ही लड़खड़ाकर गिर पड़ेगा। इस प्रकार आशा करना मूर्खता है। यदि मजदूर-दल इस समय युद्ध की तैयारी न कर, केवल भाग्य के भरोसे बैठा रहेगा, तो यह एक भयंकर अपराध होगा। तुम यदि इस पत्र की अनेक प्रतियाँ टाइपराइटर से निकाल कर मॉस्को में बाँट सको, तो बहुत अच्छा हो।

2. सेना की दो टुकड़ियों—एक फ़िनलैण्ड की रेजीमेंट, दूसरी बाल्टिक के दूसरे जहाजी बेड़े—पर ही हम लोग पूरा विश्वास कर सकते हैं। इस समय तुम्हें अपनी स्थिति से लाभ उठाना चाहिए। छोटे-मोटे काम अपने सहयोगियों को सौंपकर, तुम पूरे यत्न से फ़िनलैंड की रेजीमेंट और बाल्टिक के जहाजी बेड़े को युद्ध के लिए तैयार करने में लग जाओ। इस समय हमें सैनिकों की एक गुप्त समिति का आयोजन करके, सब बातों का निर्णय ठीक ढंग से कर देना चाहिए, और सब समाचार प्राप्त करने का यत्न करना चाहिए। फ़िनलैण्ड की रेजीमेंट को तथा बाल्टिक के जहाजी बेड़े को बहुत शीघ्र पीटर्सबर्ग पहुँचाने का यत्न करना चाहिए।

यदि हम लोगों ने केवल सभाएँ कर, प्रस्ताव पास करने में समय बिता दिया, और सैनिक-शक्ति को अपने हाथ में न किया, तो हमारी परिस्थिति बेढब हो जाएगी। आप लोगों को विश्वास योग्य सैनिकों को एकत्र करना चाहिए, और फ़िनलैण्ड की सीमा पर, 'ईन्हों' के किले में जाकर वहाँ अपनी सैनिक-शक्ति की जाँच करनी चाहिए। हम किसी भी अवस्था में अपनी सहायक सेना को सरकार के हाथ में नहीं सौंप सकते। फ़िनलैण्ड की टुकड़ियों की सहायता से ही हम क्रान्ति को सफल करके सोवियत शासन स्थापित कर सकेंगे। समाचार-पत्रों की रिपोर्ट से जान पड़ता है कि फ़िनलैण्ड पर जर्मनी के आक्रमण की कोई सम्भावना नहीं है, क्योंकि जर्मनी के पास इस समय इतना कोयला नहीं है, कि वे फ़िनलैण्ड पर अपने जहाजी बेड़े से आक्रमण कर सकें।

3. इस समय फ़िनलैण्ड की गवर्नमेण्ट को कस्साक-सेनाओं में प्रचार की व्यवस्था तुरन्त ही कर देनी चाहिए। केरेंस्की ने कस्साक-सेना के एक भाग को ख़ास विबोर्ग से हटाकर विबोर्ग और तिरिओकी के बीच जमा दिया है, ताकि इन लोगों का बोल्शेविकों से सम्बन्ध न रह सके। इस समय यह नितान्त आवश्यक है कि समझदार फ़िनिशनाविकों और सैनिकों को कस्साक-सेनाओं की ओर भेजा जाए।

4. इस समय जो सैनिक और सिपाही अवकाश पर ग्रामों में जा रहे हैं, उनसे हमें प्रचार का काम लेने का यत्न करना चाहिए, और ग्रामों में प्रचार की उचित व्यवस्था का प्रबन्ध करना चाहिए। तुम्हारी अपनी व्यक्तिगत परिस्थिति भी इस समय बहुत अच्छी है। तुम चाहो, तो क्रान्तिकारी-दल के नेताओं से मिल सकते हो। इस संगठित समूह से हमें रूस में पर्याप्त सहायता मिल सकेगी। और व्यवस्थापक सभा में भी हमारा बहुमत हो सकेगा, इसलिए तुम्हें तुरन्त ही इस संघ के रूप में जनता को एकत्र करना आरम्भ कर देना चाहिए। इस कार्य के लिए हमें साम्यवादी-क्रान्तिकारियों की सम्मिलित शक्ति से लाभ उठाना चाहिए। इस समय ग्रामों में साम्यवादी क्रान्तिकारियों का प्रभाव जमा हुआ है। इसलिए उनकी सहायता से ही हमें इस स्थान पर किसानों में क्रान्तिकारी भाव भरने का यत्न करना चाहिए।

5. इस समय हमें सबसे पहले पेट्रोग्रेड की सोवियत को सर्व-शक्तिमान बनाने का यत्न करना चाहिए। पेट्रोग्रेड की सोवियत से शक्ति जनरल सोवियत-कांग्रेस के हाथ चली जाएगी। तीन सप्ताह तक प्रतीक्षा करके केरेंस्की और कोर्नीलोफ़ को युद्ध के लिए तैयार होने का अवसर क्यों दिया जाए?

6. एक बार फ़िनलैण्ड के ऊपर अधिकार कर लेने के पश्चात् हमारे सम्मुख, दूसरों का अत्यन्त महत्त्वपूर्ण काम आ उपस्थित होगा। सबसे पहले तुम्हें स्वीडन के रास्ते रूस में क्रान्तिकारी साहित्य पहुँचाने का यत्न करना चाहिए। इसके बिना अन्तर्राष्ट्रीय परिषद् के सब प्रस्ताव और आयोजनाएँ निष्फल और व्यर्थ रह जाएँगी। सीमान्त पर यदि सैनिकों का एक संगठन हो सके, तो यह सबसे अच्छी बात है, परन्तु यदि यह न हो सके, तो एक ऐसे विश्वासपात्र आदमी का प्रबन्ध अवश्य करना चाहिए, जो आस-पास के सब जिलों में आ-जा सके। शेष काम मैं आने पर समझ लूँगा...रुपए का प्रबन्ध होना आवश्यक है। आशा है, तुम उसके लिए कोई उपाय अवश्य करोगे।

7. मेरे विचार में, इन सब विषयों पर ढंग से विचार करने के लिए एक बार मिलना आवश्यक होगा। तुम एक भी दिन खोए बिना मिलने आ सकते हो। आने से पहले रोवियों द्वारा हुलैन से टेलीफोन पर पुछवा लेना कि क्या वह अपनी साली से मिलने आ सकता है। इस प्रकार सूचना न देने से, सम्भव है, तुम्हारे आने पर मैं किसी और स्थान पर गया हुआ होऊँ। इस पत्र के वाहक के हाथ ही रोवियो द्वारा पत्र मिलने की सूचना अवश्य भिजवा देना। जब तक आने-जाने के उपाय तय नहीं हो जाते, मुझे इसी स्थान पर रहना होगा। तुम रेलवे के कर्मचारियों द्वारा डाक के आने-जाने का प्रबन्ध कर सकते हो? इस उपाय से ही हम हुलैन के लिए पत्र भेज सकेंगे।

8. पत्र-वाहक के हाथ टाइप करके और प्रधान के हस्ताक्षर करवाकर, तुम मुझे पत्र, स्थानीय कौंसिल के नाम, मुझ पर पूर्णतः विश्वास करने, तथा यथासाध्य

सहायता करने के लिए भिजवा दो। हस्ताक्षर कौन्सतेनिव पेत्रोविच इवानोव के होने चाहिए। मुझे अप्रत्याशित उलझनों में इस पत्र से सहायता मिल सकेगी।

9. आशा है तुम्हारे पास Meterials for Examination of the Party Programme का मॉस्को-संस्करण होगा, नहीं तो हेत्ससिंगोर से यह पैम्फ़लेट लेकर पत्र-वाहक के हाथ ही मेरे पास भिजवा देना।

10. रोवियो बहुत काम का आदमी है, परन्तु जरा सुस्त है। तुम सदा उस पर दृष्टि रखना। उसे प्रत्येक काम के लिए दिन में दो दफ़ा अवश्य कह देना, अन्यथा उससे कुछ न बन पड़ेगा। अत्यन्त स्नेहपूर्वक...

तुम्हारा,
के इव्रोव
(लेनिन का युद्ध के समय का नाम)

कवीन्द्र के प्रति गाँधी

"अपनी भावनाओं से प्रेरित हो, कवि सदा आशा के संसार में विचरण करता है। और वहीं वह संसार को भी ले जाना चाहता है। मनुष्य की विस्मय-स्तब्ध आँखों के सामने वह आनन्दोल्लास से चहकते हुए गगन-विहारी पक्षियों के चित्र अंकित करना चाहता है। इन पक्षियों के मन पर्याप्त विश्राम से सुस्थ और शरीर नव-रक्त की उष्णता से पुष्ट हैं। परन्तु इस पट के दूसरी ओर भी तो एक दृश्य है, जहाँ पक्षियों के हृदय केवल आह खींचकर रह जाते हैं। क्षुधा की पीड़ा से वह पंख तक फड़फड़ाने में असमर्थ हैं। यह है भारत का आकाश, यहाँ मनुष्य रूपी पक्षी प्रति प्रातः गत-सन्ध्या की अपेक्षा अधिक निर्बल, निस्तेज और निःशक्त अपने घोंसलों से बाहर निकलते हैं। भारत के असंख्य प्राणियों के लिए यह जीवन उपवास की अनन्त सन्ध्या अथवा भावुकता के ज्वार के समान है, जिसमें पीड़ा सीमा को लाँघकर शून्यता में परिवर्तित हो जाती है। मन तथा शरीर की यह वह अवर्णनीय अवस्था है, जिसकी कल्पना अनुभव के अभाव में असम्भव है। मुझे जान पड़ता है कि शरीर में लगे घावों को संगीत के मरहम से चैन न पड़ेगा। भारत के करोड़ों क्षुधा-पीड़ित हृदय एकाग्रभाव से रोटी के संगीत की ओर कान लगाए बैठे हैं। अन्य सब दिशाओं में उनकी भावनाएँ जड़ हैं।"

1

जब कभी गाँधी सफ़र पर बाहर निकलते थे, तो प्रायः उनकी यात्रा रेल के तीसरे दर्जे में हुआ करती थी। अथवा वे हाथ में लकड़ी लिए, नंगे-पैर गाँव-गाँव घूमा करते थे। उनके शरीर पर कमर के डेढ़ गज़ कपड़े के अतिरिक्त, कुछ नहीं रहता था। उनके इस वेश के स्वागत के लिए रेलवे स्टेशन जनता से भरे हुए मिलते थे। उनके मुख से एक शब्द सुनने के लिए, उनके दर्शनों की एक झलक पाने के लिए, हज़ारों-लाखों मनुष्य अति उत्कण्ठा से पहरों प्रतीक्षा करते थे। उनके दर्शनों की आशा में, उनकी स्तुति का कीर्तन करते हुए, जनता के लिए कई पहर बिता देना बिलकुल साधारण-सी बात थी। देश का वायु-मण्डल जनता के कण्ठ से निकली हुई उनके नाम की जय-ध्वनि से काँप उठता था। जिस स्थान अथवा ग्राम में वे एक रात बिता

दें, वह स्थान अथवा ग्राम जनता के लिए तीर्थ बन जाता था। भारत के सभी सम्प्रदाय अपने धर्म-मन्दिरों में उनके लिए मंगल-कामना करते थे। हिन्दुओं के लिए तो वे साक्षात् अवतार ही हैं। हज़ारों ही चित्र उनके अवतार के रूप में आपको देश में प्रचलित मिलेंगे।

मैजिस्ट्रेट मिस्टर लॉयड महात्मा गाँधी के बड़े विकट विरोधियों में से थे। जिस समय गाँधी साबरमती में गिरफ्तार हुए थे, उस समय मिस्टर लॉयड ने कहा था—"गाँधी को इसी हवालात में जीवित गाड़ दो, नहीं तो यह हवालात संसार के लिए मक्का बन जाएगी।" मिस्टर लॉयड का कहना कुछ उनकी भूल नहीं थी। अगले ही दिन देश-भर के समाचार-पत्रों में जो समाचार प्रकाशित हुए थे, उनसे प्रकट होता है कि सन्ध्या होते-होते समुद्र की उमड़ती हुई लहरों के समान, असंख्य जनता के प्रवाह ने साबरमती जेल को घेर लिया। जनता जेल के दरवाजे के सम्मुख इस संयत-भाव से खड़ी थी, मानो भक्त मन्दिर के सम्मुख खड़े हों। ज्यों ही दरवाज़ा खुलने की घण्टी बजी, उपस्थित जनसमुद्र में स्फूर्ति की एक नई लहर-सी फिर गई। भक्तों के समूह आगे बढ़े, और अपने आराध्य देव के चरणों में पृथ्वी पर लेट गए। कुछ ने भक्ति भाव से उनके चरणों का सपर्श किया, कुछ ने दूर से ही अभिवादन किया, और जो बहुत दूर थे, उन्होंने भूमि तक सिर झुकाकर ही अपने मन की श्रद्धा प्रकट की।

महात्मा गाँधी देश के लिए पूजा की वस्तु हैं। भारत ने जो आदर अपने इस नेता को दिया, उससे अधिक आदर की कल्पना करना असम्भव है। महात्माजी किसी राजकीय वंश से नहीं, न ही उनकी वंश-परम्परा का सम्बन्ध धर्माचार्यों की किसी श्रेणी से है। परन्तु फिर भी बड़े-से-बड़े ब्राह्मण और क्षत्रिय, उनके दर्शनों से अपने-आपको कृतार्थ समझते थे। कवीन्द्र ठाकुर ने महात्माजी के विषय में लिखा है, "...सम्पूर्ण भारत पूर्णरूप से उनका अनुगामी है, क्योंकि वह उन्हें अपना आध्यात्मिक गुरु समझता है।" अनेक भिन्न-भिन्न जातियों और सम्प्रदायों के लोग आँख मूँदकर उनके पीछे चलने के लिए जिस प्रकार तैयार हैं, वह बीसवीं सदी में एक चमत्कार से किसी प्रकार भी कम नहीं। और भारत को छोड़कर संसार में और कहीं इसकी सम्भावना भी नहीं की जा सकती। अभ्यस्त और पुराने अपराधी भी गाँधी की आज्ञा सुनकर विनीत हो जाते हैं। मेरा महात्मा गाँधी से अनेक विषयों में मतभेद है। परन्तु मैं उन्हें भक्ति और स्तुति का पात्र समझता हूँ। वे न केवल भारत, अपितु संसार के सबसे बड़े महापुरुष हैं।

महात्माजी का यह अक्षुण्ण प्रभाव केवल सर्वसाधारण तक ही परिमित नहीं, भारत की ब्रिटिश श्रेणी के लोग भी उन्हें उसी सम्मान और श्रद्धा की दृष्टि से देखते थे। कवीन्द्र ठाकुर के शब्दों में महात्मा का अर्थ ही है—"स्वार्थ से परे वह महात्मा, जिसने सब जीवों में अपनी आत्मा का अनुभव किया है, जो विश्व-ब्रह्माण्ड में व्याप्त विभु-आत्मा के साथ एक हो गया है।"

महात्मा गाँधी की वैयक्तिक महत्ता तथा उनके प्रभाव को भली प्रकार समझने के लिए भारत की विशेष परिस्थितियों से परिचित होना बहुत जरूरी है। एक प्रकार से भारत अच्छा-खासा अजायबघर है। असंख्य वंशों, अनेक जातियों, सैकड़ों भाषाओं और प्रायः संसार-भर के सभी सम्प्रदायों के अनुयायी इसमें मौजूद हैं। सात करोड़ तो अकेले मुसलमान ही थे, जो अनेक शताब्दियों से इस देश में हिन्दुओं के साथ रहते हुए भी आज तक विरोध और भिन्नता को भुला न सके। इसको छोड़िए, स्वयं हिन्दू ही पुराने समय से भिन्न-भिन्न मुख्य चौरासी भागों में, तथा अनेक असंख्य उपभागों में इस प्रकार बँटे हुए हैं, कि उन्हें बाहर के आदमी के लिए एक समझना असम्भव है। वे आपस में न एक-दूसरे के हाथ का खा सकते हैं, न परस्पर विवाह-सम्बन्ध आदि कर सकते हैं। उदाहरणतः बाग़ के माली के लिए खेत का किसान बिल्कुल पराया है। उनका आपस में कोई भी सम्बन्ध सम्भव नहीं। जनता का पाँचवाँ भाग अछूत है, जिनका स्पर्श क्या, कुछ का तो दर्शन-मात्र ही उच्च हिन्दू-मात्र को अपवित्र करने के लिए पर्याप्त है। यह वर्ण-व्यवस्था न केवल सामाजिक क्षेत्रों में परिमित है, परन्तु व्यापार तथा उद्योग-धन्धे तक में इसी प्रकार चली गई है। ऊँचे और नीचे वंश के मनुष्यों का व्यापार में, अथवा एक ही स्थान पर काम करना सम्भव नहीं।

भारत के इस बहुत बड़े जनसमाज के इतने छिन्न-भिन्न और परस्पर विरोधी अवयवों को एकत्र करके एक माला में पिरोया जाना गाँधी के वैयक्तिक स्वभाव से ही सम्भव हुआ है। जो कुछ अब तक मनुष्य-समाज के इतिहास में न हुआ था, वही महात्माजी ने कर दिखाया। उन्होंने न केवल इन भिन्न-भिन्न अंशों को एक में मिला दिया वरन् एक में मिलाकर उसे ऐसी प्रबल शक्ति बना दिया, जिसका सामना करना कुछ मतलब रखता है।

भारतीय राष्ट्र के सभी अंगों को इस एक व्यक्ति पर पूर्ण विश्वास था। कलकत्ते के करोड़पति उसे अपना नेता समझते थे, तो दरिद्र, क्षुधार्त्त उसे अपना प्रतिनिधि मानते हैं। पूँजीपतियों से लेकर साम्यवादी मज़दूर संघ तक उसकी सम्मति की अवहेलना नहीं कर सकता था। देश-भर के लिए उसके शब्द जादू का प्रभाव रखते थे। सारा राष्ट्र एकटक उसकी उँगली के संकेत की ओर देखता है। उसका एक शब्द हिन्दुओं, मुसलमानों, अछूतों और द्विजों, अमीरों और गरीबों के सब भेद-भाव मिटाकर उन्हें परस्पर मिला देने के लिए पर्याप्त था।

अहमदाबाद के अखिल भारतीय कांग्रेस के अधिवेशन के पश्चात् एक महान् भोज का आयोजन हुआ। महात्मा गाँधी इस भोज के प्रधान थे। भारत के सभी भिन्न-भिन्न सम्प्रदायों, मतों और जातियों के पचास हज़ार से अधिक मनुष्यों ने इस सहभोज में भाग लिया। हिन्दुओं की प्रसिद्ध धार्मिक संकीर्णता के बावजूद इस सहभोज में अति उच्च ब्राह्मणों से लेकर, विकट रूप से संकीर्ण मुसलमानों और

अत्यन्त नीच समझे जानेवाले अछूतों तक ने, न केवल एक स्थान पर बैठकर, वरन् एक पत्र में भोजन किया। यह सहभोज भारत की संस्कृति के क्षेत्र में एक प्रचण्ड क्रान्ति का आरम्भ था। यह भारत के नवयुग की भावना का संकेत था। इस भोज के कुछ ही दिन पश्चात् देश के चुने हुए प्रतिनिधियों ने महात्माजी को देश का 'निर्बाध-नेतृत्व' (Dictatorship) दे दिया।

जिस समय महात्मा गाँधी बीमार थे, सारा देश एक प्राण हो, अत्यन्त चौकस व्यग्रता से एक-एक क्षण में उनकी अवस्था को देख रहा था। देश के कोने-कोने में, धर्म-मन्दिरों में, उनके दीर्घ जीवन और स्वास्थ्य के लिए ईश्वर से प्रार्थना की जा रही थी। मन्दिर, गिरजे और मस्जिद, सभी ने इस प्रार्थना में सहयोग दिया।

इसके पश्चात् जब महात्माजी जेल से छूटे, तो फिर उसी एकता का भाव दिखाई दिया। उस आनन्दोत्सव में सम्पूर्ण देश के सभी सम्प्रदायों, जातियों और संस्थाओं ने भाग लिया। गाँव-गाँव, नगर-नगर में प्रसन्नता के जलसे किए गए। मन्दिरों, मस्जिदों और गिरजों में भगवान को धन्यवाद दिया गया। सभाओं में, जिनमें सभी विचारों के प्रतिनिधि उपस्थित थे, गाँधी को ईश्वर की ओर से शान्ति-रक्षा के लिए आया हुआ भगवान् का दूत कहकर उसकी स्तुति की गई। प्रत्येक भारतवासी ने इस दिन को एक पवित्र धार्मिक त्योहार की भाँति मनाया। भिक्षुकों और अपाहिजों को यथा-शक्ति दान दिया गया, तथा बच्चों को मिठाई मिली।

कुछ लोग जो यह कहते हैं, कि भारत का वास्तविक शासक गाँधी ही था, वह बिल्कुल मिथ्या भी नहीं है। भारत की रियासतों के महाराजाओं की सम्पूर्ण तड़क-भड़क और अंग्रेजी नौकरशाही की शान और दबदबे से कहीं अधिक प्रभाव इस दुबले-पतले, नग्न-प्रायः भिक्षुक का भारत की जनता पर था। भारत की राजनीति का केन्द्र देहली नहीं, बल्कि जेलखाने की भयानक कोठरी, अस्पताल में रोगियों का कमरा, रेलगाड़ी में तीसरे दर्जे की गाड़ी, किसी एक साधारण ग्राम की झोंपड़ी, किसी दूसरे नागरिक का निहायत मामूली-सा मकान, या साबरमती में महात्मा गाँधी का आश्रम। या यों कहिए, जहाँ कहीं गाँधी हों, चाहे वे कहीं भी क्यों न हों, वहीं उस समय भारत की राजनीति का केन्द्र है। भारत के भाग्य के अनेक महत्त्वपूर्ण प्रश्न इस व्यक्ति के साथ सम्बद्ध हैं। और वही उन्हें हल कर सकता है।

आज (1927 मार्च) असहयोग आन्दोलन असफल हो चुका है, और भारत के राजनैतिक क्षेत्र में विदेशी शासन के साथ पुनः सर्वत्र सहयोग दिखाई पड़ रहा है। महात्मा गाँधी अपना सम्बन्ध राजनैतिक मामलों से तोड़कर केवल अखिल भारतीय चर्खा-संघ के संघटन में लगे हुए हैं। परन्तु उनकी अनुपस्थिति में कोई भी राजनैतिक समस्या तय नहीं हो सकती। कोई भी मामला हो, उनकी सम्मति उसमें होनी ही चाहिए। प्रकट में राजनीति से सम्बन्ध खींच लेने पर भी उनकी सम्मति और आज्ञा ही सबकुछ है। उनके सम्मुख सबका अधिकार और प्रभुत्व फीका पड़ जाता है। भारत

की यह जागृति और आन्दोलन गाँधी के व्यक्तित्व के साथ अनिवार्य रूप से सम्बद्ध है। जिस समय गाँधी पूना के अस्पताल में बीमार पड़े थे, उस समय मि. ऐण्ड्रूज ने उनके विषय में लिखा था–"भारत का वास्तविक शासक, जिसका प्रभाव सम्राट की प्रभुता से भी कहीं अधिक है–इस समय यहाँ बीमार पड़ा है। जिस समय देहली के भव्य प्रासादों में रहनेवाले गवर्नरों के नाम विस्मृति अपने हाथ से पोंछ देगी, उस समय भी महात्माजी का नाम स्वर्णाक्षरों में चमकता रहेगा। भारत की सन्तान, अनन्त काल तथा महात्माजी की कीर्ति कथा सुनती रहेगी।"

महात्माजी के अत्यन्त विकट विरोधी, उनके राजनैतिक प्रतिस्पर्द्धी तक उनके व्यक्तित्व का लोहा मान गए हैं। जनरल स्मट्स, लॉर्ड रीडिंग, लॉर्ड हार्डिंग तक, जो एक समय अपने-आपको महात्माजी का शत्रु समझते थे, आज निकट मित्रों में से हैं। कुछ दिन हुए मि. पार्सिवल लांडोन् सुप्रसिद्ध अंग्रेज लेखक ने लिखा था कि–"गाँधी एक राजनीतिक नेता ही नहीं, बल्कि वर्तमान समय के धर्माचार्य हैं, और संसार के सबसे बड़े महापुरुष हैं।"

जिस समय महात्मा गाँधी सरकार के विरुद्ध विद्रोह फैलाने के अपराध में अदालत में पेश किए गए थे, उस समय भी उनके व्यक्तित्व के प्रभाव की अदालत अवहेलना न कर सकी। गाँधीजी की राजनैतिक सहयोगिनी सरोजिनी नायडू उस समय का वर्णन करती हुई लिखती हैं–"गाँधी ने सरकार की दृष्टि में अपराधी और गुनहगार के रूप में प्रवेश किया। परन्तु उनके भीतर पैर रखते ही सम्पूर्ण अदालत स्वयमेव उनकी अभ्यर्थना के लिए उठकर खड़ी हो गई। जज ने भी उनके साथ अत्यन्त आदर का व्यवहार किया। और अपना निर्णय सुना देने के पश्चात् कहा–'मैं यह कहे बिना नहीं रह सकता, कि आप मनुष्य-समाज की उस श्रेणी के अंग हैं, जिससे मुझे न अब तक काम पड़ा है, और न भविष्य में पड़ने की आशा करता हूँ।' "

यह नहीं, कि महात्माजी के विरोधी न हों। अन्य सब राजनैतिक नेताओं की भाँति उनके भी शत्रु हैं। इन शत्रुओं का विरोध और घृणा का परिमाण भी महात्माजी की महत्ता का उतना ही परिचायक है, जितनी कि उनके भक्तों की श्रद्धा और अगाध भक्ति! एक अंग्रेज संवाददाता ने महात्माजी के सम्बन्ध में विविध श्रेणी के मनुष्यों की सम्मतियाँ एकत्र की हैं। एक बंगाली स्टेशन-मास्टर की सम्मति में महात्माजी देवता हैं। एक अंग्रेज अफसर कहता है, "मुझे इस मनुष्य को देखकर देव-दूत पॉल का भाव होता है।" दूसरा उन्हें 'भयंकर क्रान्तिकारी' कहता है। तीसरा–'शेखचिल्ली' चौथा–'कूटनीतिज्ञ' और पाँचवाँ उच्छृंखल विद्रोही कहता है। जो कुछ भी हो, महात्माजी असाधारण व्यक्ति हैं। वे देवता हों या राक्षस, उनका व्यक्तित्व ध्यान देने तथा विचार के योग्य है।

महात्माजी का प्रभाव केवल नगरों तक ही परिमित नहीं, सुदूर गाँवों तक में उनके प्रभाव की गहरी छाप पड़ चुकी है। एक बार सुप्रसिद्ध वैज्ञानिक सर

जगदीशचन्द्र बसु के सुदूर पहाड़ी प्रान्त के कुछ भीलों से मिलने पर भीलों ने उन्हें बताया, कि उन लोगों ने अहेर करना छोड़ दिया है। सर बसु के इसका कारण पूछने पर उन्होंने बताया—"महात्मा गाँधी ने बन में अशांति फैलाने से मना किया है।" इन लोगों को महात्माजी के देखने का और उनके व्याख्यान सुनने का अवसर कभी प्राप्त नहीं हुआ। बहुत दूर से महात्माजी का 'अहिंसा' का सन्देश ज्यों-त्यों उन लोगों तक पहुँच गया है। इसी कारण जीव-जन्तुओं की हिंसा छोड़, वे लोग कृषि से पेट पालने लगे हैं। महात्माजी के सिद्धान्तों का इतना गहरा प्रभाव उन लोगों पर पड़ा है कि उन्होंने न केवल वन्य-पशुओं का आखेट ही छोड़ दिया है, वरन् घर पर मांस के लिए पाले गए पशुओं तक का भी काटना बन्द कर दिया है। पहले ये लोग पशुओं को बाज़ार में बेचकर जीविका चलाते थे, परन्तु अब वे केवल खेती पर निर्भर हैं। अपने सब पशुओं को उन्होंने जंगल में खदेड़ दिया है।

न्यूयॉर्क की 'वर्ल्ड मैगजीन' के संवाददाता प्रॉस्पर बुनारोली एक भारतीय के साथ अपने प्रश्नोत्तर का उल्लेख करते हुए लिखते हैं—"उनके यह पूछने पर कि 'क्या तुम महात्मा गाँधी से मिले हो?' उस व्यक्ति ने उत्तर दिया—'नहीं मिला, तो क्या हुआ, परन्तु उसे कौन नहीं जानता? वह महान है। साधारण मनुष्य उसे समझ नहीं सकता।' " मि. बुनारोली का कहना है कि भारत के लाखों-करोड़ों मनुष्य महात्मा गाँधी को इसी रूप में समझते और देखते हैं। उनके लिए वह स्वर्गीय देवदूत है। उसका सन्देश, सन्देह और तर्क की सीमा से परे है। खेत के किसान से लेकर अंग्रेजी यूनिवर्सिटी के ग्रेजुएट तक सब भारतवासी भारत की अनुभूति के इस प्रतिनिधि के पीछे आँख मूँदकर चलने के लिए तैयार हैं। महात्मा गाँधी के दक्षिण अफ्रीका के सहयोगी मि. पोलक गाँधी के प्रभाव के चमत्कार का वर्णन करते हुए लिखते हैं कि "तुम उसके व्यक्तित्व के विषय में कुछ भी नहीं कह सकते, यह कहना दुष्कर है कि गाँधी क्या है, और कैसा है? तुम केवल उसके प्रभाव का अनुभव कर सकते हो। उसके प्रभाव का अनुभव कर, तुम इतना कह सकते हो, कि गाँधी यहाँ है, या वहाँ है। उसका प्रभाव और शक्ति इतनी स्पष्ट है कि उसकी अवहेलना की ही नहीं जा सकती।" यह सत्य सभी महापुरुषों के प्रति एक समान लागू होता है। उनका वर्णन और परिभाषा करनी सम्भव नहीं रहती। वे उसी एक अनन्त और अनादि शक्ति की लहर होते हैं। जहाँ से वे आते हैं, वहीं वे चले भी जाते हैं। इसलिए उनके जीवन की समस्या को सुलझाना सम्भव नहीं रहता।

2

गाँधी महात्मा या धर्मगुरु जो भी हों—देखने में छोटे क़द के एक साधारण व्यक्ति हैं। आयु उनकी साठ के लगभग है। उनके मुख पर सौन्दर्य का कोई भी चिह्न नहीं, रंग

गहरा साँवला और शरीर में मांस केवल हड्डियों को ढकने-मात्र के लिए पर्याप्त है। उनके सिर का ढाँचा कुछ विचित्र-सा है। कान, खूब बड़े-बड़े और बाहर की ओर निकल-से रहे हैं। सिर पर बाल बहुत महीन छँटे हुए हैं। और कनपटियों पर कहीं-कहीं सफेद होते जा रहे हैं। उनकी गहरी काली भृकुटि के नीचे भूरी आँखें खूब बड़ी और उज्ज्वल हैं। ऊपर के पतले होंठ पर छँटी हुई मूँछों की पतली-सी लकीर रहती है। निरन्तर तपस्या और बीमारी के सिलसिले से उनका शरीर इतना निर्बल और सूक्ष्म हो गया है, कि खड़े होकर व्याख्यान देना भी उनके लिए सम्भव नहीं! उमड़ते हुए जन-समूह के बीचोंबीच प्रायः उन्हें एक चौकी पर बैठा दिया जाता है, इसी स्थान से बैठे-बैठे वे भक्तों को उपदेश देते हैं। मैजिस्ट्रेट लॉयड ने उनके विषय में लिखा था—"गाँधी का शरीर दुबला-पतला एक ढाँचा मात्र ही है।"

गाँधीजी के बोलने का ढंग बिल्कुल स्वाभाविक है। शान्त, गम्भीरभाव से नपे-तुले शब्दों में वे एक बात कहेंगे। लेनिन के समान भारत में क्रान्ति-युग के प्रवर्तक इस महापुरुष के बोलने-चालने के ढंग में भाव-भंगी, आवेश, अथवा उद्रेक का लेश-मात्र भी नहीं पाया जाता। बोलते समय प्रायः एक उँगली को हिला-हिलाकर वे संकेत किया करते हैं। शब्दाडम्बर से उन्हें घृणा है, और भावुकता को जगाना उन्हें पसन्द नहीं। उनका मन एक बात को मनुष्य के मस्तिष्क में बैठा देने की ओर रहता है। एक प्रसंग का भली प्रकार विश्लेषण किए बिना उसे वे कभी नहीं छोड़ते। जब तक किसी व्यक्ति के विचारों में वे समूल परिवर्तन करने में सफल नहीं हो जाते, वे अपने प्रति उसके विचारों की सहानुभूति का कुछ मूल्य नहीं समझते। शब्दाडम्बरपूर्ण अर्थहीन वाक्यों का उन्हें अभ्यास नहीं। उनके हृदय में धर्म के प्रति अगाध-श्रद्धा है। परन्तु फिर भी हिन्दुओं की श्रुतियों को ईश्वर कृत मानने के लिए वह तैयार नहीं। इस विषय में उन्होंने स्वयं लिखा है—

"मैं श्रुतियों और स्मृतियों के प्रत्येक शब्द को ईश्वरीय समझकर उन पर विश्वास करने में असमर्थ हूँ।....जो कोई भी बात मुझे बुद्धि और युक्ति से रहित जान पड़ेगी, अथवा जिसे मैं अन्याय समझूँगा, वह चाहे कितनी ही विद्वत्तापूर्ण हो, मैं उस पर विश्वास करने में असमर्थ हूँ।"

फ्रान्स के सुप्रसिद्ध विद्वान् रोम्यारोलाँ ने गाँधीजी की मनोवृत्ति का इस विषय में बहुत स्पष्ट विश्लेषण किया है। वे लिखते हैं—"उनका मस्तिष्क सदा शान्त, व्यवस्थित और मन अहंकार से शून्य रहता है। वह अन्य सर्व-साधारण मनुष्यों के समान ही अपने-आपको एक मनुष्य समझते हैं।" रोम्याँरोलाँ लिखते हैं—"महात्मा गाँधी ही केवल एक ऐसे ईश्वर के प्रतिनिधि संसार में आए हैं, जिन्होंने न तो ईश्वर के प्रतिनिधि होने का दावा किया, और न भगवान् के साक्षात् दर्शनों और उनसे आज्ञा प्राप्त करने का दावा किया है।"

महात्माजी ने अनेक अवसरों पर स्पष्ट रूप से अपने आपको ऋषि या महात्मा

कहे जाने का विरोध किया है। वे कहते हैं–"मैं न साधु हूँ, न योगी। मुझे न तो भगवान दर्शन ही देते हैं, और न मुझ तक सन्देश ही भेजते हैं। मेरा विश्वास है, कि वे सब लोगों की आत्मा में सन्मार्ग का निर्देश किया करते हैं। परन्तु हम उपेक्षा के कारण उनके आदेश को ग्रहण नहीं कर पाते। मैं भारत का और मनुष्य-मात्र का एक तुच्छ सेवक हूँ। किसी नवीन सम्प्रदाय की स्थापना की इच्छा मेरी नहीं। जो कुछ भी मेरी बुद्धि के अनुसार सत्य है, मैं उसका ही अनुसरण करता हूँ।..." अपनी भूल को स्वीकार करने में उन्हें कभी हिचकिचाहट नहीं हुई। उन्होंने स्पष्ट स्वीकार किया है कि "मुझमें कोई भी अलौकिक सामर्थ्य नहीं। सर्वसाधारण की भाँति भूल करना मेरे लिए नितान्त स्वाभाविक है। मेरी शक्ति और योग्यता परिमित है। परन्तु भगवान् मुझमें अनन्त त्रुटियों के होते हुए भी मुझ पर कृपालु हैं...।"

गिरफ्तार होने से पूर्व महात्माजी का विश्वास था, कि उनके गिरफ्तार हो जाने से जनता को लाभ ही होगा, हानि नहीं। वे समझते थे कि उनके गिरफ्तार हो जाने से उन लोगों का भ्रम, जो उनमें अलौकिक शक्ति होने का विश्वास करने लग गए हैं–स्वयं दूर हो जाएगा। इसके अतिरिक्त संसार और सरकार भी यह समझ जाएगी कि असहयोग का आन्दोलन केवल उन्हीं पर आश्रित नहीं, वरन् वह जनता के, अपनी परिस्थिति के कारण उत्पन्न, असन्तोष का परिणाम है।

मि. सी. एफ. एण्ड्रूज लिखते हैं–"महात्माजी की सफलता का वास्तविक रहस्य है, उनका पूर्ण निःस्वार्थ! इस निःस्वार्थ भाव के कारण उनकी दृष्टि अत्यन्त स्पष्ट, और दूरदर्शिता तथा विश्वास अटल हो गया है। महत्त्वाकांक्षा के नितान्त अभाव तथा सत्यनिष्ठा के कारण वे जनता की अनन्त श्रद्धा तथा गहरे विश्वास के पात्र बन गए हैं। यही उनकी सफलता की एकमात्र कुंजी और उनकी अलौकिक शक्ति है।"

उनका अत्यन्त संक्षिप्त और सरल वेश, उनके हृदय की सरलता तथा निष्ठा के साथ सदा एक रस जान पड़ता है। केवल खद्दर का डेढ़ गज़ टुकड़ा-भर ही उनकी सब पोशाक है। कमर से घुटनों तक का भाग उनका ढका रहता है। केवल जाड़ों की ऋतु में सर्दी से बचने के लिए एक मोटा कम्बल वे कन्धों पर डाल लेते हैं। सिर से वे सदा ही नंगे रहते हैं। पैरों में कभी चप्पल पहनते हैं, अन्यथा नंगे ही पाँव रहते हैं। न्यायाधीश के सम्मुख अदालत में और वायसराय तक के सम्मुख वे इसी भिक्षुक के वेश में उपस्थित होते हैं।*

यह निर्विवाद सिद्ध है कि महात्माजी का यह भिक्षुक-वेश, उनका चिन्ताग्रस्त

---

* मूल पुस्तक 1927 में लिखी गई थी। उस समय लेखक को इसी से आश्चर्य होता था, परन्तु सन् 1931 के नवम्बर मास में तो महात्माजी इंग्लैण्ड के राजा के खास महलों में अपनी इसी पोशाक में उपस्थित होकर उनसे मिले हैं। उनके लिए जार्ज पंचम को महलों के वेश सम्बन्धी नियमों की उपेक्षा करनी पड़ी है।

–अनुवादक

भाव और उनकी विश्वासोत्पादक उज्ज्वल आँखें, अपना एक विशेष प्रभाव रखती हैं। उनकी सरलता, सहृदयता और गम्भीर निष्ठा, उनकी चाल-ढाल, बोलचाल तथा प्रत्येक भाव-भंगी में स्पष्ट झलकती दिखाई देती हैं।

यदि यह कहा जाए, कि महात्माजी बहुत अच्छे वक्ता नहीं हैं, तो कोई अन्याय न होगा? पर सम्पूर्ण देश और राष्ट्र तो उनके पीछे आँखें मूँदकर चलने को हर घड़ी तैयार है। जनता के उबलते हुए जोश को—उनका एक शब्द, उनकी उँगली का एक संकेत, शान्त करने के लिए पर्याप्त है। एक नहीं, अनेक अवसरों पर ऐसा हुआ है कि उन्हें विरोधी और क्रोधोन्मत्त जनता के सम्मुख उपस्थित होना पड़ा है, और उनकी सौम्य-मूर्ति और अविचल शान्ति ने भयंकर रक्तपात को रोक लिया है। महात्माजी के कट्टर विरोधी मि. लॉयड तक को यह स्वीकार करना पड़ा है, कि "इस हड्डियों के ढाँचे मात्र व्यक्ति का प्रभाव दुर्धर्ष है। तैंतीस करोड़ मनुष्य उसके एक शब्द, एक संकेत मात्र से जिस ओर वह चाहे, पशुओं के समूह की भाँति चलने को तैयार हैं।...वह उनका ईश्वर है।"

महामना गोखले ने महात्मा गाँधी को उनके जीवन के आरम्भ में ही देख पाया था। गोखले ने उसी समय भविष्यवाणी कर दी थी, कि इस व्यक्ति में वह सभी लक्षण उपस्थित हैं, जो एक कर्मवीर नेता में होने आवश्यक हैं। इतना ही नहीं, वरन् साधारण जनता को भी बलिदान के मार्ग पर चला सकने योग्य सामर्थ्य भी इस व्यक्ति में प्रचुर है।

लेनिन की भाँति महात्माजी के व्याख्यानों में भी न शब्द-लालित्य ही रहता है, न वे उतने श्रुति-मधुर और आवेशपूर्ण होते हैं। शान्त तथा गम्भीर स्वर में क्रियात्मक राजनीति की चर्चा गहराई तक वे किया करते हैं। देश के सम्मुख कोई भी कार्यक्रम उपस्थित करते समय वे एक-एक नुक्ते को लेकर उसकी गहरी विवेचना और समीक्षा करते हैं। यहाँ तक कि कार्यक्रम का कोई भी पहलू उनकी दृष्टि से ओझल नहीं हो पाता! उदाहरणतः यदि उन्हें कताई के विषय में कुछ कहना होगा, तो रुई की भिन्न-भिन्न किस्मों से लेकर, चर्खों के अनेक रूप, सूत के गुण-अवगुण, बुनाई के सिद्धान्त और फिर बुने हुए कपड़े की खपत के उपायों तक की विशद व्याख्या करने में न चूकेंगे।

महात्माजी का ढंग इतना सीधा, सरल और व्यवसायात्मक होने पर भी उसका प्रभाव जनता पर बहुत गहरा पड़ता है। बड़े-से-बड़े व्याख्याताओं से कहीं अधिक प्रभाव महात्माजी का जनता पर पड़ता है। हज़ारों-लाखों व्यक्ति केवल महात्माजी का अनुशासन मानकर प्रतिदिन कुछ-न-कुछ समय सूत कातने अथवा कपड़ा बिनने के काम में व्यय करते हैं। वे लोग इसे अपनी जीवनचर्या में अत्यन्त महत्त्व का स्थान देते हैं, और इसका कारण है—केवल महात्माजी के प्रति उनकी श्रद्धा। इस नित्य के सूत कातने को उन लोगों ने अपनी नित्य की पूजा-पाठ का एक अंग मान लिया

है। महात्माजी के प्रभाव से अधिकांश धनी-मानी परिवारों की स्त्रियाँ अपने जापानी रेशम के महीन, सुन्दर तथा बहुमूल्य वस्त्रों को छोड़कर, यह कोमलांगी महिलाएँ, अपने हाथ से काते कपड़ों पर ही निर्वाह कर रही हैं। यहीं तक नहीं, गाँधी का प्रभाव समाज के उन स्थलों तक भी पहुँचा है, जहाँ सुशिक्षा और सुविचार की किरण का पहुँचना प्रायः असम्भव-सा जान पड़ता है। लखनऊ और बारीसाल वगैरह में सैकड़ों स्त्रियों ने व्यभिचार के व्यापार को छोड़कर चर्खे का आश्रय ले लिया है। यहाँ तक कि जेलों में खूँखार अपराधियों तक में चर्खे की ओर प्रवृत्ति और श्रद्धा होने लगी है।

इस समय से पूर्व, भारत के इतिहास में इस ढंग के संगठित आन्दोलन और जागृति का कोई दृष्टान्त आपको न मिलेगा। चर्खा आज भारत की राष्ट्रीयता और सामाजिक क्रान्ति का चिह्न बन रहा है। देश के सभी सम्प्रदायों, सभाओं और अंगों ने इसे राष्ट्रीयता का चिह्न मान लिया है।

जनता पर महात्माजी के प्रभाव का एक और अचूक प्रमाण लीजिए। महात्माजी ने विदेशी वस्त्र का खरीदना ही पाप नहीं बताया, बल्कि, पहले से खरीदे हुए विदेशी वस्त्र को धारण करना भी पाप बता दिया। यह प्रश्न जरा कठिन था। यहाँ केवल भावुकता का ही नहीं, पेट का भी प्रश्न था परन्तु गाँधी के प्रभाव से मुग्ध भारतीय जनता यहाँ भी पीछे न हटी। जनता ने अपनी गाढ़ी कमाई से खरीदे हुए विदेशी कपड़े को अग्नि-समर्पण करना आरम्भ कर दिया। बम्बई में केवल एक अवसर पर प्रायः डेढ़ लाख के कीमती वस्त्र एक बृहद् होली में जला दिए गए। इस प्रकार की होलियाँ सभी बड़े-बड़े नगरों में अनेक अवसरों पर की जा चुकी हैं।

महात्मा गाँधी की इस शक्ति और प्रभाव का कारण उनके वैयक्तिक जीवन में किस स्थान पर है—यह बताना कठिन है। पार्सिवाल लाण्डोन् का कहना है—"इस महापुरुष में एक दिव्य शक्ति है, जो उसकी निःस्वार्थ-भावना से मिलकर उसकी सरलता को अजेय बना देती है। उसका सामना करना सम्भव नहीं।" गिल्बर्ट मरे ने भी अनेक बार यही कहा है—"महात्मा गाँधी में एक अवर्णनीय, असाधारण साधुता है, जो सम्पूर्ण बनावट और कृत्रिमता को छिन्न-भिन्न कर देती है।"

3

महात्माजी के व्यक्तित्व की स्थिर-गम्भीर शान्ति और उत्फुल्लता किसी भी व्यक्ति पर प्रभाव डाले बिना नहीं रहती। राजनैतिक जीवन की गहन चिन्ता भी उनकी सरलता और भोली मुस्कराहट को उनके चेहरे से दूर नहीं कर सकी है।

रवीन्द्रनाथ ठाकुर लिखते हैं—"उनकी प्राकृतिक उत्फुल्लता कठिन-से-कठिन अवसर पर भी उनके हृदय में बनी ही रहती है।" महात्माजी के गिरफ्तार किए जाने

की खबर चारों ओर फैल चुकी थी। उनके निकट-मित्र तथा अनुयायी आकर अपनी चिन्ता प्रकट करने लगे। उस समय भी महात्माजी की स्वाभाविक सरलता और आमोद में कुछ अन्तर न पड़ा। वे अपने मित्रों से हँस-हँसकर बातचीत कर रहे थे। परिस्थिति के अनुकूल सलाह भी वे प्रत्येक व्यक्ति को दे रहे थे। पुलिस-अफसर के स्वयं उनके सम्मुख आ जाने पर भी वे अपने समीप बैठे, बच्चों से विनोद करते रहे। उनकी उत्फुल्लता देखकर सभी उपस्थित जन चकित थे।

अपने अभियोग में उपस्थित होने के लिए गाँधीजी के अदालत में जाने का वर्णन करते हुए एक भारतीय संवाददाता लिखता है–"महात्माजी बड़ी बेपरवाही से हँसते हुए अदालत में आए। आते ही उन्होंने मुस्कराकर उपस्थित जनता की ओर देखा। उनकी मुस्कराहट के प्रभाव को सभी उपस्थित लोगों ने अनुभव किया। उनके व्यवहार में चिन्ता अथवा भय के स्थान में आमोद और प्रसन्नता झलक रही थी। ऐसा जान पड़ता था, गाँधीजी अभियोग सुनने नहीं, बल्कि विवाह में सम्मिलित होने आए हैं।"

जिन दिनों महात्माजी साबरमती जेल में थे, उनके कुछ मित्र उनसे मिलने के लिए गए। वहाँ उन लोगों ने महात्माजी को तकिए की जगह पर खद्दर का एक बण्डल लिए खूब मजे में सोते पाया। जिस समय वे उठे, उनके शान्त और स्वस्थ चेहरे पर स्वाभाविक प्रसन्नता की किरणें फूटी पड़ती थीं। उठते ही वे अपने मित्रों से हँस-हँसकर बातें करने लगे। उन्हें देखकर ऐसा जान पड़ता था, मानो कोई बालक स्कूल का समय समाप्त हो जाने पर प्रसन्नता से कूदना चाहता हो। चिन्ता या भय का कहीं लेश-मात्र भी उनके चेहरे पर दिखाई न पड़ता था।

महात्माजी सभी लोगों से नम्रता और आत्मीयता का व्यवहार करते हैं। उनके विरोधी भी सम्मुख आने पर उनके प्रति आकर्षण अनुभव किए बिना नहीं रह सकते! महात्माजी की नम्रता और विनयशीलता उन लोगों पर भी अपना प्रभाव डाल जाती है। बगावत फैलाने के अपराध में छह वर्ष की जेल का हुक्म सुनाने के पश्चात् जज ने एक बार विनय से उनके सम्मुख सिर झुका दिया। उत्तर में महात्माजी ने उसी समय अत्यन्त नम्रता से हाथ जोड़कर धन्यवाद दिया।

उनके जीवन का ढंग बहुत सादा है। बहुत ही कम खर्च में वे अपना निर्वाह करने का यत्न करते हैं। उनकी आवश्यकता एक साधारण मजदूर की जरूरत से अधिक न होगी। उनका प्रधान भोजन मूँगफली, केला, खजूर, नीबू, बकरी का दूध और थोड़ा चावल है। दिन में वे केवल दो बार भोजन करते हैं। एक प्रातः, और दूसरा सन्ध्या को। सब प्रकार के नशे, चाय, कॉफी, इलायची से वे परहेज करते हैं। उनका बिस्तर है, केवल एक मोटा खद्दर का टुकड़ा, जिसे वे भूमि पर बिछाकर लेट रहते हैं। तकिए के स्थान पर खद्दर के कपड़ों का कोई बण्डल अथवा एक पुस्तक रख लेते हैं। यदि सम्भव हो, तो वे बाहर बिल्कुल खुले में बिना कुछ बिछाए–एक खद्दर

की चादर ओढ़कर ही सोना पसन्द करेंगे।

अपने विद्यार्थी-जीवन में महात्मा गाँधी इंग्लैण्ड में एक बार यूरोपियन सभ्यता और रहन-सहन के ढंग को अपनाने का यत्न कर चुके हैं। वह ढंग उन्हें न तो रुचिकर लगा, और न उपयोगी ही जान पड़ा। उन्होंने अपनी आत्म-कथा में इस विषय की सब आप-बीती का वर्णन खूब खोलकर किया है। नकटाई बाँधने में उन्हें विशेष असुविधा होती थी। नाच में ताल-सुर मिलाना उनके लिए दुष्कर था। और यही हाल वायलिन (बेला) का भी समझिए। अपने मित्रों की सलाह से उन्होंने यह सबकुछ सीखने का भरसक यत्न किया। परन्तु उन्हें सफलता न मिली। इस विषय में असफल रहने से उनका ध्यान इन सब बातों की कृत्रिमता और व्यर्थता की ओर गया। आपने अपनी वायलिन बेच डाली, नाच सीखना छोड़ दिया, और फ्रेंच का पाठ लेना भी बन्द कर दिया। उन दिनों सभा-समाज में जाने से उन्हें बेहद संकोच और घबराहट अनुभव होती थी।....एक अवसर पर वे एक भोज में सम्मिलित हुए। वहाँ मांस-भोजन उनके सम्मुख रखा गया। गाँधी ने यूरोप जाते समय माता के सम्मुख मांस न खाने की प्रतिज्ञा की थी। इस प्रतिज्ञा को स्मरण कर, वे मेज पर से उठ खड़े हुए, और भोज से वापिस लौट आए। इस दिन से उन्होंने अंग्रेज बनने का सब यत्न छोड़ दिया।

महात्माजी कुछ वर्ष दक्षिण-अफ्रीका में भी रहे हैं। भारतवासियों के साथ जो भीषण अन्याय वहाँ उस समय हो रहा था, उसके विरुद्ध उन्होंने आन्दोलन आरम्भ कर दिया। महात्माजी यहाँ एक प्रकार से त्याग और तपस्या का जीवन व्यतीत करते थे। रस्किन और टॉल्स्टॉय महात्माजी के आध्यात्मिक गुरु हैं। इनके सिद्धान्तों के अनुसार जीवन व्यतीत करने के लिए महात्माजी ने दक्षिण-अफ्रीका में एक आश्रम की स्थापना की। कुछ लोग इनके सिद्धान्तों से सहमत थे। वे भी आकर इनके साथ रहने लगे। कुछ भूमि खरीदकर मकान बनाए गए, और कुछ भारतवासी यहाँ आ शान्ति और आत्म-सम्मान का जीवन व्यतीत करने लगे। सब आश्रमवासी एक प्रकार के आध्यात्मिक भ्रातृ-संघ के सदस्य थे। इनमें किसी प्रकार भी छोटे या बड़े का भेद-भाव न था। प्रत्येक व्यक्ति को अपने हाथों से अपनी भूमि के टुकड़े पर खेती करनी पड़ती थी। स्वयं महात्माजी भी सहूलियत के वक्त खेती का काम किया करते थे। इस आश्रम के खोलने और संचालन में महात्माजी को अपने पास से बहुत खर्च करना पड़ा, और वे एकदम फकीर हो गए।

भारत में आकर ऐसा ही एक दूसरा आश्रम महात्माजी ने साबरमती के किनारे अहमदाबाद से कुछ मील के अन्तर पर स्थापित किया है। इस आश्रम में प्रायः उनके अपने सम्बन्धी और दूसरे अव्यक्त निकटवर्ती मित्र-जन रह रहे हैं। आश्रम का नाम सत्याग्रह-आश्रम है। यहाँ यह सब लोग त्याग और तपस्या का जीवन बिताकर सत्य की खोज में निरत रहते हैं।

महात्माजी अपने आश्रम के विषय में एक स्थान पर लिखते हैं—"यहाँ हम सब अशिक्षित और मूर्ख लोग एकसाथ रहकर सत्य को पहचानने और खोजने का यत्न कर रहे हैं। हम अपनी न्यूनताओं को जानते हैं, और उन्हें बहुत अच्छी तरह समझने का यत्न कर रहे हैं।"

आश्रम के मकान बहुत छोटे-छोटे और कम ऊँचे हैं। सामान के नाते उनमें वही कुछ रखा गया है, जिसके बिना काम चलना सम्भव नहीं। आश्रमवासियों का सिद्धान्त है, कि आवश्यकताओं को जहाँ तक सम्भव हो, कम कर दिया जाए।

महात्माजी का विचार है, कि अपनी आवश्यकता से अधिक जमा करके रखने से हम चोरी के अपराधी होंगे। सृष्टि का नियम है, कि प्रकृति प्रत्येक प्राणी के लिए, जो संसार में उत्पन्न हुआ है, सब आवश्यक वस्तुएँ पैदा करती है। यदि कुछ लोग आवश्यकता से अधिक लेंगे, तो आवश्यक है, कि शेष की आवश्यकता अवश्य पूरी न हो सकेगी, और उन्हें भोजन के बिना मरना पड़ेगा। किसी को भूखों मारने का हमें क्या अधिकार है?...हमें किसी दूसरे पुरुष से कुछ छीनने का अधिकार नहीं। जहाँ तक मेरे अपने जीवन का सवाल है, मैं कह सकता हूँ—मेरा अपना कुछ भी नहीं, और न ही मुझे किसी वस्तु की चाह है। जब तक तैंतीस करोड़ व्यक्ति दिन-भर में एक बार खाकर निर्वाह कर रहे हों, कुछ मनुष्यों के भोग-विलास की सामग्री संचय करना मनुष्यता नहीं कहा जा सकता। जिस समय असंख्य मनुष्य भूखों मर रहे हों, यदि कुछ व्यक्तियों के स्वेच्छा से कष्ट उठाने से उनका कुछ भला हो सके, तो क्या उन लोगों का यह कर्तव्य नहीं, कि वे ऐसा करना स्वीकार करें?

महात्माजी तथा उनके परिवार का जीवन उनके दारिद्र्य के व्रत के सर्वथा अनुकूल है। उनके घर की दीवारों पर किसी किस्म की सजावट नहीं। उनके कमरे में एक छोटी-सी डेस्क और किताबें रखने की अलमारी के सिवाय और कुछ भी नहीं। इसी कमरे में वे उठते-बैठते तथा अपने मिलने-जुलने वाले लोगों से मिलते-जुलते हैं। यहीं भूमि पर कपड़ा बिछाकर महात्माजी काम करने बैठते हैं। तीन खद्दर के टुकड़ों के अतिरिक्त चौथा वस्त्र उनके पास नहीं है। उन्होंने अपनी सम्पूर्ण सम्पत्ति अपने देश के हित अर्पण कर दी।

महात्माजी की स्त्री का नाम कस्तूरीबाई है। विवाह के समय गाँधीजी की आयु 12 वर्ष की थी। विवाह हो जाने के बाद सुख-दुख में सदा ही उनके साथ रही हैं। कस्तूरीबाई का शरीर बहुत निर्बल और क्षीण है। उनके भोले और सरल मुख पर उनके हृदय का साहस और दृढ़ निश्चय प्रकट झलकता दिखाई पड़ता है। उसके साथ ही दया और वात्सल्य का भाव भी इतना स्पष्ट है, कि कोई भी व्यक्ति उनसे प्रभावित हुए बिना नहीं रह सकता। कस्तूरीबाई गाँधीजी की भाँति हाथ से कता और बुना वस्त्र ही पहनती हैं। एक खद्दर की लाल किनारे की धोती-मात्र पहने, वे अपनी सहेलियों के साथ गाँव-गाँव, नगर-नगर अपने पतिदेव के सन्देश को लिए फिरती

हैं। खद्दर तथा अछूतोद्धार से उन्हें विशेष प्रेम है।

ट्रान्सवाल, दक्षिण-अफ्रीका में महात्मा गाँधी ने जब सत्याग्रह-आन्दोलन आरम्भ किया, तो उस समय अनेक लोग इच्छापूर्वक कष्ट भोगने के लिए जेल में गए। सबसे प्रथम जेल जानेवालों में कस्तूरीबाई एक थीं। कस्तूरीबाई आरम्भ ही से सब कष्ट और मुसीबतों में अपने पति का हाथ बँटाती रही हैं। पिछले सत्याग्रह-आन्दोलन में जब इनके दोनों पुत्र जेल चले गए, उस समय सैकड़ों पत्रों के उत्तर में उन्होंने यह एक उत्तर दिया था—"मेरे दो पुत्र जेल में गए हैं, तो हर्ज ही क्या? देश के इस समय हज़ारों ही पुत्र जेल में सड़ रहे हैं। जब हज़ारों माताएँ पुत्र-वियोग सह रही हैं, तो मुझे ही आँसू बहाने का क्या अधिकार है?"

महात्माजी के पुत्र उनके सिद्धान्तों के पूर्ण अनुयायी हैं युवक देवदास गाँधी ने अदालत में जज के सामने जो जवाब दिया है, उसमें गाँधीजी के विचारों की छाया अत्यन्त स्पष्ट झलक रही है। देवदास के शब्द थे—"जो कुछ भी अभियोग मुझ पर लगाया गया है, मैं उसे स्वीकार करता हूँ। मैंने जो-कुछ भी किया है, खूब सोच-समझकर और विचारपूर्वक किया है। उस सबका उत्तरदायित्व मुझ पर है। और मैं चाहता हूँ, उसके लिए अधिक-से-अधिक जो भी सजा हो, मुझे दी जाए।"

4

गाँधी अपने सम्बन्धियों और अनुयायियों-सहित अपने आश्रम में रहते हैं। इन सब लोगों ने स्वेच्छा से दारिद्र्य-व्रत ग्रहण किया हुआ है। इस व्रत के पालन के लिए वे साधारण-से-साधारण और कम-से-कम भोजन करते हैं। जब तक कोई वस्तु शरीर-रक्षा अथवा स्वास्थ्य के लिए अनिवार्य न हो, वे उसे उपयोग में नहीं लाते। गाँधीजी का विश्वास है, कि जो मनुष्य जिह्वा को वश में कर सकता है, उसके लिए अन्य इन्द्रियों को वश नें करना सरल हो जाता है। इसके अतिरिक्त हम लोगों के भोजन की बहुत-सी सामग्रियाँ होती हैं, जिनके तैयार करने के लिए अन्य मनुष्यों को बहुत कष्ट उठाना पड़ता है। गाँधीजी लिखते हैं—"यदि हम लोगों को चाय, कॉफी अथवा कोको के खेतों में जाकर वहाँ मजदूरों के प्रति किए गए व्यवहार को देखने का अवसर मिले, तो हम निश्चय ही इन वस्तुओं का उपयोग सर्वथा छोड़ देंगे। जो कुछ भी हम भोजन के लिए उपयोग में लाते हैं, यदि उस सबको हमें स्वयं ही तैयार करना पड़े, तो हम प्रायः दस में से नौ वस्तुओं का व्यवहार छोड़ बैठेंगे।"

गाँधीजी के तपश्चर्या और त्याग के सिद्धान्त के अनुसार आश्रमवासियों के लिए इन्द्रिय-संयम नितान्त आवश्यक है। गाँधी ब्रह्मचर्य को, मन और कर्म दोनों से ही आवश्यक मानते हैं। विवाहित स्त्री-पुरुष आश्रम में केवल उसी अवस्था में

प्रविष्ट हो सकते हैं, जब वे अपने पहले सम्बन्ध को छोड़कर भाई-बहन की भाँति रहने की प्रतिज्ञा करें। गाँधीजी के विचार में आध्यात्मिक उन्नति के लिए मन, वचन और कर्म से ब्रह्मचर्य का पालन आवश्यक है। वे कहते हैं—"जिस मनुष्य की इन्द्रियाँ वश में हैं, उसे मृत्यु का भी भय नहीं हो सकता। वह मीठी मुस्कान से उसका सहर्ष स्वागत कर सकता है। ऐसा जीवन ही मनुष्य-जन्म के योग्य है, और यही सफल जीवन भी कहा जा सकता है।"

गाँधीजी के उपरोक्त विचार अक्षरशः महात्मा टॉल्सटॉय की विचारधारा का अनुसरण कर रहे हैं। यह है भी स्वाभाविक, क्योंकि गाँधीजी के जीवन पर टॉल्सटॉय के लेखों का गहरा प्रभाव पड़ा है। उदाहरण के तौर पर टॉल्सटॉय ने अपने प्रसिद्ध उपन्यास 'क्रूजर सोनाटा' की भूमिका में लिखा है—"इन्द्रियासक्ति से बढ़कर दूसरा पाप नहीं।" टॉल्सटॉय ने इस उपन्यास में यह सिद्ध करने का यत्न किया है, कि स्त्री और पुरुषों के परस्पर एक-दूसरे की इन्द्रिय-सुख के लिए उपभोग करने से पाप की उत्पत्ति होती है, और यहीं से उनमें परस्पर एक-दूसरे के प्रति घृणा का आरम्भ होता है। टॉल्सटॉय विवाह को सिद्धान्त रूप से मान्य नहीं समझते। उनका कहना है, इन्द्रिय-लिप्सा के लिए अथवा इन्द्रिय-आसक्ति से जो विवाह किया जाता है, वह व्यभिचार से किसी प्रकार भी भिन्न नहीं। विवाह में किसी प्रकार की धार्मिक धारणा को वे स्वीकार नहीं करते। इसे वह घरेलू व्यभिचार कहकर, व्यभिचार के अन्य सब रूपों के समान ही निन्दनीय और हेच समझते हैं।

टॉल्सटॉय की दृष्टि में इन्द्रियासक्ति सबसे बड़ा अपराध है, और वे स्त्री-पुरुषों के वैवाहिक-सम्बन्ध का विच्छेद कर, उन्हें केवल भाई-बहन के रूप में ही देखना चाहते हैं। टॉल्सटॉय ऐन्द्रिक-उच्छृंखलता को घोर पाप समझते हैं। उनका विचार है, इसके लिए कठोर से कठोर दण्ड दिया जाना चाहिए। अन्यथा कम से कम उतना ही, जितना कि व्यापार में धोखा देने पर दिया जाता है। उन लेखकों और चित्रकारों से उन्हें बहुत घृणा है, जो स्त्री-पुरुष के सम्बन्ध को इन्द्रिय-लिप्सा की ओर प्रवृत्त करने का यत्न करते हैं। वे कहते हैं—"हमें समाज में इस प्रकार का वातावरण उत्पन्न करने का यत्न करना चाहिए, जिससे लोकमत से प्रभावित हो, लोग इन्द्रियासक्ति को घृणा की दृष्टि से देखने लगें। साहित्य में इन्द्रिय-लिप्सा को बढ़ाने की जो प्रवृत्ति है, उसे बदलकर साहित्य के प्रभाव को इस प्रकार प्रयोग में लाया जाए, कि यह वृत्तियाँ मनुष्य के मस्तिष्क से निकल जाएँ।"

गाँधीजी अपने व्याख्यानों में और लेखों में सदा ही ब्रह्मचर्य को महत्त्व देते हैं। उनका कहना है, भगवान की दी हुई इस गुप्त शक्ति को हमें पूर्ण रूप से अपनी शारीरिक और मानसिक शक्तियों के विकास में लगाना चाहिए। ब्रह्मचर्य के ध्येय को सदा ही हमें अपनी निगाह में रखना चाहिए, और निरन्तर अभ्यास से पूर्ण ब्रह्मचर्य के जितने भी समीप हो सकें, हमें पहुँचने का यत्न करना चाहिए।

शैशवावस्था से ही बच्चों की नित्य की शिक्षा में ब्रह्मचर्य के प्रति हमें श्रद्धा और अनुराग उत्पन्न करना चाहिए, जिससे ब्रह्मचर्य उनकी प्रकृति का अंग बन जाए। गाँधी का विशेष गुण उनकी स्पष्टवादिता है। वे स्वीकार करते हैं, यौवन के आरम्भ में उन्होंने प्रायः ब्रह्मचर्य की उपेक्षा की, और उसके लिए वे लज्जित भी हैं। भारत में जन्म लेने के कारण गाँधी का विवाह बारह वर्ष की अवस्था में हो गया था। इसलिए बाल-विवाह होने के कारण होनेवाली मानसिक और शारीरिक हानियों का उन्हें पर्याप्त अनुभव है।

गाँधी ने अपनी आत्मकथा में, भारत की इस विचित्र प्रथा का वर्णन विस्तार से किया है। इस जंजाल से उन्हें किस प्रकार छुटकारा मिला, इसका भी जिक्र उन्होंने किया है। गाँधी लिखते हैं—"इस छोटी आयु में विवाह का अर्थ बालक के लिए सुन्दर वस्त्रों तथा मिठाई की आशा और नित्य के लिए नया साथी मिलने के अतिरिक्त और कुछ नहीं रहता।"

गाँधी ने आरम्भ में इधर-उधर की छोटी पुस्तकों से पति के कर्त्तव्य और अधिकारों की जानकारी प्राप्त करनी आरम्भ की। इन पुस्तकों में गाँधी ने पतिव्रत धर्म के विषय में पढ़ा। और विशेष सावधानी से इन बातों का पालन उन्होंने शुरू कर दिया। वे लिखते हैं—"यद्यपि मुझे अपनी स्त्री के आचार के विषय में किसी भी प्रकार का सन्देह करने का कोई भी कारण नहीं था। परन्तु मैंने उस पर बहुत कड़ी निगरानी रखनी आरम्भ कर दी। उसे अपनी आज्ञा बिना कहीं भी आने-जाने से मैंने मना कर दिया। इन पाबन्दियों का परिणाम यह हुआ कि मेरी स्त्री के मन में मेरे प्रति घृणा का भाव उत्पन्न होने लगा। मेरी कठोर निगरानी के कारण घर उसके लिए जेल के समान हो गया।" कस्तूरीबाई ने पति की इस आज्ञा को सीधे से सिर झुकाकर स्वीकार नहीं कर लिया। उसने अपनी इच्छानुसार आना-जाना ज़ारी रखने का आग्रह किया। गाँधीजी स्त्री की स्वतन्त्रता को रोकने का ज्यों-ज्यों यत्न करते, त्यों-त्यों वह अधिक धृष्ट होने लगी। इससे गाँधीजी की क्रोधाग्नि में घी का असर हुआ। आखिर बात यहाँ तक बढ़ी कि दोनों की बोल-चाल तक बन्द हो गई। गाँधीजी लिखते हैं—"मैं मानता हूँ, इसमें भूल मेरी ही थी। एक लड़की से यह आशा रखनी कि वह घर से बाहर निकले ही नहीं, न मन्दिर जाए और न सगे-सम्बन्धियों से मिले, यह मेरा अन्याय था। कुछ भी हो, अपनी आज्ञा मनवाने के लिए उस समय मैंने सभी उचित-अनुचित उपायों का व्यवहार करने में कुछ भी संकोच न किया।"

ऊपर कह आये हैं, गाँधीजी का विवाह 12 वर्ष की अवस्था में हो गया था। विवाह के पश्चात् भी वे स्कूल जाते रहे। स्कूल में उनकी आँखें पोथी में और ध्यान घर पर बैठी नवेली बहू में रहता था। इस निरन्तर काम चिन्ता का प्रभाव बालक पर बुरा पड़ना स्वाभाविक था। परन्तु उसे उसकी कर्त्तव्य-बुद्धि और कार्य-निष्ठा ने बचा लिया। उस छोटी आयु में सौंपे गए कार्य को भी करने का उत्तरदायित्व वह खूब

समझते थे। इस कर्त्तव्य की चिन्ता ने उन्हें शारीरिक और मानसिक सर्वनाश से बचा लिया।

इसके पश्चात् दूसरी अवस्था आई। गाँधीजी ने जो कुछ भी शिक्षा इस समय तक प्राप्त की थी, वह उन्होंने कस्तूरीबाई को देनी आरम्भ की। कस्तूरीबाई ने इसका भी पूरा विरोध किया। इस विरोध के प्रतिरोध में गाँधी ने बल प्रयोग करना आरम्भ किया। गाँधीजी कहते हैं—"इस बल प्रयोग का कारण उनका अपनी स्त्री के प्रति प्रेम की अधिकता थी। गाँधी अपनी स्त्री को संसार की दृष्टि में आदर्श पत्नी बनाना चाहते थे। गाँधी के सहपाठियों ने उन्हें अपने जाल में फँसाकर कुमार्ग पर ले जाने का यत्न किया। परन्तु अपनी पत्नी के प्रति प्रेम के कारण वे प्रलोभन में फँसने से बच गए।"

भारतीय प्रथा के अनुसार नव-विवाहित स्त्रियाँ वर्ष में प्रायः छह महीने मैके में व्यतीत करती हैं। ऐसा ही गाँधीजी की स्त्री के साथ भी हुआ। गाँधी कहते हैं कि बाल-विवाह के कारण होने वाली हानियों का, यह प्रथा किसी सीमा तक उपाय कर देती है। गाँधीजी को अपना काम सँभालने में इस प्रथा से पर्याप्त सहायता मिली।

इंग्लैण्ड में शिक्षा प्राप्त कर लेने के पश्चात् भी कस्तूरीबाई को बलात् सुमार्ग पर लाने की उनकी इच्छा दूर न हुई थी। इंग्लैण्ड से गाँधीजी के लौटकर आने पर भी जब कस्तूरीबाई ने गाँधीजी की इच्छानुसार चलना स्वीकार न किया, तो गाँधी ने क्रुद्ध होकर उन्हें उनके पिता के यहाँ भेज दिया। और जब तक उस बेचारी ने बहुत दुखी होकर गाँधी से क्षमा याचना न की, गाँधी ने उन्हें अपने यहाँ नहीं आने दिया। इन झगड़ों का अन्त उस समय तक न हुआ, जब तक कि पति-पत्नी ने भाई-बहन के समान रहना स्वीकार न कर लिया।

कुछ दिन पश्चात् गाँधी एक भारतीय कम्पनी की वकालत करने दक्षिण अफ्रीका चले गए। उन दिनों, दक्षिण अफ्रीका में भारतवासियों की अवस्था बहुत शोचनीय थी। वहाँ जाते ही गाँधीजी भारतवासियों को उस अपमानजनक जीवन से छुड़ाने के प्रयत्न में राजनैतिक झंझट में फँस गए। गाँधीजी ने देखा, भारतीयों के हित के लिए उनका दक्षिण अफ्रीका में रहना आवश्यक है। वे भारत में आकर अपने परिवार को भी वहीं साथ लिवा गए। यहीं से कस्तूरीबाई का राजनैतिक और सामाजिक क्षेत्र में अपने पति के साथ सहयोग आरम्भ होता है। तब से दोनों सहयोगी विचारों और क्रियात्मक क्षेत्र में बराबर बढ़ते चलते आये हैं।

अपनी भूलों के कारण ही महात्मा गाँधी को ब्रह्मचर्य के मूल्य का अनुभव इतना अधिक हुआ, और उन्होंने इन्द्रिय संयम को इतना महत्त्व देना आरम्भ किया। गाँधी जी लिखते हैं—"लोगों का विश्वास है, मैं खूब स्वस्थ और बलवान् हूँ। मुझमें उत्साह और स्फूर्ति की पर्याप्त मात्रा उपस्थित है। मैं समझता हूँ, लोगों का यह विश्वास किसी सीमा तक ठीक है। कुछ लोग समझते हैं, मुझमें जवानी की जल्दबाजी अधिक

है। कुछ भी हो, मैं समझता हूँ, मेरे शरीर और दिमाग में निर्बलता मौजूद है, और इसका कारण है, मेरे इन्द्रिय-लिप्सा में व्यतीत किए गए वे बीस वर्ष। यदि वह समय भी मैं संयमपूर्वक व्यतीत कर सकता, और अपने शरीर की उचित ढंग से रक्षा कर, उसे पवित्र रख पाता, तो आज मैं निश्चय ही अधिक बलवान् और स्वस्थ होता। मेरा दृढ़ विश्वास है, उस अवस्था में मेरी शक्ति वर्तमान अवस्था से सहस्रों गुणा अधिक होती, और मैं उससे देश तथा राष्ट्र की अधिक सेवा कर सकता।.....संसार में सफलता और शान्ति प्राप्त करने के लिए हमें कठिनाइयों और प्रलोभनों का सदा सामना करना होगा। यदि हम में इतनी शक्ति और साहस नहीं, तो हमारा जीवन व्यर्थ है।'' सत्याग्रह-आश्रम स्थापित करने का एक प्रयोजन गाँधी का भारतीय जनता के सम्मुख एक पवित्र जीवन का आदर्श उपस्थित करना भी है।

साबरमती में आश्रमवासियों के जीवन के कठोर नियमों पर विचार करते समय सर्वसाधारण भारतवासियों के अनियमित भोग और इन्द्रिय लिप्सा को नहीं भुला देना चाहिए। भारतवासियों का यह असंयम ही देश में व्यापक निर्बलता और व्याधियों का कारण है। सर्वसाधारण की इस प्रवृत्ति को दूर करने के लिए महात्माजी अत्यन्त कठोर संयम और निग्रह का आदर्श स्थापित करने का यत्न कर रहे हैं। इस प्रकार के दृष्टान्त से वे जनता के विचारों में परिवर्तन उपस्थित कर देना चाहते हैं। महात्मा गाँधी के राजनैतिक गुरु और पथ-प्रदर्शक महामना गोखले ने भी इस राष्ट्रीय व्याधि को अनुभव किया था और इसे दूर करने का भी उन्होंने यत्न किया था। इसी प्रयोजन से उन्होंने सर्वेण्ट्स ऑफ इण्डिया (Servants of India) नामक संस्था स्थापित की थी। इस संस्था का मुख्य उद्देश्य देश के सामाजिक और राजनैतिक क्षेत्र में सुधार और उन्नति करना था। गाँधी का साबरमती आश्रम गोखले की 'सर्वेण्ट्स ऑफ इण्डिया' का ही दूसरा रूप है। हाँ, उनके कार्यक्रम और उपाय उनसे कहीं अधिक उग्र हैं।

तपश्चर्या के उपरोक्त सिद्धान्तों के अनुसार महात्माजी और उनके अनुयायी पूर्ण संयम का जीवन व्यतीत कर रहे हैं। इनकी इस सरलता, त्याग और तपश्चर्या का एक अद्भुत प्रभाव है। नित्य ब्रह्ममुहूर्त में उठकर महात्माजी तथा उनके भक्त साबरमती के किनारे जा, भगवत् भजन करते हैं। प्रार्थना का आरम्भ उपनिषदों तथा गीता के पाठ से आरम्भ होता है। ऋषि-मुनियों के यह ग्रन्थ इन लोगों की तपस्या में एक प्रकार की पवित्रता और स्फूर्ति का संचार कर देते हैं। इन लोगों के आत्म विस्मृत और निग्रह के जीवन का आरम्भ प्रति दिन इसी प्रकार होता है।

महात्माजी को अपनी जन्मभूमि गुजरात के गीतों से विशेष अनुराग है। इन गीतों की कविता में पुनरावृत्ति अधिक रहती है। यूरोपियनों के कानों को चाहे इन संगीतों का माधुर्य न जान पड़े, परन्तु इनमें भक्ति रस की प्रचुरता विशेष है। भगवान् बुद्ध के उपदेशों की भाँति इन संगीतों में भी एक ही सरल सत्य अनेक बार दोहराया

गया है।

उदाहरण के लिए हम यहाँ आश्रम में गाये जाने वाले पदों के कुछ उद्धरण देते हैं।

महात्माजी परम वैष्णव हैं। अतः वैष्णव सिद्धान्तों का जिन संगीतों में प्रतिपादन हो, वे उन्हें विशेष रुचते हैं। नरसिंह महता का यह छन्द उन्हें बहुत पसन्द है–

वैष्णव जन तो तेने कहिये, जे पीड़ पराई जाणे रे।
पर दुःखे उपकार करे तोये, मन अभिमान न आणे रे।।

रात रहे उठकर गाये जाने वाले गीतों में एक यह भी है।

(राग–बहार, ताल–विलम्बित–तीन ताल)

अब हीं कासों बैर करों।
सतत पुकारत प्रभु निज मुखते, घट-घट हों बिहरो।
आपु समान सब जग लेखो,
श्री हरिदास कृपा ते हरि की नित निर्भय विचरो।

इस प्रकार भक्ति रस के दूसरे भजन–'भजु मन राम चरन सुखदाई।' अथवा 'दर्शन देना राम पियारे।' और दूसरे अन्य कई भजन उन्हें बहुत पसन्द हैं। भक्ति रस के इन भजनों के साथ कुछ राष्ट्रीय गाने भी प्रायः गाये जाते हैं।

गिरफ्तार होकर आश्रम से चलने से पूर्व भी उन्होंने आश्रम निवासियों के साथ मिलकर नरसिंह महता का–'वैष्णव जन...।' यह गीत गाया था, यह गीत महात्माजी के जीवन पर और उनकी साधना के लक्ष्य पर प्रकाश डालता है, इसलिए हम इसे यहाँ दिए देते हैं–

वैष्णव जन तो तेने कहिये, जे पीड़ पराई जाणे रे।
पर दुःखे उपकार करे तोये, मन अभिमान न आणे रे।।
सकल लोक माँ सहुने बन्दे, निन्दा न करे केनी रे।
वाच काछ मन निश्छल राखे, धन-धन जननी तेनी रे।।
समदृष्टि ने तृष्णा त्यागी, पर स्त्री जेने मात रे।
जिह्वा थकी, असत्य न बोले, पर धन नव झाले हाथ रे।।
मोह, माया व्यापे नहीं जेने, दृढ़ वैराग्य जेना मनमाँ रे।
राम नाम शुँ ताली लागी, सकल तीर्थ तेना मनमाँ रे।।
वण लोभी ने कपट रहित छे, काम क्रोध निवायी रे।
भणे 'नरसैयो' तेनु दरशन करताँ, कुल एकोतेर तायीं रे।।

महात्माजी के आश्रम की एक विशेषता है। सब आश्रम निवासियों का सब प्रकार के कामों को अपने हाथों से करना। आश्रम के कुछ निवासी बहुत धनी और

उच्च जाति से हैं। इन लोगों को भी और सदस्यों की भाँति घृणित समझे जाने वाले काम बारी-बारी से करने पड़ते हैं। आश्रम का प्रधान धन्धा कपड़ा बुनना है। समय का बड़ा भाग सदस्य चर्खा कातने या कपड़ा बुनने में व्यय करते हैं। इसी खद्दर द्वारा महात्माजी भारत का आर्थिक और राजनैतिक उद्धार करने की आशा रखते हैं।

आश्रम से प्रायः एक मील पर साबरमती जेल है। आश्रम से जेल खूब स्पष्ट दिखाई पड़ता है। 1922 के मार्च में गाँधीजी को गिरफ्तार करके यहीं लाया गया था। महात्माजी जेल में रहे या आश्रम में, इससे इनके जीवन में कुछ अन्तर नहीं पड़ता। जेल यद्यपि कष्ट का स्थान है, परन्तु गाँधीजी यहाँ कहीं अधिक चैन से दिन काटते हैं। बाहर की अपेक्षा उन्हें जेल में विश्राम के लिए अधिक समय मिलता है। महात्माजी ने जेल जाने पर कहा था—"मुझे यहाँ किसी भी प्रकार का कष्ट नहीं, क्योंकि मेरा रहन-सहन और भोजन, आश्रम में यहाँ से अच्छा नहीं होता।"

गाँधीजी अपने जेल के जीवन को निरन्तर स्वाध्याय में व्यतीत करते हैं। जेल के बाहर उन्हें प्रायः स्वाध्याय का समय नहीं मिलता। इसलिए वे जेल में इस न्यूनता को यथासम्भव पूरा करने का यत्न करते हैं। ऐसा जान पड़ता है, जेल की यातनापूर्ण निर्जनता को सहने में पुस्तकें उनकी विशेष सहायक होती हैं। वे स्वयं कहते हैं, जेल के वैचित्र्य हीन, निरानन्द जीवन में कॉर्लाइल, बेन जॉन्सन, वाल्टर स्कॉट, बेकन, टॉल्सटॉय, एमर्सन, ज्यूरियो रस्किन तथा अन्य भारतीय सन्त लेखक उनके चिर तथा निरन्तर संगी बन जाते हैं। भगवद्गीता पर तो उनकी विशेष श्रद्धा है। प्रत्येक बार जेल जाने पर वे अनेक पुस्तकें नई पढ़ते हैं, और अनेकों की पुनरावृत्ति करते हैं। 1911 में जब वे जेल में थे, तो दोपहर में वे प्रायः कुरान, और संध्या समय बाइबिल का अध्ययन किया करते थे।

यद्यपि महात्मा जी को युवावस्था से ईसाइयत की ओर श्रद्धा है, और भगवान मसीह को संसार के महापुरुषों में वे बहुत ऊँचा स्थान देते हैं, परन्तु इससे हिन्दू धर्म ग्रन्थों के प्रति उनके अनुराग में कुछ भी कमी नहीं आई। यरवदा जेल में अपने समय का बड़ा भाग वे महाभारत की स्वाध्याय में ही लगाते थे। इसके साथ ही साथ उन्होंने मुहम्मद के जीवन तथा अन्य मुसलमान लेखकों के विचारों का भी मनन किया है। यूरोपियन लेखकों में से इस बार वे जर्मन लेखक जैकब ब्रोह्म के रहस्यवाद का अध्ययन करते रहे हैं। महात्माजी ने अपने कुछ लेखों में इस लेखक के अनेक उद्धरणों को विशेष महत्त्व दिया है।

महात्मा जी स्वयं लिखते हैं कि यरवदा जेल में उर्दू और तामिल भाषाओं का ज्ञान प्राप्त करने के लिए उन्होंने अथक परिश्रम किया है। संस्कृत का भी अभ्यास वे करते रहे हैं। भारतीय भाषाओं का उन्हें पर्याप्त ज्ञान है। जैसा कि पहले भी कह आये हैं, अपने सार्वजनिक जीवन में काम अधिक रहने से उन्हें स्वाध्याय का समय नहीं मिलता। इसलिए उन्होंने जेल में वक्त काटने के लिए अपना समय-विभाग इस

प्रकार से निश्चित किया था, कि उन्हें स्वाध्याय के लिए अधिक से अधिक मौका मिल सके, और वे अपने कार्य-क्षेत्र से इस अनुपस्थिति का पूरा लाभ उठा सकें। वे लिखते हैं–"मैं अपनी चौवन वर्ष की आयु में चौबीस वर्ष के नवयुवक के समान उत्साह से पुस्तकें लेकर स्वाध्याय करने बैठता था।" अपने इस समय-विभाग के अनुसार काम करने का समय उन्हें अधिक देर तक नहीं मिला। वे जल्दी ही बीमार पड़ गए, और स्वाध्याय की अवस्था अत्यन्त चिन्ताजनक हो जाने पर उन्हें जेल से रिहा कर दिया गया। साहित्य और स्वाध्याय को छोड़, उन्हें पुनः राजनैतिक क्षेत्र में अपने स्थान पर आ जाना पड़ा।

5

महात्मा गाँधी ने अपने जीवन में धर्म-निष्ठा, सत्य-जिज्ञासा और आचार-परायणता के जिस मार्ग का अवलम्बन किया है, वह एक प्रकार से उनकी प्रवृत्ति का एक अंग ही है। इस प्रवृत्ति का अंकुर गाँधी में बचपन में ही बो दिया गया था। मोहनदास कर्मचन्द गाँधी का जन्म 1869 में गुजरात प्रान्त के पोरबन्दर नामक स्थान में हुआ था। गाँधीजी का बाल्यकाल पूर्णतः वैष्णव वातावरण में ही व्यतीत हुआ है। उनके पूर्वज अपनी वैष्णव-वृत्ति और सत्य-परायणता के लिए प्रसिद्ध थे। गाँधी के दादा पोरबन्दर में दीवान थे। राजा से किसी विषय में मनमुटाव हो जाने से उन्हें पोरबन्दर का दरबार छोड़, जूनागढ़ चले जाना पड़ा। जूनागढ़ के नवाब ने उन्हें आदरपूर्वक अपने यहाँ रख लिया। नवाब के दरबार में उपस्थित होने पर दीवानजी ने दायें हाथ से उनकी अभ्यर्थना न कर, बायें हाथ से उन्हें सलाम किया। कारण पूछने पर आपने उत्तर दिया–"पोरबन्दर के दरबार में चाहे मेरे प्रति कैसा ही व्यवहार क्यों न किया गया हो, मेरा दाहिना हाथ उनकी सेवा के लिए अर्पण हो चुका था।"

गाँधीजी के पिता के जीवन में भी इसी प्रकार की घटना घटी। दरबार के साथ खटपटी होने पर उन्हें राजकोट रियासत में चले जाना पड़ा। राजकोट में उनका बहुत आदर हुआ, और उन्हें राजा की ओर से अनेक उपहार मिले। एक अवसर पर अँग्रेज रेज़ीडेण्ट ने उनकी उपस्थिति में ही महाराज को अनुचित ढंग से कुछ भला-बुरा सुना दिया। कर्मचन्द गाँधी (गाँधीजी के पिता) को यह नागवार गुजरा। उन्होंने रेज़ीडेण्ट को इस धृष्टता के लिए ख़ूब फटकारा। ब्रिटिश शासन के प्रतिनिधि के लिए यह सब कब सह्य था? उन्हें गिरफ्तार कर लिया गया। रेज़ीडेण्ट ने क्षमा माँगने के लिए उनसे कहा, परन्तु वे इसके लिए राजी न हुए। कुछ दिन पश्चात् रेज़ीडेण्ट को स्वयं ही उन्हें छोड़ देना पड़ा।

महात्माजी के पूर्वज जैनी थे। जैन धर्म का प्रधान सिद्धान्त अहिंसा है। सभी

प्रकार की हत्या को घृणा की दृष्टि से देखने के कारण जैनी लोग स्वतः ही शाकाहारी होते हैं। विद्यार्थी अवस्था में अपने सहपाठियों के आग्रह से गाँधीजी पर भी नास्तिकता का प्रभाव पड़ा, और वे अपने पूर्वजों के धार्मिक विश्वासों और प्रथाओं को अन्धविश्वास और मूर्खता समझ, उनके विरुद्ध हो गए। इस मूर्खता और अन्धविश्वास के प्रति विरोध के रूप में उससे मुक्ति पाने के लिए इन लोगों ने छिपे-छिपे मांस खरीदकर खाना आरम्भ किया। गाँधीजी ने अपनी आत्मकथा में इस प्रसंग का वर्णन खूब स्पष्ट किया है। वे लिखते हैं—"जिस दिन उन्होंने मांस खाया था, उसी रोज रात को उन्हें अनेक भयानक स्वप्न आये। और उन्हें ऐसा जान पड़ा, मानो बकरी का बच्चा उनके पेट में बोल रहा है।" इसके बाद से जान पड़ता है, गाँधीजी ने अपने अन्धविश्वास से मुक्ति पाने की कोई वैसी उग्र चेष्टा नहीं की। इससे भी बड़ा कारण इस मुक्ति मार्ग को छोड़ देने का था—गाँधीजी की झूठ के प्रति घृणा। जब कभी वे चोरी से मांस खा आते, तो घर में आकर भूख न लगने के उन्हें अनेक झूठे कारण उपस्थित करने पड़ते। इस झूठ बोलने के मानसिक क्लेश से बचने के लिए अपने 'सुधारक' सहयोगियों का साथ ही उन्होंने छोड़ दिया।

उन्हीं दिनों गाँधीजी को सिगरेट पीने का शौक उठा। सिगरेट खरीदने के लिए उन्हें उधार लेना पड़ा। उधार का उतारना भी एक समस्या थी। इस समस्या को हल करने के लिए गाँधीजी ने अपने भाई का कोई सोने का गहना चुरा लिया। करने को तो गाँधीजी यह सब कुछ कर गए, परन्तु उनका हृदय ग्लानि और परिताप से खिन्न हो गया। इस अवस्था को सहन करना बालक गाँधी के लिए असह्य था। उसने इस नित्य की चोरी और धोखेबाजी को समाप्त करने का निश्चय कर लिया। उसने एक पत्र अपने पिता के नाम लिखा, और अपना सब दोष स्वीकार कर लिया। उस समय उनके पिता बीमारी से बिस्तरे पर पड़े थे। गाँधी ने उसी अवस्था में वह पत्र पिता के हाथ में दे दिया।

पिता ने पत्र को पढ़ा, तो आँखों में आँसू छलक आये। पुत्र के सामने ही एक भी शब्द कहे बिना पिता ने वह पत्र फाड़कर फेंक दिया। गाँधी पर पिता के इस व्यवहार का बहुत गहरा प्रभाव पड़ा। वे लिखते हैं—"सबसे पहले इसी घटना से मुझे अहिंसा की सार्थकता पर विश्वास हुआ।"

महात्माजी अपने आत्म-चरित्र की कथा में लिखते हैं—"स्कूल में पढ़ते समय मैंने अपने हस्ताक्षर के विषय में जो उपेक्षा की है, इसका उपाय मैं अभी तक नहीं कर सका हूँ।" इंग्लैंड में उनका ध्यान इस ओर आकर्षित हुआ, और उन्होंने अभ्यास भी बहुत किया, परन्तु कुछ विशेष फल न हो सका।

स्कूल में पढ़ते समय विवाह हो जाने से बालक गाँधी का प्रायः एक वर्ष व्यर्थ नष्ट हो गया। इससे उन्हें स्कूल में बहुत कष्ट होता था। पर ज्यों-त्यों वह एक श्रेणी चढ़ ही गया। रेखागणित में गाँधी को आरम्भ में बहुत कठिनाई अनुभव होती थी।

एक प्रकार से उसे समझना उसके लिए तो असम्भव सा हो गया था। पर अचानक यूक्लिड के तेरहवें प्रश्न पर पहुँचते ही उसे कुछ ऐसा उद्‌भास हुआ कि रेखागणित ने केवल उन्हें सरल जान पड़ने लगा, वरन् सरल तर्क के प्रयोग के कारण उसमें उन्हें विशेष आनन्द आने लगा।

संस्कृत के अभ्यास में भी उन्हें विशेष कठिनाई होती थी। शब्दों और नियमों के बिना समझे कण्ठस्थ करना उनके लिए कठिन था। संस्कृत में पास होना उनके लिए मुश्किल हो गया। एक दफा तो तंग आकर उन्होंने इस विषय को छोड़कर फारसी ले लेना चाहा, परन्तु अध्यापक ने समझाया कि वैष्णव का पुत्र होने के नाते से संस्कृत का पढ़ना उनके लिए आवश्यक है। गाँधीजी ने बहुत परिश्रम करके ज्यों-त्यों थोड़ी बहुत संस्कृत सीख ली।

सन् 1887 में एण्ट्रेन्स की परीक्षा समाप्त कर, गाँधीजी कॉलेज में दाखिल हो गए। परन्तु उसमें उन्हें विशेष सफलता न हुई। एक वृद्ध के परामर्श से उन्होंने बैरिस्टरी के लिए इंग्लैण्ड जाने का विचार किया। परन्तु उनकी माता इस धर्म विरुद्ध कार्य के लिए सहमत न हुईं। आखिर गाँधी ने एक ब्राह्मण के सम्मुख विदेश में रहते हुए भी मद्य-मांस तथा स्त्री-संग से परहेज करने की प्रतिज्ञा करने पर उन्हें माता से विदेश जाने की आज्ञा मिल गई।

गाँधीजी की अपनी इच्छा डॉक्टर बनने की थी। परन्तु उनके बड़े भाई ने पिताजी की इच्छा के अनुकूल इस विषय के अध्ययन करने के लिए मना किया। गाँधी के पिता पक्के वैष्णव थे। उनके विचार में किसी वैष्णव के लिए मुर्दा-शरीरों को भी काटना-छाँटना अनुचित था। पिता का यद्यपि देहान्त हो चुका था, परन्तु गाँधीजी ने मृत पिता की इच्छा की अवहेलना करना उचित न समझा।

अपने नवजात शिशु और स्त्री को छोड़, गाँधीजी बम्बई चले गए। और यहाँ वे काफी समय ठहरकर जहाज द्वारा इंग्लैण्ड के लिए रवाना हो गए। जहाज पर पैर रखते ही उन्हें कठिनाइयों का सामना करना पड़ा। वे स्वभाव से ही संकोची और लजीले थे। अपरिचित यूरोपियन लोगों से मिलते-जुलते उन्हें बहुत संकोच होता था। यहाँ तक कि वे अपना भोजन भी अपने केबिन में मँगवाकर अकेले में ही खाते थे। इसका एक कारण यह भी था कि इन्हें काँटे-छुरी के प्रयोग का अभ्यास उस समय न था।

लन्दन पहुँचकर गाँधीजी को घर की बहुत याद आने लगी। प्रायः वे रात भर आँसू भरी आँखों से करवटें बदलते रहते। लन्दन के इतने बड़े जनसमुदाय में उनका कोई परिचित अथवा सुहृद न था। वे अपने आपको सर्वथा निराश्रय और अधीन सा अनुभव करते थे। उन्हें मनचाहा निरामिष भोजन प्राप्त करने में बहुत कठिनाई अनुभव होती थी। अनेक कठिनाइयों के सामने आने पर भी उन्होंने इंग्लैण्ड में तीन वर्ष बिताकर, बैरिस्टर बनकर ही लौटने का निश्चय किया। एक रोज वे कई दिन

तक ठीक भोजन न पा सकने के कारण, बाज़ार में अत्यन्त खिन्न और विषण्ण भाव से फिर रहे थे, उस समय एक निरामिष भोजनालय उन्हें मिल गया। इसे देख, गाँधीजी ऐसे प्रसन्न हुए, मानो स्वर्ग में पहुँच गए हों।

कुछ दिन पश्चात् गाँधीजी एक निरामिष सभा के सदस्य बन गए, और निरामिष भोजन का प्रचार करने लगे। यह सब लोग जानते हैं, कि गाँधी राजनैतिक क्षेत्र के एक प्रभावशाली वक्ता हैं, परन्तु यह बहुत कम लोग जानते होंगे, कि इस प्रभावशाली वक्ता ने अपनी पहली वक्तृता एक निरामिष सभा के अधिवेशन में दी थी और वहाँ वे अपने प्रयत्न में असफल रहे थे।

इंग्लैण्ड में कानून पढ़ने के साथ गाँधी अपना कुछ समय धार्मिक पुस्तकों के स्वाध्याय में भी व्यतीत किया करते थे। धार्मिक-पुस्तकों की ओर उनकी प्रवृत्ति होने का कारण उनका थियोसोफिस्ट लोगों के साथ सत्संग था। इंग्लैड में आकर ही गाँधी ने पहले-पहल भगवत्गीता का अध्ययन किया। थियोसोफिस्ट लोगों का संघ होने से उनका परिचय श्रीमती ऐनी बेसेण्ट और मैडम ब्लेवेस्टकी से भी हो गया। एक मित्र के प्रभाव से गाँधी ने इसी समय बाइबिल पढ़ना भी आरम्भ कर दिया।

18 जून 1891 को गाँधीजी ने कानून की परीक्षा दी, और उसके दो दिन पश्चात् ही वे भारत के लिए जहाज पर सवार हो गए। बम्बई पहुँचते ही उन्हें अपनी माता की मृत्यु का समाचार मिला। जिस समय गाँधीजी इंग्लैण्ड में थे, उसी समय उनकी माता का स्वर्गवास हो गया था, परन्तु परीक्षा निकट होने के कारण उनके सम्बन्धियों ने उनसे यह शोक समाचार छिपाये रखा।

कुछ दिन पश्चात् गाँधी बम्बई में आकर रहने लगे। यहाँ उनका परिचय 'कवि' राजचन्द्र जौहरी से हो गया। कवि राजचन्द्र जौहरी रहस्यवादी कवि थे। गाँधी पर उनका गहरा प्रभाव पड़ा है। महात्माजी लिखते हैं—"यद्यपि मैं राजचन्द्र को गुरु पद नहीं दे सकता। परन्तु जितनी आध्यात्मिक शान्ति मुझे उनके संग से प्राप्त हुई है, और स्थान से नहीं हुई।" महात्माजी को भारतीय संस्कृति में गुरु पद पर बहुत श्रद्धा है, और वे इसे मनुष्य की आध्यात्मिक उन्नति के लिए विशेष महत्त्वपूर्ण वस्तु समझते हैं। उनका विश्वास है कि 'गुरु के बिना सत्य ज्ञान असम्भव है। साधारण सांसारिक विषयों में तो हम जैसे-तैसे किसी भी व्यक्ति से शिक्षा ग्रहण कर सकते हैं, परन्तु आध्यात्मिक क्षेत्र में पहुँचे हुए व्यक्ति को ही पथ-प्रदर्शक बनाना आवश्यक है। गुरु प्राप्त करने के लिए पहले अधिकारी बनना चाहिए। अधिकारी बनना और गुरु की खोज करना मनुष्य का कर्त्तव्य है।'

अपनी 'आत्म-कथा' में महात्माजी ने एक स्थान पर लिखा है कि —"आधुनिक काल के तीन व्यक्तियों ने मुझ पर गहरा प्रभाव डाला है। राजचन्द्र अपने जीवन से, और टॉल्सटाय और रस्किन अपनी पुस्तकों से मेरे जीवन मार्ग पर अपनी गहरी छाया डाल गए हैं।"

बम्बई में गाँधीजी ने वकालत आरम्भ की, और कुछ समय बहुत परिश्रम से काम करते रहे। इस समय भी उनकी प्रवृत्ति सत्य की खोज की ओर निरन्तर बढ़ रही थी। उनके शत्रु और मित्र एक समान उनके वचनों पर विश्वास रखते थे। अनेक अवसरों पर मुकद्दमे की वकालत करते समय जब कभी उन्हें यह विश्वास हो जाता कि उनके असामी का पक्ष असत्य और अन्याय की ओर है, उन्होंने तुरन्त उसका मामला वहीं छोड़ दिया। वे सदा अपने असामी को यह समझा देते थे कि मुकद्दमे की सचाई में सन्देह होने पर अथवा यह जानने पर कि उनसे सत्य छिपाया गया है, वे वकालत न कर सकेंगे। अपने जीवन में उन्होंने कभी किसी ऋणी के विरुद्ध मुकद्दमे की पैरवी नहीं की। उनका विश्वास है, कोई भी मनुष्य सामर्थ्य होने पर, यदि वह ईमानदार है, तो कभी अपना ऋण चुकाने से इनकार न करेगा।

सन् 1908 में महात्मा जी पर एक धर्मान्ध मुसलमान ने भयंकर आक्रमण किया। उस समय बड़ी कठिनता से उनकी प्राण रक्षा हो सकी। कुछ मित्रों ने उस मुसलमान पर मुकद्दमा चलाने की सलाह दी, पर गाँधीजी ने इससे इनकार कर दिया। यहाँ तक कि वे उसके विरुद्ध अदालत में गवाही देने को भी तैयार न हुए। जिस समय वे घायल अवस्था में खटिया पर पड़े थे, उस समय उन्होंने अपने मित्रों से उस मुसलमान के सम्बन्ध में कुछ भी न करने की प्रार्थना की। उन्होंने कहा–"यह मनुष्य नहीं जानता, कि वह क्या कर रहा है। इसने जो कुछ उचित समझा, वही किया। इसके विचार में मैं अन्याय कर रहा था। मुझे रोकने के लिए जो कुछ इसके सामर्थ्य और ज्ञान में था, इसने किया। इसे क्षमा करना उचित है। मुझे इसकी मनुष्यता पर विश्वास है, मैं इससे प्रेम करता हूँ, और प्रेम द्वारा ही इसके हृदय को जीत लूँगा।"

लोग समझते थे यह असम्भव है, परन्तु महात्माजी की उदारता के एक वर्ष पश्चात् इस मुसलमान ने गाँधीजी को पत्र लिखकर सिर झुका दिया, और अपनी भूल के लिए क्षमा माँगी। उसने लिखा–"मेरे हृदय में आपके लिए अनन्त श्रद्धा, तथा विचारों और उद्देश्य के प्रति पूर्ण सहानुभूति है। जिस प्रकार भी सम्भव हो, मैं आपकी सेवा के लिए तैयार हूँ।"

महात्माजी अन्याय और बुराई का उपाय केवल प्रेम से करना चाहते हैं। तीन अवसरों पर आवेश से पागल जनसमूह ने उन पर अत्यन्त निर्दयता से आक्रमण किया। एक बार तो वे बहुत बुरी तरह घायल होकर मूर्च्छित ही हो गए थे और लोग उन्हें गन्दी गली में फेंककर चलते बने। गाँधीजी ने इन लोगों के प्रति कभी क्रोध नहीं किया। गाँधीजी चार दफे जेल जा चुके हैं। जेल में भी उनका व्यवहार अधिकारियों के प्रति सौजन्य और मित्रता का रहा। जोहान्सबर्ग (दक्षिण-अफ्रीका) और यरवदा मन्दिर दोनों ही स्थानों के जेलखानों में गाँधी ने जेल के सभी कठोर नियमों का पूर्णरूप से पालन किया, और उनके मुख से कभी एक भी शब्द शिकायत या विद्रोह का नहीं निकला। जेल में भी वे सदा प्रसन्न और प्रफुल्ल रहते थे। अन्य

कैदियों को भी वे वार्डरों और दूसरे अधिकारियों के प्रति मित्रता का व्यवहार करने के लिए उपदेश दिया करते थे। महात्मा गाँधी कहते हैं—"अपने आत्म-सम्मान के लिए जेल के कठोर नियमों का अक्षरशः पालन करना चाहिए।"

महात्माजी जिस प्रकार जेल के बाहर सभी प्रकार के ऐश-आराम से दूर रहते हैं, उसी प्रकार जेल में जाकर भी उन्होंने किसी प्रकार के विशेष व्यवहार या आदर को ग्रहण करना स्वीकार न किया। जेल में अन्य कैदियों के साथ जैसा व्यवहार होता था, गाँधीजी स्वयं भी उसी ढंग से रहते थे। गाँधीजी ने अपने मित्रों और स्वजनों को जेल में उन्हें मिलने आने के लिए मना कर दिया, क्योंकि जेल के कानून के अनुसार अपने सम्बन्धियों या मित्रों से मिलने का उन्हें कोई अधिकार नहीं था। महात्माजी जेल जाने को अपनी तपश्चर्या और साधना का एक अंग समझते हैं। इसलिए किसी भी प्रकार की रू-रियायत लेकर, वे इसके प्रभाव और महत्त्व को कम नहीं कर देना चाहते।

महात्माजी के विरोधी भी यह माने बिना नहीं रह सकते, कि उनके जीवन में स्वार्थ का लेश भी नहीं है, और वे सदा अपनी आत्मा की पुकार का अनुगमन करते हैं। मद्रास के प्रधान पादरी ने अपने व्याख्यान में स्पष्ट कहा था—"यद्यपि मुझे कहते दुःख होता है, परन्तु मैं सत्य ही कहूँगा। महात्मा गाँधी उन अँग्रेजों की अपेक्षा, जो उन्हें जेल में डाले हुए हैं—मनुष्यों के पथ-दर्शक भगवान मसीह के कहीं अधिक अगुआ हैं।"

टैगोर गाँधी के विषय में लिखते हैं—"गाँधीजी त्याग की मूर्ति हैं। उन्हें न शक्ति की इच्छा है, न धन की, न सम्मान की। उनकी आत्मा प्रतिदान की आशा के बिना, सदा देने के लिए आतुर रहती है। उनकी स्थिर बुद्धि और धारणा को जेल और मृत्यु का भय भी विचलित नहीं कर सकता।"

6

अनेक भारतीय और यूरोपियन लेखकों ने महात्मा गाँधी और प्रभु मसीह के चरित्रों की तुलनात्मक आलोचना की है, और साबरमती के जुलाहे और नज़ारेथ के बढ़ई के लड़के में साम्य दिखलाने का यत्न किया है। अँग्रेज जज ब्रूमफील्ड, जिन्होंने अपनी इच्छा के विरुद्ध केवल न्यायाधीश होने की वजह से महात्माजी को जेल भेजे जाने का दण्ड दिया था—की उपमा पोण्टियस पाइलेट से दी है। देवी सरोजिनी लिखती हैं—"भारत की स्वतन्त्रता के इस विनम्र परन्तु दुर्जेय देवदूत का उपमेय, यदि संसार के इतिहास में कहीं है, तो वह नज़ारेथ का मधुर और कोमल ईसा!" यह तो अंग्रेज़-पत्रों ने भी स्वीकार किया है, कि अदालत में गाँधी के व्यवहार का उदाहरण,

यदि कहीं इतिहास में मिलता है, तो वह केवल नज़ारेथ में प्रभु मसीह का अभियोग है।

सभी लोग, क्या गाँधीजी के अनुयायी और क्या उनके प्रतियोगी, उनके महत्त्व और बड़प्पन के आगे सिर झुकाते हैं। "गाँधी वह व्यक्ति है, जो संसार के इतिहास में अमर रहेगा, और स्वर्ग में भगवान बुद्ध, सुकरात और मसीह के साथ आसीन होगा।" स्वर्गीय देशबन्धुदास राजनैतिक क्षेत्र में महात्मा गाँधी के प्रतियोगी थे। महात्मा गाँधी ने देशबन्धु के लिए मैदान छोड़ देना स्वीकार कर लिया था। ...वही देशबन्धु महात्माजी के विषय में लिखते हैं—"यदि हम गाँधी की तुलना का व्यक्ति देखना चाहते हों, तो हमें आज से दो हज़ार वर्ष पूर्व के इतिहास की झाँकी लेनी पड़ेगी। गाँधी, संसार के इतिहास में निस्सन्देह सबसे बड़े महापुरुष हैं। आज जो महात्माजी का विरोध कर रहे हैं, कल उन्हें भी उनके सम्मुख सिर झुकाना पड़ेगा।"

सुदूर न्यूयॉर्क में बैठे हुए ईसाइयों के प्रमुख नेता जे. एच. होम्स कहते हैं—"यदि मुझे भगवान मसीह के पुनरागमन में विश्वास है, तो मैं पूर्ण निश्चय से कह सकता हूँ—भगवान ने महात्मा गाँधी के रूप में अवतार धारण किया है। मेरे इस विश्वास के कारण, गाँधी के चरित्र पर मसीह का प्रभाव नहीं अपितु, गाँधी की अपनी चमत्कारिक आध्यात्मिक शक्ति और उसका अनुकरणीय जीवन है। महात्माजी की आत्मा मसीह की आत्मा है। उसकी आभ्यान्तरिक ज्योति और पवित्रता, उसकी नम्रता और दृढ़ता, उसकी गहरी और व्यापक आत्मीयता, उसका महान् आदर्श, परमात्मा की ओर उसकी वृत्ति, मनुष्य में उसका दृढ़ निश्चय देखकर मुझे यह विश्वास होता है, भगवान मसीह की आत्मिक शक्ति ने गाँधी के शरीर में पृथ्वी पर पुनः शरीर धारण किया है।"

महात्माजी की व्यापक सहानुभूति की उपेक्षा करना असम्भव है। जाति-पाँति की कठिन सीमा को लाँघकर वह प्रायः मन्दिर की सीढ़ियों और गलियों में बैठे हुए कोढ़ियों के घावों को अपने वस्त्रों से पोंछने के लिए ठहर जाते हैं। महात्माजी के सम्पूर्ण कष्ट-सहन और त्याग का रहस्य उनकी व्यापक सहानुभूति और सहृदयता ही है। किसी का कष्ट देख, उसकी उपेक्षा करके स्वयं सुखी होने का यत्न करना, गाँधी के लिए सम्भव नहीं। गाँधी के त्याग में, और एक मोक्षाभिलाषी तपस्वी के त्याग में यही अन्तर है। गाँधी का त्याग परहित के लिए है, और योगी का त्याग स्वयं अपनी आध्यात्मिक उन्नति की इच्छा से। एक ओर पूर्ण त्याग है, दूसरी ओर त्याग की तह में वास्तविक और गहरा स्वार्थ है।

गाँधीजी की पोशाक, जैसा कि हम ऊपर कह आए हैं, केवल खद्दर का एक अँगोछा मात्र है। उन्होंने निर्धनों के इस वेश को इस मतलब से अपनाया है, कि कोई भी मनुष्य उनके आगे अपनी निर्धनता के कारण लज्जित न हो। स्वयं व्रत रख, और क्षुधा की यातना सहकर वे सदा उस कष्ट का अनुभव करते रहते हैं, जिसे उनके

करोड़ों देशवासी सह रहे हैं। इस प्रकार कष्ट सहकर, वे अन्य लोगों के कष्ट सहन से जो पाप का मैल उनकी आत्मा पर चढ़ता है, उसका उपाय करते रहते हैं। भगवान बुद्ध की भाँति उन्होंने संसार के कष्ट को अपना कष्ट मान लिया है। उनके जीवन का उद्देश्य है–'दुखियों का दुख निवारण करना।'

युवावस्था के अनुभवों ने महात्माजी के जीवन को एक नियमित मार्ग पर डाल दिया है। महात्माजी अपने जीवन की एक विशेष महत्त्वपूर्ण घटना का वर्णन करते हुए लिखते हैं–"उस समय मैं प्रायः 12 वर्ष का रहा हूँगा, मेहतर डक्का हमारे घर का पाखाना साफ करने आया करता था। अनेक बार मैंने अपनी माता से पूछा, 'तुम डक्का को छूने से क्यों मना करती हो? उसके छूने में क्या बुराई है?' जब कभी मैं उससे छू जाता, मुझे नहाना पड़ता। नहा तो मैं लेता था, परन्तु सदा ऐसा करने से एतराज जरूर करता था। मुझे यह समझ न आता, कि मनुष्य के लिए मनुष्य को छूना अधर्म क्यों कर हो सकता है? यों तो, मैं माता-पिता की आज्ञा का कभी उल्लंघन नहीं करता था, परन्तु डक्का को छूने के विषय में माँ से मेरा झगड़ा सदा ज़ारी रहता!"

भारत के अछूतों के प्रति जो अन्याय चिरकाल से होता चला आया है, उसे गाँधीजी इसी अवस्था से अनुभव करने लगे थे। हिन्दू-धर्म की इस निर्दयता के कारण उन्हें अपने पूर्वजों के धार्मिक विश्वासों के प्रति घृणा होने लगी थी। उन्होंने ईसाई मत तथा अन्य मतों की पुस्तकें पढ़ना आरम्भ कर दिया। इसका परिणाम यह हुआ कि कुछ समय तक वे ईसाई तथा हिन्दू मत के दरम्यान त्रिशंकु की भाँति लटकते रहे। आत्म-चिन्तन और स्वाध्याय के पश्चात् उन्हें निश्चय हो गया कि मुक्ति का सरल मार्ग हिन्दू-मत ही है। हिन्दू-मत में विश्वास और श्रद्धा हो जाने पर भी अछूतवाद को वे स्वीकार न कर सके। हिन्दू-जाति में इस प्रथा का होना वे सब से बड़ा कलंक समझते हैं। अछूतवाद को वे हिन्दू-मत का आवश्यक अंग नहीं मानते। वे लिखते हैं–"मेरी सम्मति में मनुष्य के प्रति मनुष्य का घृणा करना कभी न्याय नहीं हो सकता। यदि कोई आध्यात्मिक गुरु भी इस प्रकार की आज्ञा दें, जो मेरी बुद्धि के प्रतिकूल हो, तो मैं उसे भी निस्संकोच अस्वीकार कर दूँगा। अधिकार और शक्ति का प्रयोजन केवल दलितों और निर्बलों की सहायता करना है। सद्बुद्धि का साथ छोड़ देने पर, आत्मा की तुच्छ पुकार की अवहेलना करने पर ही अधिकार और शक्ति अन्याय के मार्ग का अवलम्बन कर सकते हैं।"

गाँधीजी सरेआम निर्भय होकर कहते हैं–'यदि मुझे यह निश्चय हो जाए, कि 'अछूतवाद' हिन्दू-धर्म का आवश्यक अंग है, तो मैं यही प्रयत्न करूँगा कि सम्पूर्ण देश ईसाई-मत व इस्लाम को कबूल कर-ले।' उनका दृढ़ निश्चय है, अछूतवाद न तो हिन्दू-धर्म का अंग है, और न उसके अनुकूल ही है। वे इसे समय की गति के कारण समाज में आया हुआ एक दोष समझते हैं। यदि कहीं स्मृतियों में इसका प्रतिपादन है, तो वह प्रक्षिप्त है। सभी स्मृतियों और शास्त्रों में प्रक्षेप की सम्भावना

रहती है। वे कहते हैं, स्मृतियों की अपेक्षा बुद्धि और तर्क अधिक विश्वास के योग्य है। महात्माजी वेदों को ईश्वरीय ज्ञान मानते हैं। वे उनके शब्दों की नहीं, बल्कि भाव की पूजा करते हैं। उनका विश्वास है कि ईश्वरीय ज्ञान मनुष्य को मनुष्य के प्रति घृणा का उपदेश कभी नहीं दे सकता।

महात्माजी द्वारा प्रतिपादित हिन्दू-मत में तथा प्राचीन प्रथाओं में कितना अन्तर है, यह मनुस्मृति से उनके विचारों की तुलना करने पर स्पष्ट हो सकेगा। मनुस्मृति ने लिखा है–"ब्रह्मा ने संसार के कल्याण के लिए अपने शरीर से चार वर्णों की सृष्टि की। मुख से ब्राह्मण, बाहु से क्षत्रिय, जंघा से वैश्य और पाँव से शूद्र को उत्पन्न किया।" अन्यत्र लिखा है–"ब्राह्मण का नाम सौभाग्य का, क्षत्रिय का नाम शक्ति और सामर्थ्य का, वैश्य का नाम धन का वर्द्धक है। परन्तु शूद्र घृणा के योग्य तथा त्याज्य है। ब्राह्मण कल्याण करने वाला, क्षत्रिय रक्षा करने वाला, वैश्य पालने वाला, तथा शूद्र सेवा करने के लिए है। ब्राह्मण सत्व-गुण से युक्त और देवताओं का अंश है, परन्तु शूद्र अज्ञान और अन्धकार से युक्त होकर तमोगुणी होते हैं।"

गाँधी अन्धविश्वास को छोड़, शुद्ध तर्क और न्यायबुद्धि का आश्रय लेते हैं। उनका कहना है–"भारत के दुख-दारिद्र्य और पराभव का कारण भारत में अछूतवाद का होना ही है। हिन्दू-धर्म ने मनुष्यता के प्रति इस अन्याय को सहन करके भारत को हीन-आचार बना, स्वतन्त्रता के अयोग्य बना दिया है। हम लोगों के संसार की दृष्टि में अपमानित और तिरस्कृत होने का कारण यही है, कि हमने जाति के पाँचवें भाग के साथ घृणा और निरादर का व्यवहार किया है। हमने इन्हें अपना दास बनाकर इनके प्रति अन्याय किया है, और इनके बदले हमें ब्रिटिश साम्राज्य का दास बनकर अन्याय सहन करना पड़ा। हम लोग शूद्रों को अछूत और अन्त्यज बनाकर उनके प्रति जितना अन्याय और निर्दयता करते हैं, उसकी तुलना में, ब्रिटिश साम्राज्य की अधीनता में जो व्यवहार हम भारतीयों के साथ हो रहा है, वह कुछ भी नहीं। हम उन्हें वन्य-पशुओं की भाँति अपने से दूर रखते हैं। वे नगरों और ग्रामों में हमारे निकट नहीं रह सकते। वे हमारे कुओं से जल नहीं भर सकते। हमारी पाठशालाओं में उनके बालक नहीं पढ़ सकते। वे हमारे पूजा के स्थानों में नहीं जा सकते। हमने उन्हें पद-दलित और मृतक-समान बना दिया है। हम सब अपराधी हैं। हमने अपने समाज के अंग के साथ घोर अन्याय किया है। हम उन्हें अपने सम्मुख पेट के बल रेंगने और नाक रगड़ने के लिए विवश कर रहे हैं। वह कौन-सा अन्याय है, जो हमारे समाज ने अछूतों और अन्त्यजों के प्रति नहीं किया ? आप ही बताइये, जब हम स्वयं अपने ही भाइयों के प्रति यह व्यवहार करते हैं, तो ब्रिटिश सरकार को दोष देने का हमें क्या अधिकार है?"

महात्माजी सैकड़ों मर्तबा यह कह चुके हैं–"जब तक भारतवासी अपने अछूत कहलाने वाले भाइयों के प्रति न्याय और समानता का व्यवहार नहीं करते, तब तक

वे न तो स्वराज्य और स्वतन्त्रता के अधिकारी हैं, और न उन्हें अपने इस उद्देश्य में सफलता प्राप्त होने की सम्भावना हो सकती है। जब तक हम स्वयं अन्याय और अत्याचार करना बन्द नहीं करते, हमें इसके विरुद्ध आवाज उठाने का क्या अधिकार है? जब तक हम एक भी व्यक्ति के प्रति किए गए अत्याचार को सहने के लिए तैयार हैं, हमारा स्वराज्य के लिए प्रयत्न करना व्यर्थ है। जब तक हम अछूतवाद की अमानुषिक प्रथा का पूर्ण बहिष्कार न कर दें, हमें अपने-आपको मनुष्य कहलाने का कोई अधिकार नहीं।''

अछूतों का प्रश्न सदा से ही महात्माजी के हृदय में शूल के समान कसक पैदा करता रहा है। अपने राजनैतिक कार्यक्रम में उन्होंने इस प्रश्न को सदा ही विशेष महत्त्व दिया है। एक अवसर पर खिन्न होकर उन्होंने यहाँ तक कहा था—''मैं चाहता हूँ, मेरा जन्म किसी अछूत-परिवार में होता। मैं उनके दुःख, क्लेश और यन्त्रणा को भली प्रकार अनुभव कर, उस अन्याय और अत्याचार के विरोध में शक्तिभर आवाज उठा सकता।''

महात्माजी के आश्रम में अछूत-परिवार की एक लड़की है। वह महात्माजी के परिवार में ही रहती है। उसका नाम लक्ष्मी है। महात्माजी के एक अन्तरंग मित्र का कहना है, लक्ष्मी केवल अछूत-परिवार की एक बालिका-मात्र ही नहीं है, वह हमारे देश के सात करोड़ पद-दलित, अछूत कहलानेवाले भाइयों की प्रतिनिधि है।

महात्मा गाँधी यरवदा जेल में बैठे हुए भी इन अन्याय पीड़ित भाइयों को नहीं भूल सके। न केवल वे सदा लक्ष्मी के विषय में ही पूछताछ किया करते थे बल्कि हिन्दू जनता-मात्र के सम्मुख इस आधुनिक प्रथा को हटाने के लिए उन्होंने अनेक सन्देश भेजे।

जिस समय यरवदा जेल में कस्तूरीबाई उनसे मिलने गईं, महात्माजी ने उनके हाथ भी यही सन्देश भेजा।....''किसी को अछूत मत समझो, इन्हें अपने कुओं से जल लेने दो। इनकी सन्तान को अपनी पाठशालाओं में पढ़ने दो। इन्हें पूजा-स्थानों में जाने का अधिकार दो। इन्हें अपना जूठा और अखाद्य भोजन मत दो। मनुष्य के साथ मनुष्य जैसा व्यवहार करो। किसी मनुष्य को अछूत समझकर उससे घृणा करना अक्षम्य अपराध है।''

महात्माजी ने राजनैतिक क्षेत्र में अछूतों के महत्त्वपूर्ण प्रश्न पर उचित ध्यान दिया है। वे स्वयं उन लोगों के समीप गए, उनसे मिले, और उन्हें उचित परामर्श दिया। उनके असहयोग के कार्यक्रम में अछूतों को समान अधिकार—समान स्थान प्राप्त है। अनेक अवसरों पर सर्व-साधारण जनता के सम्मुख उन्होंने अछूतों से असहयोग-आन्दोलन में भाग लेकर अपनी शक्ति दिखलाने को कहा है। दूसरी ओर उन्होंने हिन्दुओं से भी स्पष्ट कह दिया है—''यदि आप लोग असहयोग-आन्दोलन में सफलता प्राप्त करना चाहते हैं, तो आपके लिए यह आवश्यक है, कि आप अछूतों

को सम्पूर्ण अधिकार देकर उन्हें अपने साथ मिलाएँ। विदेशी शासन के विरुद्ध आपका असहयोग तभी पूर्णतः सफल हो सकेगा, जब आप पहिले देश के सभी अंगों का पूर्ण तथा दृढ़ सहयोग प्राप्त कर लेंगे।"

7

सभी दीन-दुखियों और अन्याय-पीड़ितों के लिए गाँधी अपने सगे हैं। भारत की वेश्यायें तक अपने उद्धार के लिए उनसे आशा रखती हैं। गाँधीजी के हृदय में इन उत्पीड़ित और निरादृत स्त्रियों के लिए गहरी सहानुभूति और मर्मवेदना का स्थान है। वे उन्हें पतित बहिनों के नाम से पुकाराते हैं। गाँधीजी अपनी शक्ति भर सदा इन स्त्रियों की सहायता के लिए तैयार रहते हैं।

जब गाँधी बारीसाल गए, तब वहाँ के चकलों की प्रायः एक सौ स्त्रियाँ महात्माजी से मिलने आईं। अपनी दुखी तथा आर्त्त-अवस्था का वर्णन कर, उन्होंने गाँधीजी से उद्धार का उपाय पूछा। इन स्त्रियों की दयनीय अवस्था देख, महात्माजी का हृदय बहुत खिन्न हुआ। वे लिखते हैं–"इन बहनों से बात करने में जो दो घण्टे का समय मैंने व्यय किया है, उसे मैं इस जीवन में न भुला सकूँगा। इन स्त्रियों की अपमानजनक अवस्था देखकर मेरा सिर लज्जा से झुक गया।" यह कल्पना करना सरल है, कि यह स्त्रियाँ अपनी वास्तविक अवस्था को महात्माजी के सम्मुख कभी प्रकट न कर सकी होंगी। महात्माजी लिखते हैं–"...शब्दों से नहीं, बल्कि इन स्त्रियों की कातर आँखों से मैंने इनकी करुण-कथा को समझने का यत्न किया।"

महात्माजी लिखते हैं–"मैं यह समझ नहीं सकता, कि मनुष्य किसी भी स्त्री की ओर पाप-वासना और काम-लिप्सा की दृष्टि से क्यों देखने लगता है?...यदि संसार में कहीं एक भी स्त्री मनुष्यों की पाप-वासना का शिकार बन रही है, तो वह सम्पूर्ण मनुष्य-जाति के लिए लज्जा का विषय है। भगवान की सृष्टि के सर्वोच्च पदार्थ नारी-शरीर का इस प्रकार अपमान कर, उसे नष्ट करने से यह कहीं अच्छा होगा, कि मनुष्य जाति का ही लोप हो जाए। स्त्री और पुरुष में से, स्त्री मनुष्य की अपेक्षा अधिक पवित्र और पूज्य है। वह त्याग, ज्ञान, सहनशीलता और विनय की प्रतिमूर्ति है। यदि मनुष्य इसका अपमान करता है, तो वह स्वयं अपने नाश की तैयारी कर रहा है।"

स्त्री-पुरुष के सम्बन्ध के विषय में महात्माजी के आश्रम में जो नियम लागू हैं, और जिनका प्रतिपादन महात्माजी मनुष्य-समाज के लिए करते हैं, यूरोपियन लोगों को अत्यन्त विचित्र जान पड़ते हैं! इन नियमों की तह में महात्माजी की उपरोक्त धारणा काम कर रही है। उनका विश्वास है कि पुरुष ही काम वश हो, स्त्रियों

पर अमानुषिक अत्याचार करता है। कुछ लोगों की यह जो धारणा है, कि मनुष्य-समाज को नियमित शृखंलाओं में रखने के लिए किसी सीमा तक वेश्या-वृत्ति को सहन करना ही पड़ेगा, और भारतवर्ष में प्राचीन समय से यह प्रथा चली आई है—इसे महात्माजी स्वीकार नहीं करते। महात्माजी कहते हैं—"अपने पूर्वजों के सद्‌गुणों का अनुकरण करने के लिए हम सदा तैयार हैं, परन्तु उनके दोषों को दोहराना हमारे लिए अभिमान का कारण नहीं हो सकता।"

गाँधीजी कहते हैं—"भारतवर्ष में प्रत्येक व्यक्ति का यह कर्त्तव्य है कि वह देश की सब स्त्रियों के सम्मान की अपनी सगी बहिन के समान रक्षा करे।...स्वराज्य का अभिप्राय ही यह है, कि हम लोगों में इतनी विशालता हो, कि हम भारत के प्रत्येक पुरुष को अपना भाई-बहन समझ सकें।"

इसी प्रकार के और दूसरे सामाजिक अत्याचारों और कुरीतियों के भी वे कट्टर विरोधी हैं। बाल-विवाह के नाम से उन्हें चिढ़ है। बाल-विधवा को देखकर तो उनका हृदय काँप उठता है। बाल-विधवा के पक्ष में भारत की विशेष परिस्थिति तथा जलवायु की उष्णता की ओट लेकर जो युक्तियाँ दी जाती हैं—उन्हें वे स्वीकार नहीं करते।

वे लिखते हैं—"यह कहना कि भारत की उष्ण जलवायु के कारण इस देश के लड़के-लड़कियाँ अपेक्षाकृत शीघ्र युवा हो जाते हैं, निरा अन्धविश्वास और लचर दलील है। लड़के-लड़कियों के शरीर में यौवन के चिह्न समय से पूर्व प्रकट होने का कारण जलवायु नहीं, विकृत पारिवारिक परिस्थिति है। बचपन में सगाई हो जाने, सदा इसी विषय की चर्चा और परिहास सुनते रहने, या इस प्रकार के तामसिक और उत्तेजक भोजन करते रहने के कारण ही यौवन के चिह्न असमय में फूटने लगते हैं, और कामुकता की मात्रा बढ़ जाती है।"

महात्माजी न केवल वेश्या-वृत्ति के विरुद्ध हैं, अपितु शराब, अफीम, चरस, गाँजा, तम्बाकू और चाय तक का निषेध करते हैं। उनका विश्वास है कि यह सब मादक वस्तुएँ भारत के तन-धन का चूरा कर, उसे निरन्तर दुख-दारिद्र्य के जाल में फैलाये हुए हैं।

इस दुख-दारिद्र्य का महात्माजी को गहरा अनुभव है। वे सदा अकाल-पीड़ित प्रान्तों में सेवा के लिए पहुँचते हैं। उनका कहना है—"दुख-दारिद्र्य और दीनता का जैसा भयंकर रूप भारत के गाँवों में मौजूद है, उसकी तुलना संसार के अन्य देशों में ढूँढ़ने से भी नहीं मिलेगी।" महात्माजी पुरी का वर्णन करते हुए अपने एक वैयक्तिक अनुभव में यों लिखते हैं—"मुझे सुपरिण्टेण्डेण्ट-पुलिस एक मन्दिर के चौक में ले गया। वहाँ सैकड़ों क्षुधा-पीड़ित नर-नारी पड़े हुए थे। उनके जीवन-प्रदीप मानो बुझने से पहले अन्तिम बार टिमटिमा रहे थे। वे निराशा की सजीव-मूर्ति थे। दूर से भी उनके शरीर की नस-नस और एक-एक हड्डी गिनी जा सकती थी। उनके शरीर में मांस नाम को भी न था। उनकी खाल ढीली पड़कर लटक गई थी। उनकी

आँखों की ज्योति विलीन हो चुकी थी। मृत्यु उनके दुखों का अन्त कर दे, इसके अतिरिक्त, उनके मन में कोई इच्छा न थी। मुट्ठी भर चावल जो उन्हें दिया जाता था, उसे ग्रहण कर, खाना तक उनके लिए असाध्य था। अपने इन भाई-बहनों के इस ढंग से सूख-सूखकर प्राण देने से बढ़कर, रौद्र और भयानक दृश्य, मैंने अपनी आयु में दूसरा नहीं देखा है। इन लोगों का जीवन एक निरन्तर उपवास है, कभी-कभी वे हम लोगों के जीवन का उपहास करने मात्र के लिए हमारे सम्मुख मुट्ठी भर भात खाने लगते हैं।"

भारत की अवस्था का अध्ययन महात्माजी ने खूब भली प्रकार किया है। प्लेग और हैजे की बीमारी फैलने पर वे ग्रामों और नगरों में जनता की सेवा और सहायता के लिए गए। वहाँ उन्होंने देखा—लोग निस्सहाय हो, कीट-पतंगों की मौत मर रहे हैं। वे लिखते हैं—"भारत की जनता का दसवाँ भाग तो सदा ही अकाल की पीड़ा में फँसा रहता है। शेष लोग आधा-पेट खाकर दिन काट रहे हैं। मध्यम श्रेणी के लोग भी जीवन की आवश्यक वस्तुओं को प्राप्त करने में असमर्थ हैं। भारत के सभी भागों में मैंने भ्रमण किया है, परन्तु कभी भाग्य से ही कोई पूर्णतः स्वस्थ मनुष्य मेरी दृष्टि में आया होगा।" भारत की इस रोग-शोक-पीड़ित स्थिति का चित्र हरदम उनके दिमाग में चक्कर लगाया करता है। इस कष्ट को दूर करने के लिए उनकी आत्मा सदा व्याकुलता से छटपटाती रहती है। वे कहते हैं—"हमारे देश के धन, बुद्धि और आचार का पूर्णतः नाश हो चुका है।"

अवनति के गहरे गड्ढे में गिरते हुए देश को बचाने के लिए महात्माजी को विलक्षण उपाय सूझा है। वे कहते हैं—"इस समय भारतवासियों को पूर्ण इन्द्रिय-निग्रह से सन्तानोत्पत्ति को एकदम बन्द कर देना चाहिए। देश की वर्तमान अवस्था में सन्तान उत्पन्न कर, निस्सहाय, निर्बल, दास-सन्तान को जन्म देना, भावी सन्तति के प्रति घोर अन्याय है। जब तक भारत एक स्वतन्त्र राष्ट्र न बन जाए, जब तक हम भारत से भूख और महामारी को निकाल बाहर न कर दें, आनेवाली सन्तति के लिए सुशिक्षा का प्रबन्ध न कर लें, हमें सन्तान उत्पन्न करने का कोई अधिकार नहीं। मैं भली प्रकार जानता हूँ, आज इस देश में उत्पन्न होनेवाली सन्तान के पालन के लिए, सुविधा नहीं है। इसलिए जब कभी मैं कहीं भी सन्तानोत्पत्ति का समाचार सुनता हूँ, तो मुझे नये आये हुए बालक के दुर्भाग्य के लिए शोक होता है।" महात्माजी सन्तान-विरोध के कट्टर पक्षपाती होते हुए भी विषय-वासना को पूर्ण कर, कृत्रिम उपायों से सन्तान-निषेध के विरोधी हैं। उनकी सम्मति में प्रथम तो इस समय विवाह ही न होने चाहिए। विवाह हों, तो स्त्री-पुरुष को संयमपूर्वक रहना चाहिए। वे स्वयं अपनी इच्छा से, भारत की जनसंख्या को कम कर देने के पक्ष में हैं। वे कहते हैं—"यदि हम अपनी दासता के लिए उत्तराधिकारी उत्पन्न न करें, तो कोई विशेष हानि नहीं!"

संसार के इतिहास में भगवान बुद्ध के पश्चात् मनुष्य के प्रति करुणा से इस प्रकार पूर्ण हृदय का दूसरा उदाहरण मिलना कठिन है। महात्मा गाँधी की सम्पूर्ण विचारधारा और नीति का मूल उद्देश्य है, दुःख-दारिद्र्य और दीनता का उपाय करना। यही उनकी राजनीतिक और धार्मिक मीमांसा है। महात्माजी एक भारतीय कम्पनी की ओर से वकालत करने प्रिटोरिया गए थे। वहाँ अपने देशवासियों की दयनीय और अन्याय-पीड़ित अवस्था देखकर वे उसके उपाय में लग गए, और जीवन के बीस वर्ष उन्होंने इन लोगों के कष्ट और दुख दूर करने में व्यय कर दिए।

यदि हम महात्माजी के जीवन पर एक सरसरी दृष्टि डालें, तो हमें जान पड़ेगा कि राजनैतिक क्षेत्र में उनके पैर रखने का कारण मनुष्य-जाति के प्रति उनकी सहानुभूति ही है। उन्नीसवीं सदी के मध्य में दक्षिण-अफ्रीका में जब अँग्रेज औपनिवेशिकों ने बसना आरम्भ किया, तो उन्हें कृषि तथा दूसरे धन्धों के लिए मजदूरों की आवश्यकता अनुभव हुई। इन लोगों की गृद्ध-दृष्टि निर्धन भारत के सस्ते मजदूरों पर पड़ी। सैकड़ों ही दलालों ने भारत के अबोध किसानों को निश्चित वर्षों तक निश्चित मजदूरी पर अफ्रीका में काम करने के लिए प्रतिज्ञा-पत्र लिखवाकर यहाँ भेजना आरम्भ कर दिया। दलाल-लोग अनजान किसानों को भारी आमदनी और सुखमय जीवन के मधुर स्वप्न दिखा-दिखाकर, कुली-दल में भरती करके वहाँ भेज देते। वहाँ पहुँचकर उन लोगों के प्रति दूसरे-दूसरे ही ढंग का व्यवहार होता। उनके गोरे मालिक उनसे बिल्कुल जर-खरीद गुलामों की भाँति काम लेते। गोरे प्रभुओं को अपने काले दासों पर सब प्रकार का अधिकार प्राप्त था। काले दास किसी प्रकार के अन्याय या अत्याचार के विरुद्ध एक शब्द भी न कह सकते थे। इन उपनिवेशों का कानून कुछ इसी ढंग का था, कि गोरों का सब अत्याचार न्यायानुकूल होता, और भारतवासियों का अनुनयपूर्वक न्याय की प्रार्थना तक करना न्याय-विरुद्ध। कानून का अत्याचार तो जो कुछ था, सो था ही, उस पर गोरे आतंकवादियों के दल ने भारतवासियों के जीवन को प्रायः असम्भव् सा कर दिया।

इसी अवस्था में गाँधीजी दक्षिण-अफ्रीका में पहुँचे। उन्होंने देखा, ब्रिटिश साम्राज्य की छत्र-छाया में भारतवासियों के साथ पशुओं से भी बुरा व्यवहार हो रहा है। मनुष्यता के इस अपमान को वे सहन न कर सके। उन्होंने अँग्रेजों के दमन और अत्याचार के विरुद्ध विद्रोह का झण्डा खड़ा कर दिया। यहीं से गाँधीजी के राजनैतिक जीवन का आरम्भ होता है।

सी. एफ. एण्ड्रूज़ महात्माजी के अँग्रेजी सरकार के प्रति विद्रोही हो जाने का कारण बताते हुए लिखते हैं—"गाँधी के अँग्रेजी शासन से बागी हो जाने का कारण है, अँग्रेजों का गरीब भारत पर अत्याचार! भारत के क्षुधार्त और अकाल-पीड़ित जनता के अस्थि-पिंजरावशिष्ट शरीरों को देखकर गाँधी का मस्तिष्क क्षुब्ध हो उठा है। वह इस अन्याय का विरोध किए बिना रह ही नहीं सकता।" एण्ड्रूज़ कहते

हैं—"असहयोग-आन्दोलन को ज़ारी कर देने के पश्चात् भी, गाँधी ब्रिटिश सरकार के साथ एक शर्त पर सहयोग के लिए सदा तैयार थे। उनका कहना था, कि ब्रिटिश सरकार जिस दिन भी भारत से दुख-दारिद्र्य की बीमारी को निकालने का यत्न करेगी, हम उसके सब से पहले सहायक होंगे।"

सी. एफ. एण्डूज़ ने दक्षिण-अफ्रीका में महात्माजी के साथ रहकर उनके जीवन का गहरा अध्ययन किया है। वे लिखते हैं—"दुखियों के प्रति गाँधी की सहानुभूति केवल मौखिक ही नहीं है। गाँधी ने जीवन का पर्याप्त भाग इन लोगों की अवस्था को जानने और समझने में व्यय किया है। गाँधी डर्बन में वहाँ के भारतीय धोबियों और कुँजड़ों के साथ रहते थे। वे उनकी जीवनचर्या, उनकी आवश्यकताओं और शिकायतों का खूब मनन करते थे।" एण्डूज़ ने स्वयं भी महात्माजी के साथ रहकर इन लोगों के जीवन तथा गाँधी की कार्यप्रणाली का अध्ययन किया है। वे कहते हैं—"महात्मा गाँधी जितना ध्यान बड़े-से-बड़े महत्त्वपूर्ण राजनैतिक प्रश्न पर देते हैं, उतना ही अपने देश के एक दुखी-दरिद्र किसान और मजदूर की अवस्था पर देते हैं। काम का कितना ही बोझ उन पर क्यों न आ पड़े अपने दुखी भाइयों की ओर से वह कभी लापरवाह नहीं होते।"

जनता के स्वास्थ्य तथा हित की साधारण से साधारण बात को भी वे महत्त्व देते हैं। उन्होंने बनारस के मन्दिरों और वहाँ की गलियों की अवस्था सुधारने के लिए आन्दोलन किया। भारत में महामारी फैलने पर सरकार की ओर से जो अपर्याप्त और अधूरा प्रबन्ध किया जाता है, उसके दोष वे कई बार जनता के सम्मुख रख चुके हैं। रेलवे में तीसरे दर्जे के मुसाफिरों के साथ जो अनुचित व्यवहार किया जाता है, उसके विषय में भी वे बहुत देर से आन्दोलन करते चले आ रहे हैं। महात्माजी को सफर बहुत अधिक करना पड़ता है, और सफर में वे लगातार काम भी करते रहते हैं। ऐसी अवस्था में उनका पहले दर्जे में सफर करना बहुत युक्तिसंगत होता। परन्तु जनता के दुख और कष्ट में भाग लेने से गाँधीजी कभी नहीं चूकते। भारत में तीसरे दर्जे की गाड़ियों की अवस्था बहुत शोचनीय रहती है। उसमें कष्ट, मुसीबत और स्वास्थ्य को बिगाड़ने के सभी साधन मौजूद रहते हैं।

जनता के स्वास्थ्य के विषय में वे बहुत चिन्तित रहते हैं। उन्होंने सर्व-साधारण के लाभ के लिए एक पुस्तक 'स्वास्थ्य-रक्षा' नामक लिखी है। इस पुस्तक में उन्होंने स्वास्थ्य-रक्षा के साधनों पर प्रकाश डाला है, और प्रायः सभी छोटी-मोटी रोजमर्रा घरों में होने वाली बीमारियों के उपचार भी उन्होंने लिखे हैं। इसके अतिरिक्त नगर-ग्राम में बीमारी फैलने पर उसके निवारण के उपायों का भी वर्णन उन्होंने किया है। स्वास्थ्य-रक्षा के साथ ही स्वास्थ्य-उन्नति के सरल उपाय भी इसमें बतलाये गए हैं। पुस्तक की एक विशेषता यह है, कि उसमें प्रत्येक बात गाँधीजी ने अपने वैयक्तिक अनुभव के आधार पर लिखी है। भारतीय जनता के प्रचलित भोजन के तरीके को

वे प्रकृति-विरुद्ध और अपव्यय समझते हैं। यूरोपियन ढंग के तो वे सर्वथा ही विरुद्ध हैं। महात्माजी के विचार में मांस, मछली और अण्डा सर्वथा हानिकारक तथा त्याज्य है। शेष पदार्थों को वे उनकी प्राकृतिक अवस्था में और बहुत थोड़े परिमाण में खाने के पक्ष में हैं। प्राकृतिक अवस्था से अभिप्राय है, बिना रँधे और बिना मसाले के ! गाँधीजी का विचार है, मसाला मिलाकर राँधने से भोजन विषाक्त, दुष्पाच्य और तामसिक हो जाता है। दलिया, महात्माजी के विचार में सब से अच्छा भोजन है। सिद्धान्त रूप से तो वे दूध पीने के भी विरुद्ध हैं।

अपने जीवन के तमाम अनुभव और अध्ययन को महात्माजी ने भारत की आर्त-जनता के उपयोग के लिए उनके सम्मुख रख दिया है, और स्वयं करुणा-पूर्ण हृदय से सेवा-धर्म को अपनाये, वे घर-घर, द्वार-द्वार अलख जगाते फिरते हैं। व्यापक सहानुभूति, सार्वभौम आत्मीयता और सत्य उनके जीवन का सन्देश है।

8

यह प्रायः सुना जाता है, कि महात्मा गाँधी के इस आन्दोलन में भारतीय कलाओं की उन्नति तथा पुनरुत्थान के लिए कोई अवसर नहीं। उनके अनेक निकट मित्र भी उन्हें सर्वथा नीरस समझते हैं। आश्रम के कमरे में किसी भी प्रकार की सजावट महात्माजी को पसन्द नहीं है। कवीन्द्र के एक शिष्य के इसका कारण पूछने पर उन्होंने उत्तर दिया था—"मैं अपनी सीधी चारदीवारों से ही सन्तुष्ट हूँ। मुझे तो छत की भी विशेष आवश्यकता नहीं जान पड़ती। जब मध्य-निशा में आकाश के छिटके हुए तारों पर मेरी दृष्टि पड़ती है, तो मैं उनके सौन्दर्य पर मुग्ध हो जाता हूँ। मनुष्य के हाथ की कला इससे अधिक आनन्द नहीं दे सकती। मैं कला का अनादर नहीं करता, मेरा आशय यह है, कि प्रकृति से तुलना करने पर मुझे मनुष्य-रचित कला में कृत्रिमता का भास होने लगता है।"

भारतीय संगीतज्ञ श्री दिलीपकुमार राय से कला के विषय में बातचीत करते समय भी गाँधीजी ने इसी प्रकार के विचार प्रकट किये थे। उन्होंने कहा था—"मैं स्वीकार करता हूँ, तारों-भरी रात की अपेक्षा अधिक शान्त, स्फूर्तिदायक और रोमांचकारों दृश्य मनुष्य की कला उपस्थित नहीं कर सकती। भगवान की प्रचुर और रहस्यमयी कला के सम्मुख मनुष्य की कला मुझे निस्सार और तुच्छ जान पड़ती है।"

महात्माजी मानते हैं, कि मनुष्य-समाज की आध्यात्मिक और आचार-विषयक उन्नति के लिए कला की आवश्यकता जरूर है। हाँ, स्वयं अपने लिए आध्यात्मिक उन्नति के मार्ग में वे किसी बाह्य सहायक-साधन की आवश्यकता नहीं समझते।

संगीत में महात्माजी की विशेष रुचि है। अनेक प्रकार के भारतीय बाजों का

उनके आश्रम में उपयोग होता है। आश्रम में दिन का कार्य संगीत की मधुर-ध्वनि से आरम्भ होकर अवसान भी आध्यात्मिक संगीत की तान में ही होता है। देहली में उपवास के दिनों में भगवान कृष्ण तथा विष्णु की स्तुति का गान ही उनके लिए भोजन का काम करता था। रात को सोने से पहले वे भक्ति-भाव के भजन अवश्य सुनते थे।

महात्माजी को संगीत से जो प्रेम है, उसका कारण केवल कला का ज्ञान अथवा रसास्वादन ही नहीं,—वास्तव में महात्माजी संगीत को भक्ति और आत्म-चिन्तन का एक साधन समझते हैं। भारत के सभी वाद्य-यन्त्र—सितार, सारंगी, वीणा, तम्बूरा इत्यादि—मिलकर भिन्न-भिन्न रागों के साथ आश्रम में बजते हैं। भारत में यह राग अनेक सन्ततियों से मौखिक ही चले आ रहे हैं। भारतीय संगीत के सिद्धान्त यूरोपियन संगीत से सवथा भिन्न हैं। उनमें न वह माधुर्य है न वह प्रसाद ! पुरानी चाल की कुछ तानों पर ही भारतीय संगीत का आधार है। भारत के प्राचीन संगीत में प्रायः चार सौ के लगभग राग थे। इनमें से अनेक समय के प्रभाव से नष्ट हो चुके हैं। यह सभी राग केवल 22 मात्राओं में गाये जाते हैं। इसलिए वैचित्र्य और भेद की कमी के कारण यूरोपियन लोगों को उनमें कुछ रस नहीं अनुभव होता। इस भारतीय संगीत की कल्पना करना चाहें, तो आप एक पद को प्रायः आधा घण्टे तक बिना किसी परिवर्तन के दोहराते रहिए।

इन रागों के विषय प्रायः धार्मिक होते हैं। अधिकांश में कृष्ण के प्रति अनुराग का वर्णन रहता है, या भारतीय योगियों की धार्मिक क्रियाओं का वृत्तान्त होता है।* महात्मा गाँधी का संगीत-प्रेम वास्तव में उनके धार्मिक अनुराग का ही प्रमाण है।

श्री दिलीपकुमार राय से इस विषय में बातचीत करते समय महात्माजी ने कहा—"मैं संगीत की उपेक्षा भला किस प्रकार कर सकता हूँ ? मुझे तो भारत का आध्यात्मिक अभ्युत्थान संगीत के बिना सम्भव ही नहीं जान पड़ता। मैं तो संगीत की थोड़ी-बहुत प्रारम्भिक शिक्षा प्रत्येक के लिए आवश्यक समझता हूँ। मैं तो जानता हूँ, हम सब लोग सम्मिलित हों, देश भर में राष्ट्रीय गान गाया करें, और देश के बड़े-बड़े संगीताचार्य हमें सुर-ताल की शिक्षा दें।"

भारतीय जीवन की संस्कृति की आधार-शिला धार्मिक विश्वास है। इस धार्मिक विश्वास को स्फूर्ति देने तथा उत्तेजित करने का एक साधन संगीत है। इसीलिए महात्मा गाँधी संगीत को इतना महत्त्व देते हैं। वे संगीत को धार्मिक तथा राष्ट्रीय अनुभूति को जागरित करने का एक उपकरण समझते हैं। इसके अतिरिक्त कला की दृष्टि से जीवन में आनन्द का उद्रेक करने के लिए संगीत का कुछ भी मूल्य

---

* यह जान पड़ता है मि. रेने फुलपमिलर को भारतीय संगीत का कुछ भी परिचय नहीं। आज तो भारतीय संगीत कला की गम्भीरता के सम्मुख अनेक पाश्चात्य कलाविद् सिर झुका रहे हैं। अमेरिकन महिला रागिनी देवी ने भारतीय संगीत के अध्ययन को अपने जीवन का उद्देश्य बना लिया है।

—अनुवादक

उनकी दृष्टि में नहीं है। वे स्वयं कहते हैं–"मुझे संगीत क्या, अन्य सब कलाओं से भी प्रेम है, परन्तु मैं उन्हें इतना अधिक महत्त्व नहीं दे सकता। उदाहरणतः उस कला का मुझे कोई विशेष लाभ जीवन में नहीं जान पड़ता, जिससे आनन्द प्राप्त करने तथा उसे समझने के लिए भी हमें शिक्षा ग्रहण करनी पड़े।"

महात्माजी कहते हैं–"कला से जीवन का महत्त्व है। मैं तो यह कहने का साहस करता हूँ, कि जीवन में वास्तविक पूर्णता प्राप्त करना ही कला है। यदि कला ने जीवन को सुमार्ग पर न डाला, तो वह कला ही क्या हुई?" महात्मा जी कला का मूल्य केवल सामाजिक उपयोगिता की दृष्टि से जाँचते हैं। उनके विचार में सत्य की खोज और निरूपण ही सब से बड़ी कला है।

हानि-लाभ और भलाई-बुराई से परे सौन्दर्य और कला का जो अपना एक अस्तित्व है–उदाहरणतः स्वयं प्राकृतिक दृश्य–उसे गाँधी कोई महत्त्व नहीं देते। एक स्थान पर वे लिखते हैं–"क्या प्राकृतिक दृश्यों के सौन्दर्य में हमें सृष्टि-कर्त्ता की महिमा का आभास नहीं होता ? यदि द्रष्टा के मन में सूर्य और तारों का प्रकाश भगवान की विद्यमानता को प्रकट न करता, तो क्या कभी वह इतना सुन्दर जान पड़ता ? जब कभी मैं सूर्यास्त के दृश्य को अथवा चन्द्रमा के कोमल प्रकाश को देखता हूँ, मेरा सिर भगवान के चरणों में श्रद्धा से झुक जाता है। मैं सृष्टि-कर्त्ता की रचना में उसे हर स्थान पर देखता हूँ। यदि प्रकृति के इन मनोरम दृश्यों को हम भगवान की अनुमति के बिना देखेंगे, तो हम अपने कर्त्तव्य पथ पर दृढ़ न रह सकेंगे। मोक्ष के मार्ग पर चलना हमारे लिए सफल न होगा।"

गाँधीजी आगे लिखते हैं–"संसार में वही सत्य और सुन्दर कला के उदाहरण उत्पन्न कर सकता है, जिसका हृदय सुन्दर है। शुद्ध अन्तःकरणवाला मनुष्य सदा ही आदर्श कला का उत्पादक होता है।" वे लिखते हैं–"मसीह और मुहम्मद ने सत्य को पहचान लिया था। इसी से वे संसार के सम्मुख एक महान् सौन्दर्य को उपस्थित कर सके। अरबी-साहित्य में कुरान से बढ़कर दूसरी उत्कृष्ट पुस्तक नहीं। सत्य की जिज्ञासा के कारण ही मसीह और मुहम्मद के शब्दों में इतना माधुर्य और प्रभाव हो सका, नहीं तो उन्होंने वास्तव में इसके लिए प्रयत्न नहीं किया था।"

ऊपर भी कहा जा चुका है, गाँधी कला का अनुमोदन उसी अंश तक करने को तैयार हैं, जिस अंश तक वह मनुष्य-समाज की प्रवृत्ति को आध्यात्मिकता की ओर ले जाए। कला को स्वयं कला के लिए, उसके अपने आन्तरिक सौन्दर्य के लिए वे स्वीकार करने को तैयार नहीं। इस प्रकार की कला को वे निष्प्रयोजन और निस्सार समझते हैं। इस प्रकार के साहित्य में, उदाहरणतः, महात्मा गाँधी ऑस्कर वील्डे की रचनाओं को समझते हैं। ऐसे लेखकों के प्रति जनता की श्रद्धा देखकर उन्हें खेद और दुःख होता है। गाँधी कहते हैं–"मैं स्वीकार करता हूँ, साहित्य के क्षेत्र में मेरी गति नहीं है, और न मैं एक समालोचक के आसन के योग्य हूँ। परन्तु ऑस्कर वील्डे

के विषय में अपनी सम्मति प्रकट करना उचित समझता हूँ, क्योंकि मैंने लन्दन में अपनी आँखों से वील्डे के साहित्य के घातक प्रभाव का प्रमाण देखा है। वील्डे की सफलता की कसौटी है, भावों को स्पष्ट और विशद् रूप से चित्रित करना। इस बात की उसे चिन्ता नहीं रहती कि इस भाव के चित्रण का प्रभाव जनता पर क्या पड़ेगा।"

परन्तु हम देखते हैं, अनेक अवसरों पर वास्तविक सत्य का प्रतिपादन ऐसे लेखक भी सफलता से कर गए हैं, जिनका जीवन, गाँधीजी के सिद्धान्त के अनुसार, पूर्णता के ठीक विपरीत जाता है। इसका उत्तर महात्माजी यों देते हैं–"सत्य और असत्य प्रायः एक-साथ भी पाये जाते हैं। ऐसी अवस्था में जिस समय लेखक में सत्य का उद्भास हो, उसी समय उसकी रचना वास्तविक कला के अन्तर्गत होगी, अन्य अवस्था में नहीं। परन्तु पूर्ण और वास्तविक सत्य कला तो उसी लेखक की कृति में हो सकेगी, जिसका जीवन स्वयं पूर्ण हो।"

महात्मा गाँधी के विचार में टॉल्सटॉय के इस विषय के सिद्धान्तों की झलक स्पष्ट दिखाई पड़ती है। टॉल्सटॉय ने अपनी पुस्तक...(कला क्या है?) में इसी सिद्धान्त का प्रतिपादन किया है। विचार एक से होने पर भी विचारकों की परिस्थिति भेद के कारण, विचारों के कारणों में अन्तर है। टॉल्सटॉय के यह विचार केवल आचार-नीति की दृष्टि से हैं, परन्तु गाँधी के इन विचारों का कारण दूसरा है। उन्हें राजनैतिक तथा सामाजिक उलझनों का झंझट इतना अधिक घेरे हुए है, कि उनका ध्यान अपने नियमित क्षेत्र से निकलकर, केवल कला के साम्राज्य में जा ही नहीं पाता। अपने देश की दारुण और करुण अवस्था देखते हुए, वे किसी अपेक्षाकृत अनावश्यक विषय की ओर ध्यान दे ही नहीं सकते। लेनिन की भाँति गाँधी भी ऐसे किसी भी कार्य को कोई महत्त्व देने के लिए तैयार नहीं, जिससे कुछ भी लाभ न हो। इन दोनों ही व्यक्तियों के अन्तरात्मा करुणा और क्रन्दन की पुकार से ऐसे भरे हुए हैं, कि जिन्हें संसार में कुछ और दीखता ही नहीं। ऐसे किसी भी मनुष्य की, जिसका सम्बन्ध सर्वसाधारण के दुख और क्रन्दन से हो, सहानुभूति किसी ऐसे कार्य से होनी–जिसका लाभ जनता को कुछ भी न हो और जो केवल सजावट-मात्र ही हो,–सम्भव नहीं। गाँधी कहते हैं–"मैंने कभी किसी भूखे का पेट, संगीत की मधुर तान से भरते नहीं देखा। संसार के भूखे और क्षुधार्त्त केवल रोटी की रट लगाये हैं–संगीत और कला की चिन्ता, वे क्योंकर कर सकते हैं।"

कवीन्द्र टैगोर ने गाँधीजी की कला के प्रति इस उदासीनता और नीरस भाव का जिक्र करते हुए एक बार लिखा था–"...मुझे तो इस उग्र राजनैतिक आन्दोलन के समय भी नवीन धन्धों के आविष्कार के अतिरिक्त और कुछ करने को नहीं। वह मनुष्य ही क्या, जो निरा परिस्थितियों का ही खिलौना बन जाए!–और जिसका जीवन एक निष्प्रयोजन खिलवाड़ मात्र हो! मैं जब गाता हूँ, तो संसार उसकी तान पर झूमता है। और क्या भगवान ही स्वयं समय का अनन्त अपव्यय नहीं कर रहे

हैं? वे इस परिवर्तन की आँधी में अनेक नक्षत्रों को इच्छा-मात्र से छिटका देते हैं। दृश्यमय जगत की धारा में वे कागज की नाव पर अपनी कल्पनाओं का बोझ लादकर उसे नदी में छोड़ देते हैं। जब मैं उन्हीं के समान अपनी खिलवाड़ी की नौका पर कल्पना का सौदा लादकर उनकी भेंट करने जाता हूँ, तो वे मुस्कुराकर रह जाते हैं। मैं उनका आँचल पकड़, उनके पीछे गिरता-पड़ता चलने का यत्न करता हूँ—पर कहाँ? इस भीड़ में मेरे हाथ से उनका आँचल निकल जाता है। मैं इस भीड़ में कुचला-सा जाता हूँ।...अरे यह चारों ओर कैसा कोलाहल है? यह तो एक संगीत है। तो क्या मेरी वीणा इस ताल पर नहीं बज सकती? मैं भी तो गायक हूँ। मैं भी इस संगीत में सम्मिलित होऊँगा। परन्तु यदि यह भंयकर विस्फोट का शब्द है, तो मेरा कण्ठ समाप्त समझिये। मैं कब से कानों को साधे एक सुर—एक तान की प्रतीक्षा में चौकस बैठा हूँ, तुम मुझे इस व्यापक संगीत से असहयोग करने को कहते हो! यह मुझे स्वीकृत नहीं। मुझे तुम्हारे इस विरोध से आंशका होती है।...प्रातः उठकर पक्षी केवल दाने को नहीं चिल्लाया करता, वह अपने सुरीले कण्ठ से नव दिवस का स्वागत भी करता है। अपने पंखों की अनवरत फड़फड़ाहट से वह अनन्त आकाश का आलिंगन करता है। मेरा मनुष्यत्व मुझे पुकार रहा है, मेरी अन्तरात्मा को गाने दो!"

गाँधी ने अपने एक लेख 'सतर्क प्रहरी' में इसका उत्तर दिया है। इस लेख के एक-एक शब्द में आपको पीड़ितों के प्रति गहरी सहानुभूति और वेदना अनुभव होगी। गाँधी का यह उत्तर संसार भर में व्याप्त आधुनिक नीरसता और भाव-शून्यता के दोषारोपण की सफाई है। गाँधी लिखते हैं—"जब मैं अपने चारों ओर लोगों को क्षुधा की पीड़ा से मरता देख रहा हूँ, तो मैं उनके पेट भरने के यत्न को छोड़कर दूसरी ओर किस प्रकार ध्यान दे सकता हूँ?...भूख से मरते हुए को भी भगवान देखते हैं। यदि कवि का यह कर्त्तव्य है कि वह हमारा ध्यान पक्षियों के प्रातः संगीत की ओर आकर्षित करे, तो किसी व्यक्ति का इन पक्षियों के भूख से तड़पने पर भी इनका ध्यान करना होगा। आज करोड़ों मनुष्य भूख से बिलबिला रहे हैं—क्या संगीत और कला से इनकी तृप्ति हो सकेगी?"

महात्माजी के विचारों और जीवन में दरिद्रता और विषाद निरन्तर प्रतिध्वनित हो रहे हैं। इनके विरुद्ध संग्राम करने में उनके जीवन का एक-एक पल और उनकी सम्पूर्ण शक्ति व्यय हो रही है।

9

महात्मा गाँधी के सामाजिक और राजनैतिक आन्दोलन का कारण है, उनकी अपने दीन-हीन और क्षुधार्त देश की दशा को सुधारने की इच्छा। देश की इस अवनति का मुख्य कारण है, आर्थिक दशा। इसके साथ ही दूसरे सामाजिक और राजनैतिक कारण

भी आ जुड़े हैं। आर्थिक अवस्था के गिरने की वजह है, देश के समृद्ध घरेलू उद्योग-धन्धों का नाश किया जाना।

साधारणतः भारत में जितनी रुई उत्पन्न होती है, वह भारत की आवश्यकता को पूर्ण करने के लिए पर्याप्त है। परन्तु ब्रिटिश राज्य के आगमन से इस रुई को देश के काम में न लाकर भारत के बाहर भेज दिया जाता है। इस रुई का बड़ा भाग इंग्लैण्ड और कुछ जापान चला जाता है। भारत को यह रुई बेचकर प्रायः प्रति वर्ष साठ करोड़ रुपए का कपड़ा विदेशों से खरीदना पड़ता है। बाहर जाने वाली रुई का मूल्य इससे कई गुना कम होता है। गाँधी जी कहते हैं—"स्वयं रुई उत्पन्न करके भी जिस देश को बाहर से ही कपड़ा खरीदना पड़े, या यों कहिए, अपने कपड़े की बनवाई सात समुद्र पार भेजनी पड़े, वह निर्धन क्यों न हो जाएगा? उसका दिवाला क्यों न निकलेगा?"

भारत को जो धन का बहुत बड़ा परिमाण, बाहर जाने वाले कच्चे माल तथा बाहर से आने वाले पक्के माल के मूल्य में अन्तर-स्वरूप, विदेश भेज देना पड़ता है—वही तो इस देश की अवनति और निर्धनता का कारण है। भारत को कपड़े की बुनाई में इतना अधिक देने के लिए विवश करना, उसके साथ भयंकर अत्याचार नहीं, तो क्या है?

इस राष्ट्रीय लूट से भारत को बचाने का एक उपाय गाँधीजी ने सोचा है—वह है, भारत के पुराने घरेलू धन्धों का पुनरुत्थान। पुराने समय में जो चरखा देश का शरीर ढाँपता था, फिर उसी चरखे का आश्रय लिया जाए। गाँधीजी कहते हैं—"चरखे के प्रति भारत के झुकाव का कारण है, देश की भूख!...हमें उन करोड़ों भूख के आतंक से व्याकुल मनुष्यों को भुला नहीं देना चाहिए, जो प्रायः निष्प्राण से हो रहे हैं।"

गाँधी को भारत के इस घरेलू धन्धे के नाश में आर्थिक अवनति के अतिरिक्त नाश का एक और भी कीटाणु दिखाई पड़ रहा है। वह है, विदेश से आया हुआ, बना-बनाया कपड़ा पहनने से फैलने वाली अकर्मण्यता। विदेशी शासन के आगमन से पूर्व, देश में लाखों स्त्री-पुरुष कृषि से बचे हुए समय में कातने और बुनने का काम किया करते थे। इससे जहाँ वे निठल्ले नहीं बैठ पाते थे, वहाँ अपनी कृषि की मामूली आमदनी में कुछ बढ़ती भी कर लिया करते थे। भारत के कृषक केवल भूमि की उपज पर निर्भर नहीं रह सकते। उन्हें अपनी आमदनी में किसी न किसी प्रकार कुछ बढ़ती करने की आवश्यकता है।

अदालत में अपना बयान देते समय गाँधी ने कहा था—"आज से डेढ़ सौ वर्ष पूर्व हमारे परिवारों की स्त्रियाँ बहुत महीन सूत कातकर अपने पति की आमदनी में सहायता पहुँचाती थीं। इस सूत को बुनकर किसान अपनी रोजी कमा लेते थे। भारत के आर्थिक संगठन का यह एक मुख्य अंग था। हम लोग अपने खाली समय को लाभकारी और उचित ढंग पर व्यतीत किया करते थे। आज हमारे देश की स्त्रियों

के हाथों में वह कौशल नहीं रहा। जनता को विवश हो, निठल्ला बैठना पड़ता है, और स्वाभाविक ही इससे उनकी आर्थिक अवस्था बिगड़ती है।''

एक दूसरे अवसर पर इस आर्थिक अवनति का कारण बतलाते हुए उन्होंने कहा था–''इस प्रकार सहस्रों जुलाहों को कपड़ा बुनने का काम न रहने के कारण नगरों में आकर मेहतर का काम करना पड़ा। कुछ को अपनी स्त्रियों और बेटियों की इज्जत बेचकर निर्वाह करना पड़ा। पंजाब के आत्म-सम्मानी जुलाहों को और काम न मिला, तो रोटी के लिए वे सेना में भर्ती हो गए।''

गाँधी का विचार है कि अँग्रेजी शासन में भारत को सैनिक-व्यय से भी उतनी हानि नहीं हुई, जितनी कि घरेलू धन्धे के नाश से हुई है। वे लिखते हैं–''मैंने प्रायः सारे देश में भ्रमण किया है, और जहाँ-कहीं भी मैं गया हूँ, लोगों को मैंने बेकार पाया है। अपना पेट भरने तथा शरीर ढाँपने तक के लिए उनके पास दाम नहीं है।''

गाँधी लिखते हैं–''भारत की वास्तविक दशा का अनुमान यदि आप करना चाहते हैं, तो गाँवों में जाइये। नगरों को देखकर देश की वास्तविक दशा का अनुमान नहीं हो सकता। नगर स्वयं कुछ भी उत्पन्न न कर, गाँवों के सिर पर पल रहे हैं। प्रायः दो सौ वर्ष से विदेश द्वारा जो भारत की लूट हो रही है, उसका कुछ भाग नगरों को भी मिल जाने से वे अपेक्षाकृत सम्पन्न दीख पड़ते हैं। इस अपव्यय और रक्तशोषण से बचने के लिए गाँधी हाथ से बनी वस्तुओं के व्यवहार का आदेश देते हैं। उनका कहना है–''विदेश में तैयार वस्तु खरीदने से केवल दो आने के लगभग मजदूर के हाथ में आते हैं, और शेष सब पूँजीपति के हाथ चला जाता है। हाथ के बने हुए माल के खरीदने से विदेश में अथवा पूँजीपति के हाथ कुछ भी नहीं जाता।''

महात्माजी के आन्दोलन का प्रधान स्तम्भ है–विदेश वस्त्र का बहिष्कार, और चरखे का पुनः प्रचार। वे कहते हैं–''चरखे को छोड़ देने से भारत के आर्थिक शरीर का बायाँ फेफड़ा नष्ट हो गया है, और हम आर्थिक क्षय-रोग में दिन-दिन फँसते चले जा रहे हैं। चरखे का आश्रय लिए बिना हम इस व्याधि से मुक्ति नहीं पा सकते। यदि हम विदेशी वस्त्र का पूर्ण बहिष्कार कर, केवल घर का कता-बुना कपड़ा पहनने लगें, तो प्रति वर्ष साठ करोड़ रुपया विदेश में न जाकर, भारत की क्षुधार्त जनता के हाथ में रह जाए, और इससे हम उन्नति कर, अपनी अवस्था को प्राप्त करने का यत्न कर सकेंगे। चरखे और खद्दर से ही भारत अपनी दासता को दूर कर, मुक्ति लाभ कर सकता है। इसके अतिरिक्त दूसरा उपाय नहीं!''

घरेलू उद्योग-धन्धों के पुनरुत्थान तथा चरखे खद्दर के व्यवहार और विदेशी वस्त्र के बहिष्कार के लिए गाँधी ने एक प्रबल आन्दोलन आरम्भ किया है। उनके सभी अनुयायी केवल देश में कता और बुना गया कपड़ा पहनते हैं। जो विदेशी कपड़ा पहले किसी समय का खरीदा हुआ इन लोगों के पास है, उसे भी इन लोगों ने जला दिया। यदि गाँधीजी का बस चलता तो वे प्रत्येक भारतवासी के लिए कातना और

बुनना एक आवश्यक कर्त्तव्य ठहरा देते। स्कूलों और कॉलेजों में सब जगह चरखा ही चरखा नजर आता। महात्माजी का विचार है, इस प्रकार वे लाखों गज खद्दर अनायास ही उत्पन्न कर सकेंगे।

महात्माजी का विचार है—यदि विदेशी वस्त्र का पूर्ण बहिष्कार हो सके, तो देश में जितना भी खद्दर उत्पन्न हो, उसकी खपत भारत में आसानी से हो सकती है। उनके हिसाब से यदि देश में बीस लाख चरखे चल निकलें, तो भारत की आर्थिक दासता का अन्त हो जाए। राजनैतिक पराधीनता को दूर करने के लिए आर्थिक स्वतन्त्रता प्राप्त करना नितान्त आवश्यक है। गाँधी कहते हैं—"इंग्लैण्ड भारत को चाहे कितने ही सुधार क्यों न दे दे, परन्तु इससे भारत की वास्तविक स्वतन्त्रता कभी प्राप्त नहीं हो सकती। भारत के लिए स्वतन्त्रता-प्राप्ति का एक ही मार्ग है, और वह है, चरखे की सहायता से आर्थिक स्वतन्त्रता की प्राप्ति।

जिस समय गाँधी ने चरखे और हाथ के कते-बुने कपड़े का प्रचार आरम्भ किया, उस समय उसकी भीषण समालोचना हुई। मशीनरी के इस युग में हाथ के बने माल की ओर लौटने की बात सोचकर, सभी को विस्मय होता था। इस आन्दोलन में रत्ती भर भी सफलता मिलने की आशा किसी को न थी। इन सब शंकाओं के लिए गाँधीजी का एक उत्तर है—"कुछ लोग कहते हैं, मशीनरी के इस युग में चरखे को पुनः व्यवहार में लाने का यत्न करना मूर्खता है। वे कहते हैं, सिलाई-मशीन, टाइपराइटर और कताई की मिलों के साथ चरखे का क्या सादृश्य! मैं उनसे पूछता हूँ, क्या सिलाई की मशीन आ जाने से सूई का अस्तित्व मिट गया? क्या टाइपराइटर आ जाने से हाथ ने लिखना बन्द कर दिया? नहीं, तो फिर कताई की मिल के साथ चरखे का निर्वाह क्यों कर नहीं हो सकता? संसार भर में बड़े-बड़े होटलों के खुल जाने से क्या लोग घर में रोटी पकाना छोड़ देंगे? सम्भव है, एक दिन सिलाई की मशीन और टाइपराइटर संसार में न रहें—परन्तु सूई और कलम को दुनिया से कोई नहीं मिटा सकता।"

इसके अतिरिक्त गाँधी कहते हैं—"भारत को मशीनरी लगाकर संसार के देशों का मुकाबला करने में भी तो कितना अधिक समय लगेगा? यह किसान देश एक दिन में तो उद्योग-धन्धे में उन्नति कर नहीं सकता? तो फिर विदेशी वस्त्र के कारण आई हुई आर्थिक पराधीनता से छुटकारा क्यों कर मिल सकेगा?"

इन सीधे आर्थिक कारणों के अतिरिक्त और दूसरे कारणों से भी गाँधी भारत में घरेलू उद्योग-धन्धे की उन्नति किया चाहते हैं। वे कहते हैं—"यदि हम केवल मशीन का बना वस्त्र पहनने लगेंगे, तो मशीन के कपड़े की कीमत बढ़ जाएगी, और निर्धन जनता के लिए वह कपड़ा खरीदना कठिन हो जाएगा। प्रथम तो विदेशी माल के मुकाबले में मशीनरी भारत में लाने और लगाने में न जाने कितने वर्ष लगेंगे, और फिर वह मशीन भी इन साठ करोड़ रुपयों को भारत की जनता में न बाँटकर कुछ

गिने-चुने पूँजीपतियों के हाथ में ही सौंप देगी, इससे शान्ति की अपेक्षा अशान्ति ही बढ़ेगी।...हाथ के बुने-कते कपड़े से न केवल कपड़े की पैदावार बहुत शीघ्र बढ़ाई जा सकती है, बल्कि मशीन के माल को सस्ता भी किया जा सकता है।"

गाँधी भारतीय कल-कारखानों की भी बढ़ती के विरुद्ध हैं। उन्हें इसमें सामाजिक अशान्ति के चिह्न दिखाई पड़ते हैं। वे भारत में उत्पत्ति के साधनों से विहीन मजदूर-श्रेणी की बढ़ती को नहीं चाहते। वे लिखते हैं–"बम्बई की मिलों में काम करने वाले मजदूरों की अवस्था बिल्कुल दासों के समान है। स्त्री-मजदूरों की दशा देखकर तो हृदय दहल जाता है। लोगों को बुरा जान पड़ेगा, परन्तु इन लोगों की अवस्था देखकर तो यही सोचता हूँ, अच्छा होता, यह मिलें न होतीं, और हम अधिक रुपया मानचेस्टर भेजकर कपड़ा मँगवा लेते। मानचेस्टर का कपड़ा लेकर तो हमें केवल आर्थिक हानि उठानी पड़ती, परन्तु घर में ही मानचेस्टर बनाकर हम अपने-आपको भी गँवा रहे हैं। यह अवस्था देखते हुए भारत में कल-कारखानों की उन्नति से प्रसन्न होने का मुझे तो कोई कारण दिखाई नहीं पड़ता।"

महात्माजी से यह पूछने पर कि भारत में बनी हुई मिलों को भी क्या वे बन्द कर देना पसन्द करेंगे? –उन्होंने उत्तर दिया था,–"जो कुछ बन चुका है, उसे तो दूर करना कठिन है। हम मिल मालिकों को इसके लिए दोष भी नहीं दे सकते। उनसे मिलों को बन्द करने के लिए कहना दुराशा है। हाँ, हम उनसे मिलों की संख्या न बढ़ाने का अनुरोध कर सकते हैं।"

जो लोग महात्माजी के चरखे के कार्यक्रम में विश्वास नहीं रखते, उनके लिए महात्माजी का एक उत्तर है। वे कहते हैं–"जिन लोगों को चरखे की सफलता में सन्देह है, वे ग्रामों में जाकर निर्धन किसानों की कुटिया में देखें, चरखे ने उनके जीवन के आनन्द को किसी सीमा तक बढ़ाया है या नहीं।"

घरेलू धन्धे के प्रति महात्माजी की श्रद्धा का एक और भी कारण है। उनका विचार है, जब तक भारत के लाखों करोड़ों व्यक्ति निठल्ले बैठने के लिए विवश हैं, उनकी दृष्टि में राजनैतिक स्वतन्त्रता का कुछ भी मूल्य नहीं।...भारत की प्रायः अस्सी फीसदी प्रजा को वर्ष में छह मास निठल्ले बैठकर बिताने पड़ते हैं। यदि भारत के पुराने घरेलू धन्धे को पुनः जागरित किया जाए, तो इन लोगों को काम मिलने की सम्भावना हो सकती है। जब तक हम भारत की दरिद्र प्रजा के लिए काम की व्यवस्था नहीं कर सकेंगे–उनकी रोटी का प्रबन्ध हमसे नहीं हो सकेगा।

महात्माजी लिखते हैं–"मैंने प्रायः अपने भ्रमण में यह अनुभव किया है, कि हमारे देश की जनता में अशिक्षा और दारिद्र्य के कारण आलस्य और निठल्लापन बढ़ता जाता है। लोगों की प्रवृत्ति मेहनत से भागने की ओर हो रही है। सदा आधे पेट भूख की खुमारी में पड़े रहने से उन्हें परिश्रम के प्रति एक प्रकार की घृणा हो गई है। उठकर कुछ करने की अपेक्षा वे बैठे-बैठे मृत्यु का ग्रास बन जाना स्वीकार

करेंगे। यह सुस्ती का रोग मद्यपान के अभ्यास से भी बुरा है। मद्य से काम करने की इच्छा का सर्वथा ह्रास नहीं हो जाता, परन्तु वे अर्द्ध-मृत जन्तु, किसी भी काम को करने के लिए तैयार नहीं हैं। वे किसी प्रकार भी पशु से भिन्न नहीं। इन लोगों की रुचि को काम की ओर लगाने के लिए—इन्हें मनुष्यता की ओर आकर्षित करने के लिए, कताई ही एक सरल और लाभदायक उपाय है।"

10

चरखे के राजनैतिक और आर्थिक महत्त्व के अतिरिक्त गाँधी इसके द्वारा श्रम के प्रति जनता के हृदय में आदर और सम्मान का भाव उत्पन्न करना चाहते हैं। कताई और बुनाई को महात्माजी भारत के दीन जन समुदाय से सम्बन्ध बनाये रखने का भी एक साधन समझते हैं। चरखे और कताई द्वारा सम्पन्न व्यक्तियों को निर्धनों के प्रति निरन्तर होने वाले अत्याचार का भी कुछ उद्भास होता रहता है।

भारत की स्त्रियाँ विलायती कपड़ों को पहनकर जो अकर्मण्यता में समय व्यतीत करती हैं, उनके लिए भी चरखा समय के सदुपयोग का एक साधन महात्माजी की सम्मति में है। महात्माजी ने वेश्याओं को सम्मति दी है, कि वे अपने अपमानजनक जीवन को छोड़कर यदि दो घण्टा रोज चरखा कातना शुरू कर दें, तो उनका जीवन निर्वाह सहज ही हो सकता है। भारत के औद्योगिक जीवन के पुनरुत्थान का उपाय महात्माजी को चरखे और खद्दर में ही देख पड़ता है। उनका विचार है, सभी लोगों की प्रकृति इस एक वस्तु की ओर हो जाने से और एक ही ढंग, अर्थात् खद्दर की पोशाक सम्पूर्ण राष्ट्र के पहनने से, देश में राष्ट्रीयता का भाव स्वयं ही उन्नत होने लगेगा। महात्माजी की दृष्टि में खद्दर और चरखा भारत की राष्ट्रीयता के प्रधान सूत्र हैं।

महात्माजी खद्दर और चरखे को किसी अंश तक आध्यात्मिक महत्त्व भी देते हैं। उनका विचार है कि जो लोग सूत कातते या खद्दर बुनते हैं, वे ही वास्तव में निर्धन जनता की सच्ची सेवा कर रहे हैं। वे लोग न केवल उन्हें उनकी आवश्यक वस्तु के प्राप्त करने में उनकी सहायता करते हैं, बल्कि स्वयं उन्हीं की परिस्थिति में अपने आपको रखकर उन लोगों की सामाजिक स्थिति की सर्वसाधारण जनता की दृष्टि में ऊँचा करने का यत्न करते हैं। वे लिखते हैं—"दरिद्र लोगों के साथ मिलकर उनके लिए उन्हीं के कार्य को करने से अधिक आत्म-शुद्धि का दूसरा उपाय मुझे नहीं मालूम ! इससे हम मनुष्य-समाज में पड़े हुए भेदभाव को दूर करने में पूर्णतः सफल हो सकते हैं।" उनका विचार है, जो लोग महीन तथा कीमती रेशमी वस्त्र को छोड़कर मोटा खद्दर पहन, अपने आपको सर्व-साधारण जनता के साथ एक कर देते

हैं, वही सच्चे देशभक्त हैं।

एक स्थान पर गाँधीजी लिखते हैं–"यदि हम लोग भारत की क्षुधार्त जनता की कुछ सहायता करना चाहते हैं, तो हमें घर-घर में चरखे का प्रचार करना होगा। हमें स्वयं भी नित्य बैठकर कातने की प्रतिज्ञा करनी होगी। यदि आप चरखे के रहस्य को समझ सके हैं, यदि आपने उसमें मनुष्य मात्र के प्रति स्नेह का सन्देश सुन पाया है, तो आप चरखे को छोड़कर अन्य किसी काम में अपना समय न लगायेंगे। खद्दर के प्रभाव से आज लाखों नंगे शरीरों पर वस्त्र नजर आने लगा है, उन सहस्रों स्त्रियों को सम्मान की रोटी मिलने लगी है, जिन्हें काम न मिलने के कारण रोटी के लिए विवश होकर अपना शरीर बेचना पड़ता था।" इन सब कारणों से ही गाँधी खद्दर में आध्यात्मिक उन्नति के कारण देख पाते हैं। एक अँग्रेज मित्र से बात करते समय महात्माजी ने कहा था–"यदि मैं अपने जीवन में एक बार भारत में घर-घर चरखा पहुँचा सकूँ, तो अपने जीवन को सफल समझूँगा। यदि इस जीवन में मैं इतना कर सकूँ, तो शेष कार्य को दूसरे जन्म के लिए रहने दूँगा।"

जेल जाने पर भी चरखे का ध्यान गाँधीजी को उसी प्रकार बना रहा। जेल से बम्बई की जनता के नाम आपने जो सन्देश भेजा था, उसमें लिखा था–"मैं नहीं चाहता, बम्बई-निवासी मेरी गिरफ्तारी पर किसी प्रकार का शोक करें। यदि बम्बई की जनता के हृदय में देश के प्रति दर्द है, तो प्रत्येक स्त्री-पुरुष को अपने समय का कुछ भाग चरखा कातने में लगाना चाहिए।"

श्रीमती कस्तूरीबाई ने भी गाँधीजी का सन्देश जनता को देते हुए कहा था–"गिरफ्तारी से पूर्व महात्माजी ने खद्दर और चरखे का प्रचार बढ़ाने के लिए आप लोगों से निवेदन किया है।" अपने कार्यक्रम के सब अंगों में अधिक से अधिक महत्त्व महात्माजी चरखे को देते हैं। वे समझते हैं–चरखे की सफलता से भारत के आर्थिक और राजनैतिक सभी बन्धन दूर हो जाएँगे। जेल से गाँधीजी के जितने भी पत्र आते थे, उन सब में चरखे और खद्दर की ओर ध्यान देने की ताकीद हमेशा रहती थी।

महात्माजी ने इस धारणा के कारण, कि भारत की दरिद्रता और पराभव का कारण विदेशी वस्त्र का व्यवहार है, और देश से चरखे को निकालने का कारण भी विदेशी वस्त्र ही है, विदेशी वस्त्र का खरीदना अथवा पहनना पाप करार दे दिया है। गाँधीजी कहते हैं–"यदि हम अमेरिका से मँगवाकर गेहूँ खायें, और अपने गाँव के किसान को बेकार बैठकर मरने दें, तो क्या यह हमारा अन्याय नहीं है? इसी प्रकार रीजेण्ट स्ट्रीट से बढ़िया माल मँगवाकर अपने पड़ोसी जुलाहे की रोजी छीन लेना भी पाप है। बाहर से सूत का एक टुकड़ा मँगवाना एक दीन भारतवासी की रोटी में से एक ग्रास काट लेने के समान है।"

महात्माजी कारखानों में बने हुए माल को एक और वजह से भी निषिद्ध

समझते हैं। उनका विश्वास है, कि कारखानों में गरीब मजदूरों को अपनी मेहनत के लिए पूरी मजदूरी नहीं दी जाती। इसलिए इन कारखानों की पैदावार को व्यवहार में लाकर इनकी सहायता करना पाप है। गाँधी जी के सिद्धान्त के अनुसार किसी भी प्रकार के अन्याय या धोखे में भाग लेना अनुचित है। गाँधी जी के अपने विचार के अनुसार यदि मनुष्य इस सिद्धान्त का ही पालन करे, तो भी उसे विदेशी वस्त्र न खरीदना चाहिए। क्योंकि विदेश से आया हुआ माल विदेश के कारखानों के मजदूरों की मेहनत का उनसे छीना हुआ भाग है। इस प्रकार अन्याय और अत्याचार से प्राप्त किए गए माल को न केवल व्यवहार में लाना महात्माजी बुरा समझते हैं, बल्कि वे इसे जला देना ही उचित समझते हैं। इस प्रकार इन वस्त्रों को जला देने से जनता के हृदय में अत्याचार के प्रति स्वयं घृणा उत्पन्न हो जाएगी। वे लिखते हैं–"यदि एक बार हमारी समझ में यह आ जाय, कि विदेशी वस्त्र से भारत को अपरिमित हानि पहुँची है, और हमारे देश के जुलाहों के नाश का कारण यही वस्त्र हैं, तो फिर क्या अपने भाइयों के खून से भरे हुए इन वस्त्रों को जला डालना ही हम उचित नहीं समझेंगे?"

गाँधीजी का विश्वास है, विदेशी वस्त्र के जला दिए जाने से खद्दर की खपत के लिए बाज़ार बनेगा। जिस समय महात्माजी ने विदेशी वस्त्र के जलाने का आन्दोलन आरम्भ किया, उस समय उनके अनेक प्रभावशाली मित्रों और सहयोगियों ने उनका विरोध किया था। कवि-सम्राट रवीन्द्र और महामना सी. एफ. एड्रूज़ भी इनकी इस नीति के विरुद्ध थे। इस विरोध का जो उत्तर महात्माजी ने दिया, वह उनके अपने निराले ढंग की विचारधारा का परिचायक है। महात्माजी कहते हैं–"विदेशी वस्त्रों को जलाने से हमारा अभिप्राय इंग्लैण्ड के प्रति विद्वेष फैलाना नहीं है। विदेशी वस्त्र जलाकर हम विदेशी वस्त्र खरीदने का प्रायश्चित्त कर रहे हैं। विदेशी वस्त्रों की तड़क-भड़क के लिए जो हमारे मन में एक शौक पैदा हो गया है, हम उसका नाश कर देना चाहते हैं। विदेशी वस्त्र जलाकर हम किसी दूसरे का कुछ न बिगाड़कर, स्वयं अपने को दण्ड देते हैं। विदेशी वस्त्र के बहिष्कार और उनके जलाने का कारण हमारे मन में किसी के प्रति धारणा और द्वेष नहीं है।"

गाँधी सभी विदेशी वस्तुओं के पूर्ण बहिष्कार के पक्ष में हैं, वे भारत के अन्तर्जातीय व्यापार को बन्द नहीं कर देना चाहते। वस्त्र के अतिरिक्त और जो वस्तुएँ विदेश में भारत की अपेक्षा अधिक सस्ती बन सकती हैं, उन्हें वे बाहर से लेने के ही पक्ष में हैं। विदेश से केवल उन्हीं वस्तुओं की आयात के वे विरुद्ध हैं, जिनसे देश की आर्थिक हानि की सम्भावना है।

यूरोप में बहिष्कार का जो भाव लिया जाता है, उससे गाँधी की बहिष्कार-नीति अथवा स्वदेशी-प्रचार में विशेष अन्तर है। गाँधी स्वदेशी का प्रचार एक धार्मिक कर्त्तव्य मान, बिना किसी प्रतिकार के भाव के–केवल अपने देश के हित के लिए कर रहे हैं।

कवि रवीन्द्रनाथ टैगोर तथा अन्य प्रभावशाली व्यक्तियों के गाँधीजी को विदेशी वस्त्रों को जलाने की अपेक्षा निर्धन व्यक्तियों में बाँट देने का परामर्श देने पर गाँधीजी ने जो उत्तर दिया था, उसमें एक विलक्षण सामाजिक और आध्यात्मिक रहस्य अन्तर्निहित है–"मैं निर्धनों को भड़कीले कीमती वस्त्र देकर उनका अपमान नहीं करना चाहता। उनके लिए सर्वथा निष्प्रयोजन यह वस्त्र, उन्हें न देकर मैं उन्हें जीवन की आवश्यकताएँ पूर्ण करने का साधन देना चाहता हूँ। क्या निर्धन होने से ही किसी व्यक्ति में आत्म-सम्मान और देश-प्रेम का अभाव हो जाता है? क्या स्वदेशी और देश-प्रेम केवल सम्पन्न और अमीर व्यक्तियों के लिए ही है?"

एक दूसरे अवसर पर इसी विषय में व्याख्यान देते हुए गाँधी ने कहा था–"यदि हम बहुमूल्य भड़कीले विदेशी वस्त्र गरीबों को देना चाहें, तो यह सर्वथा अनुचित होगा। आप कल्पना कीजिए, निर्धन लोग इन वस्त्रों का पहनकर कैसे जान पड़ेंगे?...इन वस्त्रों का निर्धन व्यक्तियों के जीवन से कोई सम्बन्ध है ही नहीं। इन वस्त्रों को उन्हें पहनाकर हम उन्हें बहुरुपिया नहीं बनाना चाहते। यह वस्त्र इन लोगों के लिए सर्वथा निष्प्रयोजन और व्यर्थ हैं। इसलिए जिस समय तक देश में विदेशी वस्त्र का एक भी टुकड़ा मौजूद है, विदेशी वस्त्र का जलाना बन्द नहीं किया जा सकता।"

महात्माजी के चरखे के प्रति विश्वास और विशेषकर विदेशी वस्त्र जला देने के सिद्धान्त का संसार में प्रायः सभी जगह विरोध हुआ है। रोम्याँ रोलाँ के समान विद्वान् पुरुष भी, जिनकी महात्माजी में अगाध श्रद्धा है–महात्माजी की इस नीति की निन्दा किये बिना नहीं रह सके। इन महापुरुषों को सम्भवतः यह भूल गया था, कि गाँधी देश को एक क्रान्ति के युग के बीच से लिए जा रहे हैं। यदि हम भारत और रूस की अवस्था को दृष्टि में रख, गाँधी और लेनिन की नीति की तुलना करें, तो इस विषय को अधिक सरलता से समझ सकेंगे। लेनिन ने क्या किया ? एक रात-भर में क्रान्ति द्वारा कृषि-प्रधान रूस को वर्तमान समय का एक आदर्श औद्योगिक देश बना देना चाहा। गाँधी की नीति इसके ठीक विपरीत है। वह भारत को कृत्रिम उपायों से औद्योगिक पूर्णता पर नहीं पहुँचा देना चाहते। वे उसे खींचकर घरेलू उद्योग-धन्धों के पिछले, मध्य-काल में ले जाना चाहते हैं। एक दफा विचारकर देखने से ऐसा जान पड़ता है, कि लेनिन की अपेक्षा गाँधी मार्क्स के अर्थशास्त्र के सिद्धान्तों को अधिक गहराई तक समझे हैं। दोनों व्यक्तियों का उद्देश्य एक ही है, वे पूँजीपति द्वारा मजदूर के परिश्रम का निवाला हड़प जाना सहन नहीं कर सकते। लेनिन मजदूर को खींचकर वहाँ ले जाता है, जहाँ मजदूर पूँजीपति को मिटा देता है। गाँधी मजदूर को खींचकर पीछे उस स्थान पर लौटा ले जाता है, जहाँ पूँजीपति था ही नहीं। मजदूर को पूँजीपति के साथ झगड़ने और रक्तपात करने की कोई आवश्यकता ही नहीं रहती। इस तुलना से गाँधी लेनिन की अपेक्षा अधिक गहरे राजनीतिज्ञ जान पड़ते हैं।

पश्चिमीय पूँजीवाद के दृष्टिकोण से देखकर हम गाँधी के आन्दोलन को ठीक ढंग से न समझ सकेंगे। अपने देश की अवस्था को सुधारने के लिए गाँधी भारत में कल-कारखाने की उन्नति पर निर्भर रह ही नहीं सकते। अभी अनेक वर्ष तक औद्योगिक क्षेत्र में भारत का महत्त्व कुछ भी न हो सकेगा। कुछ विदेशी मशीनरी के अतिरिक्त देश में इस समय है ही क्या? विदेशी व्यापार का सामना करने के लिए पुराने घरेलू उद्योग-धन्धे का आश्रय लेने के अतिरिक्त गाँधी के पास कोई दूसरा साधन है ही नहीं। इसलिए उन्होंने कृषि प्रधान भारत की परिस्थिति के अनुरूप चरखे के रूप में घरेलू उद्योग-धन्धे का ही आश्रय लिया। लेनिन ने रूस में क्रान्ति उपस्थित करने के लिए, जिस मार्ग का अवलम्बन किया, वह देश की आर्थिक परिस्थिति के प्रतिकूल था। उस मार्ग पर चलने के लिए रूस को बहुत आर्थिक कठिनता अनुभव हुई। दूसरी ओर गाँधी ने जिस मार्ग का आश्रय लिया है, वह भारत की परिस्थिति के सर्वथा अनुकूल है। कृषि-प्रधान भारत बिना किसी उथल-पुथल के किये घरेलू-उद्योग धन्धे को पुनः ग्रहण कर सकता है।

इस दृष्टिकोण से गाँधी की मशीनरी के बहिष्कार की नीति को देखने पर हमें उसकी सार्थकता समझ में आ सकेगी। यद्यपि गाँधीजी मशीनरी का विरोध प्रधानतः आचार और आध्यात्मिकता के आधार पर कर रहे हैं, परन्तु उसकी तह में आर्थिक दृष्टि से राष्ट्र का गम्भीर हित भी छिपा हुआ है। भारत की जैसी आर्थिक परिस्थिति आज दिन है, इसमें यदि वह सहसा औद्योगिक उन्नति करने का यत्न करेगा, तो लाभ के स्थान में हानि की सम्भावना ही उसमें अधिक होगी।

पाठकों यह देखकर विस्मय और कौतूहल होगा, कि एक उद्देश्य को लेकर एक ही समय दो आन्दोलनों के प्रवर्तक इन महापुरुषों के सिद्धान्तों में कितना अन्तर है। एक ओर लेनिन ने मशीन को ही मुक्ति का मार्ग मानकर उसे देवता का स्थान दिया है, दूसरी ओर गाँधी ने मशीन को नाश का मूल समझकर राक्षस बताया है।

ऑस्ट्रिया के साम्यवादी लेखक मि. ब्रून्थाल ने अपनी पुस्तक 'महात्मा गाँधी और भारतीय राज्य-क्रान्ति' में महात्माजी के इस मशीन-विरोध पर नवीन दृष्टिकोण से प्रकाश डाला है। उन्होंने अँग्रेज मजदूर लेखक वेडलुड और महात्माजी के विचारों में अद्‌भुत साम्य दिखाया है। लुड के विचारों के प्रभाव से लॉर्ड बाइरन जैसे प्रतिभाशाली व्यक्तियों की सहानुभूति, आन्दोलन के साथ होते हुए भी नॉटिङ्घम में बहुत-सा रक्तपात और केवल कुछ हत्याएँ होकर ही रह गईं; इसके अतिरिक्त उसका कुछ भी प्रभाव न पड़ा। परन्तु गाँधी को अपने अहिंसात्मक मशीनरी के विरोध से भारत की आर्थिक और सामाजिक अवस्था में अनेक परिवर्तन उपस्थित कर देने में सफलता प्राप्त हुई है।

11

गाँधी न केवल कपड़ों की मिलों के विरोधी हैं, बल्कि वे साधारणतः मशीनरी के पक्ष में हैं ही नहीं। यूरोप के लोगों को यह विचार प्रायः बेढब से जान पड़ेंगे। परन्तु गाँधी के यह विचार भारत की परिस्थिति-विशेष का ही परिणाम हैं। गाँधी के इन विचारों के विरोधी केवल यूरोप में ही नहीं, बल्कि उनके अपने देश में भी पर्याप्त संख्या में हैं। मि. शंकरन् नायर ने गाँधीजी के विचारों की समालोचना करते हुए लिखा है—''गाँधी भारत में औद्योगिक उन्नति की आवश्यकता को समझते ही नहीं।'' नायर के विचार में भारत को न केवल अपनी आवश्यकताओं की पूर्ति के लिए ही औद्योगिक उन्नति की जरूरत है, बल्कि इंग्लैण्ड का सामना करने तथा आर्थिक स्वतन्त्रता प्राप्त करने के लिए भी उसे अपने उद्योग-धन्धे को बढ़ाना जरूरी है। नायर लिखते हैं—''गाँधी ने मशीनरी का विरोध करने में शक्ति का जितना अपव्यय किया है, उससे आधी भी शक्ति यदि उन्होंने भारत के मजदूरों की अवस्था सुधारने में लगाई होती, तो वे उन अनेक कारणों को दूर कर सकते थे, जिनके कारण वे मशीनरी का विरोध कर रहे हैं। गाँधी भावुकता के आवेश में आकर देश में चरखे का प्रचार कर रहे हैं। हम यह नहीं कहते, कि चरखे का कुछ मूल्य है ही नहीं, परन्तु मशीन की पैदावार के मुकाबले में चरखे की स्थिति क्या हो सकती है?''

यदि हम मि. ब्रून्थाल द्वारा गाँधी के सिद्धान्तों की विवेचना का अध्ययन करें, तो हमें मि. नायर की इस युक्ति की निस्सारता अत्यन्त स्पष्ट दिखाई पड़ेगी। मि. ब्रून्थाल का विचार है, महात्मा गाँधी की विचारधारा को समझने के लिए हमें भारत की आधुनिक सामाजिक स्थिति के साथ यूरोप में साम्यवाद के आरम्भिक काल की स्थिति का मिलान करना पड़ेगा। यूरोप महात्मा गाँधी के सिद्धान्तों को दकियानूसी और उन्नति का अवरोधक समझता है। परन्तु भारत की परिस्थिति को ध्यान में रखते हुए विचार कर देखा जाए, तो महात्मा गाँधी द्वारा निर्दिष्ट, घरेलू उद्योग-धन्धे के पुनरुत्थान का मार्ग भारत के लिए साम्यवाद तक पहुँचने के लिए सबसे सरल और सीधा उपाय है।

पूँजीवाद को लेकर उद्योग-धन्धे की उन्नति कर, जिस अवस्था पर यूरोप पहुँच चुका है, वहाँ से देखने से तो गाँधी के सिद्धान्त अवश्य ही साम्यवाद के प्रतिकूल जान पड़ेंगे। परन्तु भारत जिस स्थान पर इस समय तक पहुँचा है, उस जगह से गाँधी का मार्ग उसे बिल्कुल सीधा साम्यवादी क्रान्ति तक पहुँचा देगा।

गाँधीजी द्वारा मशीन के विरोध को भली प्रकार समझने के लिए मि. ब्रून्थाल द्वारा गाँधी के सिद्धान्तों की विवेचना बहुत सहायक होगी। ब्रून्थाल का विचार है, गाँधीजी की मशीन के प्रति घृणा का कारण है, भारत में अँग्रेजों की व्यापारिक नीति। अँग्रेजों ने भारत से घरेलू उद्योग-धन्धे को तो मिटा दिया, परन्तु यूरोप के समान वहाँ

औद्योगिक संगठन और कल-कारखानों का प्रचार नहीं किया। भारत को केवल कच्चे माल का स्रोत बनाने के लिए, उसे केवल कृषि पर ही छोड़ दिया गया। जो किसान खेती पर आश्रित रहकर भी वर्ष में आधा समय घर बैठे चरखा चलाकर अथवा कुछ और छोटा-मोटा धन्धा करके अपना निर्वाह चैन से कर लेता था, भूखा मरने लगा। उसके उद्योग-धन्धे का स्थान इंग्लैण्ड के कल-कारखानों में बने माल ने ले लिया। ऐसी अवस्था में किसान या मजदूर के मन में उसके मुख का ग्रास छीननेवाली मशीन के प्रति घृणा का भाव उत्पन्न होना—सर्वथा स्वाभाविक है। यूरोप में भी तो मशीन के विरोध की यह लहर आई थी। वेडलुड के अनुयायियों ने मशीनों के प्रति भयंकर आन्दोलन आरम्भ किया था। यूरोप में यह आन्दोलन सफल न हो सका। इसका कारण यह है, कि वहाँ घरेलू धन्धे के मिटने से मजदूरों में जो बेकारी उत्पन्न हुई थी, उसे कल-कारखानों की बढ़ती ने खपा लिया। भारत में जो बेकारी घरेलू उद्योग-धन्धे के नाश से हुई, उसका तो कोई उपाय अँग्रेज व्यापार नीति ने किया ही नहीं, अतः मशीन के प्रति यहाँ घृणा का बढ़ना स्वाभाविक ही था। महात्माजी की मशीन के प्रति घृणा और पूँजी तथा पूँजीपति के प्रति विरोध का कारण भारत की सर्व-साधारण जनता की यह व्याकुलता ही है। महात्माजी के अपने लेख भी इस बात की पुष्टि करते हैं।

दूसरा कारण—जिसका प्रभाव महात्माजी पर मशीनरी के विरोध में पड़ा है, उनका 1908 में इंग्लैण्ड में होना। 1908 में इंग्लैण्ड लॉयड जॉर्ज के नेतृत्व में उदार तथा मजदूर-दल का आन्दोलन पूँजीवाद के विरुद्ध भयंकर रूप में चल रहा था। उस समय इंग्लैण्ड में पूँजीवाद द्वारा मजदूरों पर होने वाले अत्याचार का निदर्शन अत्यन्त उत्कट रूप में किया जा रहा था। महात्माजी पर इसका बहुत गहरा प्रभाव पड़ा। भारत में लौटकर औद्योगिक केन्द्रों में महात्माजी ने मिलों के मजदूरों की जो अवस्था देखी, वह और भी हृदय-द्रावक थी। इन मिलों में केवल पुरुषों से ही नहीं, बल्कि स्त्रियों और बच्चों से भी निर्दयतापूर्वक काम लिया जाता था। भारत की मिलों की अवस्था देखकर गाँधीजी को विश्वास हो गया कि भारत का कल्याण मशीनरी से हो ही नहीं सकता। आज से बाईस वर्ष पहले जब गाँधी इंग्लैण्ड में थे, उस समय वहाँ मजदूरों की अवस्था वास्तव में ही शोचनीय थी, और भारत का तो कहना ही क्या?

गाँधी जहाँ कहीं भी गए, उन्होंने मिलों में मजदूरों की दुरवस्था ही देखी। इस व्यक्तिगत कटु अनुभव ने गाँधीजी को वेडलुड की भाँति मशीनरी का कट्टर विरोधी बना दिया।

महात्माजी के मशीनरी के प्रति विरोध का कारण हम टैगोर के शिष्य 'राम' के साथ उनके वार्तालाप से भली प्रकार जान सकते हैं। राम ने गाँधीजी से पूछा—"क्या आप मशीनरी मात्र के ही विरुद्ध हैं?" इसके उत्तर में गाँधीजी ने कहा—"भला यह कैसे हो सकता है? मेरा अपना शरीर भी तो एक अव्यक्त कोमल

और सूक्ष्म मशीन ही है। चरख़ा भी एक मशीन ही है। मुझे स्वयं मशीनरी के प्रति कोई आपत्ति नहीं। समय और श्रम को बचाने का जो विचार मशीनरी के साथ लगा है, इसी से मुझे आशंका होती है। समय और श्रम को बचाने का परिणाम होता है, अनेक के स्थान में एक आदमी का काम कर सकना। इससे अनेक मनुष्य बेकार ही भूख के मारे जहाँ-तहाँ फिरने लगते हैं। मुझे बहुत से आदमियों का बेकार फिरना पसन्द नहीं। मैं यह नहीं चाहता कि बहुत से आदमियों के मुख का ग्रास छीनकर, कुछ विलास करें। मैं देखता हूँ—मशीनरी के प्रभाव से कुछ आदमी लाखों की मेहनत को निगल जाते हैं। यह मुझे सह्य नहीं। इसी से मशीनरी का मैं विरोध करता हूँ। यदि यह अवस्था दूर हो सके, मशीन मनुष्य को खाने की जगह उसकी सहायता करने लगे, तो मैं उसके पक्ष में हूँ। मैं समाज में ऐसी अवस्था लाना चाहता हूँ, जिसमें रुपए के लिए प्रतिस्पर्द्धा न रहे, प्रत्येक मजदूर को आवश्यकता के अनुसार पर्याप्त वेतन मिल सके। यदि ऐसा हो सके, तो मशीनरी मजदूर और समाज दोनों के लिए कल्याणकारी होगी।''

मशीनरी के विरोधी गाँधी के इन विचारों का कार्ल मार्क्स के विचारों के साथ सादृश्य देखकर विस्मय होता है। मार्क्स ने पूँजीवाद के प्रभाव का वर्णन करते हुए लिखा है—''स्वाभाविक तौर से मशीन में कम से कम समय लगना चाहिए। परन्तु पूँजीपति मशीन का व्यवहार इस प्रकार करता है, कि मजदूर को और भी अधिक समय काम करना पड़े। मशीन से काम लेने पर काम में कम श्रम पड़ना चाहिए, परन्तु मालिक इस ढंग से काम लेता है कि मजदूर पर काम का बोझ कई गुना बढ़ जाता है। मशीन प्रकृति के ऊपर मनुष्य की विजय है, परन्तु मशीन के मालिक उससे मजदूर की मेहनत काटकर अपना धन बढ़ाने का ही यत्न करते हैं।''

जैसे हम ऊपर कह आये हैं, गाँधीजी के मशीन के विरोध का कारण ठीक वही है, जो मार्क्स बताते हैं। पूँजीपति लोग मशीनरी की सहायता से दूसरों के श्रम से लाभ उठा, स्वयं चैन करते हैं, और पूँजीहीन मजदूर लोगों को संकट में रख, उन्हें अपने हाथ का दास बनाये रखते हैं।

महात्माजी मशीनरी के प्रति अपने अभिशाप में यूरोप के कई आविष्कारों को सम्मिलित नहीं करते। उदाहरणतः कपड़ा सीने की मशीन ! उनका विचार है, कपड़ा सीने की मशीन के आविष्कार का उद्देश्य केवल जन-समाज को सुविधा पहुँचाना है। या यों समझिये, इस मशीन को गाँधी घरेलू धन्धे का साधन समझते हैं, जिससे आर्थिक स्वतन्त्रता प्राप्त करने में सहायता मिल सकती है। इसके अतिरिक्त सब मशीनों को गाँधी देश के लिए हानिकर समझ, उन्हें देश से निकाल बाहर कर देना चाहते हैं। वे विदेश से मशीन द्वारा तैयार सामान का भारत में आना भी अनिवार्य नहीं समझते। उनका कहना है, सहस्रों वर्ष तक भारत सामान के बिना रह सका है, तो अब भी रह लेगा। वे लिखते हैं—''यदि हम मशीन के बिना पिन नहीं बना

सकते, तो पिन के ही बिना गुज़ारा कर लेंगे। सुन्दर सुरुचिपूर्ण शीशे के सामान के बिना भी हमारा निर्वाह हो सकेगा। हाथ से बत्ती बना, मिट्टी के दिए से प्रकाश कर, हमारा निर्वाह हो जाएगा।''

गाँधी रेल, ट्राम, मोटर-आदि के विरुद्ध है। उनके विचार में इनसे कुछ लाभ नहीं। वे कहते हैं–''यह सब आवश्यकताएँ स्वयं हमारी अपनी बढ़ाई हुई हैं। इतनी तेज रफ्तार से सैकड़ों मील दौड़ने की आवश्यकता ही क्या है? यह सब पश्चिमीय सभ्यता का अभिशाप है। मशीनरी तो साँप के छिद्र के समान है, जहाँ एक छिद्र में एक साँप के साथ सैकड़ों साँप हो सकते हैं।...कल-कारखाने होंगे, तो बड़े-बड़े नगर भी होंगे। बड़े नगर होंगे, तो ट्राम गाड़ी भी चलेगी। फिर बड़े नगरों को मिलाने के लिए रेल भी चाहिए। बड़े शहरों में बिजली का प्रकाश भी होना चाहिए।''

प्राकृतिक ढंग से रहने पर मनुष्य को इन वायु-गति से चलने वाले यन्त्रों की आवश्यकता ही क्या है? मनुष्य को अपनी गति-विधि को वहीं तक परिमित रखना चाहिए, जहाँ तक उसके हाथ-पैर उसे ले जा सके। हम स्वयं अपने क्षेत्र को बढ़ाकर अपनी अड़चनें बढ़ा लेते हैं। हम सदा अपनी शक्ति और सामर्थ्य से बढ़कर काम करना चाहते हैं। दुनिया के कोने-कोने में हम अपना हाथ फैलाना चाहते हैं। रेलवे हमारी अनेक उलझनों की जड़ है। इन उलझनों में फँसकर हम अपने कर्ता को भूल जाते हैं।

गाँधीजी का विचार है–''किसी समय भारत में देवता निवास करते थे। परन्तु अब मिलों के धुएँ से भरे हुए आकाश तथा मशीनों के कोलाहल से पूर्ण वातावरण में, और वायु-वेग से चलते इंजनों के बीच, देवता किस प्रकार रह सकते हैं?''

महात्माजी के अनुयायियों और विरोधियों ने उन्हें इस संकीर्णता से निकालने का बहुत यत्न किया है, परन्तु कोई उन्हें समझा नहीं सका। अपनी पुस्तिका 'भारत में स्वराज्य' में इसी विषय में तर्क करते हुए काल्पनिक पाठक के मुख से गाँधी प्रश्न कराते हैं–''यदि मशीन न होती, तो आपके विचार संसार के सम्मुख किस प्रकार आ सकते थे?'' गाँधी इस प्रश्न का उत्तर देते हैं–''जिस प्रकार विष से विष का उपचार होता है, ठीक उसी ढंग से मैं भी मशीन द्वारा मशीन का विरोध कर रहा हूँ। मेरा लेखा मशीन को खबरदार किए देता है–देखो, मैं तुम्हारा विरोध करने जा रहा हूँ।''

आध्यात्मिक और धार्मिक दृष्टि से महात्माजी के मशीनरी के प्रति विरोध का वर्णन तो हम ऊपर भी कर चुके हैं। टैगोर के शिष्य राम के यह पूछने पर कि वे किस सीमा तक मशीनरी के विरोध में हैं?–अर्थात् कपड़े सीने की मशीन, बाइसिकिल और मोटर में वे किस-किस को सहन कर सकते हैं? उन्होंने उत्तर दिया–''बाइसिकिल और मोटर मनुष्य के लिए सर्वथा अनावश्यक हैं।'' वे कहते हैं–''मशीनरी मनुष्य को पार्थिवता के बन्धन से बाँधकर उसकी मुक्ति के मार्ग में

अवरोधक बन जाती है। मनुष्य का शरीर भी तो एक मशीन है, इसी से तो वह आत्मा को बाँधे हुए है। उसे स्वतन्त्र रूप से उड़ नहीं जाने देता।''

12

महात्माजी का मशीनरी के प्रति विरोध, उनके पश्चिमीय सभ्यता के प्रति विरोध का एक अंश-मात्र है। गाँधी पश्चिम की भौतिक सभ्यता तथा मशीनरी के साथ सम्बद्ध उनकी संस्कृति के ही विरुद्ध हैं।

भारत की जनता का एक भाग देश में पश्चिमीय सभ्यता के अनुरूप औद्योगिक उन्नति कर, देश को सम्पन्न बनाने का यत्न कर रहा है, परन्तु गाँधी देश में पूँजीवाद के इस विकास के पक्ष में नहीं हैं। गाँधी कुछ व्यक्तियों को अत्यन्त समृद्ध बनाने की अपेक्षा समाज के बड़े भाग के लिए जीवन की साधारण आवश्यकताओं का प्रबन्ध करना अधिक आवश्यक समझते हैं।

उनके विचार में मनुष्य-समाज का आदर्श कुछ व्यक्तियों के ही हाथ में सब धन-दौलत न देकर प्रत्येक मनुष्य को जीवन-निर्वाह-योग्य सुविधा देना होना चाहिए। किसी देश की सफलता अथवा समृद्धि गाँधी के विचार में देश में लखपतियों की संख्या से नहीं, प्रत्युत भूखे मरने वाले लोगों से लगाई जानी चाहिए। जिस देश में कोई भी मनुष्य भूख की ज्वाला से न तड़पता हो, वह देश, लखपतियों और करोड़पतियों के न होते हुए भी समृद्ध और सम्पन्न है।

यूरोपीय सभ्यता के विकास की निस्सारता पर विचार प्रकट करते हुए आपने लिखा है—''आज यूरोप के लोग भव्य प्रासादों में रहते हैं। सौ वर्ष पूर्व यह मकान नहीं थे। उस समय के लोग खाल पहनकर निर्वाह करते थे, परन्तु वे आज खूब चमकीली-भड़कीली पोशाक पहनने लगे हैं। उस समय भाला ही उन लोगों का शस्त्र था, परन्तु आज छह या सात गोली का पिस्तौल उनकी जेब में रहता है। उस समय वे लोग हाथ में हल थामकर खेत जोतते थे, परन्तु आज इंजन की सहायता से कई एकड़ जमीन वे पल-भर में जोतकर रख देते हैं। आज यूरोप में धन की असीम वृद्धि हो रही है। पहले गिने-चुने लेखक ही बहुत मननपूर्वक कोई ग्रन्थ लिख पाते थे, परन्तु आज जो चाहे पुस्तक लिखकर, छपवाकर, जनता के दिमाग को भ्रम में डाल सकता है। उस समय युद्ध में जय-पराजय मनुष्य की शारीरिक सामर्थ्य पर निर्भर थी, परन्तु आज एक मनुष्य तोप ले, एक पहाड़ी पर बैठकर हज़ारों मनुष्यों को भून सकता है। यही है यूरोपीय सभ्यता का विकास! पहले कारीगर स्वच्छन्दता से अपनी आवश्यकता भर काम कर लिया करते थे, परन्तु आज हज़ारों कारीगरों को एक स्थान पर बन्द होकर, स्वास्थ्य के लिए हानिकर काम को, पूँजीपति के लाभ के लिए, घण्टों

करना पड़ता है। पहले मनुष्य दिन में दो या तीन बार घर का बना भोजन किया करते थे, परन्तु अब प्रायः प्रति दो घण्टे के बाद कुछ न कुछ खाना होता है; किसी अन्य काम के लिए फुर्सत ही नहीं रहती।''

गाँधीजी के विचार में यूरोप भौतिक सभ्यता के दबाव में पिसा जा रहा है। भौतिक सभ्यता के प्रवाह ने यूरोप की मानसिक और आध्यात्मिक उन्नति को बिल्कुल रोक दिया है। यूरोप आज ईश्वर को भुलाकर धन की पूजा में उन्मत्त है। वह अपनी उन्नति और विकास का हिसाब पाउण्ड, शिलिंग और पेंस से लगाता है। रोम और मिस्र के उदाहरण देकर महात्माजी ने प्रमाणित किया है, कि जो राष्ट्र भौतिक उन्नति का आदर्श लेकर संसार में आगे बढ़े हैं, उन्हें सदा औंधे-मुँह गिरना पड़ा है। यूरोप भी इसी साम्राज्य और भौतिक विकास के फन्दे में फँसा है। इसका परिणाम भी यूरोपीय महाभारत के रूप में स्पष्ट है। यूरोप के इस महायुद्ध का कारण पार्थिवता के शैतान की पूजा ही है। देश-भक्ति और वीरता के नाम पर पाप अमानुषिक अत्याचारों का समर्थन किया जाता है, विश्वासघात और छल-कपट की प्रशंसा की जाती है। और इस सबका कारण है—भौतिक सभ्यता का आदर्श।

गाँधी भारत को यथा-सम्भव भौतिक सभ्यता के जाल से बचाना चाहते हैं। यूरोप के अनुकरण में पूँजीवाद को प्रोत्साहन न देकर वे इसे भारत से निकाल देना चाहते हैं। उनका विश्वास है, ''यदि हम यूरोप के धन-दौलत के पीछे जाएँगे, तो हमें उनकी सभ्यता के अभिशाप को भी सहन करना पड़ेगा। यह आशा करना कि भारत में पूँजीवाद का परिणाम वैसा बुरा न होगा, अपने-आपको धोखा देना है।''

गाँधी भारत के लिए न केवल राजनैतिक स्वतन्त्रता ही चाहते हैं, बल्कि वे देश को यूरोपीय सभ्यता के विषाक्त प्रभाव से भी दूर रखना चाहते हैं। वे अनेक अवसरों पर स्पष्ट कह चुके हैं, कि यूरोपियन विचारधारा और पश्चिमीयता को देश से निकाले बिना अंग्रेजी शासन को दूर करने का कुछ भी अर्थ नहीं। इसलिए गाँधी उन सब संस्थाओं, प्रवृत्तियों और प्रणालियों के विरुद्ध हैं, जिनसे देश में पश्चिमीय सभ्यता का प्रचार हो रहा है।

महात्माजी यूरोप की शासन-प्रणाली के, विशेषतः पार्लियामेण्ट के, बहुत विरुद्ध हैं। वे पार्लियामेण्ट को सर्वथा निरर्थक, केवल एक बाँझ स्त्री के समान समझते हैं, जिसमें दिखावे के अतिरिक्त वास्तविकता नाम को नहीं। इसे वे इंग्लैण्ड का एक कीमती खिलौना कहते हैं। भारत में 1919 के सुधार के अनुसार स्थापित प्रान्तीय तथा केन्द्रीय व्यवस्थापक सभाओं में भी महात्माजी को बिल्कुल विश्वास न था। इसीलिए उन्होंने इनका बहिष्कार भी किया।

अन्य विचारों की भाँति गाँधीजी तथा टॉल्सटॉय के विचारों में यहाँ भी विचित्र सादृश्य है। प्रजातन्त्र शासन के विषय में सोमनोव ने जब अपने गुरु की सम्मति जाननी चाही, तो टॉल्सटॉय ने उत्तर दिया, ''इस विषय में मेरी सम्मति ठीक वही है,

जो पोप अथवा एक संन्यासी की वेश्यावृत्ति के विषय में हो सकती है।''

गाँधी अदालतों और कचहरियों के भी कट्टर विरोधी हैं। वे सरकारी अदालतों को, भारत में विदेशी शासन के दृढ़ बनाए रखने का साधन ही समझते हैं। अदालतों की भाँति वे वकीलों के भी विरुद्ध हैं। उनका विचार है, वकील समाज में शान्ति-रक्षा के स्थान पर कलह की वृद्धि कर, केवल उलझनें पैदा करते हैं। डॉक्टरों, अंग्रेजी औषधियों और अस्पतालों के भी वे उतने ही विरुद्ध हैं। इस विषय में उन्होंने एक पुस्तक भी लिखी है। इस पुस्तक को पढ़कर कोई भी यूरोपियन विस्मित हुए बिना न रह सकेगा। गाँधी लिखते हैं–''यह चिकित्सा-शास्त्र केवल जादू का ढकोसला मात्र है।'' इन डॉक्टरों से तो वे नीम हकीमों को अच्छा समझते हैं। गाँधी अस्पतालों की उपमा शैतान के घर से देते हैं, और दवा खाना महापाप बताते हैं! अपनी पुस्तक 'स्वास्थ्य-रक्षा' में आप लिखते हैं–

''हम लोगों का यह गहरा भ्रम है, कि दवाई के बिना रोग दूर हो ही नहीं सकता। इस भ्रम ने मनुष्य-समाज की बहुत अधिक हानि की है। रोग तथा व्याधि का उपचार अवश्य होना चाहिए, परन्तु उसका उपाय औषधि नहीं है। औषधियों से न केवल कोई लाभ नहीं, बल्कि प्रायः उनसे हानि होने की सम्भावना रहती है। रोग होने पर दवाई खाना ठीक उसी तरह है, जैसे घर में पड़ी हुई गन्दगी को ढाँक देना। रोग का मतलब यही है, कि शरीर के किसी भाग में गन्दगी अटक रही है। ऐसी अवस्था में उस गन्दगी को औषधि से ढाँक देने से क्या लाभ? उसे तो प्राकृतिक नियम के अनुसार स्वयं दूर होने देना ही उचित है। दवाइयों से बीमारी को ढाँक देना प्रकृति के मार्ग में रुकावट डालना है।''

गाँधीजी के इन विचारों का कारण सम्भवतः आधुनिक चिकित्सा-शास्त्र के प्रति उनकी अभिज्ञता ही हो, परन्तु उपरोक्त एतराजों के अलावा गाँधीजी को बीमारी का इलाज करने में आध्यात्मिक आपत्ति भी है। उनका विचार है, यदि मनुष्य अपनी भूल-चूक के परिणामों को औषधियों की सहायता से सदा टालता रहेगा, तो भूल करना वह कभी न छोड़ेगा। वह सदा ही भूल-चूक में फँसता रहेगा। वे कहते हैं–''अस्पताल पाप को बढ़ाने का काम करते हैं। अपने कर्मों का दण्ड पूर्ण रूप में न मिलने से मनुष्य को बुराई करने की ओर पुनः प्रवृत्ति होती है।''

गाँधीजी सब रोगों का उपचार आध्यात्मिक ढंग से करना चाहते हैं। पश्चिमीय चिकित्सा-विधान से उनके असहयोग का एक यह भी कारण है, कि डॉक्टर केवल शरीर का ही इलाज करते हैं, मनुष्य की आत्मा की ओर उनका ध्यान बिल्कुल ही नहीं जाता। एक अवसर पर उन्होंने अपने व्याख्यान में कहा था–''मैं चिकित्सा-शास्त्र के विद्यार्थियों और आचार्यों से प्रार्थना करूँगा कि वे केवल शरीर की ओर ही ध्यान न देकर, मनुष्य की आत्मा की ओर भी ध्यान दें। मेरा विश्वास है, इससे उन्हें शारीरिक चिकित्सा में आश्चर्यजनक सहायता मिलेगी। जिस मनुष्य

का जीवन उचित मार्ग पर चलता है, उसके रोगी होने का कोई कारण हो ही नहीं सकता। आधुनिक चिकित्सा-प्रणाली रोग और व्याधि का मूल कारण मनुष्य की आत्मा और मस्तिष्क में न ढूँढ़कर केवल शरीर में ढूँढ़ती है। इसलिए वह पूर्ण और चिरस्थायी स्वास्थ्य-लाभ नहीं करा सकती।''

गाँधी के यह विचार भी टॉल्सटॉय के सिद्धान्तों की प्रतिच्छाया से जान पड़ते हैं। यदि हम टॉल्सटॉय की अप्रकाशित डायरियों में, औषधियों और चिकित्सकों के प्रति उनके विचारों का अध्ययन करें, तो वहाँ भी हमें ठीक यही विचार मिलेंगे।

टॉल्सटॉय अपनी डायरी में लिखते हैं–''यह देखकर विस्मय होता है, कि मनुष्य अपने रहन-सहन, खान-पान तथा व्यवहार की अनेक सुन्दर वस्तुओं पर भी उतना व्यय नहीं करता, जितना कि वह डॉक्टरों और वकीलों के व्यर्थ, बल्कि हानिकर, कामों की फीसों में दे देता है। आजकल की चिकित्सा-प्रणाली लाभ के स्थान पर हानि ही अधिक कर रही है।...रोगी मनुष्य यह नहीं समझते कि उनके जीवन का स्रोत आध्यात्मिक शक्ति में है। आध्यात्मिक शक्ति यह भौतिक नियमों पर आश्रित नहीं है।...आजकल जनता प्रायः इस भ्रम में फँसी हुई है, कि औषधि से मनुष्य के शरीर को लाभ पहुँचता है और औषधि बाँटना मनुष्य-समाज की भलाई करना है। वास्तव में भलाई-बुराई का कुछ भी अर्थ नहीं। यदि आपके मन में शुभ कामना है, तो आप औषधि बाँटे बिना भी समाज का बहुत कल्याण कर सकते हैं...।''

यूरोपियन सभ्यता की प्रसारक जिन संस्थाओं के महात्माजी विरुद्ध हैं, उनमें से स्कूल और कॉलेज भी एक हैं। शिक्षा के विषय में महात्माजी के विचारों को समझने के लिए हमें पहले अंग्रेजी सरकार द्वारा भारत में स्थापित स्कूलों की शिक्षा-प्रणाली और उनके प्रभाव को समझ लेना होगा। यह स्कूल निरन्तर एक साक्षर तथा दास-वृत्ति-युक्त युवक-समुदाय को जन्म दे रहे हैं। इनमें शिक्षा पाए हुए युवक बे-घर-बार, बेकारोबार के हो, गिने-चुने व्यवसायों में नौकरी की तलाश में फिरते रहते हैं। इस अवस्था को देखकर महात्माजी भारत में केवल उच्च श्रेणी के व्यक्तियों के लिए ही शिक्षा को लाभदायक समझते हैं। नीच श्रेणी के व्यक्तियों को शिक्षा देने का महत्त्व उनकी दृष्टि में कुछ भी नहीं। वे कहते हैं, ''यदि किसानों के बालक थोड़ा-बहुत लिखना-पढ़ना और हिसाब सीखकर अपने घर-बार के काम के अयोग्य हो जाएँ, तो इस शिक्षा की हमें आवश्यकता नहीं।''

गाँधीजी के राजनैतिक प्रतियोगी शंकरन् नायर ने गाँधीजी के इन विचारों की कड़ी समालोचना की है। वे लिखते हैं–''गाँधी जिस शिक्षा-प्रणाली का समर्थन करते हैं, उसको इस देश में बहुत समय तक आजमाया जा चुका है। इस शिक्षा के प्रभाव से हिन्दू और मुसलमानों में, द्विजों और अन्त्यजों में वह भेद-भाव आ गया है, जिसको दूर करना अत्यन्त दुष्कर है। गाँधी भारत के निम्न श्रेणी के लोगों में शिक्षा का प्रचार

इस भय से नहीं करना चाहते कि उन लोगों में जागृति आ जाने से वे अपनी तिरस्कृत अवस्था में सन्तुष्ट न रह सकेंगे। गाँधी इन लोगों को अपनी दासता की वर्तमान परिस्थिति से उठने नहीं देना चाहते।''

गाँधीजी ने शंकरन् नायर के इस दोषारोपण का उत्तर यों दिया है। वे कहते हैं–''मैं भारत में प्रचलित वर्तमान शिक्षा-प्रणाली के विरुद्ध इसलिए हूँ, कि मुझे उसमें हानि के अतिरिक्त लाभ कुछ भी नहीं दिखाई पड़ता। स्कूलों में जो पाठ्य-पुस्तकें बालकों को पढ़ाई जाती हैं, उनसे औचित्यानौचित्य का ज्ञान कुछ भी नहीं हो पाता। ज्यों-ज्यों बालक इन पुस्तकों को पढ़ता है, वह अपने समाज से दूर होता जाता है। बालकों को इन पाठ्य-पुस्तकों में यह बताया जाता है कि तुम्हारे पूर्व-पुरुष असभ्य, जंगली और असमर्थ थे। मैं इन पुस्तकों को हटाकर इनके स्थान में नवीन पाठ्यक्रम प्रचलित करने के पक्ष में हूँ। जिससे बालकों को अपने देश, अपने समाज और अपनी सभ्यता का ज्ञान हो, उस ओर उनकी श्रद्धा हो, अपने देश और समाज की परिस्थितियों के अनुकूल वे अपने जीवन को लाभदायक और उपयोगी बना सकें, बालकों के मन में श्रम के प्रति अनुराग उत्पन्न हो, एक किसान-बालक शिक्षा प्राप्त करने के उपरान्त कृषि के अयोग्य न होकर अच्छा किसान बन सके। मैं जानता हूँ, वर्तमान शिक्षाक्रम का परिणाम इसके विपरीत होता है। इसीलिए मैं उसके विरुद्ध हूँ। यह सब सुयोग्य अध्यापकों के जीवन के सत्संग के बिना नहीं हो सकता। आज ऐसे अध्यापक कहाँ हैं? क्या इन अंध्यापकों ने स्वयं कभी वास्तविक शिक्षा ग्रहण की है? क्या उनका जीवन बच्चों के लिए आदर्श है? आज हमारे प्राइमरी स्कूलों में बालकों की शिक्षा के लिए चुनकर सुयोग्य अध्यापक नियुक्त नहीं किए जाते। जिन लोगों को और कोई दूसरा व्यवसाय नहीं मिलता, वे अध्यापक का काम कर लेते हैं।

''मैं भारतवर्ष के लिए अंग्रेजी भाषा को शिक्षा का माध्यम स्वीकार करने के लिए तैयार नहीं। इससे कुछ लोग यह समझते हैं, कि मैं पश्चिमीय सभ्यता और अंग्रेजी भाषा का कट्टर शत्रु हूँ। 'यंग-इण्डिया' के पाठक यह भली भाँति जानते हैं कि मैं अंग्रेजी भाषा को अन्तर्राष्ट्रीय व्यापार तथा राजनैतिक व्यवहार के लिए आवश्यक मानता हूँ। इसलिए मेरी सम्मति में हम में से कुछ एक व्यक्तियों के लिए इस भाषा का ज्ञान होना नितान्त आवश्यक है। अंग्रेजी भाषा में अनमोल साहित्यिक रत्न भरे पड़े हैं। वह अमूल्य विचारों का भण्डार है। इसलिए यदि लोग भाषा-ज्ञान के लिए अंग्रेजी साहित्य का अध्ययन करें, तो वह भी अच्छा है। ऐसे विद्वानों को चाहिए कि उत्कृष्ट ग्रन्थों का अनुवाद अपनी भाषा में करने का यत्न करें।

''मैं अपने देश और समाज को संसार के सम्पर्क से पृथक् कर लेने के पक्ष में कदापि नहीं हूँ। परन्तु मैं चाहता हूँ, विदेशी सभ्यता के गुणों को ग्रहण करने से पहले हम अपनी सभ्यता और संस्कृति को समझ लें....।''

गाँधी बराबर अपने देशवासियों का ध्यान भारतीय संस्कृति की श्रेष्ठता की

ओर आकर्षित करते रहते हैं। वे कहते हैं, भारतीय संस्कृति में आनन्द का स्रोत शरीर को नहीं, बल्कि आत्मा को माना गया है। प्राचीनकाल और प्राचीन सभ्यता की प्रशंसा करते वे नहीं थकते। वे लिखते हैं, "उस समय शीघ्रगामी रेलें और मोटरें न थीं। उपदेशक और आचार्य देश के कोने-कोने में धर्म का सन्देश पहुँचाते फिरते थे। प्रत्येक मनुष्य अपनी शक्ति और सामर्थ्य के अनुसार काम करता था, और उसकी आवश्यकता के अनुसार उसे निर्वाह के साधन प्राप्त हो जाते थे। यह नहीं, कि हमारे पूर्वज यन्त्रों का आविष्कार करना न जानते थे, वास्तव में यन्त्रों का दास बनना उन्हें मंजूर न था। वे जानते थे कि बड़े-बड़े नगर शान्ति के बाधक हैं, इसलिए वे सदा ग्रामों में ही रहते थे।

गाँधी कहते हैं—"भारत ही एक ऐसा देश है, जो परिवर्तन के चक्र में सहस्रों वर्षों तक अपनी सभ्यता को बिना परिवर्तन के स्थिर रख सका है। भारत ने बड़े यत्न और परिश्रम से अपनी आदिम सभ्यता की रक्षा की है। फिलहाल उसे किसी से कुछ सीखने की आवश्यकता नहीं। हमारा हल और चरखा हमारी सभ्यता की आधार-शिला है। हमें अपनी प्राचीन सरलता की ओर फिर-से जाना होगा। प्रत्येक भारतीय का यह वैयक्तिक कर्तव्य है, कि वह अपने जीवन से उस सरल सभ्यता का अनुकरणीय उदाहरण उपस्थित करने का यत्न करे।"

13

सभी भारतवासी गाँधीजी के सिद्धान्तों के अनुयायी नहीं हैं, और न वे उनके बतलाए हुए मार्ग पर चलने को तैयार हैं। कुछ तो पश्चिमीय सभ्यता के विरुद्ध महात्माजी के इस आन्दोलन को देश की उन्नति का अवरोधक समझते हैं। ऐसे लोग उन्हें सुधार का विरोधी और अत्यन्त संकीर्ण मानते हैं। इन लोगों में शंकरन् नायर आदि का विचार है, कि गाँधी के विचारों की सफलता का अर्थ भारत की इस समय तक की औद्योगिक उन्नति पर पानी फेर देना होगा। राष्ट्रीय स्वतन्त्रता के नाम पर यह लोग देश में अपना पूर्ण आधिपत्य कायम करना चाहते हैं।

कवि सम्राट टैगोर भी इस विषय में गाँधी के साथ सहमत नहीं। उनके विचार में पश्चिम से सर्वथा असहयोग का अर्थ देश की आध्यात्मिक आत्महत्या होगा। वे कहते हैं—"पश्चिम के मनुष्य-समाज का अपना सन्देश है। यदि हम कृत्रिम उपायों से यूरोप के साथ अपना सम्बन्ध-विच्छेद कर लेंगे, तो उससे स्वयं हमें ही हानि होगी। संसार से परे हटकर कोई भी देश उन्नति नहीं कर सकता। विदेश से दूर भागने से स्वतन्त्रता हमारे निकट न आ जाएगी।"

महात्माजी उन पर लगाए गए इस संकीर्णता के दोष की सफाई न देकर, उसे

मुक्त-कण्ठ से स्वीकार कर, कहते हैं–"भारत अपनी प्राचीन संस्कृति तथा प्रथाओं की सावधानी से रक्षा करके ही राष्ट्रीय स्वतन्त्रता प्राप्त कर, उन्नति कर सकता है।" टैगोर के एक पत्र के उत्तर में गाँधी ने लिखा था–"मैं भी स्वतन्त्र और स्वच्छन्द वायु का प्रेमी हूँ। सब द्वार बन्द कर, हुमस पैदा करना मुझे भी पसन्द नहीं, परन्तु विदेशी सभ्यता मुझे अपने घर से खींचकर न ले जा सकेगी। मेरा यह दृढ़ विश्वास है, कि संसार के किसी देश की सभ्यता में हमारी सभ्यता से अधिक अमूल्य रत्न न मिलेंगे।...जिस वस्तु को हमने सैकड़ों वर्षों के अनुभव से समय की अहरन पर ठोक बजाकर देख लिया है, उसे बदलने के लिए हम किस प्रकार तैयार हो जाएँ? यह परिवर्तन-रहित, एक-रस दृढ़ता ही तो भारतीय सभ्यता की विशेषता है; यही तो उसके जीवन की आधारशिला है।"

गाँधीजी की दृष्टि में भारतीय संस्कृति की विशेषता है, उसका आध्यात्मिक और धार्मिक आधार। गाँधी राजनीति का धर्म और संस्कृति से भिन्न कोई अस्तित्व नहीं मानते। महात्माजी की यह आध्यात्मिकता तथा धार्मिकता हिन्दू-धर्म-शास्त्रों से सम्बद्ध नहीं है। इसका आधार है, उनकी अपनी कर्तव्य तथा नीति की धारणा। उनकी विचारधारा की आधारशिला है, मनुष्य की आत्मा में अन्तर्निहित सत्यनिष्ठा। वे इस सत्य और पवित्रता को धार्मिक विश्वास तथा साम्प्रदायिकता से ऊँचा स्थान देते हैं। उनका विश्वास है, मनुष्य की अन्तरात्मा सदा व्यक्त होने तथा अपने कर्ता को पाने के लिए छटपटाती रहती है।

गाँधीजी को अपने हिन्दुत्व पर अभिमान था। हिन्दुओं के धर्मशास्त्रों, श्रुतियों तथा स्मृतियों में उनकी पूर्ण श्रद्धा रही। अवतार-धारण और वर्णाश्रम-धम में भी उन्हें पूर्ण विश्वास था। गोरक्षा को भी वे अपेक्षाकृत अधिक युक्तियुक्त ढंग पर हिन्दुओं का जातीय धर्म करार देते थे।

यह न समझना चाहिए कि हिन्दू-धर्म पर इस अगाध विश्वास का कारण गाँधीजी का अन्य सम्प्रदायों के प्रति अज्ञान है। जैसाकि हम पहले भी कह आए हैं, गाँधी ने मसीह तथा मुहम्मद के सिद्धान्तों का पर्याप्त अध्ययन किया है। महात्माजी के विचारों पर मसीह के जीवन तथा उनकी शिक्षा, विशेषकर उनके 'पहाड़ पर के धर्मोपदेश' का गहरा प्रभाव पड़ा है। अनेक अवसरों पर उनके मित्रों ने जब उनसे ईसाई-धर्म की दीक्षा ले लेने के लिए प्रेरणा की, तो गाँधी ने उत्तर दिया–"मैं मानता हूँ, ईसाई-धर्म में सत्य की पर्याप्त मात्रा मौजूद है, मैं उस पर हिन्दू-धर्म से भी अधिक श्रद्धा कर सकता हूँ, परन्तु मेरी आत्मिक शक्ति के लिए मेरे पूर्वजों का मत ही पर्याप्त है। मुझे आध्यात्मिक उन्नति के साधन हिन्दू-धर्म में पर्याप्त मात्रा में मिल सकते हैं। मैं चाहता हूँ, सभी लोग अपने-अपने धार्मिक विश्वास पर दृढ़ रहकर आत्मिक उन्नति की चेष्टा करें। मैं समझता हूँ, भगवान् हमारे कृत्यों को देखते हैं, न कि हमारे नाम और सम्प्रदाय को।"

धार्मिक असहिष्णुता और संकीर्णता का महात्माजी में सर्वथा अभाव है। यहाँ तक कि वे वेद-आदि हिन्दू-धर्मग्रन्थों को ईश्वरीय कहना भी नितान्त आवश्यक नहीं समझते। वे कहते हैं, "मैं वेदों के समान ही बाइबिल, कुरान और जिन्दावस्ताँ को भी ईश्वरीय समझता हूँ। इतना मानते हुए भी यह आवश्यक नहीं, कि इन धर्म-ग्रन्थों के एक-एक शब्द को मैं ईश्वरीय आज्ञा मानकर उसका पालन करने के लिए अपने-आपको बाध्य समझूँ। समय के प्रभाव से इन पुस्तकों में अनेक प्रक्षेप आ गए हैं, और उनकी व्याख्या भी मनमाने तौर पर अनेक ढंग से की गई है।" गाँधीजी के विचार में हिन्दू-धर्म के अनुसार मनुष्य के जीवन में सत्य, अहिंसा और ब्रह्मचर्य का होना ही जीवन की सार्थकता है। महात्माजी कहते हैं, "हिन्दू-धर्म किसी के लिए भी अगम्य और दुर्बोध नहीं हो सकता। वह स्वभावतः सरल, सुबोध और अपरिवर्तनशील है।"

गाँधीजी ने एक लेख में अत्यन्त मधुर शब्दों में अपने पूर्वजों के धार्मिक विश्वास में अनेक त्रुटियों को स्वीकार करते हुए, हिन्दू-धर्म के प्रति अपनी अनन्त श्रद्धा के वर्णन में, यों लिखा है—"हिन्दू-धर्म के प्रति मेरे हृदय में कितना स्नेह है, यह ठीक-ठीक कहना मेरे लिए सम्भव नहीं;—ठीक उसी प्रकार, जैसे मैं अपनी स्त्री के प्रति अपने प्रेम का वर्णन नहीं कर सकता। चाहे मेरी स्त्री में कितने ही दोष क्यों न हों, संसार में मैं किसी स्त्री को उस दृष्टि से नहीं देख सकता। मैं जानता हूँ, मोह या स्नेहवश मैं उसके अनेक अवगुणों को प्रायः देख भी नहीं पाता। जिस प्रकार एक निगूढ़ आकर्षण मुझे अपनी स्त्री की ओर खींचे हुए है, ठीक उसी प्रकार हिन्दू-धर्म में अनेक दोष और त्रुटियों को देखकर भी मैं उससे परे नहीं जा सकता। हिन्दू-धर्म की दो पुस्तकों से मेरा थोड़ा-बहुत परिचय है। इन दोनों पुस्तकों, रामायण और गीता, से बढ़कर मोहक और शान्तिदायक पुस्तक संसार में मैंने दूसरी नहीं देखी। जिस समय रोग-शैया पर मैंने यह अनुभव किया, कि मेरा अन्तिम समय आ पहुँचा है, उस समय गीता को मैंने हाथ में ले लिया। हिन्दू-मन्दिरों में जो-कुछ अनाचार फैल रहा है, उसे मैं खूब समझता हूँ, परन्तु उसे जानकर भी मैं उनसे प्रेम किए बिना नहीं रह सकता। मैं हिन्दू-धर्म में सुधार चाहता हूँ, परन्तु उसे अंग-विहीन नहीं करना चाहता।" अपने पूर्वजों की दूरदर्शिता में गम्भीर विश्वास के कारण ही गाँधीजी वर्णाश्रम धर्म का भी समर्थन करते हैं। टैगोर तक इसे भारतीय समाज के लिए अभिशाप मान, इसे देश से निकाल देना चाहते हैं, परन्तु गाँधी इसमें भी अपने समाज का हित और कल्याण देख पाते हैं।

टैगोर भारत की वर्ण-व्यवस्था को देश के लिए सर्वथा अनिष्टकर समझते हैं। उनके विचार में समाज से अज्ञान और निर्बलता को दूर करने के लिए, हमारा जाति-पाँति के बन्धन से मुक्त होना आवश्यक है। टैगोर देश की इस दुरवस्था का उत्तरदायित्व समाज के उस शिक्षित अंश पर डालते हैं, जो सबकुछ समझ-बूझकर भी

अपना सम्मान बनाए रखने के लिए इस कुप्रथा को समाज से दूर करना नहीं चाहता।

गाँधी वर्ण-व्यवस्था के सिद्धान्त को पूर्ण रूप में मान्य समझते हैं। हिन्दू-धर्म के ढंग से वर्ण-व्यवस्था को हटाकर यूरोपियन ढंग पर समाज में श्रेणी-व्यवस्था को प्रचलित करने के गाँधी सर्वथा विरुद्ध हैं। गाँधी की सम्मति में वंशानुक्रम अनिवार्य और आवश्यक है। उनके विचार में इस नियम की अवहेलना करने से परिणाम में केवल दुविधा और अशान्ति ही प्राप्त होगी। वे लिखते हैं–''ब्राह्मण को ब्राह्मण के आसन पर स्थित रखने में मुझे अनेक लाभ दिखाई पड़ते हैं। यदि हम समाज में प्रत्येक व्यक्ति को उसके गुण-कर्म के अनुसार दण्ड और पुरस्कार देने तथा उसकी सामाजिक परिस्थिति को निश्चित करने का उत्तरदायित्व अपने सिर ले लें, तो हमें इसमें बहुत कठिनाई अनुभव होगी। यदि हिन्दू-लोग आत्मा के पुनः जन्म लेने के सिद्धान्त पर विश्वास करते हैं, मेरा विचार है, प्रत्येक हिन्दू पुनर्जन्म पर विश्वास करता है, तो उन्हें इस विषय में चिन्तित होने की कोई आवश्यकता नहीं। यदि कोई व्यक्ति ब्राह्मण के घर जन्म लेकर ब्राह्मण के योग्य व्यवहार नहीं करता, तो वह निस्सन्देह भविष्य-जीवन में नीच वर्ण में जन्म ग्रहण करेगा, और यदि कोई मनुष्य हीन वर्ण का होकर भी द्विजों के समान जीवन व्यतीत करता है, तो वह स्वयं ही अगले जन्म में उच्च कुल में जन्म ग्रहण करेगा...।''

यह नहीं कि गाँधी सुधार के विरुद्ध हों। वे मुख्य चार वर्णों को छोड़कर शेष असंख्य उपजातियों को सर्वथा मिटा देना चाहते हैं। मुख्य चार वर्णों को ही वे महत्त्वपूर्ण तथा आवश्यक समझते हैं। यदि किसी प्रथा में कोई दोष हो, तो वे प्रथा को ही न मिटाकर उसके दोषों को दूर करना उचित समझते हैं। वे लिखते हैं–''मैं वर्ण-व्यवस्था के मूल सिद्धान्त को मिटा देने के विरुद्ध हूँ। वर्ण-व्यवस्था का अर्थ असमानता तथा सामाजिक भेदभाव नहीं है। अनेक उपवर्णों तथा उपजातियों का उपाय हम लोकमत के प्रभाव से कर सकते हैं।''

गाँधीजी का विश्वास है, संकट के समय कुछ अन्य क्रमागत प्रथाओं के साथ मिलकर वर्ण-व्यवस्था ने ही हिन्दू-धर्म की रक्षा की है। इसलिए गाँधी–प्राचीन संस्कृति को हटा, उसके स्थान में मौलिक परिवर्तन कर, जो लोग भारत में पश्चिमीय सभ्यता का प्रचार करना चाहते हैं–उनके विचारों को समाज के लिए हितकर नहीं समझते।

उनका विश्वास भारतीय संस्कृति की उत्कृष्टता में इतना गहरा है, कि वे उसके सम्मुख यूरोप की तमाम सभ्यता और संस्कृति को हेच समझते हैं। भारतीय सभ्यता अथवा संस्कृति में जो कुछ दोष उनको दिखाई पड़ते हैं, उन्हें वे केवल काल के प्रभाव से आए हुए विरूप-मात्र समझते हैं, जिन्हें किसी भी समय ठीक किया जा सकता है। अनेक दोषों के होते हुए भी भारतीय सभ्यता के मूल में जो आध्यात्मिकता तथा गम्भीर सत्य छिपा हुआ है, उसके कारण गाँधी उसे सब अवस्था में ग्राह्य तथा श्रेयस्कर

समझते हैं। इसके विपरीत यूरोपियन सभ्यता के तो मूल में ही उन्हें पार्थिवता तथा नाश का बीज दिखाई पड़ता है।

गाँधी लिखते हैं–"मैं अपनी सभ्यता के दोषों को खूब समझता हूँ, और उन्हें स्वीकार करता हूँ। मैं उनका विरोध भी खूब करता हूँ। इन दोषों के होते हुए भी भारतीय सभ्यता ईश्वर-विश्वास पर आश्रित है, इसलिए मैं उस पर भरोसा कर सकता हूँ। यूरोपीयता ईश्वर से विमुख है, इसीलिए वह श्रेय नहीं। प्रत्येक भारतवासी को, जो अपने देश से प्रेम करता है, अपने राष्ट्र का हित चाहता है, अपनी सभ्यता का आश्रय लेना चाहिए। जिस प्रकार बालक के लिए माँ का स्तन सबसे अधिक भरोसे की वस्तु है, उसी प्रकार हम लोगों के लिए हमारी सभ्यता है।"

14

गाँधी के जीवन में भारतीयता कूट-कूटकर भरी हुई है। अपनी प्राचीन सभ्यता के प्रति भक्ति और अपने पूर्व-जनों की प्रथाओं के प्रति अनुराग उनमें किसी नवीन तार्किकता के कारण उत्पन्न नहीं हुए हैं। इसका कारण उनके हृदय की भावुकता और प्रेम ही है। दीन-दुखियों के प्रति उनकी सहानुभूति, भारत की स्वतन्त्रता के लिए उनका आन्दोलन, पाप के गढ़े में फँसी हुई पतित स्त्रियों के उद्धार की चेष्टा, उनका चरखा और खद्दर, यह सब उनके हिन्दू-धर्म में विश्वास के ही परिणाम हैं। इस सब विश्वास और धारणा की तह में अहिंसा और विश्व-प्रेम का सिद्धान्त काम कर रहा है।

अहिंसा के सिद्धान्त के अनुसार जीवन की सार्थकता केवल विश्व-प्रेम में है। घृणा, विद्वेष और निर्दयता प्राकृतिक नियम का विरोध है। घृणा और द्वेष का मार्ग सृष्टि और सृष्टिकर्ता की आज्ञा के विरुद्ध है। जो मनुष्य अहिंसा के मार्ग पर चलना चाहता है, उसे क्रोध तथा द्वेष का त्याग करना पड़ेगा। अपना अपमान करनेवाले, शत्रुता करने वाले, यहाँ तक कि चोर तक से घृणा करने का अधिकार उसे नहीं है। जीव-मात्र के प्रति उसके हृदय में करुणा का भाव होना चाहिए। निन्दा, अपमान और अन्याय के उत्तर में उसके हृदय से प्रेम का छलकता हुआ स्रोत बहना चाहिए। गाँधीजी के विचार में अहिंसा के सिद्धान्त को जीवन में पूर्णतः चरितार्थ करना सम्भव नहीं। मनुष्य-समाज शनैः-शनैः इस पूर्णता की ओर बढ़ रहा है। हिन्दू-दर्शन-शास्त्र के अनुसार आधुनिक मनुष्य-समाज अभी तक मनुष्यता की चरम अवस्था को प्राप्त नहीं कर सका है। उसमें पशुता का अंश शेष है। प्रेम और अहिंसा की साधना द्वारा ही हम पशु-भाव को दूर कर, मनुष्यता के पूर्ण आदर्श की ओर उत्तरोत्तर बढ़ सकेंगे। भगवद्गीता के प्रथम अध्याय में इसी विषय का रूपक बाँधकर व्याख्या की गई है। अहिंसा का अभिप्राय केवल मनुष्य के प्रति प्रेम और दया ही नहीं, बल्कि, जीव-मात्र,

पशु, कीट, पतंग आदि के प्रति दया और आत्म-भाव है। यदि मनुष्य सृष्टिकर्ता के अभिप्राय को समझ सकता, तो वह वन्य जीव-जन्तुओं को मनुष्य की हिंसा-वृत्ति के उपभोग का साधन-मात्र न समझता।

हिन्दू-धर्म शास्त्रों के अनुसार अहिंसा का पूर्णतः पालन करने वाले व्यक्ति के सम्मुख संसार स्वतः झुक जाता है। ज्यों-ही मनुष्य की अन्तरात्मा वैर-विरोध से रहित हो, निर्मल होगा—उसके लिए संसार स्वयं बदल जाएगा। उसके लिए संसार में भय-नामक कोई वस्तु न रहेगी। उसके शत्रु मित्र बन जाएँगे। अहिंसा संसार को प्रेम और दया से विजय करेगी, बुराई का अवरोध भलाई से करेगी।

अहिंसा के विषय में बौद्ध तथा हिन्दू-शास्त्र सर्वथा एकमत हैं। बौद्ध-धर्म के अनुसार किसी भी अवस्था में, जीव-हत्या अथवा जीवों को कष्ट देना निषिद्ध है। बौद्ध-धर्म-शास्त्र की आज्ञा है—"किसी भी कारण से, किसी भी अवस्था में, किसी भी जीव की हत्या का तुम्हें अधिकार नहीं। हानि-लाभ की दृष्टि से, अथवा किसी की आज्ञा मानकर, या आत्मरक्षा के लिए भी, तुम्हें किसी जीव के वध का अधिकार नहीं। अवस्था विशेष के कारण तुम्हारे दोष में न्यूनाधिकता हो सकती है, परन्तु हत्या कर, तुम निर्दोष कभी नहीं हो सकते। तुम्हें पर-रक्षा के लिए केवल अपने शरीर का ही रक्त गिराने का अधिकार है। न केवल बधिक ही पाप का भागी होता है, बल्कि साथ ही आज्ञा देनेवाला, खाने वाला—सभी पाप के भागी होते हैं।" बौद्ध-धर्म के अनुसार रेशमी वस्त्र, जूते, चप्पल इत्यादि चमड़े की बनी कोई वस्तु, उपयोग में लाना पाप है। क्योंकि इन सब कामों में हत्या का पाप लगता है। बुद्ध भगवान ने भी बुराई को भलाई से जीतने का उपदेश दिया है। जैनी-लोग अहिंसा-व्रत का पालन विशेष यत्न से करते हैं। गाँधी के पिता जैनी थे। स्वयं गाँधी की शिक्षा-दीक्षा भी जैन-सिद्धान्तों के अनुसार हुई है। बाद में अन्य धर्मों के ग्रन्थों का अध्ययन करने पर वहाँ भी उन्हें अहिंसा के सिद्धान्त का समर्थन मिला। वे स्वयं लिखते हैं—"मेरे विचारों पर अन्य धार्मिक ग्रन्थों के अध्ययन के साथ जैन-धर्म के सिद्धान्तों का गहरा प्रभाव पड़ा है। निस्स्वार्थ प्रेम का उपदेश मैंने हिन्दू-धर्म-शास्त्रों, बाइबिल, कुरान में एक-समान पाया है। सभी धर्म-शास्त्रों में मैंने अहिंसा के सिद्धान्तों का प्रतिपादन पाया है। इनसे मेरे विचारों में दृढ़ता अवश्य आई है, परन्तु उसका मूल स्वयं मेरे अपने अन्तरात्मा में आरम्भ-से ही था। यदि इन धर्म-ग्रन्थों में इन सिद्धान्तों का प्रतिपादन मैं न पाता, तो भी मैं इन पर ही आचरण करता।"

गाय के प्रति महात्माजी की श्रद्धा का कारण किसी अंश तक उनका विश्व-प्रेम ही है। हिन्दू-संस्कृति का यह पहलू यूरोप के लिए सर्वथा दुर्बोध है। महात्माजी ने इसे भी गम्भीर रूप दे दिया है—"गो-रक्षा हिन्दू-धर्म की प्रधान समस्या है।".... महात्माजी लिखते हैं—"गो-रक्षा में मुझे मानव-समाज के विकास का एक गूढ़ रहस्य अन्तर्हित दिखाई देता है। गाय में मुझे सम्पूर्ण जीव-सृष्टि का समावेश दिखाई पड़ता

है। भारत में गाय मनुष्य-समाज की प्रधान सहायक थी। वह स्मृति का स्रोत है। गाय से केवल दूध ही नहीं मिलता, खेती भी उसके बिना नहीं हो सकती। गाय करुणता और सरलता की प्रतिमूर्ति है। गो-रक्षा का अर्थ है, प्राणिमात्र के प्रति दया का भाव। संसार के लिए 'गोरक्षा' हिन्दू-धर्म का सन्देश है। हिन्दू-धर्म के प्राण गौ की रक्षा पर ही निर्भर हैं...।"

गाँधी अपने लेखों और व्याख्यानों में प्रायः गो-रक्षा का उल्लेख किया करते हैं। उनका विश्वास है, कि हिन्दुत्व की सार्थकता वैदिक मन्त्रों के उच्चारण, तीर्थ-यात्रा और वर्ण-व्यवस्था के पालन की अपेक्षा गोरक्षा में ही अधिक है।

गाँधीजी की जीव-दया का क्षेत्र बहुत विस्तृत है। वे विषैले साँप तक को मारने में पाप समझते हैं। भारत में प्रति वर्ष सैकड़ों मनुष्य साँप के काटने से मर जाते हैं। तिस पर भी गाँधी साँपों के मारने के पक्ष में नहीं। वे कहते हैं–"हमें स्मरण रखना चाहिए, कि साँप और बिच्छू भी उसी शक्ति की रचना है, जिसने हमें पैदा किया है। भगवान की लीला को हम समझ नहीं सकते। परन्तु मेरा विश्वास है, उन्होंने सिंह, साँप और बिच्छू को मनुष्य-समाज के नाश के लिए उत्पन्न नहीं किया है।..."

"अस्सीसी के सन्त फ्रांसिस बनों में नंगे पैर घूमा करते थे। साँप और वन्य जन्तु कभी उन्हें कष्ट न देते थे। वन्य जीवों के साथ उनकी एक प्रकार से मैत्री-सी हो गई थी। इसी प्रकार सैकड़ों योगी वनों में वन्य जन्तुओं के बीच निर्भय फिरा करते थे। कभी किसी ने वन्य जन्तुओं के द्वारा उन्हें कष्ट दिए जाने की बात नहीं सुनी। मेरा तो पूर्ण विश्वास है, कि यंदि मनुष्य वन्य जीवों के प्रति हिंसा का भाव त्याग दे, तो वे भी कभी उसे दुःख न देंगे। प्रेम ही मनुष्य की सबसे बड़ी शक्ति है। प्रेम के बिना भगवान की भक्ति भी निस्सार है।"

गाँधी भारत की ओर से संसार को अहिंसा का सन्देश देना चाहते हैं। यदि हम अहिंसा के वास्तविक रूप को समझ सकें, तो हम संसार की सब बुराइयों का उपाय उससे कर सकते हैं। अहिंसा-व्रत का पालन करने से हम धर्म के सभी अंगों का पालन अधिक अच्छे ढंग से कर सकते हैं।

यौवन के आरम्भ में ही गाँधी ने अहिंसा-व्रत को ग्रहण कर, उसका पालन आरम्भ कर दिया था। एक दफे मि. जे. होक ने गाँधी से पूछा–"अहिंसा की ओर आपकी प्रवृत्ति का आरम्भ किस प्रकार हुआ?" इस प्रश्न के उत्तर में गाँधी ने, बाल्य-काल में स्कूल में पढ़ते समय याद किया हुआ एक पद सुनाया, जिसका अर्थ है–"उपकार के बदले प्रत्युपकार करने में कोई विशेष सौन्दर्य नहीं, सौन्दर्य तो यह है कि अपकार के बदले उपकार किया जाए।" गाँधीजी लिखते हैं–इस पद का प्रभाव उनके जीवन पर बहुत गहरा पड़ा है। पीछे मसीह द्वारा पर्वत-शिखर पर दिए गए उपदेश में भी उन्होंने इन्हीं विचारों को पाया। गाँधी लिखते हैं–"वास्तव में बाइबिल के नए सन्देश ने ही अहिंसात्मक सत्याग्रह की नीति और शत्रु को प्रेम द्वारा जीतने

के सिद्धान्त को मेरे मन में बैठाया है। जब मैंने बाइबिल में पढ़ा—बुराई का विरोध मत करो। एक गाल पर चाँटा खाकर दूसरा गाल आगे कर दो। अपने ऊपर अत्याचार करने वाले के लिए भी मंगल-कामना करो।—तो मेरा मन प्रसन्नता और उत्साह से भर गया।''

वर्तमान लेखकों में, अहिंसात्मक सत्याग्रह के सम्बन्ध में सबसे अधिक प्रभाव महात्माज़ी के विचारों पर टॉल्सटॉय के लेखों का पड़ा है। डब्ल्यू.डब्ल्यू. पिपसर्जन लिखते हैं—''टॉल्सटॉय और उनके सिद्धान्तों के लिए महात्मा गाँधी के हृदय में अत्यन्त आदर का भाव है। अहिंसात्मक सत्याग्रह के सम्बन्ध में गाँधी ने अपने धार्मिक-ग्रन्थों की अपेक्षा इस पश्चिमीय दार्शनिक से ही अधिक विचार ग्रहण किए हैं। वैसे तो गाँधी बहुत छोटी अवस्था में ही त्याग और अहिंसा के सिद्धान्तों का अध्ययन करने लगे थे, परन्तु क्रियात्मक क्षेत्र में टॉल्सटॉय के विचारों के अध्ययन के पश्चात् ही उन्होंने सत्याग्रह और अहिंसा का प्रयोग आरम्भ किया। रोम्याँ रोलाँ ने भी इस विषय में गाँधी और टॉल्सटॉय के विचारों का साम्य दिखाया है। वे लिखते हैं—''गाँधी के शरीर में मसीह की आत्मा हिन्दू-धर्म के रूप में प्रकट हुई है। गाँधी के रूप में हमारे सम्मुख टॉल्सटॉय अधिक शान्त और कोमल भाव लेकर प्रकट हुए हैं। गाँधी मसीह के सिद्धान्तों के प्राकृतिक रूप हैं। टॉल्सटॉय के सिद्धान्त मसीह के अनुयायी थे, परन्तु गाँधी की प्रकृति मसीह का अनुकरण कर रही है।''

टॉल्सटॉय की मृत्यु के पश्चात् उनके काग़ज़ों में गाँधी के साथ कुछ पत्र-व्यवहार मिला है। इस पत्र-व्यवहार से इन दोनों महापुरुषों का पारस्परिक सम्बन्ध स्पष्ट हो जाता है। प्रसिद्ध लेखक पॉल वर्कोव की कृपा से यह लेख हाल ही में प्रकाशित हुआ है।

गाँधी ने पहले-पहल सन् 1909 में टॉल्सटॉय को पत्र लिखा था। इस पत्र के उत्तर में टॉल्सटॉय लिखते हैं—

''तुम्हारा पत्र मिला। पढ़कर प्रसन्नता हुई। भगवान हमारे ट्रांसवाल के भाइयों और सहयोगियों की सहायता करें। ठीक इसी तरह का झगड़ा हमारे यहाँ भी चल रहा है। कोमलता, सहिष्णुता और प्रेम से हम निष्ठुरता, अहंकार और अन्याय का सामना कर रहे हैं। यह झगड़ा यहाँ फ़ौज में भर्ती होना अस्वीकार करने के कारण है। फ़ौज में भर्ती होने का विरोध दिन-दिन बढ़ता जा रहा है। भाई, मैं तुम्हारा उत्साह बढ़ाना चाहता हूँ। तुमसे पत्र-व्यवहार कर, मुझे अत्यन्त प्रसन्नता हुई।''

1910 में गाँधीजी ने टॉल्सटॉय को एक पत्र और लिखा। इस पत्र के साथ उन्होंने अपनी पुस्तक 'भारत में स्वराज्य' भी टॉल्सटॉय को भेजी। इस पत्र में गाँधी ने अपने-आपको इस उपन्यास-सम्राट् का विनीत अनुयायी लिखा है, और पुस्तक के विषय में टॉल्सटॉय को अपनी सम्मति लिखने को कहा है।

टॉल्सटॉय ने इस पत्र का उत्तर दो पत्रों में दिया है। एक पत्र तो बिल्कुल

संक्षिप्त है, परन्तु दूसरा लम्बा है। इस पत्र में टॉल्सटॉय लिखते हैं–

"ज्यों-ज्यों आयु के दिन बढ़ते जाते हैं, मृत्यु मुझे समीप आती जान पड़ती है। मैं चाहता हूँ, अपने अनुभवों में से काम की बातें मनुष्य-समाज के सम्मुख रख दूँ। अहिंसात्मक सत्याग्रह के विचार मुझे विशेषतः ध्यान देने योग्य जान पड़ते हैं। अहिंसात्मक सत्याग्रह निस्स्वार्थ प्रेम के अतिरिक्त और कुछ नहीं है। प्रेम मनुष्य-जीवन की सबसे अधिक प्रभावशाली शक्ति है। कोई भी मनुष्य प्रेम की शक्ति से रहित नहीं। सभी लोग बचपन में इसकी शक्ति को अनुभव करते हैं। परन्तु संसार के अनुभव हमारे हृदय और आत्मा को कठोर तथा भाव-शून्य बना देते हैं। भगवान् मसीह ने प्रेम की शक्ति को पूर्ण रूप से अनुभव किया था। वे स्पष्ट कह गए हैं–'देवताओं की शक्ति प्रेम ही है।' परन्तु वासनाओं से मुक्त सांसारिक मनुष्य इस शक्ति का अनुचित प्रयोग करने लगते हैं। ....प्रेम के साथ-साथ शक्ति प्रयोग का साम्य नहीं हो सकता। शक्ति के प्रयोग से प्रेम का नाश हो जाता है। सम्पूर्ण ईसाई-साम्राज्य इसी स्पष्ट और स्वतः-व्यक्त नियम को न समझ, इनकी उपेक्षा करने के कारण भरभराकर गिर पड़ा!

"प्रेम में अधिकार और विरोध का भाव आ जाने से वह व्यर्थ हो जाता है। वहाँ, जीवन में प्रेम का निर्देश नहीं रह जाता। जीवन में प्रेम न रहने से वह प्रायः भाव-शून्य हो जाता है। फिर उसमें अधिकार, विरोध और जबर्दस्ती का भाव ही रह जाता है। बलवान् की निरंकुश इच्छा ही सबकुछ हो जाती है। ज्यों-ज्यों ईसाई-साम्राज्य का विस्तार होता गया, प्रेम और अधिकार के क्षेत्र का भेद भी बढ़ता गया। इस समय या तो हम मसीह द्वारा उपदिष्ट प्रेम के आध्यात्मिक मार्ग की उपेक्षा कर, पाशविक बल के सम्मुख सिर झुका दें, अथवा वर्तमान शासन द्वारा नियुक्त करों, अदालतों, पुलिस और सेना आदि, जितनी संस्थाएँ शक्ति-प्रयोग की प्रतिनिधि हैं, उन सबका विरोध करें।"

इसानियां पोलिका के संत की पवित्र आत्मा ने इन विचारों को केवल सिद्धान्त का ही रूप दिया था, परन्तु गाँधी इन्हें क्रियात्मक क्षेत्र में ले आए हैं। राजनैतिक आन्दोलन की सरगर्मी में महात्माजी ने विविध स्थानों पर विद्यार्थियों, सर्व-साधारण जनता, तथा स्त्री-सभाओं में जो व्याख्यान दिए हैं, उनमें सदा उन्होंने प्रेम, अहिंसा और सत्याग्रह के सिद्धान्त पर जोर दिया। संसार के इतिहास में किसी भी राजनीतिज्ञ ने आध्यात्मिकता को इतना महत्त्व नहीं दिया, जितना गाँधी ने।

दासता की यन्त्रणा से व्याकुल हो, भारत की प्रजा–अत्याचारी शासन के विरुद्ध क्रान्ति की भीषण ज्वाला के रूप में उठने के लिए छटपटा रही थी। अपनी सदियों की दासता और अपमान का बदला लेने के लिए उनका रक्त खौल रहा था। परन्तु आन्दोलन के नेता ने उन्हें अत्याचारी शासन के प्रति प्रेम और सौहार्द का उपदेश देकर, रक्तपात से देश को बचा लिया।

गाँधी कहते हैं—"हम अपने हृदय के प्रेम से ब्रिटिश शासन के क्रोध और द्वेष का शमन कर लेंगे। हम उनकी घृणा के उत्तर में उनसे प्रेम करेंगे, और भगवान से उन्हें सुबुद्धि देने की प्रार्थना करेंगे। यदि आवश्यकता हो, तो हम शत्रु के रक्त को न बहाकर स्वयं अपना रक्त बहाने को तैयार हैं। अपने विचार और सिद्धान्तों के लिए जो भी कष्ट और अन्याय हमें सहना पड़ेगा—हम प्रसन्नता से सह लेंगे। बदला लेने का ध्यान कभी हमारे मन में न आना चाहिए।"

महात्माजी कहते हैं—"भारत केवल प्रेम के मार्ग से ही स्वतन्त्रता प्राप्त कर सकता है। घृणा के बदले प्रेम करके, शत्रु का रक्त बहाने के बदले अपने प्राण देकर ही भारत को अपने उद्देश्य में सफलता प्राप्त हो सकेगी।" वे लिखते हैं—"जिस दिन हम अपने क्रोध और द्वेष का दमन कर, अपने-आपको, वश में कर सकेंगे, हमें अपने उद्देश्य में स्वयं सफलता प्राप्त हो जाएगी। हमारी सफलता का रहस्य इसी बात में है, कि हम प्रत्येक अंग्रेज और सरकारी अफसर के शरीर की रक्षा करना अपना कर्तव्य समझें। मेरा यह विश्वास है, जिस दिन भारत के कोने-कोने में अकेला फिरता हुआ प्रत्येक अंग्रेज अत्याचार और अन्याय करने पर भी अपने-आपको इतना सुरक्षित और निरापद समझेगा, जैसे मानों वह मशीनगनों की ओट में बैठा हो, जिस दिन हम अंग्रेजों को वह विश्वास दिला देंगे, कि हम उन्हें अपना ही अंग समझते हैं—उसी दिन भारत से अन्याय और अत्याचार का अन्त हो जाएगा। जिस दिन सरकार को यह विश्वास हो जाएगा, कि प्रजा अत्याचार और आतंक से नहीं घबराती—उस दिन इन उपायों को व्यर्थ समझकर उन्हें स्वयं छोड़ देगी।"

गाँधी जी के नेतृत्व में भारत का यह आन्दोलन मनुष्य-समाज के इतिहास में सर्वथा अद्वितीय है। भारत की इस क्रान्ति का अवलम्बन आध्यात्मिक बल पर है। इस क्रान्ति का आदर्श है, शत्रु से प्रेम। इससे पूर्व भी अनेक सन्त और महापुरुष अहिंसा और सत्याग्रह के सिद्धान्तों का समर्थन कर गए हैं। बुराई को नेकी से जीतने का उपदेश वे लोग पहले भी दे गए हैं। परन्तु गाँधी और इन लोगों में बहुत अन्तर है। यह लोग अहिंसा और प्रेम को वैयक्तिक साधना का मार्ग बता गए हैं। सबसे पहले गाँधी ने ही इस आध्यात्मिक शस्त्र को राजनीति के व्यावहारिक क्षेत्र में लाने का साहस किया है।

गाँधी को इस शस्त्र पर पूर्ण विश्वास है। उनका कहना है, यह अमोघ शस्त्र केवल गिने-चुने आप्त पुरुषों के प्रयोग के लिए ही है। वे संसार के कल्याण के लिए व्यापक रूप में इसका व्यवहार करना चाहते हैं। जिस प्रकार वन्य जन्तुओं की प्रकृति में हिंसा स्वाभाविक है, उसी प्रकार, गाँधी कहते हैं, हम लोगों के स्वभाव में भी अहिंसा स्वाभाविक ही होनी चाहिए। असभ्य और पशु की आत्मा सुषुप्तावस्था में रहती है, इसलिए बल-प्रयोग के अतिरिक्त उन लोगों के पास दूसरा चारा नहीं। मनुष्य का महत्त्व इसी बात में है कि वह शारीरिक शक्ति की उपेक्षा कर, आध्यात्मिक बल का

ही व्यवहार करे। गाँधी अपने दक्षिण-अफ्रीका के अनुभव के आधार पर भारत को अहिंसात्मक सत्याग्रह के उपाय से राष्ट्रीय आन्दोलन में उसके ध्येय तक पहुँचा देना चाहते हैं।

गाँधी का विचार है—"बालकों को बहुत कम अवस्था में लिखना-पढ़ना सीखने से पूर्व ही अहिंसा के सिद्धान्त की शिक्षा देना आरम्भ कर देना चाहिए। इसी अवस्था में उनकी आत्मा में अध्यात्म-जीवन के मूल तत्त्वों को बैठा देना ही शिक्षा का सबसे प्रथम उद्देश्य होना चाहिए। आरम्भ से ही बालकों में मनोवृत्ति इस प्रकार डालनी चाहिए, कि वे पाशविक बल को आत्म-त्याग और सहिष्णुता से विजय करने का यत्न करें।"

गाँधी प्राचीन हिन्दू-आदर्श के अनुसार सम्पूर्ण राष्ट्र में ब्राह्मण धर्म का प्रसार कर देना चाहते हैं। एक अवसर पर प्रो. विधुशेखर ने रवीन्द्र के सभापतित्व में एक सभा में व्याख्यान देते हुए कहा था—"इस समय तक सब युद्धों और राजनैतिक प्रतिस्पर्धा में क्षत्रिय, वैश्य तथा शूद्र-धर्म ने ही भाग लिया है। परन्तु भारत के राष्ट्रीय आन्दोलन में गाँधी ब्राह्मण-धर्म का प्रयोग करना चाहते हैं। इस राष्ट्रीय आन्दोलन का आधार मनुष्य-समाज के साधारण नियम प्रतिकार और प्रतिहिंसा पर नहीं हैं। इस आन्दोलन की आत्मा आज से दो सहस्र वर्ष पूर्व भगवान गौतम बुद्ध का उपदेश—'क्रोध को प्रेम से, बुराई को नेकी से, तृष्णा को उदारता से, और असत्य को सत्य से विजय करना है।' राजनैतिक संग्राम में इस प्राचीन आध्यात्मिक आदर्श का प्रचार कर, गाँधी देश को ब्राह्मणत्व की ओर ले जाना चाहते हैं। ब्रिटिश शासन के विरुद्ध इस युद्ध को, गाँधी प्रेम और त्याग के आध्यात्मिक शस्त्रों से ही लड़ना चाहते हैं।"

इस अद्भुत राजनैतिक नेता के लेखों में हम स्थान-स्थान पर प्रेम की पुकार सुन पाते हैं। गाँधी लिखते हैं—"अपने शत्रु को जबर्दस्ती पवित्रता और त्याग के मार्ग पर लाने का यत्न करना अन्याय है। उसे हमारे अपने विचारों को मानने के लिए विवश करना और भी बड़ा पाप है। जिस समय तक शारीरिक बल के प्रयोग से हमारा विश्वास न हटेगा, हमें अपने उद्देश्य में कभी सफलता प्राप्त न होगी। शत्रु को अपने विचारों के प्रति आकर्षित करने का एकमात्र उपाय सहानुभूति और दया ही है। भारत संसार को अहिंसा और सत्याग्रह का उपदेश देना चाहता है। परन्तु संसार के लिए उसका यह सन्देश तभी मान्य होगा, जबकि वह अपने शासकों को प्रेम से विजय कर पाएगा।"

गाँधी कहते हैं—"अहिंसा और त्याग को निर्बलता मानना भूल है। मैं अपने वैयक्तिक अनुभव के आधार पर कह सकता हूँ, अहिंसा और त्याग के लिए मनुष्य में पाशविक बल की अपेक्षा कहीं अधिक साहस, शक्ति और सहिष्णुता की आवश्यकता है। इसीलिए अहिंसा और त्याग का प्रभाव भी पशु-बल की अपेक्षा कहीं

अधिक है। मनुष्य में सामर्थ्य होते हुए भी बदला न लेकर क्षमा कर देने के लिए हृदय की विशालता की आवश्यकता है। क्षमा करना सबल के लिए ही सम्भव है। निर्बल क्या क्षमा करेगा? यह भी स्मरण रखना चाहिए, कि शक्ति का स्रोत शारीरिक बल नहीं, बल्कि आत्मा और मन हैं। हम तेंतीस करोड़ भारतवासी यदि एक लाख अंग्रेजों को इस देश में निर्भय होकर रहने का अवसर देंगे, तो यह हमारी निर्बलता का नहीं, सबलता और क्षमाशीलता का ही परिचायक होगा। मेरा दृढ़ विश्वास है, कि भारत की मुक्ति क्रोध में नहीं, बल्कि क्षमा में है। संसार का इतिहास हमें बतलाता है, अनेक देशों ने हिंसा के बल क्रान्ति करके अपने अधिकार को पाया है। परन्तु भारत के लिए वह सिद्धान्त कभी लागू न होगा। भारत की संस्कृति संसार से निराली है। इसी सभ्यता के मूल में धार्मिक भाव तथा आध्यात्मिकता का पुट है। भारत को शस्त्रास्त्र की आवश्यकता नहीं। वह संसार को अपनी आध्यात्मिकता से पहले भी जीत चुका है। और अब फिर वह इसी शस्त्र से विजय प्राप्त करेगा।''

गाँधी भारत के लिए निःशस्त्र होने के कारण अहिंसा और सत्याग्रह का समर्थन नहीं कर रहे हैं, इसके द्वारा वे भारत की सुषुप्त आत्म-शक्ति को जगाना चाहते हैं। उनका विश्वास है कि भारत की आध्यात्मिक शक्ति संसार-भर के पाशविक बल का सामना कर सकती है। उन्होंने अनेक बार स्पष्ट कह दिया है—यदि भारतवर्ष हिंसा और पशु-बल का प्रयोग करेगा—तो वे राजनैतिक आन्दोलन से अपना सम्बन्ध तोड़ लेंगे। वे लिखते हैं—''सम्भव है, भारत तलवार के जोर से स्वाधीनता प्राप्त कर ले। परन्तु उस अवस्था में, मेरे हृदय में भारत के प्रति श्रद्धा न रहेगी। मैं भारत का हूँ, और उसके चरणों में मेरा यह शरीर अर्पित है। परन्तु, जिस दिन भारत अपनी मुट्ठी में तलवार थाम लेगा, मुझे अपने लिए जीवन का नया मार्ग ढूँढ़ना पड़ेगा। मेरा धार्मिक विश्वास भौतिक सीमाओं से परिमित नहीं है। मैं भारत की सेवा केवल अहिंसा-धर्म द्वारा ही कर सकता हूँ। इस अहिंसा-धर्म में ही मुझे हिन्दुत्व के प्राण और उसका जीवन दिखाई पड़ता है।''

15

महात्माजी के सिद्धान्तों की एक विशेषता है, अहिंसावाद की मौलिकता। उन्होंने अनेक अवसरों पर इस बात को दोहराया है, कि अहिंसा का अनुयायी होने का अर्थ संसार और कर्म-क्षेत्र से उदासीन हो जाना नहीं है। वे अत्याचार के विरोध के लिए इसे प्रबल शस्त्र समझते हैं। सत्याग्रह का अर्थ, अत्याचार और पाप के प्रति हाथ न उठाकर केवल उदासीन हो जाना ही नहीं, इसका अर्थ है, सत्य की शक्ति से अन्याय और अत्याचार को सहते हुए न्याय के पथ पर आगे बढ़ना। भौतिक बल का प्रयोग

गाँधीजी के विचार से सभी अवस्थाओं में निषिद्ध है। अहिंसा-व्रत धारण कर, अत्याचार को सह लेना, उस अवस्था के लिए है, जब निर्बल को सबल के अत्याचार का सामना करने की आवश्यकता पड़े। गाँधी के विचार के अनुसार निर्बल को किसी भी प्रकार की भौतिक शक्ति द्वारा अत्याचारी का विरोध न कर, उसके अन्याय का विरोध असहयोग से करना चाहिए। सत्याग्रह का शस्त्र बलवान लोगों के लिए है। अत्याचारी के अन्याय को सहते हुए अपने अधिकार को प्राप्त करने की चेष्टा करना 'सत्याग्रह' है। किसी भी अवस्था में, किसी भी उद्देश्य से, बल और शक्ति के प्रयोग की महात्माजी आज्ञा नहीं देते।

महात्माजी दीन-दुखियों के रक्षक हैं। उन्होंने अपना सम्पूर्ण जीवन अन्याय के विरुद्ध लड़ने में व्यतीत कर दिया है। परन्तु शारीरिक बल का उन्होंने इस महान् उद्देश्य की प्राप्ति के लिए भी कभी प्रयोग नहीं किया। जर्मन-लेखक होलित्शेर अपने एक लेख में गाँधी के साथ अपने एक वार्तालाप का उल्लेख करते हुए लिखते हैं—"मैंने महात्मा गाँधी के सम्मुख पूँजीवाद के दोषों को उपस्थित कर, बलपूर्वक पूँजीवाद का मूलोच्छेद करने की आवश्यकता बताई। गाँधी ने मेरा विरोध करते हुए कहा—मैं तो एक साँप को मारना भी उचित नहीं समझता। मैं साँप से खेलूँगा नहीं, उसे छुऊँगा भी नहीं, परन्तु उसके हृदय में अपने प्रति विश्वास जमाने का यत्न करूँगा। उसे यह विश्वास दिला दूँगा कि उसे मुझसे कष्ट नहीं पहुँच सकता। फिर वह मुझे भला क्यों काटेगा? इसी प्रकार मैं पूँजीवाद का नाश तो न कर सकूँगा, पर उसके रूप को बदलकर, उसके प्रभाव को कम करने का यत्न करूँगा। मैं न तो उसका विरोध कर सकता हूँ, और न उसका नाश।"

इन विचारों के कारण यदि गाँधी बोल्शेविज़्म के तरीके का विरोध करें, तो उसमें आश्चर्य ही क्या? प्रायः सभी लोगों का यह विश्वास है कि पूँजीवाद के पंजे से, निर्धनों और मजदूरों का उद्धार लाल क्रान्ति के बिना नहीं हो सकता था, परन्तु गाँधी इन विचारों को स्वीकार नहीं करते। भारतीय बोल्शेविक मि. एम. एन. के प्रश्न के उत्तर में उन्होंने कहा था—"मैं मनुष्य-समाज के नाश के पक्ष में नहीं, बल्कि उसमें परिवर्तन करने के पक्ष में हूँ। मैं आपके विचारों और युक्तियों की प्रशंसा करने पर भी आपके बल-प्रयोग का समर्थन नहीं कर सकता। बल का प्रयोग चाहे आप कितने ही पवित्र काम के लिए करें, मैं उससे सहमत नहीं हो सकता। बोल्शेविज़्म का अर्थ है, निर्दयता और आत्म-विस्मृति। पर सत्याग्रह का अर्थ है, त्याग और आत्म-संयम।"

गाँधी कहते हैं—"सत्य का पोषण हम शत्रु को दबाकर नहीं कर सकते। इसका उपाय है, स्वेच्छापूर्वक त्याग और सहिष्णुता। हमारी सफलता का परिमाण हमारे त्याग और कष्ट-सहन पर निर्भर है। इसीलिए मसीह ने कष्ट और त्याग से संसार के दुःख को दूर करने का यत्न किया था। भारत की दासता का उपाय अत्याचारी विदेशी शासन को चोट पहुँचाकर, उनके अत्याचार का बदला देकर नहीं

हो सकता, उसका उपाय भारत के स्वयं अपनी इच्छा से कष्ट सहने और तप-द्वारा ही हो सकता है।" गाँधीजी कहते हैं–"सत्याग्रही को सदा स्वेच्छापूर्वक दुःख, कष्ट और मृत्यु तक का सामना करने के लिए तत्पर रहना चाहिए। सत्याग्रही का यह कष्ट-सहन, तप और त्याग एक आध्यात्मिक शक्ति को जन्म देता है, जिससे अत्याचार का नाश होकर न्याय और शान्ति की स्थापना होती है।"

गाँधी कहते हैं–"कोई भी देश तप की अग्नि में तपकर शुद्ध हुए बिना, उन्नति के मार्ग पर आरूढ़ नहीं हो सकता। भारत इस व्यापक नियम का उल्लंघन करके यदि बढ़ना चाहेगा, तो उसे सफलता प्राप्त न हो सकेगी।" महात्माजी अभिमानपूर्वक यह कहते हैं कि मैं संसार में बलिदान की प्राचीन प्रथा का पुनरुत्थान कर रहा हूँ। सत्याग्रह के मार्ग में कष्ट सहे बिना, उचित बलिदान किए बिना, हमें अपने उद्देश्य में कभी सफलता प्राप्त न हो सकेगी।

जिस प्रकार महात्माजी का यह विश्वास है कि सत्याग्रह के मार्ग का अवलम्बन केवल बली पुरुष कर सकते हैं, उसी प्रकार उनकी धारणा है कि शारीरिक शक्ति का प्रयोग कायरता का प्रमाण है। प्रायः भय से व्याकुल होकर ही मनुष्य दूसरे पर आक्रमण करता है। इसलिए दूसरे को चोट न पहुँचाकर स्वयं कष्ट सह लेना भय को जीत लेना है। महात्माजी कहते हैं–"कोई भी सत्याग्रही कायर नहीं हो सकता। साहस और वीरता के अभाव में सत्याग्रही कायर नहीं हो सकता। सत्याग्रही यद्यपि अत्याचारी पर आक्रमण नहीं करता, उसे कष्ट नहीं पहुँचाता, परन्तु वह किसी के अत्याचार के सम्मुख सिर कभी न झुकाएगा। वह अपनी इच्छा से कष्ट-सहन कर, आत्मिक शक्ति से अत्याचार का विरोध करता है। गाँधी कहते हैं–"अत्याचार का अन्त केवल आत्मिक बल और सत्याग्रह से ही हो सकता है। बल-प्रयोग से सदा अत्याचार और अन्याय के लिए नवीन क्षेत्र तैयार होता है। बल-प्रयोग से हम किसी के हृदय में परिवर्तन नहीं ला सकते। हृदय को बदलने का उपाय केवल आत्मिक बल है।"

गाँधी अपने विचारों के लिए अत्याचार सहने को सदा प्रसन्नतापूर्वक प्रस्तुत रहते हैं। अपनी गिरफ्तारी का हुक्म सुनकर उनके माथे पर चिन्ता का चिह्न तक न देख पड़ा। उन्होंने अपने अनुयायियों को भी सदा गिरफ्तार होने के लिए तैयार रहने का आदेश दिया है। सरकार से आज्ञा पाने पर वे लोग स्वयं अपने-आपको अदालत में पेश कर देते हैं। वे लोग न किसी किस्म की सफाई देते हैं और न वकील ही पेश करते हैं। यदि जुर्माना न दे सकने पर जेल का हुक्म हो, तो वे लोग जेल जाना स्वीकार करेंगे। यदि जुर्माने की ही सजा हो, तो वे देने से इनकार कर देते हैं। अपने सहयोगियों के जेल जाने पर या सजा पाने पर सत्याग्रही-लोग किसी प्रकार की शिकायत या शोक नहीं करते। उनका कहना है, हम जान-बूझकर नियम को भंग करते हैं, तो फिर सजा पाने पर शिकायत कैसे? जेल जाने पर वे जेल के कठोर

नियमों का पालन करना अपना कर्त्तव्य समझते हैं। सत्याग्रही किसी बात को छिपाकर नहीं रखते, न वे दण्ड से बचने का यत्न करते हैं। दण्ड सहने और जेल जाने को वे आत्मिक शुद्धि का उपाय समझते हैं।

जेल जाने पर गाँधीजी ने इस अवसर को अपनी आत्मिक शक्ति की जाँच का मौका समझा। वे लिखते हैं—"जेल के वार्डर जो शारीरिक कष्ट मुझे देते, मैं उसे शान्तिपूर्वक सह लेता। इसका परिणाम यह हुआ कि मेरे मन की शान्ति भंग न हुई, और वार्डर ने स्वयं ही मेरे पैरों से बेड़ियाँ उतार दीं। यदि मैं उसका विरोध करता, तो इससे मेरा मन क्षुब्ध होता, और मैं अपना ध्यान संयत न रख सकता। मेरी सहिष्णुता ने जेल के कष्टों की मात्रा मेरे लिए घटा दी। शारीरिक कष्ट-सहन का सबसे बड़ा लाभ मुझे यह हुआ कि मैंने अपनी आत्मिक शक्ति में वृद्धि अनुभव की। मेरा विश्वास है, जो लोग न्याय और सत्य के लिए कष्ट-सहन करते हैं, भगवान उन पर अपनी कृपा बनाए रहते हैं। मसीह, सुकरात और डैनियाल आध्यात्मिक शक्ति के सत्याग्रह के उज्ज्वल उदाहरण हैं। इन महापुरुषों ने सत्य के लिए अपने शरीरों का बलिदान करने में संकोच नहीं किया। भारत के लिए अहिंसा और सत्याग्रह का सिद्धान्त नई वस्तु नहीं है। यूरोप को इसका परिचय होने से पूर्व भी भारतीय ऋषि इसका व्यवहार करते थे।"

महात्माजी सत्याग्रहियों के लिए थोरियो के उदाहरण को आदर्श मानते हैं। गाँधीजी ने थोरियो के अपने जेल-जीवन के वर्णन से एक उद्धरण दिया है। थोरियो लिखता है—"मुझे उन लोगों ने पत्थर और चूने की मोटी-मोटी दीवारों के बीच में कैद कर दिया। मुझे उनके इस व्यवहार पर हँसी आती थी। इतने यत्न और परिश्रम से तैयार की गई उनकी मोटी-मोटी दीवारों और तालों को लाँघकर मेरा मन और मेरी कल्पना, स्वच्छन्दतापूर्वक उनके साथ ही, किसी प्रतिबन्ध को न मानकर बाहर चली जाती थी। जेलर मेरे शरीर को कष्ट देकर अपने क्रोध को सन्तुष्ट करने का यत्न करता था। मुझे उसका व्यवहार ठीक वैसा ही जँचता, जैसे मानो छोटे-छोटे बालक किसी मनुष्य का कुछ न बिगाड़ सकने पर क्रोध में उसके कुत्ते को मारने का यत्न करें।"

गाँधी सत्याग्रही के लिए स्वेच्छापूर्वक कष्ट-सहन स्वीकार करने का अर्थ केवल जेल जाना ही नहीं समझते। वे सत्याग्रही के लिए मृत्यु का सामना करने के लिए तैयार होना भी आवश्यक समझते हैं। गाँधी कहते हैं—"भय को मन से दूर किए बिना सत्याग्रह के मार्ग पर चलना असम्भव है।" इसीलिए गाँधी भारत के लिए स्वतन्त्रता-प्राप्ति के महान् उद्देश्य की तुलना, मृत्यु से निर्भय होकर सर्वथा मुक्ति प्राप्त करने से किया करते हैं। वे कहते हैं—"यदि मनुष्य मृत्यु से निर्भय न हुआ, तो उसके लिए राजनैतिक स्वतन्त्रता का अर्थ ही क्या है? जब तक हमारे मन में मृत्यु का भय वर्तमान है, हम अपने-आपको पूर्णतः स्वतन्त्र नहीं समझ सकते।"

महात्माजी का यह निर्भीकता का सिद्धान्त भारत के लिए एक विशेष महत्त्व रखता है। भारतवासी, कुछ-एक जातियों को छोड़कर, प्रायः अत्यन्त भीरु होते हैं। मृत्यु का भय सदा उनके सिर पर सवार रहता है। इसलिए गाँधी जनता के मन से भय का भाव तथा कायरता दूर करने पर विशेष बल देते हैं। उनका विश्वास है, देश से इस कायरता और निरुत्साह को निकाले बिना स्वतन्त्रता की प्राप्ति सम्भव नहीं।

एक वास्तविक सत्याग्रही के लिए शरीर आत्मिक उन्नति के लिए केवल साधन-मात्र है। यदि शरीर आत्मिक उन्नति में बाधक हो, तो सत्याग्रही उसकी चिन्ता नहीं करता। सत्याग्रही अपने जीवन की बाजी लगाकर भी अपने विरोधी को सत्य-पथ पर लाने में संकोच नहीं करता। आत्मा के अमरत्व में विश्वास रखने के कारण सत्याग्रही सत्य के लिए अपने शरीर का बलिदान करना ईसाई शहीदों की भाँति अपने जीवन की एक सफलता समझता है।

16

गाँधीजी की सम्मति में सत्याग्रह का सिद्धान्त न केवल वैयक्तिक जीवन से ही सम्बद्ध है, बल्कि व्यक्तिगत तथा राजकीय और अन्तर्राष्ट्रीय मामलों में भी यह सिद्धान्त पूर्ण रूप से लागू होता है। महात्मा गाँधी कहते हैं—"जनता को अनुचित कानून के रूप में राज्य की गलतियाँ और अन्याय को दूर करने का यत्न करना चाहिए। इन अन्यायपूर्ण नियमों के हटाने का उपाय है, इन नियमों को भंग करना। हमें न केवल इन नियमों को भंग करना होगा, बल्कि नियम को भंग करने का दण्ड भी भुगतने के लिए तैयार रहना होगा।"

राज्य के अन्याय और अत्याचार का विरोध का उपाय गाँधी 'सविनय-कानून-भंग' बताते हैं। भविष्य में सरकार के दमन का उपाय वे इसी ढंग से करना चाहते हैं। 'सविनय-कानून-भंग' का शब्द महात्मा गाँधी ने थोरियो से लिया है। थोरियो ने इस शब्द का आविष्कार कर-सम्बन्धी कुछ कानूनों को भंग करने के लिए किया था, परन्तु गाँधी 'सविनय-कानून-भंग' के क्षेत्र में उन सभी नियमों का समावेश करते हैं, जो उन्हें अनुचित और अन्यायपूर्ण जान पड़ते हैं। पर हाँ, 'सविनय-कानून-भंग' के लिए गाँधी बल-प्रयोग की आज्ञा कभी नहीं देते। जिस किसी नियम को जनता अनुचित और अन्यायपूर्ण समझती हो, उस नियम को विनयपूर्वक भंग करने का जनता को पूर्ण अधिकार है। शासन अन्यायपूर्ण और अनुचित आज्ञा देकर अपने अधिकार को खो बैठता है। जो व्यक्ति शासन के नियमों को अनुचित समझकर उन्हें भंग करना चाहता है, उसे इस नियम-भंग के परिणामस्वरूप दण्ड भुगतने के लिए भी तैयार रहना चाहिए। अनुचित और अन्यायपूर्ण नियम के प्रति विरोध का प्रभाव

उसी अवस्था में पड़ सकता है, जब सत्याग्रही शासन के अन्य नियमों का पालन पूर्णतः कर रहा हो। नियम के भंग करने का अधिकार उसी व्यक्ति को है, जो विनय का पालन समय पर उचित ढंग से करके दिखा सकता है। गाँधी कहते हैं–"राज्य में व्यक्ति को वैयक्तिक स्वतन्त्रता का मूल्य राज्य का अनुशासन मानकर देना पड़ता है। यदि इस वैयक्तिक स्वतन्त्रता के लिए हमें राज्य के अनुचित अनुशासन को मानना पड़ता है, तो यह हमारी गिरावट और कायरता का प्रभाव है।"

इस प्रकार गाँधीजी का सविनय-कानून-भंग का सिद्धान्त शासन के विरुद्ध एक शान्त क्रान्ति है, जिसमें रक्तपात का कोई चिह्न नहीं। यह निःशस्त्र जनता की बगावत है, और जनता का मूक विरोध है।

गाँधी ने सविनय-कानून-भंग के शस्त्र का प्रयोग सबसे प्रथम दक्षिण-अफ्रीका में किया। दक्षिण-अफ्रीका में अन्याय और दमन का विरोध वे बहुत सफलतापूर्वक कर सके थे। दक्षिण-अफ्रीका निवासी भारतवासियों को सभी वैध उपायों से अत्याचार और अन्याय का उपाय करने पर भी जब सफलता न हुई, तो उन्होंने गाँधी के नेतृत्व में सत्याग्रह और सविनय-कानून-भंग का आश्रय लिया।

सन् 1906 में दक्षिण-अफ्रीका की सरकार ने कानून पास किया। इस कानून के अनुसार वहाँ के प्रवासी भारतवासियों की स्थिति जरायमपेशा लोगों की-सी हो गई। वे पुलिस की आज्ञा लिए बिना और अँगूठा लगाए बिना एक स्थान से दूसरे स्थान पर नहीं जा सकते थे। इस कानून को भारतवासियों ने अपना अपमान समझा। अनेक सभाएँ करने के पश्चात् उन्होंने गाँधी के प्रस्ताव पर नवीन कानून के विरुद्ध सविनय-कानून-भंग करने का निश्चय कर लिया। गाँधीजी के सत्याग्रह के सिद्धान्त का क्रियात्मक इतिहास इसी स्थान से आरम्भ होता है।

प्रायः सभी भारतवासियों ने एक-एक करके पुलिस के रजिस्टर में अपने नाम लिखवाने व अँगूठे का चिह्न देने से इनकार कर दिया। कानून-भंग के लिए इन लोगों ने कठोर दण्ड सहना स्वीकार किया। ट्रान्सवाल के सभी जेलखाने कानून-भंग करनेवाले भारतवासियों से भर गए। गाँधी स्वयं दो मास के लिए जेल भेज दिए गए। यह अवस्था देख, ट्रान्सवाल के अधिकारियों ने गाँधी के साथ सुलह की बातचीत आरम्भ की। अभी मामला पूर्णतः शान्त न हुआ था कि भारतवासियों का पुनः निरादर किया गया। इसके विरोध में पुनः सत्याग्रह आरम्भ हो गया। फिर हज़ारों व्यक्ति जेलखाने भेजे गए। गाँधी स्वयं भी दूसरी दफा जेल गए।

यह झगड़ा कई वर्ष तक चलता रहा। सन् 1912 ई. में यह आन्दोलन चरम सीमा तक पहुँच गया। दक्षिण अफ्रीका की अदालत के निश्चय के अनुसार दक्षिण अफ्रीका में भारतीय ढंग से हुए सभी विवाह नाजायज करार दिए गए। इसी समय एक दूसरे कानून की रू से भारतवासियों पर प्रति व्यक्ति तीन पौंड सालाना के हिसाब से कर लगा दिया गया। गाँधी ने इसके विरोध में सब प्रकार के काम को

पूर्णतः बन्द कर दिया। भारतीय स्त्रियों ने खानों में काम करने वाले कुलियों के पास जाकर इस अत्याचारी कानून के विरोध में काम की हड़ताल कर देने के लिए कहा। इस कानून के रद्द हुए बिना भारतवासियों ने किसी भी प्रकार का काम करने से इनकार कर दिया। इस हड़ताल से तंग आकर गवर्नमेण्ट को एक कॉन्फ्रेंस इस समस्या पर विचार करने के लिए बुलानी पड़ी। गाँधी इस कॉन्फ्रेंस में उपस्थित थे। इस कॉन्फ्रेंस में सरकार ने तीन पाउण्ड का कर रद्द करना स्वीकार कर लिया।

कॉन्फ्रेंस की समाप्ति पर महात्माजी ने शेष कानूनों के विरोध में ट्रान्सवाल के सब भारतवासियों का एक जुलूस ट्रान्सवाल से जोहान्सबर्ग तक चलने के लिए तैयार किया। इस जुलूस को देखकर सरकार बहुत घबराई। उन्होंने जुलूस को रोकने के लिए फौज तैनात कर दी। परन्तु जुलूस न रुका। जुलूस के लोगों का यह निश्चय था कि या तो वे सब लोग बन्दी बनाकर जेल भेज दिए जाएँ, अथवा वे जोहान्सबर्ग पहुँचकर चैन लेंगे।

सरकार ने समझा, गाँधी के गिरफ्तार होने से उनकी शान्त सेना तितर-बितर हो जाएगी। उन्होंने गाँधी को गिरफ्तार कर लिया। परन्तु सत्याग्रहियों की वह सेना अपने मार्ग पर डटी रही। आखिर गाँधी को छोड़ दिया गया। गाँधी छूटते ही फिर जुलूस में सम्मिलित हो गए, और जुलूस आगे बढ़ने लगा। सरकार ने सब लोगों को गिरफ्तार कर, रेल से उन्हें ट्रान्सवाल पहुँचा दिया।

गाँधी का विरोध-प्रदर्शन का यह विचित्र उपाय व्यर्थ न गया। गाँधी को एक बार फिर गिरफ्तार कर, जेल भेज दिया गया। वे प्रायः सवा वर्ष जेल में रहे। 1913 में सरकार को भारतवासियों की सभी माँगें स्वीकार कर लेनी पड़ीं। तीन पाउण्ड का कर, विवाह का प्रतिबन्ध इत्यादि सब कानून हटाकर, समता के व्यवहार का वचन भारवासियों को दिया गया।

गाँधी को अपने आन्दोलन में सफलता तो हुई ही, परन्तु इसके साथ ही उन्होंने सत्याग्रह के सिद्धान्त की सार्थकता को भी प्रमाणित कर दिया। उनके विकट विरोधी जनरल स्मट्स को अपनी पराजय स्वीकार करनी पड़ी। सन् 1906 में स्मट्स ने भारतीयों के विरुद्ध पास किए गए कानून से राई-रत्ती-भर हटने से भी इनकार कर दिया था, परन्तु 1913 में उन्होंने प्रसन्नतापूर्वक इन अत्याचारी कानूनों को रद्द कर दिया।

17

दूसरे अवसर पर सत्याग्रह के शस्त्र से अत्याचारी शासन का विरोध गाँधी ने अपने देश गुजरात प्रान्त में किया। गाँधी दक्षिण अफ्रीका के सत्याग्रह-संग्राम में सफल होकर विजयी नायक के रूप में लौटे थे। उसी समय 1918 में यूरोपीय महाभारत की

समाप्ति के साथ ही लगानबन्दी के सम्बन्ध में झगड़ा खड़ा हो गया। लगान में अनुचित बढ़ती किए जाने के कारण कैरा में गाँधी ने सरकार के विरुद्ध आन्दोलन आरम्भ किया। आन्दोलन आरम्भ करने से पूर्व महायुद्ध के समय तक गाँधी राज-भक्त प्रजा के समान सरकार को सब प्रकार से सहायता पहुँचाते रहे।

गाँधी ने लगान की अनुचित बढ़ती की शिकायत सरकार से कर, उसे दूर करने के लिए प्रार्थना की। सरकार अपने अन्यायपूर्ण निश्चय से हटने के लिए तैयार न हुई। गाँधी ने किसानों को कर अदा करने से रोक दिया, और उसके कारण जो भी दुख-दण्ड उन्हें दिया जाए, उसे शान्तिपूर्वक सहन कर लेने की सलाह दी। कैरा के किसानों ने दक्षिण अफ्रीका के भारतवासियों की ही भाँति सब कष्ट वीरता से सहे। सरकार द्वारा दी गई यन्त्रणा तथा धमकियों को सहकर भी प्रायः दो हज़ार अशिक्षित किसान लगान न देने की प्रतिज्ञा पर डटे रहे। आखिर सरकार को झुकना पड़ा, और वह अनुचित लगान सरकार को रद्द कर देना पड़ा। इसके पश्चात् गाँधीजी ने वीरम गाँव तथा अहमदाबाद में भी पीड़ित जनता के साथ—उसके आन्दोलन में योग दिया, और वहाँ भी सफलता प्राप्त की।

अहिंसात्मक सत्याग्रह द्वारा अन्याय के विरुद्ध आन्दोलन में सफलता प्राप्त कर लेने पर भी महात्माजी के ये सिद्धान्त संसार के सम्मुख राजनैतिक साधन के रूप में अंग्रेजी शासन के विरुद्ध भारत के स्वातन्त्र्य-आन्दोलन से पूर्व नहीं आए। सरकार के सभी महकमों और विभागों में पूर्ण असहयोग कर, गाँधी ने अहिंसात्मक सत्याग्रह द्वारा सरकार का विरोध आरम्भ किया। विदेशी शासन के अपरिमित सैन्य-बल का सामना करने के लिए गाँधी के पास केवल भारतीय जनता का आध्यात्मिक बल ही था।

आज से पूर्व भी भारत के इतिहास में हमें राजनैतिक क्षेत्र में असहयोग का प्रयोग मिलता सही है, परन्तु गाँधी से पहले असहयोग का यह राजनैतिक पहलू न तो इतना उग्र था, और न उसे राजनैतिक क्रान्ति का साधन ही माना गया था। कभी किसी दार्शनिक ने असहयोग का ऐसा विश्लेषण और विवेचन करने की आवश्यकता न समझी थी। गवर्नमेण्ट के प्रति असहयोग की यह नीति भारतवासियों की दृष्टि में राजनैतिक साधन होने के अतिरिक्त अपना एक धार्मिक स्थान भी रखती है। बौद्ध-धर्म का प्रभाव भारत की मनोवृत्ति पर बहुत गहरा पड़ चुका है। भारतवासियों का सशस्त्र आन्दोलन और पाशविक बल के प्रयोग में विश्वास है ही नहीं। जहाँ कहीं भी भारत में तलवार के प्रयोग के उदाहरण नजर आते हैं—उनका कारण मुसलमानों की संस्कृति का प्रभाव है।

अहिंसात्मक सत्याग्रह का आदिम-विकास खोजने के लिए हमें इतिहास में एक-सौ वर्ष पीछे तक जाना पड़ेगा। पहले-पहल 1812 में सरकार की नीति से असन्तुष्ट होकर जनता ने काशी में कुछ अन्यायपूर्ण करों के विरुद्ध सरकार से

असहयोग की नीति का अवलम्बन किया था। कई दिन तक नगर में पूर्ण हड़ताल रही, और सब प्रकार के कारोबार बन्द हो गए। सरकार को जनता की इच्छा के सामने झुकना पड़ा, और कर हटा दिए गए।

असहयोग का दूसरा उदाहरण मैसूर राज्य में मिलता है। 1830 में मैसूर के राजा के अन्याय से व्याकुल होकर प्रजा ने असहयोग के मार्ग का आश्रय लिया। एक अंग्रेज संवाददाता घटना का वर्णन करते हुए लिखता है–"प्रजा गाँवों को छोड़कर चल दी। खेत उजाड़ दिए गए। किसानों ने किसी भी प्रकार का कर देने से इनकार कर दिया। प्रजा ने जंगलों में डेरा डाल दिया, और वे अपना निर्वाह करने लगे। परन्तु उन्होंने शासन के विरुद्ध हाथ न उठाया। पूर्ण असहयोग से बढ़कर उन्होंने कुछ न किया।"

1907 में भारत में, विशेषतः बंगाल में, सरकार के प्रति असहयोग की एक भारी लहर योगी अरविन्द के नेतृत्व में चली थी। किसी हद तक इस लहर को वर्तमान असहयोग-आन्दोलन का पूर्व-रूप भी कहा जा सकता है। ब्रिटिश सरकार अपनी कूट-नीति से बंगाल को दो भागों में बाँट देना चाहती थी। भारतवासियों ने–विशेषतः बंगालियों ने, इस नीति का बहुत विरोध किया। अरविन्द बाबू के नेतृत्व में अंग्रेजी सरकार और अंग्रेजी व्यापार से असहयोग कर दिया गया। कवि रवीन्द्र के देश-भक्ति-पूर्ण गीत इसी समय की रचना हैं। कवि ने अपनी ओजस्वी वाणी से अपने देशवासियों को मातृ-भक्ति के लिए सर्वस्व बलिदान करने के लिए पुकारा। अपने राष्ट्रीय कवि और राजनैतिक नेता की पुकार पर सारा बंगाल उठ खड़ा हुआ। जनता ने विदेशी वस्त्र और सामान का बहिष्कार कर दिया। स्थान-स्थान पर विदेशी वस्त्रों की होलियाँ जलाई जाने लगीं। अनेक बंगालियों ने राष्ट्रीय भाव से प्रेरित हो, सरकार की नौकरी छोड़ दी।

गाँधीजी की भाँति अरविन्द बाबू भी पश्चिमीय सभ्यता के विरोधी हैं। उन्होंने जनता को अंग्रेजी स्कूलों का बहिष्कार करने को कहा। जनता ने अपने राजनैतिक नेता की आज्ञा तो मानी, परन्तु नंगे शरीर और भूखे पेट के लोग क्या कर सकते थे? इस व्याधि का उपाय करने के लिए अरविन्द बाबू ने भारत का आर्थिक शासन अंग्रेजों के हाथ से ले-लेने के लिए आन्दोलन आरम्भ किया। अंग्रेजी-सरकार को भला यह कब स्वीकृत हो सकता था? सरकार और प्रजा में राजनैतिक संग्राम छिड़ गया। अरविन्द बाबू किसी प्रकार के बल-प्रयोग अथवा रक्तपात के पक्ष में न थे। उन्होंने जनता को आध्यात्मिक उन्नति करने के तथा सरकार के प्रति असहयोग की नीति का व्यवहार करने का उपदेश दिया। विदेशी शासन की सहायता के बिना ही उन्होंने अपने देशवासियों को आर्थिक स्वतन्त्रता प्राप्त करने के लिए कहा। उनका मत था, यदि देश की शासक ब्रिटिश सरकार भारत के आर्थिक हित के लिए विदेशी माल पर कर लगाने के लिए तैयार नहीं, तो भारतवासियों को स्वयं ही बहिष्कार-द्वारा विदेशी माल के आयात

को बन्द करना चाहिए। ब्रिटिश सरकार की सहायता की अपेक्षा न कर, उन्होंने देश में फैलनेवाली बीमारियों, शिक्षा की न्यूनता, तथा व्यापार की असुविधाओं का उपाय करना आरम्भ किया। जनता की शारीरिक, मानसिक और आध्यात्मिक उन्नति कर, वे उसे आर्थिक तथा राजनैतिक स्वतन्त्रता के योग्य बनाने का यत्न करने लगे।

परन्तु बंगाल में आन्दोलन का यह अहिंसात्मक रूप चिरकाल तक स्थिर न रह सका। आन्दोलन का नेतृत्व अरविन्द बाबू के हाथों से निकलकर, हिंसात्मक क्रान्ति के उपासकों के हाथ में चला गया। परिणाम यह हुआ, कि स्थान-स्थान पर रक्तपात होने लगा। आन्दोलन में हिंसा का भाव आ जाने से उसका वह सार्वजनिक रूप नहीं रह सका, और सरकार ने शीघ्र ही उसका दमन कर दिया।

18

गाँधी से पहले भारत की स्वतन्त्रता के आन्दोलन का नेतृत्व बालगंगाधर तिलक के हाथों में था। गाँधी की भाँति तिलक पर भी भारतीय जनता का अगाध विश्वास था। जनता ने उन्हें अपनी श्रद्धा के प्रमाण-स्वरूप 'लोकमान्य' की पदवी से सुशोभित किया था। वे भारत के बेताज-बादशाह कहे जाते थे। सबसे पहले लोकमान्य तिलक ने ही 1905 में अखिल भारतीय कांग्रेस में भारत के लिए स्वराज्य का प्रस्ताव उपस्थित किया था। अनेक कठिन आन्दोलनों के पश्चात् तिलक को ब्रिटिश सरकार के निरंकुश शासन में कुछ सुधार करने में सफलता प्राप्त हुई। कांग्रेस में लोकमान्य के सम्मिलित होने के पश्चात् से ही कांग्रेस ने राष्ट्रीय रूप धारण किया, और देश में शासन तथा स्वराज्य की माँग के आन्दोलन ने जोर पकड़ पाया। इस आन्दोलन के कारण ही ब्रिटिश गवर्नमेण्ट को पहले मार्ले-मिण्टो-सुधार और बाद में मॉनटेग्यू चेम्सफोर्ड के सुधार से भारत के अनेक रूप बदलकर शासन की आरम्भिक सुविधाएँ देनी पड़ीं।

लोकमान्य के प्रति महात्माजी के हृदय में अनन्त श्रद्धा है। महात्माजी कहते हैं–जिस समय तिलक मृत्यु-शय्या पर पड़े थे, उस समय उन्होंने महात्माजी की कार्य-प्रणाली के प्रति अपनी अनुमति प्रकट की थी। गाँधी प्रसिद्ध पारसी नेता गोपालकृष्ण गोखले को अपना राजनैतिक आचार्य मानते हैं। गाँधी कहते हैं–"गोखले, उज्ज्वल रत्न की भाँति पवित्र, अबोध बालक की भाँति सरल, सिंह की भाँति वीर और सागर की भाँति उदार थे।"

इन नेताओं के परामर्श से गाँधी ने दक्षिण अफ्रीका और भारत में ब्रिटिश शासन के साथ अपने न्याय-पूर्ण अधिकारों की प्राप्ति के लिए शान्तिमय उपायों से समझौता करने का पूरा यत्न किया। सत्याग्रह-आन्दोलन के समय गाँधी ने भारत

में रहने वाले सभी अंग्रेजों के नाम एक खुली चिट्ठी लिखी थी। इस चिट्ठी में गाँधी लिखते हैं–"मैं पूरे उन्नीस वर्ष तक भारत सरकार के साथ पूर्ण सहयोग देता रहा हूँ। सरकार के साथ मेरे इस सहयोग का कारण न सरकारी कानून का भय था, और न ही उसमें मेरा कुछ अपना निजी स्वार्थ था। स्वेच्छापूर्वक गवर्नमेण्ट के प्रति मेरे इस सहयोग का कारण मेरा अपना विश्वास था। उस समय मैं समझता था, भारत सरकार का उद्देश्य भारत की अवस्था को सुधारना है।"

गाँधीजी का यह विश्वास महायुद्ध के समय और उसके पश्चात् भारतीयों के प्रति सरकार के व्यवहार के कारण बदल गया। युद्ध के समय भारत से सहायता लेने के लिए अंग्रेजी सरकार ने अनेक आशाएँ भारत को दिलाईं। ब्रिटिश साम्राज्य के अन्य उपनिवेशों के समान ही भारत को भी स्वतन्त्रता तथा आत्म-निर्णय-पूर्ण अधिकार देने की प्रतिज्ञा की गई। भारत ने इस प्रतिज्ञा पर विश्वास कर, इंग्लैण्ड को पूरी सहायता दी। धन और जन से इंग्लैण्ड की सहायता देने में भारत ने किसी प्रकार की कमी न की। गाँधी ने स्वयं उत्साहपूर्वक हज़ारों आदमियों को अंग्रेजी फौज में भर्ती होने के लिए प्रोत्साहित किया।

परन्तु जब यूरोपीय महायुद्ध में जर्मनी हार गया, और इंग्लैण्ड को विजय प्राप्त हो गई, तो इन प्रतिज्ञाओं को पूरा करने में विशेष ध्यान देने की आवश्यकता न समझी गई। गाँधी को इस समय भी इंग्लैण्ड का विश्वास था। वे समझते थे, कुछ देर में इंग्लैण्ड अवश्य ही अपनी प्रतिज्ञाओं को पूर्ण करेगा। परन्तु जब युद्ध के समय ज़ारी किए गए दमन के कानून को सरकार ने रॉलेट-एक्ट द्वारा अनिश्चित काल के लिए रायज करने का यत्न किया, तो गाँधीजी की आँखें खुलीं।

भारत की साम्राज्य व्यवस्थापक सभा में जब यह कानून बहुत शीघ्र पास हो गया, तो गाँधी घबराए। इंग्लैण्ड की सहृदयता पर से उनका विश्वास जाता रहा। उन्होंने अपने देश की स्वतन्त्रता के लिए युद्ध करने का निश्चय कर लिया। वे लिखते हैं–"रॉलेट-एक्ट भारतवासियों को मनुष्यता के अधिकार से वंचित करने का एक साधन था। किसी भी शासन को, चाहे वह कितना ही स्वेच्छाचारी क्यों न हो–मनुष्य को मनुष्य के अधिकार से वंचित करने का अधिकार नहीं है।"

इस कानून का विरोध करने के लिए सम्पूर्ण भारत एक स्वर से गाँधी के नेतृत्व में उठ खड़ा हुआ। 6 अप्रैल 1919 के दिन सम्पूर्ण भारत में इस कानून के विरोध में सभाएँ हुईं, और हड़ताल मनाई गईं। गाँधीजी एक स्थान पर लिखते हैं–"सार्वजनिक आन्दोलन को नष्ट होने से बचाने के लिए तथा उसे हिंसा और रक्तपात से दूर रखने के लिए मैंने जनता के सम्मुख सत्याग्रह का कार्यक्रम उपस्थित किया।...." इस हड़ताल में लोग सर्वथा शान्त रहे। कहीं भी–केवल, देहली को छोड़कर–किसी भी प्रकार का उपद्रव न हुआ।

देहली में उपद्रव का समाचार सुनकर गाँधीजी उसे शान्त करने के लिए दौड़े।

परन्तु सरकार ने उतावली में आ, उन्हें रास्ते में ही, पलवल स्टेशन पर गिरफ्तार कर, मुम्बई वापस भेज दिया। गाँधीजी की गिरफ्तारी के समाचार का परिणाम बहुत भयंकर हुआ। पंजाब में भयंकर उपद्रव खड़ा हो गया। अमृतसर में–जलियाँवाला बाग में, जनरल डायर ने मशीनगन से हज़ारों आदमियों को भून डाला। पंजाब-भर में मार्शल लॉ का ऐलान हो गया। भारत के राष्ट्रीय नेताओं के पुकार मचाने पर सरकार ने मामले की छानबीन के लिए एक कमेटी नियुक्त कर दी। इस कमेटी ने उलटे अंग्रेजी अफसरों की निरंकुशता और निदर्यता का समर्थन किया। दोषी अफसरों को कुछ भी दण्ड न दिया गया।

पंजाब के अमानुषिक अत्याचारों के कारण भारत की सम्पूर्ण हिन्दू-जनता बेचैन-सी हो रही थी। इसी समय मुसलमानों में खिलाफत-आन्दोलन का भी आरम्भ हो गया। भारत के मुसलमानों ने युद्ध के समय इंग्लैण्ड को सहायता इस शर्त पर दी थी, कि युद्ध के पश्चात् टर्की के साथ कठोरता का व्यवहार न किया जाएगा। युद्ध की समाप्ति पर जब टर्की पर कठोर प्रतिबन्ध लगाए गए, तो भारत के मुसलमान इस प्रतिज्ञा-भंग के कारण सरकार से बिगड़ खड़े हुए। उन्होंने लॉर्ड चेम्सफोर्ड तथा लॉयड जॉर्ज की प्रतिज्ञा की सुधि दिलाकर टर्की के सुल्तान को, संसार-भर के मुसलमानों की हैसियत से, उसका सिंहासन वापस कर देने की माँग की। इंग्लैण्ड के इस प्रार्थना को स्वीकार न करने पर, अली-भाइयों के नेतृत्व में, खिलाफत का आन्दोलन सरकार की नीति के विरुद्ध उठ खड़ा हुआ।

गाँधी की दूरदर्शी दृष्टि ने इस अवसर से लाभ उठाकर, हिन्दुओं और मुसलमानों के बीच सदियों से पड़े हुए वैमनस्य को दूर कर, सरकार के विरुद्ध लड़ने के लिए देश को तैयार किया। सन् 1919 ई. में स्वयं खिलाफत के प्रधान बनकर उन्होंने मुसलमानों की माँगों का समर्थन किया, और हिन्दुओं से मुसलमानों की पूरी सहायता करने की प्रार्थना की।

19

आरम्भ में गाँधीजी का असहयोग-आन्दोलन केवल निबन्धात्मक था। इसका अभिप्राय सरकार से सम्पर्क न रख, शासन-प्रबन्ध में किसी प्रकार की सहायता न देना था। परन्तु इस आन्दोलन का निषेधात्मक पहलू भी जनता के सम्मुख, इंग्लैण्ड के विरुद्ध भारत के सम्पूर्ण पारस्परिक सहयोग के रूप में, शीघ्र ही आ गया। भारत में इस एकता की स्थापना–चाहे वह बहुत अंश तक अपूर्ण और क्षणिक ही क्यों न हो, एक विशेष महत्त्वपूर्ण कार्य था। हिन्दुओं और मुसलमानों के सैकड़ों वर्ष से चले आ रहे गहरे भेदभाव को दूर हटा देना, राजनैतिक दृष्टि से गाँधी की अद्वितीय सफलता थी। गाँधीजी को हम भारतीय राष्ट्र का जन्मदाता कह सकते हैं। गाँधी से

पहले राष्ट्रीय भाव भारत में सर्वथा अस्पष्ट और अव्यक्त था।

जिस प्रकार रूस में लेनिन ने सामाजिक क्रान्ति की सफलता के लिए किसानों और मजदूरों तथा नगर और ग्राम को एकता के सूत्र में बँधने की आवश्यकता के महत्त्व को सब से पहले समझा था, ठीक उसी तरह स्वतन्त्रता की प्राप्ति के लिए भारतवर्ष में गाँधी ने भी भारत की भिन्न-भिन्न जातियों, उपजातियों तथा सम्प्रदायों की एकता की आवश्यकता को जनता के सम्मुख रखा।

हिन्दुओं और मुसलमानों के इस पारस्परिक झगड़े को दूर करने का यत्न पहले भी अनेक बार हो चुका है। सातवीं शताब्दी में पारस्परिक वैर-विरोध से दुखी होकर स्वयं सम्राट अकबर ने सब सम्प्रदायों के प्रति सहनशीलता का प्रचार किया। परन्तु उसे विशेष सफलता न हो सकी। उसके पश्चात् सिक्ख-सम्प्रदाय के प्रवर्तक गुरु नानक ने इस भेदभाव को मिटाने का यत्न किया। उन्होंने हिन्दुओं तथा मुसलमानों को एक सूत्र में बाँधने की कोशिश की, परन्तु इसका भी अभिप्राय उल्टा ही हुआ। देश में एक तीसरा सम्प्रदाय और उठ खड़ा हुआ।

इस समय भी भारत के शिक्षित जन-समुदाय में हिन्दू-मुसलमानों के वैमनस्य तथा भेदभाव को दूर करने के यत्न ज़ारी हैं। विशेषतः बंगाल में राजा राममोहन राय के नेतृत्व में ब्रह्म समाज ने इस सम्बन्ध में यथेष्ट काम किया। देवेन्द्रनाथ टैगोर, केशवचन्द्र सेन आदि महापुरुष इस आन्दोलन में सम्मिलित रहे हैं। आज रवीन्द्र भी इस भेद को दूर करने के लिए अपनी शक्ति लगा रहे हैं।

मुसलमानों की संख्या भारत की मनुष्य संख्या का प्रायः पाँचवाँ भाग है। मुसलमान अपना महत्त्व बनाये रखने के लिए सदा सरकार के पक्ष में रहते हैं। यह साधारण विश्वास है, कि सन् 1857 के गदर में यदि अँग्रेजों को मुसलमानो की सहायता न मिली होती, तो वे विद्रोह को कभी दबा न सकते।* मुसलमानों के सदा सरकार का साथ देने से हिन्दुओं की परिस्थिति विचित्र हो जाती है। उन पर दोनों ओर से दबाव पड़ता है। वास्तव में, जब तक अँग्रेजों और मुसलमानों की परस्पर बनी रहेगी, हिन्दू-मुस्लिम एकता का होना सम्भव न हो सकेगा, और न एक भारतीय राष्ट्र का निर्माण हो सकेगा।

सदियों से चले आ रहे, इस भेदभाव की परिस्थिति में 1919 में सहसा परिवर्तन आ गया। खिलाफत आन्दोलन के कारण मुस्लिम जनता सरकार की छत्रछाया से निकलकर स्वराज्य के लिए हिन्दुओं का साथ देने पर उतारू हो गई। गाँधी ने अत्यन्त बुद्धिमत्तापूर्वक अपने अनुयायियों को मुसलमानों के आन्दोलन का साथ देकर उन्हें सरकार के विरुद्ध हिन्दुओं के साथ मिला लेने का परामर्श दिया।

यद्यपि अब भी अनेक अवसरों पर दोनों जातियों में वैमनस्य के पुराने भाव

---

* मुलर के यह विचार भारतीय इतिहास के प्रति उनकी अनभिज्ञता दिखाते हैं।

—अनुवादक

जाग उठते हैं, और थोड़ा-बहुत रक्तपात हो जाता है, परन्तु पहले की अपेक्षा अब एकता का भाव कहीं अधिक है। मुसलमान-नेताओं ने भी गाँधी के साथ पूर्ण सहयोग किया, और अखिल भारतवर्षीय कांग्रेस में सम्मिलित हो, एक ही कार्यक्रम पर चल, हिन्दुओं के साथ स्वराज्य-आन्दोलन में मुसलमानों ने भी सहयोग दिया।

हिन्दू-मुस्लिम एकता के सम्बन्ध में दिए हुए अनेक व्याख्यानों और लेखों में गाँधी ने दोनों सम्प्रदायों के लिए समान अधिकार और साम्प्रदायिक स्वतन्त्रता का समर्थन किया है। उनके विचार में साम्प्रदायिक भावों तथा संस्कृति को एकता के मार्ग में बाधक नहीं होना चाहिए। वे कहते हैं–"मुझे हिन्दुओं तथा मुसलमानों में कोई भी अन्तर नहीं दिखाई पड़ता। मेरे लिए वे दोनों भारत माता के दो पुत्र है। मैं यह जानता हूँ, संख्या में हिन्दू मुसलमानों से अधिक हैं। वे शिक्षित तथा अपेक्षाकृत उन्नत भी हैं। इसलिए हिन्दुओं का कर्त्तव्य है कि वे अपने मुसलमान भाइयों की स्थिति सुधारने का यत्न करें। जब मुसलमान तथा हिन्दू भाई-भाई के रूप में एक-दूसरे की सहायता करना आरम्भ करेंगे, तभी भारत में स्वतन्त्रता की उषा का आगमन होगा।"

गाँधीजी का विश्वास है, इस एकता से न केवल राजनैतिक स्वतन्त्रता का मार्ग तैयार होगा, बल्कि भारत में एक हिन्दू-मुस्लिम मिश्रित संस्कृति इससे उत्पन्न हो सकेगी। इस उद्देश्य की पूर्ति के लिए गाँधी के अहमदाबाद के विद्यापीठ में अरबी, ईरानी तथा भारतीय संस्कृति का अध्ययन किया जाता है। 'यंग इण्डिया' के एक लेख में उन्होंने अपने विद्यापीठ के सम्बन्ध में लिखा था–"हमारे विद्यापीठ का प्रयोजन केवल प्राचीन संस्कृति का पुनरुत्थान ही नहीं है, बल्कि हम भारत में एक नवीन सभ्यता का विकास करना चाहते हैं, जिसमें प्राचीन तथा अर्वाचीन सिद्धान्तों का मेल रहेगा। भारत की सभी संस्कृतियों को एक साथ लेकर, भारत के वातावरण के अनुसार हम उनके सम्मिलित रूप को प्रकट करना चाहते हैं। इस संस्कृति का मूल भारतीयता होगी। सभी संस्कृतियों, धारणाओं, विश्वासों और प्रवृत्तियों को हम विकास का पूर्ण अवसर देना चाहते हैं। अमेरिका की तरह कृत्रिम उपायों से एक देश की सभ्यता को मुख्य स्थान देकर शेष को कुचल देना हम उचित नहीं समझते।"

महात्माजी के इन क्रान्तिकारी विचारों का देश में विरोध भी होता है। गाँधीजी के प्रतियोगी शंकरन् नायर ने उनके सिद्धान्तों की कड़ी समालोचना की है। वे लिखते हैं–"गाँधीजी की हिन्दू-मुस्लिम एकता का अर्थ है, मुसलमानों का प्रभुत्व स्वीकार कर लेना। महात्माजी मुसलमानों को प्रसन्न करने के लिए बहुत अधिक दब रहे हैं। उन्होंने हिन्दुओं के सब हित मुसलमानों की दया पर छोड़ दिए हैं।"

एक लेखक ने अपने लेख में मुसलमानों की अहिंसात्मक आन्दोलन में सम्मिलित होने की अयोग्यता दिखाते हुए लिखा है–"मुसलमान लोग प्रकृति से ही हिंसावादी हैं। उनके धार्मिक ग्रन्थ भी युद्ध तथा हिंसाकारी उपदेश देते हैं। इसलिए उनका अहिंसात्मक आन्दोलन में सम्मिलित होना सम्भव नहीं।" इस लेख का उत्तर

देते हुए गाँधीजी लिखते हैं—"अनेक मुसलमान सज्जनों से मेरा सम्पर्क रहा है। मैं अपने वैयक्तिक अनुभव के आधार पर कह सकता हूँ, इस्लाम के विषय में उसके तलवार द्वारा फैलने की धारणा ठीक नहीं। इस्लाम का प्रचार करने वाली शक्ति, इस्लाम का व्यापक प्रेम और उसके फकीरों का त्याग है। इस्लाम में तलवार के प्रयोग का समर्थन भी है। परन्तु उसके लिए जो शर्तें लगाई गई हैं, उनका पालन करना किसी बिरले का ही काम है। इस्लाम, त्यागी, तपस्वी और प्रेम से पूर्ण हृदय को ही तलवार के प्रयोग की आज्ञा देता है।" शंकरन् नायर के अतिरिक्त दूसरे अन्य कई लेखकों ने भी गाँधीजी की इस नीति का विरोध किया है। वे लोग खिलाफत की सहायता कर, भारत में मुसलमानों का उत्साह बढ़ाना उचित नहीं समझते।

सम्भव है, इन लेखकों के विचार ही ठीक हों। और यह भी स्पष्ट है कि गाँधी को अपने प्रयत्न में पूर्ण सफलता नहीं मिली। परन्तु इतना होते हुए भी एकता के लिए गाँधीजी का यह अद्भुत प्रयत्न और उसमें अधिक आंशिक सफलता संसार के इतिहास में चिरस्मरणीय रहेगी।

20

गाँधी के नेतृत्व में कांग्रेस तथा खिलाफत के सम्मिलित आन्दोलन से दबकर सरकार शासन में सुधार करने के लिए तैयार हो गई। 24 दिसम्बर सन् 1919 ई. को बहुत से राजनैतिक बन्दियों को छोड़ दिया गया, और एक कानून से केन्द्रीय तथा प्रान्तीय सरकार में कुछ सुधार कर, भारतीयों को थोड़ा बहुत उत्तरदायित्व सौंपा गया। गाँधी ने समझा—इंग्लैण्ड का हृदय पसीज गया है। अँग्रेजी सरकार के प्रस्ताव को स्वीकार कर वे, उसे कांग्रेस के सम्मुख ले गए।

परन्तु सन् 1920 में ही गाँधी का सब भ्रम दूर हो गया। अब गवर्नमेण्ट के साथ उन्होंने पूर्णतः सम्बन्ध विच्छेद कर लिया। लोकमान्य की मृत्यु के पश्चात् गाँधी सर्व-प्रधान नेता समझे जाने लगे। ठीक इसी समय, जब कि पंजाब का हत्याकांड होकर चुका था, टर्की के साथ मित्र-दल की शर्तें भी प्रकट हुईं। हिन्दू लोग पंजाब के हत्याकांड के लिए उत्तरदायी अफसरों को दण्ड न मिलने के कारण राष्ट्रीय अपमान से उद्विग्न हो ही रहे थे, टर्की की सुलह की शर्तों के कारण धार्मिक भाव को ठेस पहुँचने से मुसलमान भी सरकार से खिन्न हो गए। इन दोनों सम्प्रदायों ने गाँधी के नेतृत्व में अँग्रेजी सरकार से पूर्ण असहयोग कर लेने का निश्चय कर लिया। गाँधी ने एक पत्र लिखकर वाससराय को अपने निर्णय की सूचना दे दी।

पत्र में उन्होंने स्पष्ट लिख दिया था—कि वे असहयोग तथा अहिंसात्मक सत्याग्रह से सरकार का मुकाबला करने जा रहे हैं। गाँधी ने इस पत्र में

सुलह-समझौते के लिए कोई स्थान न रखा हो, सो बात नहीं। समझौते के लिए सदा तैयार रहने के लिए अपनी इच्छा उन्होंने इस पत्र में भी प्रकट कर दी थी।

जिन कारणों से महात्माजी को अहिंसात्मक सत्याग्रह का आन्दोलन आरम्भ करना पड़ा, उन्हें जानने के लिए, महात्माजी ने उस समय जो पत्र भारत में रहने वाले सब अँग्रेजों के नाम लिखा था, उसका अध्ययन अवश्य लाभदायक होगा। उनके कार्यक्रम का सार संक्षेप से इस पत्र में आ जाता है। अपने पत्र में गाँधीजी लिखते हैं–"मुझे आशा थी कि लॉयड जॉर्ज भारत के मुसलमानों के प्रति की गई प्रतिज्ञा को अवश्य पूर्ण करेंगे, और पंजाब में अँग्रेज अफसरों द्वारा जो कुछ अन्याय हुआ है, उसकी भी हानि पूर्ति की जाएगी। लॉयड जॉर्ज के प्रतिज्ञा-भंग से उन पर तथा उनकी जाति की सहृदयता पर, जो उनके इस कृत्य में उनकी समर्थक है, मेरा विश्वास अब कतई नहीं रह गया है। आप लोगों ने पंजाब के अमानुषिक अत्याचारों की प्रशंसा कर, तथा भारत के मुसलमानों के साथ की गई प्रतिज्ञा को भंग कर, हमारे भावों को ठुकरा दिया है।...आप लोग समझते हैं, कि हम भारतवासी आप से लड़कर शासन दण्ड नहीं छीन सकते। आप लोग समझते हैं, भारतवासी निःशक्य और निर्बल हैं। आपने स्वयं ही इस देश को इस अवस्था तक पहुँचा दिया है। हम लोग युद्ध-क्षेत्र में वीरतापूर्वक लड़ने के अयोग्य हैं, परन्तु हमारी आत्मा अब भी आप लोगों का मुकाबला भली प्रकार कर सकती है। मेरा विश्वास है कि आपको इस युद्ध में सिर झुकाना ही पड़ेगा। हमारा भरोसा आत्म-बल पर है। असहयोग का अर्थ है–केवल आत्म-त्याग... ।"

महात्माजी ने अपने विचारों को जनता के सम्मुख रखने के लिए, अपने कार्यक्रम से जनता को अवगत करने के लिए, स्थान-स्थान पर घूमकर अनेकों लेख लिखे, तथा व्याख्यान दिए। उनका विचार है, प्रजा को अयोग्य शासन के प्रति असहयोग करने का प्रकृति दत्त अधिकार है। आन्दोलन को सफल बनाने के लिए गाँधी जनता में नियम और अनुशासन का होना आवश्यक समझते हैं। उनका विश्वास है, नियम और अनुशासन की रक्षा अहिंसा के मार्ग पर चले बिना नहीं हो सकती। इसलिए गाँधी ने अपने अनुयायियों के लिए अहिंसा-व्रत को अनिवार्य ठहराया। गाँधी लिखते हैं–"सरकार के कर्मचारियों तथा अपने विरोधियों के प्रति बल-प्रयोग करने से प्रथम तो हम अपने कर्त्तव्य से च्युत होंगे, और फिर रक्तपात का पाप भी हमारे सिर आएगा। इसलिए जो लोग असहयोग आन्दोलन को थोड़े समय में सफल बनाना चाहते हैं, उन्हें अहिंसा-व्रत का पालन पूर्ण निष्ठापूर्वक करना चाहिए।"

गाँधीजी का विश्वास है, सरकार प्रजा की अनुमति और सहायता के बिना देश में रह ही नहीं सकती। इसलिए शासन के विरुद्ध जो लोग असहयोग नहीं करते, वे देश में अत्याचारी शासन को बनाये रखने के लिए उत्तरदाता हैं। गाँधी लिखते

हैं—"यदि घर में पिता अन्याय करे, तो उसे असहयोग कर, घर छोड़ देना चाहिए। यदि पाठशाला में गुरु का व्यवहार नीति-विरुद्ध हो तो शिष्यों को स्कूल छोड़ देना चाहिए। यदि किसी सभा अथवा संघ का प्रधान बेईमान हो, तो सदस्यों को सभा से अपना सम्बन्ध तोड़ देना चाहिए। इसी प्रकार यदि किसी देश का शासक अन्याय करे, तो प्रजा को उस शासक से असहयोग कर, उसे कुमार्ग में जाने से रोकना चाहिए। उपरोक्त सभी अवस्थाओं में असहयोगी को कुछ न कुछ कष्ट और हानि उठानी ही पड़ेगी।...मेरा विचार है, संसार में कष्ट और हानि सहे बिना हम स्वतन्त्रता प्राप्त कर ही नहीं सकते।"

उपरोक्त धारणा के अनुसार गाँधी ने भारत की जनता को अँग्रेजी शासन से सहयोग कर, अन्याय का उत्तरदायित्व अपने सिर लेने से मना कर दिया। शासक-शासित के परस्पर सामाजिक समझौते को तोड़कर उन्होंने भारत की जनता को सरकार से राजनैतिक सम्बन्ध विच्छेद कर लेने के लिए कहा। गाँधी ने कहा, जब तक सरकार अपने अपराधों के लिए प्रायश्चित्त न करेगी—हमारा उससे और उसकी संस्थाओं से कुछ सम्बन्ध न होगा। गाँधीजी असहयोग तथा बहिष्कार में बहुत भेद मानते हैं। उनका कहना है—बहिष्कार में प्रतिकार के भाव का समावेश होने से उसमें हिंसा का लेश आ जाता है। वे कहते हैं—"यदि हम असहयोग के मार्ग से हटकर बहिष्कार को अपना ध्येय बनायेंगे, तो हम उन्नति की बजाय अवनति की ओर बढ़ेंगे। मेरे विचार में असहयोग के साथ अहिंसा का भाव अवश्य सम्मिलित होना चाहिए। उससे हानि पहुँचाने, बदला लेने, और घृणा के भाव का कोई सम्बन्ध नहीं होना चाहिए। हमारे आन्दोलन की विशेषता उसकी आध्यात्मिकता तथा प्रेम की शक्ति है। हमें अपने शत्रु को न केवल शारीरिक कष्ट पहुँचाने से परहेज करना चाहिए, बल्कि उसे मानसिक कष्ट से भी बचाना चाहिए। यदि हम अहिंसा की नीति का अवलम्बन इस ढंग से न करेंगे, तो हमारा असहयोग-आन्दोलन एक निःशस्त्र संग्राम का रूप धारण कर लेगा। ऐसा होने से उसमें और पशु-बल के प्रयोग में विशेष अन्तर न रह जाएगा।"

गाँधीजी का विश्वास है, सरकार भारत में उठे हुए किसी सशस्त्र आन्दोलन को अपनी सैनिक-शक्ति से बहुत शीघ्र कुचल सकती है। परन्तु अहिंसात्मक आन्दोलन के असहयोग को दबा सकना सरकार की सामर्थ्य के बाहर है। सत्याग्रह-आन्दोलन की यह एक महत्त्वपूर्ण विशेषता है, कि जनता में सरकार को हानि पहुँचाने या तंग करने का भाव बिल्कुल नहीं पाया जाता। सत्याग्रह-आन्दोलन की सफलता का परिणाम इस बात पर निर्भर नहीं, कि उससे सरकार के मार्ग में कितनी उलझन पैदा होती है, अपितु इस बात पर निर्भर है, कि जनता में परस्पर विश्वास और सहयोग किस परिमाण में बढ़ रहा है।

गाँधी लिखते हैं—"असहयोग आन्दोलन में हम अँग्रेजों को निमन्त्रण देते हैं,

कि वे इस देश से विदेशी शासन को दूर करने के प्रयत्न में हमारे साथ सहयोग दें। हम इस आन्दोलन द्वारा अँग्रेजों के साथ अपने आत्माभिमान तथा प्रतिष्ठा को बनाये रखकर नये सिरे से स्थायी तथा अधिक स्वाभाविक ढंग पर सहयोग स्थापित करना चाहते हैं।"

गाँधी भारत की इस स्वतन्त्रता के आन्दोलन का आधार राष्ट्रीय भाव को न मानकर मनुष्यता को मानते हैं। वे लिखते हैं–"यह तो ठीक है कि मेरा जन्म भारतवर्ष में हुआ है, मैं भारतीय संस्कृति का भक्त हूँ, इस देश की सेवा के लिए मेरा शरीर अर्पण हो चुका है, और मेरे जीवन का उद्देश्य इस देश के लिए स्वतन्त्रता प्राप्त करना है, परन्तु अपनी मातृभूमि का प्रेम न केवल मुझे अन्य देशों के प्रति न्याय का व्यवहार करने का उपदेश देता है, बल्कि मैं संसार की सब जातियों की सेवा करना अपना मुख्य कर्त्तव्य समझता हूँ। मुझे पूर्ण विश्वास है कि भारत की स्वतन्त्रता संसार की शान्ति रक्षा में विघ्न-स्वरूप न होकर सहायक ही होगी।"

यूरोप के राष्ट्रवाद की तरह भारत के असहयोग आन्दोलन में वैसा कोई भाव नहीं, जिसके कारण संसार की शान्ति के लिए आशंका का कोई कारण हो सके। गाँधी के राष्ट्रवाद में संकीर्णता तथा अन्य राष्ट्रों के प्रति हिंसा का भाव नहीं है। इस आन्दोलन में भारत संसार के प्रति अपने कर्त्तव्य को निबाहकर, उऋण होने के लिए उत्साह से कार्य-क्षेत्र में बढ़ रहा है। भारत के राष्ट्रवाद की सब से बड़ी विशेषता है, उसकी अहिंसात्मक और आध्यात्मिक वृत्ति! गाँधी ने भारत में एक नवीन आध्यात्मिक वृत्ति को जन्म दे दिया है, जिससे कभी संसार के अमंगल की सम्भावना हो ही नहीं सकती।

गाँधीजी ने अपने लेख में देश भक्ति की जो परिभाषा की है, उससे उनके विचार सर्वथा स्पष्ट हो जाते हैं। वे लिखते हैं–"मेरे लिए देश का अर्थ मनुष्यता है, और देश-प्रेम का अर्थ है, मानव-जाति के प्रति प्रेम। मैं भारत के हित के लिए इंग्लैण्ड, जर्मनी अथवा फ्रांस को हानि पहुँचाना स्वीकार नहीं कर सकता। साम्राज्यवाद को मैं नीति-विरुद्ध समझता हूँ।"

गाँधीजी ने अपने अहिंसात्मक सत्याग्रह के कार्यक्रम को असहयोग की चार भिन्न-भिन्न श्रेणियों में बाँट दिया है। आवश्यकता और अवस्था के अनुसार कार्यक्रम के यह भिन्न-भिन्न भाग राष्ट्र के सम्मुख रखे जा सकते हैं। असहयोग के पहले भाग में सरकार द्वारा दिए गए सम्मान तथा पदवियों को लौटा देना है। तीसरी अवस्था में पुलिस तथा सेना का सरकार को जवाब देना है। चौथी और अन्तिम है–सरकार को सब प्रकार के करों का देना बन्द कर देना।

आरम्भ में गाँधी ने असहयोग के कार्यक्रम का पहला भाग जनता के सम्मुख रखा। सरकार द्वारा दिए गए सम्मान, पदवियों, अवैतनिक पदों, अदालतों, स्कूलों कालिजों, व्यवस्थापक सभाओं से असहयोग कर, सरकार को ऋण आदि न देने के

लिए उन्होंने जनता को कहा। स्वयं भी वायसराय को एक पत्र लिखकर इन्होंने अंग्रेजी सरकार द्वारा दिए गए सम्मान तथा पद वापिस कर दिए।

महात्माजी के इस उदाहरण का अनुकरण जनता ने भी किया। अनेक देशी अफसरों ने अपने पद त्याग दिए। स्कूल और कालेज खाली हो गए। लोगों ने अदालतों में जाना बन्द कर दिया। कांग्रेस ने न केवल गाँधी के इस प्रस्ताव का समर्थन किया, बल्कि आवश्यकता पड़ने पर असहयोग-कार्यक्रम के चौथे भाग पर भी अमल करने के लिए वह तैयार हो गई। प्रायः एक वर्ष तक आन्दोलन चलने के पश्चात् जब सरकार ने दमन का चलाना आरम्भ किया, तो कांग्रेस ने महात्माजी को सम्पूर्ण अधिकार सौंप कर उन्हें 'डिक्टेटर' नियुक्त कर दिया। गाँधीजी को न केवल 'डिक्टेटर' बना दिया गया, बल्कि उन्हें यह भी अधिकार दिया गया, कि स्वयं गिरफ्तार हो जाने पर जिस व्यक्ति को वे योग्य समझें, अपने पीछे डिक्टेटर नियत कर दें।

गाँधीजी के आन्दोलन का उद्देश्य है, भारत के लिए पूर्ण स्वतन्त्रता प्राप्त करना–विदेशी शासन के पंजे से मुक्त कर, भारत के लिए आत्म-निश्चय का अधिकार प्राप्त करना। गाँधीजी इस उद्देश्य को अनायास ही प्राप्त करने की कभी आशा नहीं करते। वे कहते हैं–"भारत को स्वतन्त्रता के लिए अपना अमूल्य रक्त बहाना होगा।"

आन्दोलन के आरम्भ में सरकार चुपचाप रहकर हस्तक्षेप के लिए अवसर की प्रतीक्षा करती रही। गाँधीजी इस बात को समझते थे। उन्होंने इस अवसर से लाभ उठाया। सरकार ने प्रकट-रूप में जनता को सहयोग करने पर बाध्य नहीं किया, परन्तु आन्दोलन के सम्मुख सिर झुकाकर गाँधीजी की माँग को पूरा करने की भी इच्छा प्रकट नहीं की। ज्यों-ही महात्माजी असहयोग की पहली सीढ़ी पार कर सविनय-कानून भंग करने वाले थे, उसी समय चौरी-चौरा के भीषण उपद्रव में अनेक पुलिस कर्मचारी मारे गए। जनता में संयम और अनुशासन का अभाव देखकर गाँधी जी बहुत दुखी हुए। उन्हें विश्वास हो गया कि जनता के हृदय में अहिंसा के प्रति श्रद्धा नहीं है। उन्होंने सविनय-कानून भंग के कार्यक्रम को स्थगित कर दिया। जनता के अपराध का दण्ड स्वयं अपने-आपको देने के लिए उन्होंने पाँच दिन तक उपवास किया।

बहुत संकोच और उधेड़बुन के पश्चात् सरकार ने गाँधी को 1922 के वसन्त में गिरफ्तार कर, अदालत में पेश किया। इस गिरफ्तारी के लिए प्रकट कारण था, महात्माजी के चार लेख, जिन्हें उन्होंने अपने साप्ताहिक पत्र 'यंग इण्डिया' में प्रकाशित किया था। सरकारी वकील ने महात्माजी पर भारत में कानून और विधान से स्थापित सम्राट् की सरकार के विरुद्ध बगावत का दोषारोपण किया। 22 मार्च 1922 को गिरफ्तार कर, गाँधीजी को साबरमती के जेल में भेज दिया गया। मैजिस्ट्रेट

के सम्मुख उपस्थित किये जाने पर गाँधी ने अपना अपराध स्वीकार कर लिया। उनके मित्र शंकरलाल बैंकर ने भी, जो 'यंग इण्डिया' के प्रकाशक और मुद्रक थे, और गाँधी के साथ एक ही अपराध के लिए गिरफ्तार किए गए थे, अपने अपराध को स्वीकार कर लिया।

18 मार्च को गाँधीजी का अभियोग अहमदाबाद के जिला जज मि. सी. एन. ब्रूमफील्ड के सामने पेश हुआ। महात्माजी ने सफाई पेश करने से इनकार कर दिया। अभियोग में बहुत देर तक जज तथा सरकारी वकील में बहस होती रही। गाँधीजी के अपना अपराध स्वीकार कर लेने पर जज उन्हें उसी समय मुकदमे का फैसला सुना देना चाहता था। परन्तु सरकारी वकील गाँधीजी पर चौरी-चौरा, मद्रास तथा बम्बई में होने वाले दंगों का दायित्व डालकर अभियोग की गम्भीरता को बढ़ा देना चाहते थे।

यह परिस्थिति उपस्थित होने पर गाँधीजी उठे। उस समय उन्होंने जो कुछ अदालत के सामने कहा—वह चिरस्मरणीय रहेगा। उन्होंने सरकारी वकील द्वारा उन पर उपद्रव के लिए लगाये गए उत्तरदायित्व को भी स्वीकार कर लिया। उन्होंने कहा—"मैंने उपद्रव और दंगा न होने देने के लिए पूरा यत्न किया, परन्तु यह मेरे हाथ की बात न थी। मेरे सम्मुख दो मार्ग थे। या तो मैं देश में उस शासन व्यवस्था और शासन प्रणाली को सहन करता, जिसके कारण मेरी सम्मति में देश को अपरिमित हानि पहुँच रही है, या जनता के क्रोध और उद्वेग का परिणाम देखता। मैं मानता हूँ इस उद्वेग और क्रोध का उत्तरदायित्व मुझ पर है। क्योंकि मैंने जनता के सम्मुख वह सत्य रखा, जिसके कारण उनमें जागृति और उद्विग्नता उत्पन्न हो जाना स्वाभाविक था। मुझे इस परिणाम के लिए शोक है, और मैं अपराध का दण्ड भुगतने के लिए प्रस्तुत हूँ। मैं दया की याचना नहीं करता। जान-बूझकर अपराध करने के लिए, जो भी दण्ड कानून मुनासिब समझे, मुझे दे सकता है। मैंने जो कुछ किया है, एक नागरिक की स्थिति में कर्त्तव्य समझकर किया है।"

गाँधी ने अपने इस वक्तव्य में कहा था—"मैं तीस वर्ष तक ब्रिटिश सरकार के साथ पूर्ण सहयोग कर, उसकी सहायता करता रहा हूँ। परन्तु आज सरकार के न्याय में मेरा विश्वास शेष नहीं रह गया है। इसलिए मैं उसका विरोध करने के लिए बाध्य हूँ।"

आगे गाँधी कहते हैं:—"मुझे किसी भी सरकारी अफसर के प्रति विरोध नहीं, और न सम्राट् के व्यक्तित्व से मुझे कुछ लेना है। वर्तमान शासन-व्यवस्था से ही मुझे विरोध है। क्योंकि मेरा विश्वास है, कि इस शासन से भारत की जो हानि हुई है, उसकी तुलना नहीं हो सकती। इस शासन-प्रणाली ने भारत के मनुष्यत्व का नाश कर दिया है। इस विश्वास के कारण वर्तमान शासन के प्रति सहयोग करना मेरी सम्मति में भयंकर पाप है। जिन लेखों के आधार पर मुझ पर यह अभियोग चलाया गया है, उन्हें मैंने अपना कर्त्तव्य समझकर ही लिखा था।...मैं अपने देशवासियों को

यह समझा देना चाहता हूँ, कि हिंसा न केवल अन्याय की वृद्धि होती है। अहिंसा ही अन्याय का अवरोध कर सकती है। मैं प्रसन्नतापूर्वक दण्ड सहने के लिए तैयार हूँ। जज महोदय के सामने इस समय केवल दो मार्ग हैं। यदि वे मुझे निर्दोष समझते हैं, तो छोड़ दें—परन्तु इसका अर्थ होगा, कि वे वर्तमान शासन द्वारा लागू कानून को अनुचित और अन्यायपूर्ण समझते हैं। इस अवस्था में उन्हें स्वयं भी अपने पद को त्यागकर वर्तमान सरकार के साथ असहयोग करना पड़ेगा। यदि वे वर्तमान शासन और कानून को न्यायानुकूल और देश के लिए कल्याणकारी समझते हैं, तो मुझे भी बागी होने के कारण उन्हें अधिक से अधिक दण्ड देने की व्यवस्था करनी चाहिए।''

गाँधीजी के अपना वक्तव्य समाप्त कर चुकने पर जज ने अपना भाषण आरम्भ किया। उन्होंने कहा—''मेरे सम्मुख एक विकट समस्या उपस्थित है। व्यक्तिगत तौर पर मैं गाँधी जी के विचारों और उनकी उदारता की प्रशंसा करता हूँ...ऐसे व्यक्ति भारत में बहुत कम होंगे, जिन्हें गाँधीजी के जेल जाने से दुख न होगा। परन्तु आपने स्वयं ही गवर्नमेण्ट के लिए अपने आपको जेल जाने से स्वतन्त्र रहने देना असम्भव बना दिया है।...मैं अपने कर्त्तव्य से बाधित होकर आपको छह वर्ष के लिए जेल का दंड देता हूँ। परन्तु यदि देश की परिस्थिति में परिवर्तन होने पर सरकार आपको जेल से स्वतन्त्र कर देना चाहे, तो इस बात से मुझसे अधिक प्रसन्नता किसी दूसरे व्यक्ति को न होगी।''

गाँधीजी के जेल जाने के बाद भारत के राजनैतिक क्षेत्र में अनेक परिवर्तन उपस्थित हो गए। देशबन्धु चितरंजनदास के नेतृत्व में एक दल व्यवस्थापक सभाओं का बहिष्कार न कर, उनमें सम्मिलित हो, शासन का विरोध करने का यत्न करने लगा। मॉन्टेग्यू-चेम्सफोर्ड-व्यवस्था के अनुसार भारत को स्वराज्य के योग्य बनाने के लिए 10 वर्ष का समय नियत किया गया। इस समय में भारतवासियों का आत्म-शासन की शिक्षा देने के लिए उन्हें व्यवस्थापक सभाओं में सम्मिलित करने की व्यवस्था की गई थी। गाँधी ने इन व्यवस्थापक सभाओं का पूर्ण बहिष्कार कर दिया था। परन्तु चितरंजनदास ने यही उचित समझा, कि इन कौंसिलों में अधिक से अधिक संख्या में सम्मिलित होकर भारत का शासन-विरोध भीतर से किया जाए। अखिल भारतवर्षीय कांग्रेस में चितरंजनदास के पक्ष की विजय हुई, और देश उनके कार्यक्रम पर चलने के लिए तैयार हो गया। व्यवस्थापक सभाओं में सम्मिलित होने के अतिरिक्त कोई दूसरा परिवर्तन मि. दास ने गाँधीजी के कार्यक्रम में न किया। अहिंसा के सिद्धान्त का समर्थन दास ने भी गाँधी के समान ही किया। यूरोपियन सभ्यता और संस्कृति के सम्बन्ध में भी दास के विचार गाँधी से भिन्न नहीं थे। एक स्थान पर वे लिखते हैं—''मशीन के चक्कर में फँसकर हम स्वयं भी मशीन के एक भाग मात्र बन जाएँगे। हम अपना मनुष्यत्व खोकर निर्जीव हो जाएँगे।...मशीन शैतान का चरखा है, और मनुष्य समाज को बुराई की ओर ले जाती है।''

इसी बीच गाँधी यरवदा जेल में बहुत अधिक बीमार पड़ गए। जेल में ही उनका ऑपरेशन किया गया, और बाद में निर्बलता के कारण उन्हें जेल से रिहा भी कर दिया गया। कार्यक्षेत्र में लौटकर उन्होंने स्वराज्य दल के प्रभाव से परिस्थिति को सर्वदा बदले हुए पाया। गाँधी ने इस स्थिति का विरोध न कर, स्वराज्य दल के निर्णय के अनुकूल काम करना आरम्भ कर दिया। इससे सभी को, स्वयं उनके अनुयायियों को भी, बहुत आश्चर्य हुआ। उन्होंने स्वराज्य दल की बात मानकर, व्यवस्थापक सभाओं के बहिष्कार को रद्द कर दिया, और अपनी सम्पूर्ण शक्ति हिन्दू-मुस्लिम एकता अछूतोद्धार तथा चरखे में लगा दी।

लेनिन के समान गाँधी को भी अनेक अवसरों पर अपने ही अनुयायियों का विरोध सहना पड़ा है। व्यवस्थापक सभाओं का बहिष्कार रद्द कर देने से कांग्रेस का एक दल गाँधीजी को छोड़ अलग हो गया। यह लोग अपने आपको अपरिवर्तनवादी (No Changer) कहते हैं।

इसके पश्चात् बहुत देर तक गाँधी राजनैतिक क्षेत्र से हाथ खींचे रहे, और पूर्णतः चरखा संघ के काम में लग गए। सन् 1925 में उन्होंने 'अखिल भारतवर्षीय चरखा संघ' की स्थापना की, और भारत की आर्थिक स्वतन्त्रता के लिए पहले की अपेक्षा और भी अधिक यत्न से काम करने लगे। राजनैतिक क्षेत्र का नेतृत्व उन्होंने देशबन्धुदास पर छोड़ दिया। दास की मृत्यु के पश्चात् पण्डित मोतीलाल नेहरू ने यह काम अपने हाथ में ले लिया।

इसी बीच में एक और दल का भी संगठन हुआ। इस दल में प्रायः पूँजीपति, वकील और पेशेवर लोग हैं। गाँधी इन सब लोगों के जीवन के मार्ग तथा उपायों के विरुद्ध हैं। इसीलिए यह लोग स्वभावतः ही गाँधी के सिद्धान्तों के विरोधी हैं। यह लोग भारत में यूरोपीय सभ्यता के प्रचार के पक्ष में हैं। गाँधीजी के ऊपर प्रायः इन लोगों की ओर से ही अधिक आक्षेप होते हैं।

1927 में ब्रूसेल्स में तमाम पीड़ित उपनिवेशों की एक कांग्रेस हुई थी। इस कांग्रेस की कार्यवाही से पता लगता है, कि महात्माजी के विचार भारत के बाहर भी किस प्रकार फैल रहे हैं। अफ्रीका के जुलू-जाति के प्रतिनिधि गूमेदी ने अपने देश के मजदूरों की करुण कथा सुनकर कहा—"हम लोगों का विचार है, कि हम भी भारतवासियों की भाँति अपने शासकों के प्रति अहिंसात्मक असहयोग-आन्दोलन आरम्भ करें।" दक्षिण अफ्रीका में अहिंसात्मक सत्याग्रह के विचार का फैलना अत्यन्त स्वाभाविक है, क्योंकि यहीं तो महात्मा गाँधी ने अपने अहिंसात्मक असहयोग का आरम्भ किया था।

21

हम पहले कह आये हैं, भारत में गाँधी के सिद्धान्तों और कार्यक्रम के विरोधियों का अभाव नहीं है। गाँधी के सिद्धान्तों और विशेषकर असहयोग के विरुद्ध उठाई गई अनेक आपत्तियाँ ऐसी हैं, जिनकी उपेक्षा नहीं की जा सकती। भारत की स्वतन्त्रता के मार्ग में एक महत्त्वपूर्ण आशंका है–उसकी पश्चिमोत्तर सीमान्त की रक्षा का प्रश्न!

'माडर्न रिव्यू' के सम्पादक बी. सी. चटर्जी लिखते हैं–''इंग्लैंड की सहायता के बिना स्वतन्त्र भारत के लिए हिन्द महासागर पर अपना आधिपत्य बनाये रखना असम्भव हो जाएगा।'' हिन्द महासागर की बात रहने दीजिए–वे कहते हैं, दक्षिण और उत्तर के सम्पूर्ण प्रान्तों का एक राजनैतिक संगठन में रहना तक कठिन हो जाएगा। ब्रिटिश सेना के भारत से निकलते ही छोटे-छोटे सरदारों की घरेलू लड़ाइयाँ आरम्भ हो जाएँगी, और अँग्रेजों के भारत में आने से पूर्व के साम्प्रदायिक युद्धों का सिलसिला फिर से छिड़ जाएगा। उनका विश्वास है, भारत की निःशस्त्र और निरस्त्र प्रजा अंग्रेजों के देश से जाते ही फिर पठानों और अफरीदियों के निरन्तर आक्रमणों का शिकार बन जाएगी। इसके अतिरिक्त उन्हें भारत के लिए जापान का भय दीख रहा है। वे समझते हैं, अँग्रेजों के निकलते ही जापान अपने उद्योग-धन्धे के लिए भारत जैसा क्षेत्र आरक्षित अवस्था में देखकर भला कब चुप रहेगा? चटर्जी की सम्मति में, गाँधीजी जिस स्वराज्य के लिए इतना प्रयत्न कर रहे हैं, वह क्षणिक ही रहेगा। भारत को एक मालिक के पंजे से निकलते ही दूसरे मालिक के आगे सिर झुकाना पड़ेगा।

गाँधी के कुछ विरोधियों को रूस का भय सता रहा है। वे समझते हैं, भारत के सीमान्त से इंग्लैण्ड का बल हटते ही रूस भारत को आ दबायेगा। उनका कहना है अफगानिस्तान में तो सोवियत रूस का गढ़ पहले से ही तैयार है, और जब चाहे वह खैबर की घाटी से निकल, भारत पर आक्रमण कर सकता है। तुर्किस्तान, उजवेक, तैकिस्तान, कारा, खिर्गिस तक सोवियत-रूस का विस्तार हो जाने के कारण यह भय और भी अधिक उग्र रूप धारण कर रहा है। ज़ार के समय से भारत पर रूस का दाँत सदा ही लगा रहा है। सोवियत गवर्नमेण्ट ने भी अपनी नीति में अभी तक कोई परिवर्तन नहीं किया है।

इन सब आपत्तियों के लिए गाँधी का एक उत्तर है। वे कहते हैं–''भारत को बोल्शेविज़्म से कोई भय नहीं। भारत की जनता स्वाभाविक ही शान्त है। बोल्शेविज़्म से उसे सहानुभूति हो ही नहीं सकती।'' महात्माजी की सम्मति में भारत की परिस्थिति बोल्शेविज़्म के प्रचार के अनुकूल नहीं है। वे कहते हैं, ''बोल्शेविज़्म वर्तमान भौतिक सभ्यता और पूँजीवाद का अवश्यम्भावी परिणाम है। प्रकृति की पूजा और भौतिक उन्नति को अपना आदर्श मान बैठने से, हम अपनी आत्मा को भुला

बैठे हैं। .....यदि हम जनता की प्रवृत्ति को सत्याग्रह की ओर ढाल सकें, तो हमारे लिए बोल्शेविज़्म का भय रह ही नहीं जाता।"

ब्रुसेल्स की अन्तर औपनिवेशिक कांग्रेस में अखिल भारतवर्षीय कांग्रेस के मन्त्री पं. जवाहरलाल नेहरू ने अपने व्याख्यान में इसी प्रकार के विचार प्रकट किये थे। उन्होंने कहा था—"हमें सोवियत रूस के प्रयत्नों से पूर्ण सहानुभूति है, क्योंकि वह ब्रिटेन के साम्राज्यवाद का विरोध कर रही है। परन्तु जहाँ तक बोल्शेविज़्म का सम्बन्ध है, भारत इसके सिद्धान्तों से न तो परिचित ही है, और न वहाँ इन सिद्धान्तों के प्रचार की निकट भविष्य में सम्भावना ही है।"

मि. चन्द्रावरकर के विचार दूसरे ही ढंग के हैं। वे लिखते हैं—"भारत को देश-प्रेम का पाठ इंग्लैण्ड ने ही पढ़ाया है। भारत के ग्रन्थ-रत्नों तथा संस्कृति की ओर भी हमारा ध्यान अँग्रेजों ने ही आकर्षित किया है। उत्तरदायित्व तथा संगठन का पाठ भी हमने इनसे ही पढ़ा है। ऐसी अवस्था में यदि हम अपने गुरु तथा पथ-प्रदर्शक अँग्रेजों से पूर्ण सम्बन्ध विच्छेद कर लेंगे, तो वह हमारे लिए कभी हितकर न होगा। इससे हमारी राजनैतिक तथा सामाजिक उन्नति में रुकावट पड़ जाएगी।"

गाँधीजी के विचारों और सिद्धान्तों के विरुद्ध एक आपत्ति यह भी की जाती है कि उनके सिद्धान्त केवल निषेधात्मक होने से प्राचीन हिन्दू-संस्कृति के अनुकूल नहीं हैं। मि. चैटर्जी ने महात्मा गाँधी तथा बंगाली नेता अरविन्द घोष में तुलना करते हुए लिखा है—"गाँधी केवल महात्याग के पुरोहित हैं, और अरविन्द बाबू जीवन और स्फूर्ति के प्रवर्तक!" गाँधी के त्याग तथा तपोवृत्ति के कारण मि. चैटर्जी उन्हें केवल आध्यात्मिक गुरु मानते हैं। गाँधी को राजनैतिक नेतृत्व के योग्य वे नहीं समझते। वे लिखते हैं—"गाँधी पूर्ण योगी हैं। वे शरीर तथा इन्द्रियों की उपेक्षा कर, जीवन के राग-अनुराग से विरक्त हो, केवल शरीर रक्षा मात्र को नैतिक कर्म मानते हैं। शरीर को बन्धन से मुक्त कर, आत्मा को परम पद पर पहुँचाना ही उनका ध्येय है।

भारत का उद्देश्य आरम्भ से ही इस प्रकार का परिग्रह त्याग रहा है। प्रकृति की ओर से उदास हो, उसने सदा ही आत्मा और परमात्मा का चिन्तन किया है। मि. चैटर्जी के विचार में भौतिक उन्नति से भारत की उदासीनता तथा अध्यात्म-वृत्ति ही उसकी स्वतन्त्रता के नाश तथा सांसारिक पराभव का कारण है।

वे लिखते हैं—"यदि हम भारत के इतिहास पर दृष्टि डालें, तो हमें जान पड़ेगा, कि यह पराधीनता जीवन के प्रति उसकी उदासीनता का ही परिणाम है। बल और शान्ति की नितान्त उपेक्षा कर, भारत निर्जीव और निःशक्तप्राय हो गया है। भगवान और आत्मा के अत्यन्त निकट पहुँच कर वह संसार से बहुत दूर चला गया है। भारत को यह न भूल जाना चाहिए—यह संसार आत्मा और प्रकृति का मिश्रण है।"

मि. चैटर्जी की सम्मति में अरविन्द घोष जीवन-शक्ति के उपासक हैं। वे भारत को स्वतन्त्रता के उद्देश्य की ओर प्राचीन हिन्दू-धर्म के मार्ग से ले जाना चाहते हैं।

वे लिखते हैं—"भारत का प्राचीन आध्यात्मिक ज्ञान केवल ब्राह्मणों के मस्तिष्क में नहीं भरा रहना चाहिए। इस ज्ञान के प्रकाश से ही भारत स्वतन्त्रता की प्राप्ति कर सकेगा।"

कवि रवीन्द्र भी लिखते हैं—"महात्मा गाँधी केवल त्याग का अभ्यास कर, तथा दूसरे के दोषों को देखकर सन्तुष्ट होना ही जानते हैं।" टैगोर की सम्मति में असहयोग का सिद्धान्त विशेष रूप से बौद्ध धर्म की निषेधात्मक पद्धति से सम्बद्ध है। बौद्ध धर्म जीवन से पूर्ण वैराग्य का समर्थन करता है। इसके विपरीत हिन्दू शास्त्र जीवन के प्रति उत्साह और राग की पद्धति का प्रतिपादन करता है।

इन आक्षेपों के उत्तर में गाँधी लिखते हैं—"जीवन में त्याग का भी ठीक उतना ही महत्त्व है, जितना प्रवृत्ति का! असत्य का त्याग किये बिना सत्य का ग्रहण हो ही नहीं सकता। सभी धर्म शास्त्र हमें बताते हैं कि मनुष्य के मन में सदा ही दो वृत्तियाँ रहती हैं। जितने यत्न से मनुष्य एक वृत्ति को ग्रहण करना चाहता है, ठीक उतना ही प्रयत्न उसे दूसरी वृत्ति को रोकने के लिए करना पड़ता है। असत्य के प्रति असहयोग उतना ही आवश्यक है, जितना कि सत्य के प्रति सहयोग!...ज्ञान तथा मनोयोगपूर्वक असत्य से असहयोग का अर्थ है—सत्य के लिए क्षेत्र तैयार करना ! विदेशी शासन से असहयोग का अर्थ है, राष्ट्र का विदेशी शासन की अधीनता में रहने से अस्वीकृति प्रकट करना। भारत ने विदेशी शासन से मुक्ति प्राप्त करने के लिए असहयोग के अधिक सरल, प्राकृतिक और आध्यात्मिक मार्ग का आश्रय लिया है। असहयोग का मार्ग हिंसा के मार्ग की अपेक्षा अधिक प्राकृतिक तथा सरल है। यदि कवि की कल्पना के आदर्श स्वराज्य को भारत कभी प्राप्त कर सकेगा, तो वह अहिंसात्मक असहयोग से ही हो सकेगा।"

गाँधी, अहिंसात्मक असहयोग का उद्देश्य केवल भारत के लिए राजनैतिक स्वतन्त्रता ही प्राप्त करना नहीं समझते, वे इस उपाय से संसार की सम्पूर्ण अशान्ति को दूर कर देना चाहते हैं। वे लिखते हैं—"मेरे अहिंसात्मक कार्यक्रम का उद्देश्य केवल भारत तथा इंग्लैण्ड की उलझन को सुलझाना ही नहीं है। मेरा उद्देश्य संसार की अशान्ति का उपाय करना है।"

महात्माजी अपने असहयोग के सिद्धान्त तथा सत्य की शक्ति के सन्देश से यह सिद्ध कर देना चाहते हैं, कि मनुष्य के जीवन-काल में भी उसकी आत्मा शारीरिक बन्धन से उन्मुक्त हो सकती है। उनका विचार है, अपने शरीर को शत्रु के हाथ सौंपकर भी हम अपनी आत्मा को स्वतन्त्र बनाये रख सकते हैं। भारत संसार के सम्मुख आत्म-शक्ति का उदाहरण रखकर यह प्रमाणित कर देना चाहता है, कि व्यक्ति तथा राष्ट्र की स्वतन्त्रता शत्रु के अत्याचार को सहकर भी किस प्रकार अबाधित रह सकती है। गाँधी कहते हैं—"अहिंसा का सिद्धान्त संसार में अमर रहेगा। यह विश्व व्यापी शान्ति का पूर्व-सन्देश है।"

कुछ लोगों ने गाँधी पर दूसरे ही ढंग का आपेक्ष किया है। वे कहते हैं—"गाँधी संसार व्यापी शान्ति का उद्देश्य लेकर चले हैं, तब उन्हें राष्ट्रीयता की संकीर्ण समस्याओं में न फँसना चाहिए।" इस आपेक्ष के उत्तर में महात्माजी कहते हैं—"संसार व्यापी शान्ति के महानुद्देश्य को भी अपना कार्य एक स्थानीय तथा अपेक्षाकृत तुच्छ समस्या से ही आरम्भ करना होगा।" महात्माजी ने इस विषय में टॉल्सटॉय के विचारों का उल्लेख किया है। वे कहते हैं—"संसार को अपनाने के लिए हमें आरम्भ में अपने निकटतम पड़ोसियों के अपराधों को भुलाकर उनसे अपनेपन का नाता जोड़ना होगा। इसी प्रकार शनैः-शनैः अपनी आत्मीयता की परिधि को बढ़ाकर हम सम्पूर्ण संसार में आत्म-भाव को अनुभव कर सकेंगे।"

इस दृष्टिकोण से महात्माजी असहयोग-आन्दोलन को मानव-जाति की उन्नति के मार्ग में एक बहुत बड़ी सहायता समझते हैं। उनका विचार है, संसार के अन्य राष्ट्र मनुष्य समाज के सम्मुख सहानुभूति तथा एकता के कितने ही उच्चभाव क्यों न प्रस्तुत करें, परन्तु एशिया के सहयोग के बिना जीवन की नवीन संस्कृति का मूल्य संसार के सम्मुख उतना अधिक न हो सकेगा। वे क्लान्त यूरोप को जीवन की विषमता से मुक्ति का मार्ग न दिखा सकेंगे।

भारत की स्वतन्त्रता के लिए गाँधीजी के अहिंसात्मक असहयोग-आन्दोलन के प्रति यूरोप का ध्यान आकर्षित होना, तथा उसकी आलोचना होना नितान्त स्वाभाविक था। इन आलोचकों में से विशेषतः रोम्यारोलाँ ने लेखक से गाँधी के विषय में कहा था—"मैं तो गाँधी को साक्षात् मसीह समझता हूँ।" उनके विचार में गाँधी नवीन सभ्यता और संस्कृति के दूत हैं। परन्तु कुछ को उनके उपायों से, राजनैतिक आन्दोलन में अहिंसात्मक उपायों से, सफलता तक की आशा नहीं।

उपटन सिंक्लेयर ने लेखक को एक पत्र में लिखा था—"मैने आरम्भ से ही गाँधी के जीवन और कार्य-प्रणाली का मनन किया है। अहिंसा में मेरी विशेष श्रद्धा है। जीवन में मैंने कभी हिंसा का प्रयोग नहीं किया। यदि गाँधी के अहिंसात्मक उपाय से संसार की समस्या हल हो सके, तो मुझे विशेष प्रसन्नता होगी। परन्तु यूरोपीय महायुद्ध के अनुभवों से मुझे ऐसा जान पड़ता है, कि गाँधी की कार्यप्रणाली अपने उद्देश्य में सफल न हो सकेगी। मेरे सम्मुख अपने पूर्वजों का उदाहरण है। अमेरिका ने बल-प्रयोग से ही इंग्लैण्ड के शासन से मुक्ति प्राप्त की थी। दास-प्रथा का मूलोच्छेद भी अमेरिका ने बल प्रयोग द्वारा ही किया। यदि कोई पीड़ित जाति बल प्रयोग से स्वतन्त्रता प्राप्त कर सकती है, तो मेरी सम्मति में इसे अनुचित नहीं कहा जा सकता। मैं जानता हूँ, इस प्रकार के विचारों के कारण गाँधी के समान पुरुष मेरी निन्दा करेंगे, परन्तु उसमें मुझे कुछ भी अन्याय नहीं दिखाई पड़ता।"

गाँधी के विषय में अपनी सम्मति प्रकट करते हुए बर्नार्ड शॉ ने लेखक को एक पत्र में लिखा था—"मेरी सम्मति में तो केवल निषेधात्मक प्रणाली से किसी

मूर्खतापूर्ण और नितान्त संकीर्ण उद्देश्य के अतिरिक्त किसी भी क्षेत्र में सफलता प्राप्त करना सम्भव नहीं।

"...बल तथा शक्ति के प्रयोग के प्रभाव में सन्देह नहीं किया जा सकता। कठिनता है, तो यह कि इसका प्रभाव बहुत अधिक, बहुत गहरा और अपरिमित होता है। प्रायः बल और शक्ति के प्रयोग का परिणाम जिस उद्देश्य और प्रयोजन से किया जाता है, उसके ठीक विपरीत भी हो जाता है। 1915 में रूस के सम्राट् ने सर्विया को ऑस्ट्रिया के चंगुल से बचाने के लिए युद्ध छेड़ा था। इंग्लैंड ने इस युद्ध में बेल्जियम के समान एक छोटी-सी सैनिक-शक्ति को उत्तरीय समुद्र-तट पर बनाये रखने, तथा यूरोप में किसी भी देश को सैनिक-दृष्टि से अत्यन्त बलशाली न बनने देने के प्रयोजन से योग दिया था। ज़ार को अपने उद्देश्य में पूर्णतः सफलता प्राप्त हुई। परन्तु जिस शक्ति को ज़ार ने एक बार उत्तेजित कर दिया था, उसे वह नियन्त्रण में न रख सका। वह शक्ति आगे बढ़ी, और उसने स्वयं ज़ार और उसके परिवार का नाश कर दिया। रूस में ज़ार के स्थान पर साम्यवादी प्रजातन्त्र शासन स्थापित हो गया। दूसरी ओर इंग्लैंड को भी अपने उद्देश्य में सफलता न मिली। महायुद्ध के कारण फ्रांस की सैनिक-शक्ति अपरिमित रूप में बढ़ गई। बेल्जियम और फ्रांस मिलकर एक सैनिक शक्ति बन गए। युद्ध में विजयी दल को यह सफलता मिली, तो पराजित दल की इच्छा कहाँ तक पूर्ण हुई होगी?

"भारत पर इंग्लैण्ड ने बल प्रयोग से अधिकार प्राप्त किया है। शक्ति प्रयोग से ही वह उसे वश में रखे हुए है। भारत को आयरलैंड की भाँति शक्ति प्रयोग या सशस्त्र क्रान्ति के बिना स्वराज्य न मिल सकेगा। सत्य की उपेक्षा करने से हम उसे बदल नहीं सकेंगे। यों तो शेर और भेड़िये को भी अहिंसक कहा जा सकता है। सम्भवतः कोई यह भी आशा रखता हो, कि अहिंसा के उदाहरण से भेड़िये तथा दूसरे जीवों को भी शाक-भोजी बनाया जा सकेगा। परन्तु तर्क और बुद्धि तो यही कहते हैं, जब तक पृथ्वी पर एक भी भारतवासी जीवित है, इंग्लैण्ड की खैर नहीं। और जब तक एक भी अंग्रेज इस पृथ्वी पर मौजूद है, भारतवासी चैन न कर सकेंगे। युद्ध आरम्भ होते ही दोनों पक्ष अपनी-अपनी सुरक्षा की चिन्ता करने लगते हैं। युद्ध के समय अपनी रक्षा के लिए रक्त का मुक्त प्रवाह बहाना पड़ता है। युद्ध का अर्थ है, मनुष्य जाति का पूर्णतः सर्वनाश! मनुष्य अपनी आत्मा में अनुभव करता है, जिस वस्तु की रक्षा के लिए मैं बल का प्रयोग करता हूँ, उसे ही मैं स्वयं नष्ट भी कर रहा हूँ। मसीह, बुद्ध, शेली, टॉल्सटॉय और गाँधी मनुष्य समाज की इसी अनुभूति के परिणाम हैं। इन महापुरुषों ने अन्याय और अत्याचार का बदला नहीं लिया, परन्तु उसका विरोध अवश्य किया है। विरोध और प्रतिकार दो भिन्न वस्तुएँ हैं। अन्याय का बदला लेने तथा उसका समूल नाश कर देने में बहुत अन्तर है। यह समझकर ही मनुष्य को, अपना उत्तरदायित्व समझते हुए किसी पथ का आश्रय लेना चाहिए।"

22

लेनिन की भाँति महात्मा गाँधी भी जब किसी सिद्धान्त पर एक बार विश्वास कर लेते हैं, तो फिर अडिगदृढ़ता से उसका अनुसरण करते हैं। उन्हें न अपने विरोधियों की आलोचना की चिन्ता रहती है, और न ही अनुयायियों की समालोचना की। सत्य मार्ग पर चलने में कोई उनका सहायक है या नहीं, इस बात की उन्हें कभी चिन्ता नहीं रहती। जनता के मुख से, जिसके लिए वे अपना सर्वस्व निछावर करने पर उद्यत हैं, अपनी स्तुति सुनना, उन्हें पसन्द नहीं। उनका विश्वास है, नेता को लोकमत की चिन्ता न कर, अपने विचारों का ही अनुसरण करना चाहिए। एक स्थान पर वे लिखते हैं—"मैं विवेक-शून्य जन समूह के मुख से अपनी प्रशंसा सुन-सुनकर थक गया हूँ। यदि यह लोग मेरी प्रशंसा करने की अपेक्षा मेरी निन्दा करते, तो मुझे अधिक शान्ति प्राप्त होती।" वे अनेक बार कह चुके हैं—"मुझे जनता की सम्मति की कोई परवाह नहीं है।"

लेनिन की भाँति गाँधी के अनुयायी भी उन्हें प्रायः हठी और स्वेच्छाचारी कहने में संकोच नहीं करते। कई लोग उन पर एकाधिपत्य प्राप्त करने के इच्छुक होने का भी दोषारोपण करते हैं। उनके हठ और दृढ़ता के कारण उनके अनेक सहयोगी उनका साथ छोड़ चुके हैं। अनेक अवसरों पर दस-बारह व्यक्तियों से अधिक अनुयायी उनके न रहे हैं। वर्तमान आन्दोलन के आरम्भ में वे प्रायः सर्वथा अकेले ही थे। अपने विचारों की दृढ़ता के कारण सर्वथा अकेले रह जाने पर वे दुगने उत्साह से आगे बढ़ते हैं। उनका विचार है कि वास्तविक कार्य बहुत मनुष्यों की भीड़-भाड़ में हो ही नहीं सकता।

विचारों की इस दृढ़ता, हठ और बहुमत की उपेक्षा के बावजूद भी गाँधी सदा अपनी भूल-चूक को जनता के सम्मुख स्वीकार करने के लिए तैयार रहते हैं। सर्वथा निरभिमान होने और अपनी न्यूनताओं को सदा ध्यान में रखने के कारण वे अपने मार्ग तथा कार्यक्रम में सुधार करने के लिए बिना किसी मिथ्या संकोच के सदा प्रस्तुत रहते हैं। वे कहते हैं—"अपनी भूल को पहचानकर मैं उसे स्वीकार किए बिना क्यों कर रह सकता हूँ?"

इसी कारण एक दफे क्रान्ति के लिए आन्दोलन को आरम्भ करके भी अपनी भूल समझते ही उन्होंने उसे वहीं रोक दिया। गाँधी ने तीन भिन्न-भिन्न अवसरों पर अपनी भूल समझकर, सत्याग्रह-आन्दोलन को रोका। परन्तु उसका कारण आन्दोलन के औचित्य में विश्वास की शिथिलता नहीं थी। लेनिन ने भी तीन अवसरों पर गाँधी की भाँति अपने आन्दोलन को रोका था, परन्तु उसका कारण उनका अपने सिद्धान्त में विश्वास-शैथिल्य था। गाँधी सदा ही कहा करते हैं—"क्षणिक सफलता अथवा असफलता से वास्तविक सत्य बहुत ऊपर है।"

चौरीचौरा, बम्बई और मद्रास में उपद्रव होने पर गाँधीजी ने आन्दोलन को जब स्थगित कर दिया, उस समय भी अत्यन्त मनोयोगपूर्वक वे सत्य के निरूपण में निरत थे। उस समय भी उन्होंने कहा था–"मैं तो सत्य का जिज्ञासु हूँ। मैं समझता हूँ, मैं सत्य पथ की ओर चल रहा हूँ, और निरन्तर इस पथ का अन्वेषण कर रहा हूँ। मैं जानता हूँ, अभी तक मैं सत्य को प्राप्त नहीं कर सका हूँ। सत्य को प्राप्त करने का अर्थ है–स्वयं अपने-आपको पहचान लेना, और पूर्ण हो जाना। मैं अपनी न्यूनताओं को खूब समझता हूँ, उनके लिए मुझे दुःख भी है, परन्तु अपनी न्यूनतओं का ज्ञान होना ही मेरी शक्ति है।"

अपनी भूल को मानने का अर्थ यह नहीं कि गाँधी किसी काम का उत्तरदायित्व अपने ऊपर लेने से इनकार कर दें। ठीक इसके विपरीत अपने कार्यक्रम के कारण देश में जहाँ जो कुछ भी हुआ है, उसका उत्तरदायित्व गाँधी अपने सिर लेने को सदा उद्यत रहते हैं। चौरीचौरा की घटना में जब इक्कीस पुलिस कर्मचारी मारे गए थे, उस समय गाँधी ने यह अनुभव किया, कि देश अभी अहिंसात्मक आन्दोलन के लिए सर्वथा उद्यत नहीं। उन्होंने आन्दोलन को वहीं रोक दिया, और इस घटना की सब जिम्मेवारी अपने सिर ले ली। गाँधी कहते हैं–"क्योंकि यह काम मेरे नाम से हुआ था, इसलिए इसके लिए उत्तरदायित्व भी मेरे ही सिर पर है।"

महात्माजी ने चौरीचौरा की घटना से पूर्व ही ब्रिटिश गवर्नमेण्ट को सूचना देकर आन्दोलन की गति से सावधान होने के लिए कह दिया था। महात्माजी के विरोधियों ने इस व्यवहार के लिए उन्हें उपहास का पात्र बनाना चाहा, परन्तु इतने पर भी गाँधी ने घटना का सब उत्तरदायित्व अपने सिर ले लिया, और असहयोग-आन्दोलन को वहीं स्थगित कर दिया। इसी समय एक लेख में घटना का सब उल्लेख करते हुए गाँधी जी लिखते हैं–"यदि हमारे विरोधी इस घटना को हमारी पराजय और अपमान समझकर प्रसन्न होना चाहें, तो हों। अपने कर्त्तव्य से विमुख हो, प्रतिज्ञा-भंग करने की अपेक्षा कायर कहलाना कहीं अच्छा है। अपने आपको धोखा देने से जनता की दृष्टि में उपहास का पात्र बनना मैं अधिक अच्छा समझता हूँ। मैं यह भली प्रकार जानता हूँ कि आन्दोलन को रोकना राजनैतिक दृष्टि से मूर्खता और अदूरदर्शिता होगी। परन्तु सत्य और कर्त्तव्य की दृष्टि में वह आवश्यक और सर्वथा उचित है। यदि मेरे व्यक्तिगत अपमान से देश का मंगल हो सकता है, तो मुझे वह स्वीकार है। मुझमें कोई अलौकिक सामर्थ्य अथवा शक्ति नहीं है। मुझमें वह सब न्यूनताएँ अथवा त्रुटियाँ मौजूद हैं, जो एक क्षुद्र से क्षुद्र प्राणी में हो सकती हैं।"

अदालत में जब सरकारी वकील ने गाँधीजी पर जनता द्वारा किये गए उपद्रव का दोष-आरोपण किया तो उन्होंने उत्तर दिया–"विज्ञ सरकारी वकील ने मद्रास, बम्बई, चौरीचौरा के उपद्रवों का जो उत्तरदायित्व मेरे कंधों पर डाला है, उसे मैं सहर्ष स्वीकार करता हूँ। मैंने दिन और रात मनन करके जिस काम को किया है, उसके

उत्तरदायित्व को मैं किस प्रकार अस्वीकार कर सकता हूँ?"

महात्माजी की नीति तथा व्यवहार की विशेषता यह है, कि उन्होंने उपरोक्त घटना का उत्तरदायित्व केवल सरकार के सामने ही स्वीकार नहीं किया, बल्कि जनता के सम्मुख भी उन्होंने इस उत्तरदायित्व को अपने कंधों पर ले लिया। उन्होंने स्वयं कहा है–"मैं अपने आपको जनता के भाव अथवा मनोवृत्ति को समझने के अधिक योग्य बनाना चाहता हूँ।"

ऐसा जान पड़ता है, इस विषय में महात्माजी ने हजरत मुहम्मद का अनुकरण किया है। हजरत किसी भी महत्त्वपूर्ण विषय पर पहुँचने से पहले सदा प्रार्थना और उपवास किया करते थे, और जब तक उन्हें इस विषय में ईश्वरीय अनुमति न मिल जाती, वे कुछ न करते। महात्माजी का विश्वास है, कि उपवास द्वारा वृत्तियों का निग्रह करने से मनुष्य की अन्तरामा की शक्ति बढ़ती है। असहयोग आन्दोलन को आरम्भ करने से कई दिन पहले वे उपवास तथा प्रार्थना में निरत रहे। जनता के हाथ में इस प्रभावशाली शस्त्र को सौंपने से पूर्व वे कई दिन तक गहरा विचार करते रहे।

इसके पश्चात् जब हिन्दू और मुसलमानों के पारस्परिक झगड़े आरम्भ हो गए, और व्याख्यानों तथा लेखों द्वारा उन्हें शान्त करने में गाँधीजी को सफलता न मिली, तो उन्होंने फिर उपवास का ही आश्रय लिया। उस समय उन्होंने एक लेख में लिखा था–"मैं जानता हूँ, इसमें किसी दूसरे का कुछ दोष नहीं, दोष स्वयं मेरा ही है। जनता की दृष्टि में मेरे परामर्श का कोई मूल्य नहीं रह गया है। इसलिए मैं शान्त और क्लान्त होकर शक्ति प्राप्त करने के लिए भगवान की ओर दृष्टि लगा रहा हूँ। वे ही मेरी सहायता करेंगे।"

गाँधी देहली आकर मुसलमानों के प्रमुख नेता अंसारी के यहाँ ठहरे। जनता के हृदय में श्रद्धा और विश्वास प्राप्त करने के लिए उन्होंने यहाँ दीर्घ उपवास आरम्भ किया। आज से प्रायः अढ़ाई सहस्र वर्ष पूर्व तथागत भगवान गौतम बौद्ध ने उपवास द्वारा अहिंसा के सत्य ज्ञान का प्रकाश प्राप्त किया था। उसी मार्ग पर चलकर महात्माजी ने राजनैतिक उलझन को दूर करने का यत्न किया। देखकर विस्मय होता है, गाँधी को भी अपने उद्देश्य में गौतम के समान ही सफलता प्राप्त हुई। उपवास के इक्कीसवें दिन दोनों पक्षों के नेता एकत्र हुए। भारत की इस अमूल्य और अद्वितीय आत्मा के शरीर की रक्षा के लिए उन्होंने तत्काल सुलह-सफाई कर ली।

देहली में लाल किले के समीप पुराने खँडरात और जनपथ के बीच में अँग्रेज नौजवान जिस समय गोल्फ खेलने में मग्न थे, उस समय वहीं लाल किले के समीप एक मकान के बारजे पर भारत के दो प्रधान सम्प्रदायों के नेता बैठे एक सुलहनामा तैयार कर रहे थे। इतिहास में यह सुलहनामा या सन्धिपत्र अपनी विचित्रता के कारण एक विशेष स्थान रखता है। सन्धि-पत्र में लिखा गया था–"इस स्थल पर उपस्थित सभी नेता महात्माजी के इक्कीस दिन तक उपवास रखने के निश्चय के कारण बहुत

अधिक अशंकित और भयभीत हैं। हम सब प्रतिज्ञा करते हैं, महात्माजी की इच्छा के अनुसार प्रयत्न करने में हम कोई कसर उठा न रखेंगे। हम प्रधान को यह अधिकार देते हैं, कि वे महात्माजी के सम्मुख उपस्थित होकर हमारे इस निश्चय को निवेदन कर, उन्हें यह यकीन दिला दें कि हम लोग शान्ति रक्षा के लिए सब प्रकार के यत्न करने को प्रस्तुत हैं। हम महात्माजी से प्रार्थना करते हैं, कि वे तुरन्त अपने उपवास को समाप्त कर दें, जिससे वे हमारी बैठक में सम्मिलित होकर अपने परामर्श से हमारी सहायता कर सकें। हम लोग महात्माजी के कहे मार्ग पर चलकर देश से फूट के राक्षस को निकालने का यत्न करने के लिए सदा प्रस्तुत हैं।''

इस सफलता के बावजूद भी बहुत से लोग महात्माजी की इस विषय में कड़ी समालोचना किया करते हैं। उनका कहना है, राजनीति तथा धर्म को इस प्रकार मिलाना उचित नहीं। अनेक लोग महात्माजी को सन्त और गुरु मानकर उन पर अनन्त श्रद्धा करते हैं, परन्तु उन्हें राजनैतिक नेता मानने के लिए तैयार नहीं। वे लोकमान्य तिलक के इस कथन पर विश्वास रखते हैं, कि राजनीति का क्षेत्र साधुओं और सन्तों के लिए नहीं है। रवीन्द्रनाथ टैगोर ने भी एक अवसर पर महात्माजी को अपनी अमूल्य शक्ति को राजनैतिक झंझटों में व्यय न करने के लिए अनुरोध किया था। वे महात्माजी के समान अलभ्य व्यक्ति का राजनीति की शतरंज की चालों और दलबन्दी में समय खोना उचित नहीं समझते।

गाँधी राजनीति और धर्म में एक अनिवार्य एकता देखते हैं। इन दोनों में भेद करने के वे विरुद्ध हैं। उनका विचार है, वर्तमान समाज में राजनैतिक, सामाजिक तथा साम्प्रदायिक समस्याएँ इस प्रकार उलझी हुई हैं कि उन्हें एक-दूसरे से पृथक् करना सम्भव नहीं। वे लिखते हैं—''मैं यह मान ही नहीं सकता कि राजनीति और धर्म कभी पृथक्-पृथक् रह सकते हैं। धर्म से पृथक् होकर राजनीति एक निर्जीव शरीर के समान हो जाती है, जिसका भस्म कर देना ही उचित है।'' महात्माजी के विचार में यूरोप में आध्यात्मिकता के अभाव तथा गिरावट का कारण यह राजनीति तथा धर्म का भेद ही है। मसीह और मुहम्मद का उदाहरण देकर, वे कहते हैं—''पूर्व काल में धर्म गुरु राजनीतिज्ञ भी होते थे। मसीह को देखिये, वे भी राजनीति के आचार्य थे। उस समय राजनैतिक दूरदर्शिता जनता को धर्माभिमानी पुजारियों तथा कपटी धर्माधिकारियों के पंजे से छुड़ाने में ही थी। उन्होंने इसी कार्य के लिए अपना जीवन अर्पण कर दिया। वर्तमान समय में शासन-व्यवस्था इस ढंग की है, कि हमारे जीवन की प्रत्येक समस्या उसके साथ उलझी रहती है। हमारे जीवन का अस्तित्व तक इस पर निर्भर है। इसलिए यदि हम समाज के हित की रक्षा करना चाहते हैं, तो शासन की गतिविधि पर ध्यान रखना हमारा कर्त्तव्य होगा। हमें नैतिक बल से शासन को न्याय की सीमा के भीतर रखने का यत्न करना होगा।''

महात्माजी का यह दृढ़ विश्वास है कि राजनीति को कुमार्ग और अन्याय के

पथ से बचाये रखने के लिए उसका धर्म और आध्यात्मिकता से सम्बन्ध रखना आवश्यक है। उनका विश्वास है, राजनीतिक क्षेत्र में भी शुद्ध सत्य तथा कर्त्तव्य नीति को बिना झुके ही चलना चाहिए।

इस प्रकार हम देखते हैं, अनेक शताब्दियों के पश्चात् गाँधी पहले व्यक्ति हैं, जिन्होंने राजनीति तथा धर्म के सिद्धान्तों को मिला दिया है। गाँधी ने अपने जीवन में कभी षड्यन्त्र पर विश्वास नहीं किया, और न कभी चालाकी ही चली है। राजनैतिक क्षेत्र में आवश्यक समझे जाने वाली कूटनीति और रहस्य को वे घृणा की दृष्टि से देखते हैं। वे उसे छलकपट के अतिरिक्त और कुछ नहीं समझते।

वे अपने विचारों तथा कार्यक्रम को सदा जनता के सम्मुख रखने के लिए तैयार रहते हैं। वे रहस्य को पाप समझते हैं। उनके विचार में पाप और अनौचित्य के अतिरिक्त किसी दूसरी वस्तु को छिपाने की आवश्यकता नहीं होनी चाहिए। सभी अवस्थाओं में बिना किसी शर्त के वे अपनी स्पष्ट वीरता की नीति पर दृढ़ रहते हैं। उनके जीवन की इस विशेषता के सामने उनके शत्रुओं को भी सिर झुकाना पड़ा है। गाँधी की स्पष्टवादिता और प्रकट नीति पर पूर्ण विश्वास होने के कारण देहली-सरकार ने उन पर जासूस लगाना भी छोड़ दिया है।

23

लेनिन की भाँति गाँधी के जीवन का आदर्श भी विचारों को क्रियात्मक जीवन का रूप देना है। वे अपने आपको क्रियात्मक विचारक कहते हैं। वे इस बात को कभी स्वीकार करने को तैयार नहीं, कि उनके विचार क्रियात्मक जीवन के योग्य नहीं हैं।

लेनिन के समान गाँधी का आन्दोलन अभी तक अपने उद्देश्य को प्राप्त नहीं कर सका है। भारत में अँग्रेजी शासन अभी जैसा का तैसा कायम है। बल्कि यही जान पड़ता है गाँधीजी का आन्दोलन ही कुछ समय के लिए मन्द पड़ गया है। परन्तु इससे अहिंसात्मक असहयोग का मूल्य क्रियात्मक दृष्टि से कुछ कम नहीं हो जाता, और न उसका महत्त्व ही घट जाता है। संसार के इतिहास में गाँधी पहले व्यक्ति हैं, जिन्होंने अहिंसात्मक असहयोग को राजनैतिक क्षेत्र में प्रभावशाली साधन बनाया है, और करोड़ों मनुष्यों का विश्वास इस साधन की सार्थकता में वे दृढ़ कर चुके हैं।

गाँधी अपनी शक्ति और सामर्थ्य का अनुमान वास्तविक परिमाण से बढ़कर कभी नहीं करते। अवस्था और परिस्थिति को देखकर ही वे आशा बाँधते हैं। यदि उनके आदेश का पालन ठीक ढंग से न हो तो वे निस्संकोच उसका विरोध करने को तैयार रहते हैं। अपने जीवन और प्रवृत्तियों पर इतना संयम होने के कारण ही गाँधी क्रियात्मक क्षेत्र में इतनी सफलता प्राप्त कर सके हैं। वे प्रेम की शक्ति को सर्वोपरि

मानते हैं सही, परन्तु वे स्वीकार करते हैं कि आरम्भ में जनता इस शक्ति को स्वीकार करने के लिए तैयार न होगी। वे जानते हैं, नीति का जो आदर्श वे जनता के सम्मुख रख रहे हैं, वह भी निकट-भविष्य में पूर्ण न हो सकेगा, परन्तु इससे उनके आदर्श के महत्त्व में कमी नहीं आ सकती।

महात्माजी असहयोग आन्दोलन को अपने नवीन आदर्श के लिए भूमिका की भाँति समझते हैं। जो लोग गाँधी की कार्य-प्रणाली को नवीन और विचित्र बताकर उनका ठट्ठा उड़ाते हैं, उन्हें वे याद दिलाते हैं, कि भाप के इंजन बनाने वाले का घोड़े के व्यापारी उस समय तक उपहास करते रहे, जब तक कि भाप का इंजन स्वयं घोड़े को भी एक स्थान से दूसरे स्थान तक पहुँचाने का काम करने नहीं लग गया। इसी प्रकार भाप के इंजन का प्रयोग करने वाले बिजली के आविष्कार का उपहास उस समय तक करते रहे, जब तक कि बिजली की शक्ति से व्यापारिक क्षेत्र में काम होना आरम्भ नहीं हो गया। अन्तर्राष्ट्रीय क्षेत्र में प्रेम की शक्ति का प्रयोग होने में अभी बहुत समय लगेगा। परन्तु यदि हम गत वर्षों के राजनैतिक मामलात का ध्यानपूर्वक अनुशीलन करें, तो हम देख सकेंगे कि अन्तर्राष्ट्रीय विषयों में सैनिक-शक्ति का प्रयोग भी विशेष लाभदायक नहीं हुआ है।

राजनीति और धर्म को मिलाने के विचित्र प्रयत्न में, तथा प्रार्थना, उपवास और राजनीति के विचित्र मिश्रण के बावजूद भी गाँधी की क्रियात्मकता के विषय में कोई सन्देह नहीं हो सकता। भारत के लिए राजनैतिक नेता धर्म-गुरु होते आये हैं।

हज़ारों वर्ष पुराने भारत के साम्राज्य में आज दिन एक अद्भुत क्रांति की आँधी आ रही है। यूरोपीय सभ्यता, शासन और राज्य के आधुनिक उपायों से, अपने शिक्षालयों, कल-कारखानों और रेलवे से भारत पर अधिकार जमा रही है। बड़ी-बड़ी मिलों, होटलों और व्यापार संघ, धर्म-मन्दिरों और प्रासादों में यूरोपियन लोग अपने माल और भावों को भर रहे हैं। सड़कों पर बैलगाड़ियों और घोड़ों की सवारी के बीच में मोटरसाइकिल भी अपना स्थान बना रही है।

अनेक वर्षों का पुराना भारतवर्ष अपने आपको समेट कर एक भंयकर युद्ध के लिए तैयार हो रहा है। वह अपनी सम्पूर्ण शक्ति का संचय कर, पश्चिमीय सभ्यता का सामना करने के लिए तैयार हो रहा है। इसके लिए यदि उसे रूढ़ियों की संकीर्णता छोड़नी पड़े, तो वह उसके लिए भी तैयार है। संसार के इतिहास में स्वतन्त्रता का एक बहुत बड़ा संग्राम आरम्भ हो रहा है। पद-दलित भारत संसार को स्वतन्त्र करने के प्रयत्न के लिए उठना चाहता है, इसी प्रयत्न में वह अपने गले से विदेशी शासन के जुए को भी उतार फेंकना चाहता है। भारत यूरोपीय सभ्यता के प्रभाव से बुरी तरह अशंकित हो रहा है। इस पश्चिमीय सभ्यता के इस आक्रमण का सामना करने के लिए सम्पूर्ण पारस्परिक भेदभाव को मिटाकर लड़ने के लिए वह तैयार है। भारत की सब जातियाँ, उपजातियाँ और सम्प्रदाय इस युद्ध में अपना भाग

लेने के लिए उत्कंठित हैं। इस युद्ध की पताका है चरखा। सम्पूर्ण भारत इस चरखे के संकेत-चिह्न को लेकर घरेलू उद्योग-धन्धों के शस्त्र से यूरोप की विनाशकारी सभ्यता का मुकाबला करने के लिए आगे बढ़ रहा है।

भारत के तैंतीस करोड़ मनुष्य अपने इस फकीर नेता के पीछे एक प्राण हो, चल रहे हैं। इस फकीर ने दरिद्र भारत को संसार के सब से अधिक समर्थ साम्राज्य के साथ समानता के आसन पर पहुँचा दिया है। वह भारत के दरिद्र से दरिद्र व्यक्ति के समान रहता है। इसी वेश में वह अभिमानी ब्रिटिश साम्राज्य के प्रतिनिधि वायसराय के महलों में पहुँचता है।

राष्ट्रीयता से परे जो विश्व-प्रेम का आदर्श है, और धर्म से बिल्कुल भिन्न जो राजनीति है, उसे भारत समझने में असमर्थ है। भारत तो राजनीति को धर्म से भिन्न नहीं देखना चाहता, उसे राजनीति का वही आदर्श ग्राह्य है, जो उसे अपने राजनैतिक गुरु गाँधी में दिखाई पड़ रहा है।

गाँधीजी के पत्र

(मि. सी. एफ. एण्ड्रूज के नाम)

साबरमती जेल
17 मार्च, 1922

प्यारे चार्ली!

तुम्हारा पत्र मिला। अवकाश मिलने पर यदि तुम कुछ समय आश्रम में जाकर रह सको, तो बहुत अच्छा हो। परन्तु भाई, मुझे मिलने के लिए जेल में मत आना। मेरे विचार में एक सत्याग्रही का जेल-जीवन संसार से बिलकुल अलग होना चाहिए। जेल में किसी से मिलने का अधिकार जेल अधिकारियों पर निर्भर है। सत्याग्रही न कृपा की आशा रखता है, और न उसे स्वीकार करता है। जेल के जीवन का महत्त्व सभी कृपाओं की उपेक्षा करने में है। मैं अपने जेल जीवन को केवल आध्यात्मिक दृष्टि से ही व्यतीत करना चाहता हूँ। मैं इस त्याग को पूर्ण पवित्रता के साथ निबाहना चाहता हूँ।

तुम्हारी स्नेही,
मोहन।

(हकीम अजमलखाँ के नाम)

यरवदा जेल
14 अप्रैल, 1922

प्रिय हकीमजी!

कैदियों को प्रति तीन मास के पश्चात् एक पत्र लिखने की तथा एक बार अपने सम्बन्धियों से मिलने की अनुमति मिलती है। देवदास और राजगोपालाचार्य मुझे मिलने आए थे, इसलिए अपना पत्र मैं आपको लिख रहा हूँ।

आपको याद होगा, मैं और जमनालालजी 18 मार्च शनिवार को यहाँ लाए गए थे। सोमवार को प्रातः दस बजे हमारे किसी अन्य स्थान पर ले जाए जाने की सूचना हमें मिली। साढ़े ग्यारह बजे पुलिस सुपरिण्टेण्डेण्ट हमें साबरमती स्टेशन पर ले गए। स्टेशन पर एक स्पेशल ट्रेन हमारे लिए प्रतीक्षा कर रही थी। मार्ग के लिए हमें फलों की एक टोकरी दी गई। सफर में हमारे साथ बहुत अच्छा व्यवहार हुआ। मेरे विचारों

तथा स्वास्थ्य के विचार से साबरमती जेल के डाक्टर ने मुझे मेरे अभ्यास के अनुसार भोजन मिलने का प्रबन्ध कर दिया था। हाँ, शंकरलालजी को बीमारी की वजह से केवल रोटी, दूध तथा फल ही दिया गया। मेरे साथ जो डिपुटी सुपरिण्टेण्डेण्ट थे, उन्हें मेरे लिए बकरी के दूध तथा शंकरलालजी के लिए गाय के दूध का प्रबन्ध करने की ताकीद कर दी गई थी। किरकी में ट्रेन से हम उतरे। यहाँ हमारे लिए पुलिस की मोटर प्रतीक्षा कर रही थी। इस मोटर पर हम जेल पहुँचे, और यहीं से मैं यह पत्र लिख रहा हूँ।

मुझे मालूम हुआ था, कि इस जेल में सख्ती अधिक होती है, सो मैं सब तरह की यातना सहने के लिए तैयार था। मैंने शंकरलालजी से पहले ही कह दिया था, कि चरखा कातने की आज्ञा न मिलने पर मैं भोजन त्याग दूँगा। इसका कारण यह है कि मैंने नव-वर्ष के दिन, बीमारी और सफर की अवस्था को छोड़कर, प्रति दिन कम से कम आधा घण्टा कातने की प्रतिज्ञा की थी। मैंने उन्हें पहले ही कह दिया था, कि मेरे भूख-हड़ताल करने पर वे घबरायें नहीं, और न स्वयं ही हड़ताल करने का विचार करें।

जेल पहुँचकर जब डायरेक्टर ने हमें फलों की टोकरी और चरखे को बाहर छोड़ देने की आज्ञा दी, तो हमें कुछ भी विस्मय न हुआ। मैंने डायरेक्टर से अपनी प्रतिज्ञा के विषय में कहकर उन्हें बताया, कि साबरमती में हमें चरखा कातने की आज्ञा थी। डायरेक्टर का जवाब बहुत संक्षिप्त था। उसने कहा–"यह यरवदा है, साबरमती नहीं।"

जेल के डायरेक्टर से साबरमती के हुक्म की याद दिला कर मैंने स्वास्थ्य के लिए बाहर सोने की आज्ञा माँगी, परन्तु यह प्रार्थना भी स्वीकार न हुई।

मुझे यह व्यवहार भला तो नहीं लगा, परन्तु विशेष दुखी भी नहीं हुआ। दो दिन पूर्व से उपवास से रहने के कारण मेरा मन क्षुब्ध न हो सका। शंकरलालजी पर इस सब का प्रभाव बहुत अधिक पड़ा। उन्हें रात-भर दुःस्वप्न आते रहते हैं। इसलिए उन्हें अकेले रहना अच्छा नहीं लगता। इसका कारण यह भी है, कि शंकरलाल पहली बार आये हैं, और मैं तो इस पिंजरे का अभ्यस्त पक्षी हूँ।

अगले दिन प्रातःकाल डायरेक्टर हमें मिलने के लिए आये। उस समय मुझे ऐसा जान पड़ा, कि पहले दिन उनके विषय में जो कुछ मेरा विचार था, वह ठीक नहीं था। या सम्भवतः पहले दिन वे कुछ क्रुद्ध और खिन्न से जान पड़ते थे। इसका भी कारण था एक तो हम निश्चित समय से बहुत पीछे पहुँचे थे, दूसरे हमारी माँगें विचित्र जान पड़ीं। असल में वह उनके लिए बिल्कुल नई चीज थी। अब उन्हें यह विश्वास हो गया कि मैं चरखे को हठधर्मी के कारण नहीं, बल्कि उसे एक विशेष कर्त्तव्य मान कर साथ रखना चाहता हूँ। हमसे बातचीत करके जब उन्होंने हमारा व्यवहार देख लिया, तो हमें चरखे लौटा दिए गए। हमारे भोजन के बारे में भी उन्होंने

आपत्ति नहीं की। जेल में स्वास्थ्य का तो पूरा ध्यान रखा जाता है। मेरे विचार में सुपरिण्टेण्डेण्ट और हेड-वार्डर दोनों ही साधु-स्वभाव तथा चतुर व्यक्ति हैं। मेरा व्यवहार इन दोनों के साथ जेल के सम्बन्ध से जितना अच्छा हो सकता है, उतना ही है।

मेरे विचार में हम लोगों के जेल मनुष्यता से सर्वथा रिक्त हैं। सुपरिण्टेण्डेण्ट कहते हैं, कि सभी कैदियों के साथ मुझ जैसा ही व्यवहार होता है। यदि यह ठीक हो, तो मेरे विचार में शरीर और स्वास्थ्य की दृष्टि से तो शिकायत का कोई अवसर नहीं होना चाहिए। हाँ, मनुष्य की आत्मा का यहाँ कुछ भी ध्यान नहीं रखा जाता। जेल के नियम इस ओर कुछ ध्यान नहीं देते।

जेल-कमेटी के रवैये से ही आप इस बात को देख सकते हैं। हमारे यहाँ आने के बाद ही इस कमेटी की बैठक हुई। इन लोगों ने हमसे हमारी शिकायतों के बारे में प्रश्न पूछे। मैंने शंकरलालजी की निर्बलता की शिकायत क्रर, उनको अपनी कोठरी में सोने की और सोते समय दरवाजा खुला रखने की इजाजत माँगी। उन्होंने इस माँग को बिल्कुल व्यर्थ समझकर उपेक्षा से टाल दिया। एक सज्जन ने तो जाते समय घृणा पूर्ण स्वर में कह दिया—"क्या पागलपन!" वे शंकरलालजी को क्या समझेंगे? उन्हें क्या मालूम है, कि वे किस स्थिति के आदमी हैं? उनकी शिक्षा कहाँ तक हुई है, और किस कारण से मैंने यह प्रार्थना उन लोगों के सम्मुख की थी ? उन्हें यह सब जानने की आवश्यकता भी क्या है? वे नहीं जानते, शंकरलालजी के लिए अच्छे भोजन की अपेक्षा नींद अधिक आवश्यक है।

घण्टे भर के पश्चात् एक वार्डर ने आकर शंकरलालजी को सूचना दी, कि उनकी बदली दूसरे भाग में हो गई है। इस खबर से मुझे इतना दुःख हुआ, मानो माँ का एकलौता पुत्र उससे छीन लिया गया हो। जब शंकरलाल मेरे साथ गिरफ्तार होकर मेरे साथ ही जेल भेजे गए थे, तो मुझे एक प्रकार की सांत्वना सी प्राप्त हुई थी। साबरमती में मैंने जेल अधिकारियों से शंकरलालजी को अपने साथ रखने की आज्ञा माँग ली थी। वहाँ मैंने उनसे कहा था कि साथ रहने से हम परस्पर एक-दूसरे की बहुत सहायता कर सकेंगे। मैं उन्हें गीता सुनाया करता था, और वे मेरे निर्बल शरीर का ध्यान रखते थे। शंकरलालजी की माता का देहान्त हुए अभी बहुत कम समय हुआ है। मृत्यु से पहले वे शंकरलालजी को मुझे सौंप गई हैं। उस देवी को क्या मालूम था कि मैं एक दिन इतना निःशक्त हो जाऊँगा? जब शंकरलाल दूसरे भाग की ओर जाने लगे, तो मैंने उन्हें भगवान के हाथों सौंप, उसी पर भरोसा कर लिया।

उस दिन से उन्हें प्रति दिन आधे घण्टे के लिए मेरे पास आने की आज्ञा मिलती है। वे धुनने की कला में खूब अभ्यस्त हैं। मुझे भी वह सिखलाते हैं। उस समय एक वार्डर हम लोगों के पास उपस्थित रहता है। उसका काम है कि वह हमें मतलब के सिवाय दूसरी बात न करने दे। मैंने अधिकारियों से सेठजी के साथ

बैठकर कुछ मिनिट गीता पढ़ने की अनुमति माँगी है। अभी मेरी प्रार्थना पर विचार हो रहा है।

बड़ी कठिनता से मुझे सात पुस्तकें रखने की आज्ञा मिली है। इनमें से पाँच धार्मिक पुस्तकें हैं, एक पुराना कोश है, और एक उर्दू-भाषा की प्रथम पुस्तक। यह पुस्तक मुझे मौलाना आजाद ने दी थी। मेरी यह प्रार्थना जेल के नियम के विरुद्ध थी। कैदी केवल जेल के पुस्तकालय से लेकर पुस्तकें पढ़ सकते हैं। इसलिए मुझे यह सातों पुस्तकें पहले जेल के पुस्तकालय को भेंट करनी पड़ीं। फिर वहीं से लेकर मैं इन्हें अपने पास रख सका हूँ। परिहास में मैंने जेल सुपरिण्टेण्डेण्ट से कहा—"इस प्रकार तो मैं अपनी सब पुस्तकें अपने पास रख सकता हूँ, परन्तु इस ढंग से तो तुम मेरे हाथ-पैर भी अपने यहाँ रख लोगे।" यह पुस्तकें मुझे बहुत प्यारी हैं। एक तो उनके विषय बहुत ऊँचे है, दूसरे वे मेरे पास स्मृति चिह्न के रूप में हैं।

कलम बनाने के चाकू ने भी एक समस्या उपस्थित कर दी। डबल रोटी के टोस्ट सेंकने के लिए अथवा नीबू को काटने के लिए चाकू आवश्यक है, परन्तु चाकू एक भयानक शस्त्र समझा जाता है, उसका कैदी के हाथ में रहना ठीक नहीं हो सकता। मैंने इस समस्या का हल सुपरिण्टेण्डेण्ट पर ही छोड़ दिया। या तो वे मुझे चाकू दें, अन्यथा मैं रोटी और नीबू न खा सकूँगा। बहुत से झगड़े के पश्चात् मेरा चाकू मुझे लौटा दिया गया। मेरा चाकू एक वार्डर के पास रहता है। आवश्यकता पड़ने पर मैं उससे चाकू माँग सकता हूँ। सन्ध्या समय यह हेड-वार्डर के पास पहुँचा दिया जाता है, और सुबह फिर वह कैदी वार्डर को लौटा दिया जाता है।

'कैदी वार्डर' शब्द आपके लिए सर्वथा नया होगा। जो कैदी दीर्घकाल के लिए जेल भेजे जाते हैं, अच्छा व्यवहार दिखाने पर उन्हें वार्डर की वर्दी मिल जाती है। जेल में छोटे-मोटे प्रबन्ध के काम इन लोगों को सौंप दिए जाते हैं। इन्हीं कैदी वार्डरों में से एक, जिसे कत्ल के अपराध में सजा हुई है, मुझ पर निगरानी करता है। रात में इसका एक और सहायक आ जाता है। इस सहायक को देख, मुझे शौकतअली याद आ जाते हैं। इस सहायक की आवश्यकता इसलिए पड़ती है, क्योंकि इंस्पेक्टर साहिब ने मेरी कोठरी का दरवाजा खुला रहने देने की इजाजत दे दी है। यह दोनों ही भले आदमी हैं। यह मुझे कोई कष्ट नहीं देते, और न मैं इनसे कभी बात करता हूँ। हाँ, दिन में निगरानी करने वाले वार्डर से कभी आवश्यकता पड़ने पर एकाध बात करनी पड़ जाती है।

हमारा घेरा तिकोना है। इसकी एक भुजा में ग्यारह कोठरियाँ हैं। इन कोठरियों में अरब का एक शाही कैदी भी है। वह हिन्दुस्तानी नहीं बोल सकता, और मुझे दुर्भाग्य से अरबी नहीं आती। इसलिए प्रातःकाल सलाम के अतिरिक्त हम कुछ नहीं कर सकते। सामने एक बड़ी दीवार है, और एक तरफ तार लगाकर दरवाजा लगाया गया है। इसके आगे एक खुला सहन है। हमारे तिकोने घेरे के बीचोंबीच एक चूने

की लकीर खिंची है। इस लकीर के उस पार जाने की मुझे इजाजत नहीं थी। इस बीस फुट के घेरे के भीतर ही मैं घूम सकता था। इंस्पेक्टर महोदय जब यहाँ निरीक्षण के लिए आए, उस समय मैंने उनका ध्यान इस ओर आकर्षित किया। उनकी सिफारिश से मुझे अब तिकोने घेरे में स्वतन्त्रतापूर्वक घूमने की इजाजत मिल गई है। अब एक सौ चालीस फुट तक घूमफिर सकता हूँ। अब मेरी नजर दूसरे सहन पर लग गई है, परन्तु इतनी उदारता की आशा न रखनी चाहिए। जहाँ चूने की लकीर मिट गई है, वहाँ एक दिन काँटेदार तार भी हट जाएगी। परन्तु यह है कठिन इसमें सन्देह नहीं।

मुझे एकान्त कारावास का दण्ड मिला है, इसलिए मैं दूसरे कैदियों से मिल-जुल नहीं सकता। इस जेल में धारावाड़ तथा मुम्बई के दूसरे कैदी भी हैं। मैं नहीं समझ सकता लोगों से मेरे मिलने से क्या अनर्थ हो सकता है! हम साथ मिलकर जेल से निकल भागने का यत्न करने लगेंगे, ऐसी भी मुझे आशा नहीं। यदि सरकार उन लोगों को मेरे विचारों से बचाना चाहती है, तो यह प्रयत्न उसे कुछ दिन पहले करना चाहिए था। अधिक से अधिक मैं यह कर सकता हूँ कि उन लोगों को चरखे की ओर अधिक आकर्षित करूँ।

यह न समझिए कि मैं किसी प्रकार की शिकायत कर रहा हूँ। मैं प्रसन्न हूँ, मेरा मन शान्त और स्वस्थ है। जेल के बाहर मैं स्वाध्याय नहीं कर सका हूँ, सो अब उस ओर मन लगा सकूँगा।

परन्तु सभी कैदी इस जबरदस्ती के एकान्त से सन्तुष्ट नहीं हैं। यह निर्दयता है, और अनावश्यक भी है। यदि जेल में कैदियों का विभाजन ठीक ढंग से हो सके, तो फिर यह झंझट स्वयं ही मिट जाए। यहाँ कैदियों को उनके राजनैतिक विचारों के लिए दण्ड दिया जाता है। जेल की तारणा से राजनैतिक कैदी भी नहीं बच पाते।

अपने जेल जीवन की कहानी में एक दिन का समय विभाग लिखकर समाप्त करता हूँ। मेरी कोठरी साफ-सुथरी और हवादार है। बाहर हवा में सोने की आज्ञा मेरे साथ एक बड़ी रियायत है। मैं प्रातःकाल चार बजे उठकर प्रार्थना करता हूँ, और जो गीत मुझे कण्ठस्थ हैं, उन्हें गाता हूँ। सत्याग्रह आश्रम के निवासी यह सुनकर प्रसन्न होंगे कि मैंने प्रातःकाल की प्रार्थना अभी छोड़ी नहीं है। साढ़े छह बजे मैं स्वाध्याय आरम्भ कर देता हूँ। रात को मुझे दीपक नहीं मिलता, इसलिए प्रकाश होने तक मुझे प्रतीक्षा करनी होती है। सन्ध्या को सात बजे अँधेरा हो जाने पर मैं अपना काम समाप्त कर देता हूँ। आश्रम के नियम के अनुसार आठ बजे प्रार्थना कर, मैं विश्राम करता हूँ। स्वाध्याय के लिए मैंने कुरान, बाइबिल, रामायण को चुना है। इसके अतिरिक्त मैं उर्दू का भी अभ्यास करता हूँ। छह घण्टे मैं स्वाध्याय में, और चार घण्टे चरखा कातने में लगाता हूँ। मुझे यहाँ धुनाई के लिए अच्छी रुई नहीं मिलती, पर वह आरम्भ में अभ्यास के लिए अच्छी है। यदि बाहर से कुछ अच्छी रुई आ सके तो बहुत अच्छा हो।

चरखा कातते समय मुझे ईश्वर संग का आनन्द प्राप्त होता है। यही समय मेरा सबसे अधिक महत्त्वपूर्ण होता है। मेरे श्रम का फल मेरे सामने आता जाता है, और मेरा मन नितान्त स्वच्छ रहता है। गीता, कुरान और रामायण पढ़ते समय मेरा मन न जाने कहाँ-कहाँ फिरा करता है, परन्तु चरखा कातते समय ऐसा नहीं हो पाता। मैं जानता हूँ, कताई में इतना आनन्द हर एक को नहीं आ सकता, परन्तु मुझे तो कताई में भारत की आर्थिक स्वतन्त्रता का मूल मन्त्र दिखाई देता है। इसलिए उसमें मुझे अपरिमित आनन्द प्राप्त होता है। सम्भव है, कुछ दिन में स्वाध्याय की अपेक्षा कताई और धुनाई में ही अधिक समय व्यय करने लगूँ।

मौलाना अब्दुलबारी साहिब कहते हैं, कि उन्होंने कातना आरम्भ कर दिया है। उनसे कहियेगा, मुझे आशा है, वे मुझसे पछड़ न जाएँगे। उन्हें देख, कई लोगों को शिक्षा मिलेगी। आप आश्रमवासियों से कह दीजिएगा, कि मैंने वह प्रथम पुस्तक लिख ली है, और दूसरी भी लिखने का यत्न करूँगा। हो सका, तो दक्षिण अफ्रीका में अपने सत्याग्रह आन्दोलन का भी वृत्तान्त लिखने का यत्न करूँगा।

समय का विभाग ठीक ढंग से करने के लिए मैंने तीन बार की जगह दो बार खाना खाना आरम्भ कर दिया है। इससे मैं अधिक स्वस्थ हूँ। खुराक मुझे मनचाही मिल जाती है। कुछ दिनों से मैं बकरी का दूध और मक्खन ले रहा हूँ। अब मैं रोटी भी बनाना आरम्भ करूँगा।

दो नये कम्बल, एक नारियल की चटाई और चादरें मुझे भी दी गई हैं। एक तकिया भी अब पा चुका हूँ। परन्तु इसकी मुझे आवश्यकता न थी। अब तक अपनी पुस्तकों और कपड़ों से मैं तकिये का काम निकाल लेता था। एक गुसलखाना भी मेरे व्यवहार के लिए है। पास की एक कोठरी खाली पड़ी थी, यह मेरे काम करने के लिए कमरे का काम दे रही है। सफाई भी अब पहले की अपेक्षा अच्छी है।

मैं यहाँ सर्वथा प्रसन्न हूँ। मेरा जीवन यहाँ व्यर्थ नहीं जा रहा है। यहाँ रहने से मुझे आत्मिक उन्नति का अवसर मिल रहा है और संसार को यह देखने का भी अवसर मिल जाएगा, कि सत्याग्रह आन्दोलन केवल एक ही व्यक्ति के प्रयत्न का फल नहीं है। यदि एक आन्दोलन एक ही व्यक्ति के परिश्रम का फल हो तो इसका कुछ भी मूल्य नहीं होगा। मुझे यह जानने की विशेष आकांक्षा नहीं, कि बाहर क्या हो रहा है। मेरे प्रयत्न से अधिक मेरी साधना का मूल्य है।

मुझे मि. दास के स्वास्थ्य की विशेष चिन्ता है। आशा है, पं. मोतीलालजी का दमा भी अब अच्छा होगा।

मेरी पत्नी से कहना, कि वे मुझे मिलने न आएँ। देवदास यहाँ आया, तो उसने बहुत मूर्खता का व्यवहार किया। सुपरिण्टेण्डेण्ट के सामने मुझे खड़ा देख, वह रो पड़ा। उसे समझना चाहिए, मैं एक कैदी हूँ, और सुपरिण्टेण्डेण्ट के सामने मुझे खड़ रहना चाहिए। मैं नहीं चाहता, कि देवदास की माता फिर से इस दृश्य को दोहराए।

अपने लिए मैं कुरसी लेना पसन्द नहीं करता। खड़े रहने से भी मेरा अपमान नहीं होता। अच्छा होगा, कि मुझे मिलने वही लोग आएँ, जिन्हें मुझसे आवश्यक काम हो, वे लोग दिखावे की छोटी-मोटी बातों की चिन्ता न करेंगे।

आशा है, मो. छोटानी मियाँ ने निर्धन स्त्रियों में बाँटने के लिए जो चरखे देने का वचन दिया था, वे बँट गए होंगे। मुझे उन आगरे की ईसाई-महिला का नाम भूल गया।

मैंने उर्दू की पहली पुस्तक समाप्त कर ली है। एक उर्दू का कोश अथवा कोई और पुस्तक, जो आप या डाक्टर अन्सारी पसन्द करें, मेरे लिए भिजवा दें।

आशा है, आपका स्वास्थ्य ठीक होगा। आपसे काम बहुत न करने के लिए कहना व्यर्थ है, आप मानेंगे तो हैं नहीं। भगवान आपका कल्याण करें।

सब भाइयों को सप्रेम नमस्कार।

आपका–
मो. क. गाँधी

(यरवदा जेल के गवर्नर के नाम–)

1

यरवदा जेल
1 मई, 1923

श्रीमान् जी।

आपने जो सरकारी विज्ञप्ति सादी कैद के कैदियों को, जिनमें से मैं भी एक हूँ, दूसरे भाग में भेजने के बारे में दिखाई थी, उसके लिए धन्यवाद। मेरे विचार में कुछ सज्जन कुजालगी, जैरामदासजी, आदि-आदि जिन्हें सख्त कैद का दण्ड मिला है, किसी भी अवस्था में मुझसे अधिक अपराधी नहीं हैं। उन लोगों की परिस्थिति समाज में मेरी अपेक्षा बुरी नहीं। कम से कम उन्हें मेरी अपेक्षा अधिक आराम से जीवन व्यतीत करने का अभ्यास है। जब तक इन लोगों को भी मेरे ही समान दूसरे खास विभाग में तबदील न कर दिया जाएगा, मैं इस आज्ञा से लाभ न उठा सकूँगा। इसलिए आप कृपा कर मेरा नाम खास विभाग के लिए नियत व्यक्तियों की सूची में से काट दीजिए।

आपका आज्ञाकारी–
मो. क. गाँधी

2

यरवदा जेल
12 नवम्बर, 1923

श्रीमान् जी।

जिस समय आपने मेरे साथी मि. अब्दुलग़नी को जेल में नियुक्त खर्च से अधिक मूल्य का भोजन देना अस्वीकार कर दिया था, उस समय मैंने आपसे निवेदन किया था, कि आपसे पहले सुपरिण्टेण्डेण्ट पुलिस ने हम लोगों को अपना भोजन स्वयं तैयार कर लेने की स्वतन्त्रता दे दी थी। उस समय मैंने यह भी निवेदन किया था, कि मुझे जो विशेष खर्चे का अधिकार दिया गया है, उसे मैं तब तक स्वीकार नहीं कर सकता, जब तक मि. ग़नी को भी वह अधिकार मेरे ही समान न दे दिया जाए। उस समय आपने, जनरल इंस्पेक्टर के यहाँ आने तक के लिए हमें पुराने ढंग के भोजन को ही स्वीकार कर लेने के लिए कहा था। आपने हमें आशा दिलाई थी कि इंस्पेक्टर जनरल शीघ्र ही आ रहे हैं। आज दस दिन हो चुके हैं, परन्तु वे अभी तक नहीं आये। हमें जनरल इंस्पेक्टर साहब से कुछ नहीं कहना है, इसलिए प्रतीक्षा करना व्यर्थ है। मि. अब्दुलग़नी के बारे में आपके निर्णय की मुझे शिकायत नहीं करनी है। मैं जानता हूँ, इच्छा होते हुए भी आप मेरे मित्र की सहायता नहीं कर सकते। जेल के नियमों में परिवर्तन करने के लिए मैं आप से नहीं कह सकता।...

इसलिए आप कृपया आगामी वृहस्पतिवार से मेरे लिए नारंगी और अंगूर न भेजें। इनके बिना भी मेरा भोजन जेल के साधारणतः नियुक्त खर्च से कुछ अधिक ही रहेगा। मैं समझता हूँ, बकरी का दो सेर दूध बहुत आवश्यक नहीं है, परन्तु यदि आप इसे कम न करना चाहें, तो मैं अनिच्छा होते हुए भी इसे स्वीकार कर लूँगा।

आप विश्वास रखिए, विरोध के रूप में मैं फलों का व्यवहार नहीं छोड़ रहा हूँ। केवल अपनी आत्मिक शान्ति तथा सन्तोष के लिए ही मैं ऐसा कर रहा हूँ। आशा है, आप मेरी प्रार्थना को स्वीकार करेंगे।

आपका आज्ञाकारी,
मो. क. गाँधी, न. 427

❑❑❑